U0856725

西尔斯 DR.Sears 亲密育儿全书

THE DISCIPLINE BOOK

How to have a Better-Behaved Child from Birth to Age Ten

[美] 威廉・西尔斯（William Sears,M.D.） 玛莎・西尔斯（Martha Sears,R.N.）／著
蔡骏／译

天地出版社 華夏出版社

图书在版编目（CIP）数据

西尔斯亲密育儿全书／（美）西尔斯（Sears,W.），（美）西尔斯（Sears, M.）著；蔡骏译.
—成都：天地出版社，2015.11

ISBN 978-7-5455-1519-0

Ⅰ.①西… Ⅱ.①西… ②西… ③蔡… Ⅲ.①儿童教育—家庭教育 Ⅳ.①G78

中国版本图书馆CIP数据核字（2015）第174222号

西尔斯亲密育儿全书

著　　者　［美］威廉·西尔斯　玛莎·西尔斯
译　　者　蔡　骏
责任编辑　陈素然
封面设计　思想工社
电脑制作　尚上文化
责任印制　李　昆
封面图片　壹　图

出版发行　天地出版社
（成都市三洞桥路12号　邮政编码：610031）
网　　址　http://www.tiandiph.com
http://www.天地出版社.com
电子邮箱　tiandicbs@vip.163.com
经　　销　新华文轩出版传媒股份有限公司

印　　刷　三河市华业印务有限公司
版　　次　2015年11月第1版
印　　次　2015年11月第1次印刷
成品尺寸　168mm×235mm　1/16
印　　张　31
字　　数　438千
定　　价　49.80元
书　　号　ISBN 978-7-5455-1519-0

咨询电话：（028）87734639（总编室）
购书热线：（010）67692522（市场部）

推荐序

为了孩子的未来——海阔而天空

今天，已为人父母的我们，还记得自己小时候的梦与期待吗？我们一定曾希望有人能倾听、理解、包容我们。我们曾目光闪亮地跑去告诉大人们一个个很神奇的想法，但常常会被告知等你长大了之后，你就会知道了。当我们偶尔发现有人愿意认真地倾听我们的想法时，我们会非常开心非常快乐。现在我们也成了父母，我们将如何来陪伴孩子们成长，让我们的孩子拥有一个快乐的童年与一个海阔天空的未来，这是本书的作者威廉医生和其妻子玛莎，撰写这本关于如何养育孩子的书的一个初衷。

如何抚育和教育孩子是我们人类文化行为中的重要事件。作为父母，我们从来也没有像今天这样重视自己孩子的成长与发展。科学研究的结果突出地说明了，出生后3～5年中的经历在整个生命周期中的重要性。在这样一个特殊的时期，充分满足孩子在身体、情感、智力以及社会性等各个方面的发展需要，将会为他们一生的成长植就良好的根基。

父母需要不断地与子女建立密切的关系，因为这是教育子女的基础。父母怎样在教育自己的孩子时卓有成效，最有效的就是去了解你的孩子、做孩子的玩伴和孩子一起游戏，同时进行有效的正面支持与奖励。对此，本书的第一到第四章做出了给父母以应对策略的描述。

动物心理学家利昂·史密斯博士曾教野熊打篮球。这些熊从野外运来完全是野生的，根本不懂打篮球。史密斯博士训练野熊时，他既不叫嚷，也不训斥，更不打野熊。他的全部训练方法就是和它们一起活动，进行正面支持与奖励。他让熊站在球场靠近篮板的一个角上，另一个角是篮球。如果熊只是在自己这个角上转动，那它什么也得不到。但如果熊朝篮球的方向哪怕迈出很小的一步，它就可以得到一小块糖和博士的抚摸的奖励。史密斯博士坚持用这种方法，逐步使熊接近篮球。然后再用同样的办法，让熊捡起球，带球到篮下，投球。

虽然这个例子很简单，但对所有父母来说却具有深刻的意义。让我们来看看史密斯怎么做的。首先，确定应该支持的行为和不希望出现的行为。拿球投篮是需要支持的，那么我们就去支持和陪伴；其次，史密斯博士对期待表现出的行为给予支持与奖励；第三，并不是在好的行为最后完成时才给予大的肯定与奖励，而是一步一步地持续给予关注与支持。

陪伴孩子、和孩子一起游戏是十分重要的基本养育策略。当孩子的某一行为得到父母的肯定与支持时，该行为就可能重复。但是在生活中，许多父母不知不觉地采取了完全相反的方法。他们无意中对子女不好的行为给予了奖励，教他们做完全违反父母本意的事情。数以百万计的父母就是在无意之中教会了他们的子女一些不好的行为。

如果一个孩子的行为是父母所喜欢的——与同伴好好地玩、把玩具给同伴玩、不任性、不发脾气、听父母的话，父母通常并不会理会。父母觉得这些好的行为都是应该的，他们完全没有意识到，对孩子好的行为不给予奖励，也就是教孩子停止好的行为。在这样的情况下，孩子不再好好做，而是调皮捣蛋，把汤洒到地板上、抢玩具、欺负小妹妹、从母亲钱包里拿钱，顶嘴不听话，等等。由此会引起什么后果呢？他行为好的时候父母毫不理会，一旦他干了坏事马上就引起父母的注意。父母教训他，惩罚他，从某种意义上说是注意了他坏的行为，即反面注意。

从心理学上来说，这样做的父母违反了我所谓的“不脆的土豆片法”。孩子显然喜欢吃新鲜的土豆片，不喜欢已经不脆的。但如果只有不脆的土豆片，不吃就什么也没有，他也会选择不脆的土豆片。同样，孩子喜欢引起父母正面的注意，而不是反面的注意。但如果只有反面的注意，或根本不注意，那么孩子的选择通常是引起父母反面的注意。对孩子来说，即使是反面的注意也比毫不理会好。

结果，许多父母教给孩子的恰恰是他们所不想教的。他们对孩子好的行为没有奖励，其实是将孩子生活中好的行为抹杀了。他们对孩子不好的行为特别注意，其实是给坏行为以奖励。

那么，父母该如何对孩子行使一套积极的教育方法呢？首先需要把感情和行为明确分开。所谓“感情”是指内心感情状态，如爱、高兴、兴奋、生气、悲伤和恐惧。感情世界是孩子自己的世界，父母对此丝毫不能影响或改变。孩子感到兴奋、悲伤、恐惧、生气时是无法控制的，他对自己的感情不能负责，因为感情是自发的。孩子的行为则完全不同。行为是外向的，看得到的，也是可以控制的。孩子生气时无法控制自己，但可以管住自己不向别的孩子扔沙子，不打弟弟，不抢玩具。虽然父母无法影响孩子的感情，但对孩子的行为却可以大大地施加影响。其次，对孩子的管教必须都是“看得到”的行为，这一点很重要。举例而言，父母常常会抱怨自己的孩子“做事不负责任”，这样就太过笼统模糊了，不利于我们对孩子作出要求，对于“他做事不负责任”，其实就是“他的玩具、衣服满屋乱放”。

当孩子最初开始学习用新的和令人满意的方式做事时，每次做到了都能得到父母的积极回应，这一点很重要。而当他学会了新的行为，并且开始理智地正常地去做时，父母就需要用更多的时间和孩子一起游戏，和孩子有良好的沟通。当孩子的行为是父母所赞许的并因此而得到奖励时，父母并不仅仅是在鼓励孩子继续这样的行为，对父母来说也是在不知不觉中学习全神贯注地观察自己的孩子，发现自己孩子的进步。本书的重点也正在于如何培养与建立好的品行，如同在第三部分所讲述的那样“为了孩子的一生而进行管教”。

威廉医生和玛莎不仅是八个孩子的父母，而且也是儿童养育问题的专家，在本书的第一部分中他们从孩子出生起，从如何培养良好的品行入手，描述了关于建立起亲密的亲子关系、理解孩子的成长历程、扮演好父母的角色等方面的事例，同时也为父母们提供了相应的建议。本书的第二部分重点讨论了如何改变孩子的不良行为，在此作者对孩子通常会出现的不良行为以及父母的养育对策进行了描述，为我们带来了值得尝试的建议。

从做老师、做父母一路走来，我的工作每天每时都在面对着这个或那个孩子，每个孩子都以他的方式在展示他自己，无论是你接纳的还是你拒绝的，他们都是那个表达着他们自己的孩子。并且，从他们活泼的生命力量中，我清楚地知道那是走向未来的能量。今天成年人的陪伴与关注、耐心与支持、包容与鼓励，都是为了孩子未来的海阔天空。

高岚 博士
华南师范大学 儿童发展与教育 教授

译者序

一位父亲的发现之旅

作为一个高等学校的教师，我自然十分注重年轻一代的培养，并以从事这个职业为荣。曾经有一位先生这么问我：你夸这个学生优秀、那个学生出色，这些学生的优秀和出色可都是你教出来的吗？我一时语塞，这位先生的言下之意是这些学生之所以出众，并不是我等大学教师的功劳。过后细想，确实，对于一个学生的成长和未来成就来说，大学教师固然贡献不小，但是他的中学老师、小学老师，还有他的父母都起着至关重要的作用。尽管教师对学生们进行着各个方面的塑造，但是这些孩子的原坯造型可都是他们的父母打造出来的。一般来说，孩子待人处事的态度、孩子的思维习惯和行为方式都受到父母长期的潜移默化的影响。有的父母不识字，或者没有多少学识，但这并不妨碍他们养育出品行良好的孩子，不妨碍他们培养出追求知识、奉献社会的优秀公民，他们是用自己的良好道德情操熏陶出了孩子的高尚品质和进取精神。

既然家庭教育对孩子的一生如此重要，那么作为父母，我们该怎样养育孩子呢？或者说，我们应该采用什么样的方式来管教孩子呢？一提到“管教”这个词，许多人就会想到大人厉声地责骂孩子、用棍棒惩罚孩子的情形。在我们的传统文化当中，“管教”往往是严厉的，在我们许多人的观念中，确信唯有“严加管教”才能达到教育的目的。正因为如此，我们的祖先才会有“棍棒底下出孝子”的信条；也正是因为如此，责骂和体罚被一代又一代人信奉为最有效的管教手段。事实真是这样吗？严厉的责骂和体罚难道就是“管教”和“养育”的同义词？

西尔斯夫妇对这个问题的回答是否定的，他们在这本书中详细地为我们讲述了一种以父母与孩子之间的亲密感情为基础来塑造孩子行为的方法——亲密育儿法。这种养育方法强调的是父母在孩子幼年时要尽早地与他建立起互相之间的亲密情感。西尔斯夫妇是美国当代有影响的儿童养育专家，在儿科领域从事了四十年的专业实践，而且自己养育了八个子女。通过总结自己的长期实践，他们已经合著并出版了数十本关于儿童养育的美国畅销书，本书就是这些畅销书之一。西尔斯夫妇认为在孩子的养育过程中，父母必须在孩子心目中树立起权威，父母也应该有意识地寻找各种技巧去和孩子进行沟通，但是如果这一切离开了以浓厚的亲子感情作为基础，那么你对孩子的养育可能奏一时之效，却无法转化为孩子内在的禀性。每个家庭的养育风格和养育手段是各不相同、各有特点的，但真正有效的养育手段都必须建立在父母与孩子之间的亲密情感这个可靠的基础之上。

初次看到西尔斯夫妇这本书的时候，我的儿子正处于学龄前阶段，我正为如何有效地管教他而犯愁，总觉得自己与大学生们沟通得很好，而要让这个小家伙听话可真是太费劲了。像不少父亲一样，我对待孩子的方式是简单而严厉的。在翻译的过程中，我常常发现问题并不在孩子的身上，而是我自己需要反思、修正一下对孩子的养育和管教方式。在翻译完这本书的时候，我早已成了西尔斯夫妇“亲密育儿法”的忠实实践者，我发现孩子与我相处得更快乐了，对他的管教也变得容易了许多。我想，任何一个想要培养孩子良好品行的父母都会像我一样，从西尔斯夫妇这本讲述“亲密育儿法”的书中得到有益的借鉴。

蔡骏

厦门大学教授

前言

关于养育孩子的开场白

一直以来，父母们始终在争论着什么是对孩子的养育，以及如何对孩子进行养育。养育是你和孩子的全部关系中不可分割的一部分，它不可能从你的家庭生活中抽取出来、与家庭生活的其他部分相分离。我们原来想把本书的书名定为《为了生活而养育》，因为我们写作这本书的目的是让孩子们掌握将来在生活中取得成功所必需的工具。

这本书的创作是以我们的实践为基础的。遍布全书各处的许多故事都取材于我们自己的家庭，正如你后面会看到的那样，养育孩子对我们来说并不总是容易的，而且我们也并不是始终正确地养育了我们的孩子。如果没有那么多年养育孩子的经历的话，我们根本写不出这本书。直到我们的孩子们有了他们自己的孩子后，我们才完全认识到过去自己作为孩子的管教者所做的一切以及没有做的那一切的价值。除了我们自己的经验之外，本书中还有许多建议来自于一些真正的专家：一些经验丰富的父母们。他们的孩子具有良好的教养，他们多年来与我们一起分享了他们的智慧。

你可能会认为本书中建议的一些做法过于宽松了，或者另一些建议又过于严苛了。你可能会认为："我不能对自己的孩子那么做。"如果你感到某项建议不正确，那你就不应该去照着做。对孩子的养育并不是你可以从一本书中信手拈来，然后严格地、一成不变地在你孩子的身上冷漠地进行试验的一组技巧。相反，你应该采用本书中讲述的各种手段来形成你自己的养育体系，应该采用适合你的孩子和你的家庭的手段来创造出你自己的养育风格。

你应该根据自己的需要来读这本书。如果你们第一次为人父母、刚刚生了一个小宝宝，本书就是一本养育孩子的秘笈，是一套养育孩子的观念体系，对于一部分父母来说，甚至还是一本生活指南。如果你已经经历过养育中发生的各种各样的问题，那本书就是一本帮助你自己动手解决问题的修理手册。父母们，我们希望你们能认识到对孩子的行为进行投资所带来的回报。尽管孩子长大后有好的教养并非全是父母的功劳，孩子长大后缺乏教养也不能全都责怪父母，但是我们相信当今的社会所面临的许许多多的问题——犯罪、暴力、在两性关系上的不负责任以及对社会的冷漠——都源自于孩子以及孩子长大成人后的缺乏教养。

有一位母亲来到我的儿科诊所，对于我给她的关于她会如何影响社会的指导感到不抱希望，她说："大街上到处都是犯罪，家庭里又充满了暴力，而且学校花在维护法律和秩序上的时间要比用于教学的时间多得多。我感到对改变社会无能为力，而且我也不相信政府知道如何去改变这一系列的问题。"我告诉这位妈妈说："你确实能够改变世界，一次改变一个孩子。去做你、并且只有你才能做的事——养育你的孩子。"

威廉·西尔斯　玛莎·西尔斯

于加利福尼亚圣克莱门特

contents 目录

Part I 培养孩子的良好品行

Chapter 4 正确地对孩子说“不”

Chapter 5 平息孩子的脾气发作

Chapter 6 父亲的管教者角色

Chapter 7 自尊：良好品行的基础

Chapter 8 帮助你的孩子表达情感

Chapter 9 使怒气为你所用

Part III 为了孩子的一生而进行管教

Chapter 17 道德品质和礼貌

Chapter 18 培养健康的性别意识

Chapter 19 在特殊阶段对特殊孩子的管教

结束语 养育计划的一个范例

Part 

培养孩子的良好品行

父母和孩子如何开始相处，这对他们之间的养育关系有重要的影响。有些父母能够轻松自如地管教孩子，有些孩子也容易被管教。而另一些父母却缺乏引导和纠正孩子的信心，部分原因在于，他们自己年幼的时候受到了不适当的养育。如果你是这样的父母，本书的前几章能够帮助你树立起做父母的自信，为你的孩子带来一个你自己不曾有过的良好的人生开端。

在本书中我们首先会讨论亲密育儿法，这里所说的“亲密”，指的是你与孩子之间的感情联系方式。我们关于养育孩子的教程首先为你提供了在孩子幼年时就与他建立起感情联系的方法，这时候的小家伙还处在培养、塑造的过程中。我们帮助你建立起对自己孩子的敏感；帮助你了解什么是与年龄相称的行为；帮助你的孩子做到充分、自如地表达自己，克制自己的愤怒，并且培养起自信心。从这样的基本关系当中，自然而然地就会产生充满挚爱亲情的引导。亲密育儿法给父母和孩子都会带来好处。在养育孩子的过程中，一开始多投入一些努力能够让你在以后节省许多时间和精力，可以让你无需去做我们在本书第二部分中讨论的那些补救工作。

1 CHAPTER 亲密育儿法

父母如何才能让孩子去做大人期望他们做的那些事情——并且让他们自觉自愿地去做呢？这是一个古老的养育话题，这个问题的关键在于不仅仅要引导孩子的行为，而且还要激发他们养成良好品行的主动性。这个问题的答案并不能从一系列的行为控制技巧中去寻找，而根本在于父母和孩子之间的关系。如果你对自己的孩子有很好的了解，对他的需求具有高度的敏感，那么他就会信任你，由此就会自然而然地培养出他做出良好行为的能力，因为他想要让你感到高兴。

在对孩子的养育中，你与孩子之间建立起良好的关系比采用所谓的“正确”技巧来得更为重要。本书的目的之一就是帮助你和你的孩子都成为通情达理的人。对于养育孩子这个问题，我们的方法可以用一个词来概括——“通情达理”，即教会父母如何理解孩子的心思，教会孩子如何去顾及自己的行为对别人所造成的影响。当今的许多养育（社会）问题都可以追溯到一个源头——对自己和他人的冷漠无情。因此，尽管本书从头到尾的各个章节里讲述的都是一些培养良好品行的理念，但是在本书的全部内容里我们最为强调的是父母与孩子之间的关系和感情。我们把这种养育方式称为“亲密育儿法”。

养育的类型

为了更确切地理解我们所倡导的亲密育儿法有什么特别之处，我们不妨来了解一下其他的各种养育类型。

养育方式分为三大类：专制型、沟通型和行为改进型。这三种方式在引导孩子们的品行方面各有优劣。在40年的儿科实践中，我积累了解决各种各样养育问题的经验，自己还养育了8个子女，所有这些都让我们发现，虽然仅仅靠这三种方式来养育孩子还远远不够，但这三种养育方式在不同的阶段都各有用处。

专制型养育

这种传统的养育方式强调父母的权威形象，孩子必须服从父母的权威，否则的话就必须面对由此产生的后果。正如一位对子女专制的父亲所说的："我是老爸，他是个孩子，事情就这么简单！我压根不需要现代心理学这种鬼名堂。如果他出了格，我会让他知道是谁说了算。"按照这种养育方式，打屁股被认为是正当的，甚至是应该的。这种养育方式好的一面是非常清楚地表明父母必须负起管教孩子的责任。当今的许多养育问题都是由于大人们逃避对子女的品行所应尽的责任而引起的。然而，子女需要的是开明的权威，以便从他那里学会什么是该做的、什么是不该做的。

西尔斯养育手记　养育具有心理治疗作用

养育孩子，特别是难带的孩子，父母们最好的和最差的禀性都会充分地显露出来。这鞭策着父母在品行上必须为孩子树立一个大人的榜样。因此，你在养育子女的同时，也在充实着自己。要规范子女的行为，你就必须首先规范自己的行为。在训练子女的同时，你也在训练着自己。对子女的养育可以让你深入自己幼年的体验，你能从中发现自己是如何被养育成人的。一位母亲曾经告诉我们："我注意到我的嘴里发出了与我母亲一样的声音。"你小时候所遇到的问题又会出现在你与子女的关系上，并且会影响到你对孩子的养育能力。如果你在童年受到的养育未能取得良好的效果，你就极有可能会把这些问题再带给你的孩子。养育好孩子的愿望将迫使你首先克服自己身上的毛病，从而使你成为心理健康的父母。

父母的权威在整个养育过程中始终占有重要地位。

专制型养育方式会引发许多问题，问题之一就是孩子感受不到父母对他的爱。同时孩子会从内心深处生出对父母权威的惧怕，这种惧怕会严重到形成对孩子生活的控制，甚至延续至孩子的成年。最为重要的是，如果把专制型养育当作唯一的养育方式，那么它根本就起不到作用。原因有以下几个方面。首先，它会让父母专注于消除孩子的缺点，从而往往忽略了孩子的优点。其次，由于父母注重的只是惩罚孩子，使得他们不会去学习采用其他更为适当的方法来纠正孩子的不良行为，而那些方法原本就能减少惩罚孩子的必要性。第三，专制型养育方式最为糟糕的一点是，孩子的行为更多是出于害怕被惩罚，而不是打心眼里乐意这么做。因此，他们无法培养起自身内在的控制力，一旦控制者转过身去，被控制的孩子就会像脱缰的野马。

专制型养育把对孩子的养育看作是你对孩子做的事情，而不是你与孩子一起进行的一个学习过程。专制型养育拉开了父母与子女之间的距离，这有两个原因：首先，这种养育方式的基础是惩罚，这很容易引起孩子情绪上的愤怒，从而使孩子远远地躲开父母，父母很少或根本不宽容子女在不同的成长阶段所表现出的孩子气。明智的家长会成为他们子女的学生，努力去了解自己的孩子。而专制的父母往往觉得努力去了解子女的想法会削弱他们的权威，因而会认为努力了解孩子与他们对孩子的养育根本不沾边。由于专制型的养育不是把子女作为一个个性独立的人来对待，因此，即使在严厉的责罚背后父母有着一颗温柔的心，这种养育方式也很难唤起父母和孩子各自内心的美好体验。

| 沟通型养育 |

这种方法体系主张对孩子的养育应该采用沟通的方式，而不是惩罚的方式。由于对专制、惩罚型的养育方式不满意，人们提出了一些新的养育观点，形成了沟通型的养育流派，强调父母应该更好地与自己的孩子进行沟通。目前大多数的养育书籍和养育课程都以这种沟通型的养育方式为基础。这种方法体系认为，根本就不存在所谓的坏孩子，只有差劲的沟通；孩子们本质上是好的；父母应该做的只是学会如何去倾听他们、与他们交谈。这种“现代的”养育方式让人感到高兴，它把孩子当作一个行为由情感支配的人来尊重，并且鼓励父母去深入了解是什么情感在支配着孩子的举止行为。父母试着用建设性的方式向孩子传递信息，告诉他们父母希望看到什么样的品行。父母也会设身处地为孩子着想，用理解去营造一个总体上积极的家庭气氛，因此，他们会尽量少对孩子说“不”。沟通型的养育方式强调为人父母的技巧，以减少惩罚孩子的必要性。这种养育方式用心理研究代替了责罚，打屁股是根本不允许的。

沟通型养育方式的主要问题是父母往往会失去权威，反而扮演起了业余心理学家、谈判家或者是外交家的角色。结果可能会使孩子们不尊重权威，对家长权威的缺乏尊重将会导致孩子们不尊重其他人，包括教师和警察等。此外，如果过分地使用这种养育方式，大多数孩子都会把它看成是虚情假意，父母与孩子之间的对话听起来只不过是头天晚上老爸、老妈在家长学校听来的那些感情上无懈可击的套话而已，而根本不是真正的沟通。沟通型的父母不说“别打你的弟弟”，而是会说出孩子的感受：“你肯定对弟弟非常生气。”这听起来没错，许多父母也觉得很对，但是，当确定了他在生气之后，如果他还继续打他弟弟，那又会怎样呢？你该怎么做？另一个问题是，父母常常会担心由于他们没有以“心理学上正确的”方式作出反应而损伤孩子的心灵，这让他们常常会最终不表明自己的立场。因此，这种养育方式存在着对孩子过分地放任自流的危险。

| 行为改进型养育 |

行为改进型养育告诉我们，孩子们的行为会由于父母如何构建孩子的成长环境而受到正面或负面的影响。如果在你已经尽你所能进行了心理学上正确的沟通之后，你的孩子还在继续打其他孩子，你就只有把他和其他孩子隔离开了。大多数孩子都会对行为改进措施反应良好；而有些孩子则会认为这种养育方式是在有意为难他们。虽然这种方式有点机械（仿佛与训练宠物一般），但是行为改进型养育为父母提供了一些养育的技巧，比如暂时制止孩子的行为、正面地支持鼓励以及教导孩子分析行为所造成的后果等，当专制型及沟通型的养育方式均不起作用时，可以采用这种方式。对于有情绪问题的孩子或者脾气不好的孩子来说，如果他们对其他养育方式根本没有反应，那么行为改进养育方式可能会十分有用。采用行为改进型养育方式的管教者注重的是规范孩子的行为，对孩子加以训练，而不是去认识孩子的内心。

行为改进型养育的缺点在于迟早你会用完所有的技巧，或者耗尽精力，从而无法持之以恒地应用这些技巧来养育孩子。行为改进型养育的最大危险在于它注重的是外在的方法，而忽视父母与孩子之间的关系，使得孩子被当成一个项目去实施，而不是作为一个有情感的人来培养。

| 亲密育儿法 |

依靠上述三种方法中的任何一种来解决养育问题的父母可能会发现孩子的品行确实有所改观，但只是暂时的。如果缺乏父母与孩子之间的亲密情感作为可靠的基础，任何其他的养育方式都只是一些解决不了根本问题的技巧，或者不过是一些与孩子沟通的招数，采用这些技巧只能是临时抱佛脚而已。上述三种养育方式中没有一种融合进了这样一种养育理念，即：子女的养育应该视孩子的年龄和性情以及父母的性格特点而“量体裁衣”。每个家庭、每个孩子、每个场合都各有不同，在纠正子女行为的过程中，父母必须对所有的这些因素加以考虑。为了做到这一点，他们必须了解自己并且了解孩子。

我们的养育方法吸纳了上述三种方法的优点，而且在为养育建立一个坚实的基础方面更深入了一步：养育孩子的关键是父母和孩子之间要建立起良好的关系。只有以亲密的亲子关系作为坚实的基础，父母才可能平衡而不失之偏颇地应用前面提到的三种方法（专制型、沟通型和行为改进型）来养育子女。如果你的孩子存在养育问题，你可以通过你和孩子之间的亲密关系来找到解决的办法。你应该问问自己："我的孩子心里在想些什么？我该如何帮他处理好这些难题呢？"而不是考虑："我怎样才能让他有良好的表现？"这样的方法能够帮助父母和孩子一起来协力解决问题而不是互相冲突。我们可以把亲密育儿法看作是一个金字塔：底座宽大、坚实，要花费比较长的时间来建造，但是越往上你要用的精力和材料就越少。这种结构既坚固又耐久。其他的方法一开始可能会显得很方便，但是

西尔斯养育手记

向有经验的父母学习

每当我给即将开始实习的儿科见习医生们提建议的时候，我都会告诉他们："你们应该走到有智慧、有经验的父母中去，向他们学习。"这些父母是真正的养育专家。实际上，本书的许多素材都来源于我们在儿科实践中所遇到的那些经验丰富的父母，他们与我们一起分享了他们的成功与失败。在使我们自己的养育理论体系化的过程中，我们记录了这些有智慧的养育者的做法以及他们的子女最终被培养成了什么样子。我们学到了这么一条：有智慧的养育者会花费时间和精力，在孩子发展的每一个阶段都想提前创造各种条件来培养子女的良好品行，不给孩子留有行为不当的余地。有智慧的养育者会：

- 与他们的子女始终保持情感联系；
- 建立起父母子女之间的相互敏感；
- 把更多的时间花费在培养良好品行上，因而不必对孩子作太多的纠正；
- 对适龄行为有着富有成效的理解；
- 用幽默来促进孩子的协作精神；
- 善于不被孩子察觉地引导孩子的行为。

出于对孩子的疼爱，你非常容易接受每一个有助于你造就一个聪明的、品行良好的孩子的建议。本书的目的之一就是提高你的洞察力，让你学会辨识哪一种建议会使你和孩子拉开距离，哪一种建议会使你们更加亲密无间。你应该选择那些养育了许多子女并且子女为你所喜欢的家长，听从他们的建议，和他们交朋友，并向他们学习怎样管教孩子。

都缺乏金字塔那样宽广的根基，因此不久你就需要不断地进行棘手的修补工作。

作为父母：你必须肩负起管教子女的责任，但是不能采用控制孩子的方式；你必须和孩子进行沟通，但是必须在相互信任的基础上进行；你还需要掌握管教孩子的方法来应付现实生活中的各种情况。但是，当这些技巧都不能奏效的时候，你就必须求助于对孩子进行深入的了解。采用亲密育儿法来养育孩子，能够让你树立起信心，相信自己的孩子能够（最大程度地）具有良好的行为表现，并且能够建立起为享有一个幸福、富有成效的人生所必需的内在自控力。在对孩子的养育中，专制型的养育方法主张："我来告诉你该做些什么。"沟通型的方法主张对孩子说："你认为什么是该做的事呢？"行为改进型的方法主张对孩子说："如果你这么做，就会有那样的结果。"而我们的建议是给你的孩子这么一条带有亲密情感的信息："你可以相信我，我会帮助你懂得该做什么。"

在下一节中，我们将就亲密育儿法作一个概述，你将会看到上面讲述的各种养育方法如何被融入到亲密育儿法的整个体系中。请你记住，对子女的管教需要采用一整套不可分割的办法，所有单独的部分都必须用亲密的亲子关系将它们糅合在一起，然后才能加以应用。

亲密育儿的十大原则

一天，我曾仔细观察在我的候诊室里候诊的一个家庭。那个蹒跚学步的孩子在离他母亲几步远的地方开心地玩着，有时他会跑回到母亲的膝前，让母亲抱一会儿，重新感受与母亲的情感联系，然后又跑开去。当他冒险跑得更远的时候，他会用目光探询母亲，征求母亲的允许。母亲用点头和微笑向他表明"没有问题"后，他才会大胆地尝试着去玩那些新玩具。有那么几次，这个孩子面对新玩具开始时不知所措，他的母亲就用眼神向他示意，他父亲用肢体语言给他以引导，这就让他得到一条明确的信息：需要改变自己的行为。对于孩子来说，这是一种让他感到安全的方

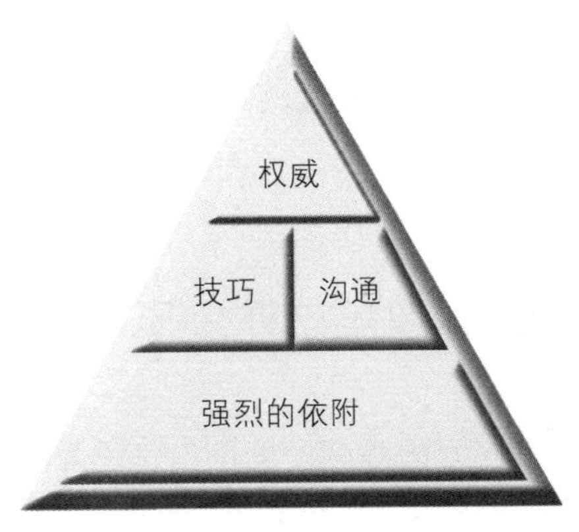

浓厚的亲子感情

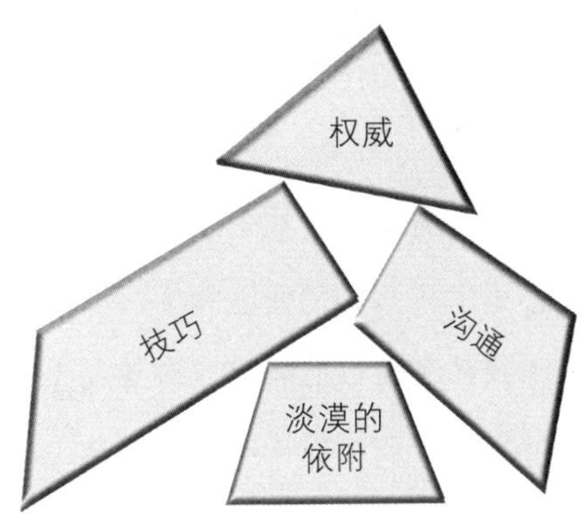

淡漠的亲子感情

式，而父母又有着一种让孩子没有压迫感的权威。很明显，他们之间的关系十分融洽。我忍不住称赞这对父母：“你们对管教孩子真在行。”让我感到吃惊的是，那位父亲回答道：“我们可从来不打孩子。”

我们对“管教”一词的理解显然是不同的。像其他许多父母一样，这对父母把“管教”等同于对孩子的不良行为做出反应，他们没有认识到“管教”主要指的是父母对孩子良好品行的鼓励。父母首先应该保护孩子不让他跌倒，这比起等他真正摔倒后再来为他抚平创伤要好得多。

所谓“管教”，指的是你对孩子所做的影响着他们成长为什么样的人的一切。然而，你如何才能使孩子成长为你所期望的样子呢？为了长成你所期望的样子，你的孩子又需要从你那儿得到什么呢？不论你对孩子有什么样的最终目标，这些目标的实现都应该扎根于帮助你的孩子培养起能够持续一生的内在自我控制力。你需要这样一种指导体系，它能够让孩子在4岁的时候就约束自己，从而使他到40岁时仍然保持良好的品行，你还应该将这样的指导体系融入到孩子的全部个性当中，使它成为孩子个性的一部分。假如孩子的一生都被录制在一盘录像带上，而且你可以往前“快进”数十年，你希望在带子上看到的那个成年人具有怎样的品行呢？我们希望自己的孩子在成人后具有：

- 敏感
- 信心及坚实的自尊
- 做出正确选择的智慧
- 建立亲密关系的能力
- 对权威的尊重
- 解决问题的技能
- 幽默感
- 不懈地追求目标的能力
- 诚实、正直
- 健康的性意识
- 责任感
- 求知欲

一旦你明确了自己的目标，你就能够着手去规划如何实现这些目标。请你记住，你的孩子并非像一张白纸那样，可以让你在上面写上自己的种种愿望。孩子的性格靠的是你和其他关键人物的引导，而不是塑造，你必须对孩子本人的个性加以考虑。由于孩子们和父母有着不同的气质和个性，而且每个家庭的生活方式各不相同，父母对孩子的引导方式也就因人而异。尽管如此，不论父母和孩子有着什么样的性格，所有的养育方式都建立在一些最基本的思想基础之上。下面的十个基本原则有助于你着手考虑在自己的家庭里如何实施对孩子的养育，在本书的后续章节中，我们将逐个地对这些基本原则展开讨论。

1.尽早建立起密切的亲子关系

养育的基础是父母与孩子之间健康的关系。要想知道如何养育自己的孩子，你必须首先了解孩子。对孩子的了解深深地印刻在父母的心中，你可以称之为“直觉”，但是“直觉”这个词多少会让人感到有点神秘，会令父母们迷惑不解（父母们可能会想：“我如何才能相信自己的直觉？我甚至连自己有没有直觉都不知道！”）。而“密切的亲子关系”这个词就比较容易理解。我们把高度接触的养育方式称为亲密育儿法，通过这种养育方式，你可以建立起并且不断地加强你和孩子之间的亲密关系，为养育孩子奠定基础。与孩子关系密切的父母会对自己的孩子有深入的了解，因而他们能够知道对孩子作出什么样的期望是合适的，并且会明白如何让孩子知道他们的期望。另一方面，与父母关系密切的孩子知道父母期望他们有什么样的品行，并且为了让父母高兴，他们会尽力按父母所期望的去做。这样，父母与孩子一起共同形成了对他们来说行之有效的养育方式。在第二章中，我们将会为你描绘与你的孩子建立起密切的亲子关系的途径，以便让你能够读懂孩子的行为，从而作出适当的回应，并且使你和孩子都能发挥出内心最美好的品格。在本书的其余部分，我们将帮助你保持与孩子之间的密切关系。如果你在为人父母之初和子女的关系不够稳固，我们将帮助你重新建立起与孩子之间的亲密关系。

与子女关系不密切的父母由于不太了解孩子心里在想什么，会对自己的养育技巧缺乏信心，因此他们会为了弄明白孩子的行为而四处向专家求教。他们尝试着一个又一个的方法，盲目地寻找着各种问题的解决办法，其实这些问题完全是可以事先预防的。如果你和你的孩子之间出现了养育问题，并且你感到你们之间有距离的话，那么你和孩子之间的关系可能需要加以改善。想改善你和孩子之间的关系，永远都不会为时太晚。当然，越早与孩子建立密切的关系，你对他的管教就越容易进行。建立起与孩子的密切关系并且保持这种密切关系，这是养育子女的基础，也是亲密育儿法的核心内容。

2.了解你的孩子

“了解你的孩子”，这几个字是对孩子的养育中最有用的词语。你应该了解你的孩子在不同年龄段的需求与能力，你的养育技巧必须随着孩子年龄的长大而改变，因为不同年龄段的孩子会有不同的需求。一个2岁的孩子发脾气时父母需要做出的反应与一个4岁的孩子发脾气时父母所要做出的反应是截然不同的。在后面的章节中，我们将指出怎样的行为是很正常的，怎样的行为是反常的，以及父母在孩子成长的各个阶段应该怎么去做。

| 了解适龄行为 |

父母与孩子之间许多冲突的发生都是因为父母期待孩子像大人那样去思考和行动。为了辨别什么才是真正的不良行为，你必须在孩子的每一个成长阶段都了解哪些行为对于当时这个成长阶段来说是正常的。我们发现，养育自己的第八个孩子比养育第一个孩子容易得多，主要是因为我们已经掌握了养育孩子的关键，我们知道子女什么样的行为需要给予指导、需要我们耐心和幽默地对待，什么样的行为需要我们毫不含糊地加以纠正。我们会容忍孩子的那些与年龄和成长阶段相应的行为（比如，大多数2岁大的孩子都无法在餐馆中安静地坐定一两分钟），但是我们会纠正孩子的无礼行为以及可能给孩子或他人造成危险的行为（比如，我们会说："你不可以爬到桌子上去。"）。

| 了解孩子心思 |

小孩子的想法与大人是不同的。小孩往往会试着去做一些傻事，也往往会有一些怪念头——至少按大人的标准来看是这样。如果你以一个大人的观点来评判小孩的行为，那会让你也做出傻事。一个2岁的小孩跑到外面的大街上去，他并非是想跟父母过不去，而只是要去把他的球捡回来。欲望突然间产生之后，紧接着就是行动，中间不会有任何的思考。如果一个5岁大的孩子非常喜欢小伙伴的玩具，他就会去把它"借"来。成年人在有了欲望之后可能会停下来，掂量一下所要采取的行动的必要性、安全性以及是否道德，而小孩子不会这么做。通过本书的内容，我们将教会你如何用"孩子的眼光"来看问题，从而让你能够了解孩子的行为产生的原因，并且能够想出办法去对孩子的行为加以引导。我们称之为"先想孩子所想"。下面来看看我儿子马修的故事。

我儿子马修在2岁的时候是个十分专注的孩子。在玩游戏时他总是全神贯注，到了该离开的时候总是很难让他停下来。一天，他正玩得起劲，到了我们要出门的时间（我们的一个约会要迟到了），玛莎不管三七二十一地把马修硬抱到了门口，马修像一般2岁大的孩子那样吵闹着、挣扎着。起初，玛莎像平常那样有一种"嗨，这儿是我说了算"的想法，并且认为要马修马上服从自己是完全合情合理的。但是当她把哭闹、挣扎着的孩子抱出门的时候，她意识到自己的养育标准出现了偏差，她并没有用最佳的办法来解决问题。她之所以这么做是因为她急着要去赴约，但她没有顾及到马修的需要。马修需要事先提醒，需要有一个逐渐的过渡。她意识到，在马修正玩得高兴的时候，突然要他停下来并不符合他的天性，尽管我们的确时间很紧。他并不是要公然地违抗他的妈妈，而只是忠实于自己的意愿。要让他结束原来的活动，他需要更多的时间。于是，她平静地把他带回到玩耍的地方，同他一起坐下来，然后一起说："再见，玩具；再见，卡车；再见，小汽车。"直到他能够从玩耍中轻松地摆脱出来。这只不过花了几分钟的时间，不这么做的话，我们就得在车里把同样的时间浪费在与马修闹别扭上。这不是一个什么"技巧"或者"方法"的问题，基于父母和孩子之间的互相尊重，以及玛莎对马修的了解，这种养育行为会自然而然地产生。这么做完之后，玛莎感觉很好，因为这么做让她达到了目的——没费什么口舌就轻松地把马修带出了家门。她让马修学会了不用发脾气就能从玩耍中摆脱出来的方法，这就是我们所讨论的养育的全部内容。

我们认识到，如果我们在做出决定时对孩子们的需求也加以考虑的话，那么对他们的养育就会更有成效，认识到这一点对我们来说是一个重要的转折点。最初的时候我们总是感到担心，害怕会让孩子们控制了我们，因为我们在书上读到过好的父母总是能控制住局面，而且也从别人那里听说过这一点，我们自己就是带着这样的观念长大的。然而我们发现，顾及孩子们的意见实际上有助于对他们加以监督和管理。"了解孩子"成了我们懂得如何去养育他们的关键，他们知道是我们在起着主导作用，因为我们会帮助他们成为听话的孩子。爸爸妈妈最了解他们，他们和我们在心里对这一点都确信无疑。

3.帮助你的孩子尊重权威

父母们，你们得管教好自己的孩子，这是养育入门里面的基本原则。但是，做了孩子的父母并不意味着你就能自然而然地在孩子的生活中扮演好一个值得信赖的权威角色。如果你要求孩子必须听你的话，“不然就会……”，他可能会照你的话去做，但是，他之所以这么做是因为怕你而不是尊重你。“尊崇汝父汝母”自古以来一直是一条给人以启迪的教诲，并不是要孩子“怕”父母。尊崇既意味着服从，又意味着敬重。

如何才能让子女尊敬你呢？一个权威的角色需要兼有和蔼与睿智这两种禀性。你首先必须与孩子建立起亲密的关系，要从照料婴儿、逗宝宝开心做起。在这么做的过程中，你就会逐渐地了解你的孩子，你的宝宝也会建立起对你的信任。对权威的尊重是建立在信任的基础上的。一旦孩子信赖你，认为你会满足他的需求，他也就会信赖你给他作出的限制。有一天，我问一位母亲为什么会对自己在孩子面前的权威角色如此自信，她说：“我这么有把握，主要是因为我对孩子的了解。”由于她了解她的孩子，她就能够睿智地指导他们，并且确信他们会听她的话。许多父母把管教孩子与控制孩子混为一谈。睿智的、有权威的父母并不是直接去控制自己的孩子，而是控制住局面，以便让孩子能够轻松地学会控制自己。子女回报给父母的是真诚的信任和敬重，而不是害怕和反抗。

4.为孩子确定规则

你必须为孩子确定规则，同时又必须创造条件使得这些规则容易遵循。孩子们需要有划定的界限。没有界限，小孩子们就不能茁壮成长，甚至不能生存；他们的父母也会不得安宁。去了解、学习婴幼儿的处境，蹒跚学步的婴儿总是精力充沛的，富有探索的精神，这是他们的任务。而对环境进行控制是父母的任务，这包括两个方面：限定合理的范围以及提供环境，也就是在家里营造一个环境，使得孩子们容易遵守大人给他们划定的限制。要管教一个满地乱跑的幼儿，划定界限这一部分的任务就是要对快要惹上麻烦的、冒险探索的孩子说“不”；而提供环境这一部分的任务是为孩子安排一个不会发生危险的家庭环境，让身心都闲不下来的小家伙们有一个玩耍和学习的安全场所。

5.期待孩子服从管教

孩子是否听你的话取决于你的态度，你指望他顺从你，他就会做到这一点；如果你放任他，他也就不容易听你的话。当我们问起那些听话的孩子的父母为什么他们的子女会服从管教时，他们都回答说：“因为我们期望他们听话。”这句话听起来很简单，可是许多父母都忽略了这个基本的养育道理。他们太忙了，他们的孩子“太任性”，他们这么找借口：“这只不过是一个特殊的成长阶段。”

在孩子们出生后的最初几年里，如果你不告诉他们，他们压根儿就不明白什么行为是可接受的、什么行为是不可接受的。

一天晚上，在一个小朋友们喜欢去的餐馆里，我们观察到两个家庭用截然不同的方法来处理同样的养育问题。一个家庭2岁半的小女孩在座位的隔板上爬来爬去，一直不停，直到打搅了邻座的顾客。父母轻声地阻止她：“别这样！”但这并不能让爬个不停的小女孩停下来。显然，这个小女孩一点也不懂得这样爬来爬去是让人不可接受的，她得到的信息是：“我们希望你别再爬来爬去。但是你一定要爬，那是你的事，我们可不管。”另一个2岁半的男孩却得到了根本不同的信息，做出了不同的行为。这个家庭的父亲让孩子坐到他的身边，时不时与孩子交谈几句，始终让他参与到全家的谈话中去。当这个小男孩开始爬来爬去的时候，他父亲马上就制止他，温和地把他抱回到自己的座位上。通过积极地引开孩子的注意力，并且既尊重孩子又对他加以限制，这个父亲向孩子传递了信息，让孩子知道大人希望他能够克制自己，不要爬来爬去，因为那样做会影响邻座的顾客。小男孩得到的信息是：任何翻越隔板、爬过座位的做法都是不允许的，他把这个经历留存在了他的记忆当中，等下次他们再去餐馆时会回想起来，到时他大概就不会再去爬过座位了。

第二个家庭的父亲是否表现出了对孩子行为的控制呢？答案是肯

定的，而他的控制是理性的。如果把你的意志强加给孩子，期望他服从你的管教，却损害了亲子关系的话，那么你就是滥用了对孩子的控制。如果你坚持要孩子服从你，并且在帮孩子管好自己、控制自己，那么你就是在用一种良好的方式管教孩子，这能够帮助孩子培养起内在的控制力。请你记住，孩子们需要有所限制，以免感到失去控制，而且他们也希望父母能够固守这些限制。他们会不断地试探这些限制的底线，看看你是否会毫不动摇地坚持。假如你放弃了限制的底线，孩子就会感到焦虑不安，觉得没有一个人能够强有力地控制他。对于孩子来说，他会为此提心吊胆。

在下面的章节中，我们将教你如何在孩子身上培养一种合作的态度，使他愿意服从你。此外，我们还将告诉你一些能够引起孩子注意力的窍门，以及如何让孩子的注意力保持足够长的时间，以使孩子能够理解你的想法。孩子只有在懂得了你对他说的话之后，才能照着你的话去做。为了使你的孩子成长为一个好相处的人，你必须设想他应该具有什么样的行为，然后帮助他去遵守这些行为。长大之后，孩子会为此而感谢你。

6.用榜样来养育孩子

你应该树立让孩子效仿的榜样。成长中的孩子的头脑就像一块海绵，吸收人生的各种经历；它还像一架摄像机，捕捉着他所听到和看到的一切，把所有的图像存储到脑海中为日后所用。这些存储起来的图像，尤其是被孩子生活中的重要人物频繁地重复的图像，就构成了孩子的个性——孩子自我的一部分。因此，作为家长，你的任务之一就是提供良好的素材让孩子去吸收。

你可能会说：“但是我自己都做不到完美。”确实如此，没有一个家长是十全十美的。在本书的写作过程中，我和玛莎常常有这样的感慨：“我们懂得所有这些道理，但还是在不断地犯错误。”

实际上，仿效完美的榜样是危险的——不论是父母还是孩子都达不到这么一个目标（话虽如此，但还是有许多家庭试着去这么做，并因此而受到了损害）。你的孩子所感受到的总体印象才是最重要的，你偶尔犯点小错误或者发泄一下情绪，并不会给孩子带来严重的负面影响。

如果大人总是习惯于发脾气，那么愤怒也就成了孩子自身的一部分，孩子会认为这是人们对待生活的方式。假如大人展示给孩子的是幸福和信任，偶尔才会有愤怒的训斥，那么孩子就看到了健康的榜样：人们在大多数时间里都是开开心心的，但是有时候碰到的麻烦事也会让你生气，你会面对这些问题，在解决了之后又会回到快乐轻松的状态。

父母们，你们是孩子最先了解的人，是孩子生活中最早的照料者、最早的权威、最早的玩伴、最早的男性和女性。你们为孩子确立了效仿的标准和榜样，影响着孩子对待权威的态度、与小伙伴一起玩耍的能力以及孩子的性别认同。你们个性中的一部分将成为孩子个性中的一部分。的确，孩子的许多行为遗传自父母，不止一位父母曾这么说过：“他好像生来就这样。”但是孩子的许多行为也受到行为榜样的影响。通过这本书，我们将告诉你如何为你的孩子树立一个具有良好教养的榜样。

7.培养孩子的自信

有正常感受的孩子也会有正常的行为。在本书的第一部分中，我们将告诉你如何帮助孩子喜欢他自己。正在成长中的孩子如果有着正面的自我形象，那么就容易被管教。他会认为自己是一个有价值的人，因而会用有价值的方式来做出各种行为。为了保持健康快乐的感觉，他会放弃一部分打算做的错误行为。当这个孩子真的犯傻的时候，他会很快地回到正确的轨道上来，没有太多的必要去责罚他。

然而，有着糟糕的自我形象的孩子就不是这样。孩子的感受不正常，他就不会有正常的行为，他的父母不相信他，因而他也无法信赖自己。不良行为的恶性循环就这么开始了：孩子的不良行为越多，受到的责罚就会越多，这增强了他心中的愤怒，并且降低了他的自信，从而又让他做出更多的不良行为。这就是为什么我们的养育方法主要强调从一开始就必须培养孩子内在的良好感觉。在孩子的一生中，他肯定会遭遇到一些能够增强他自我价值的人和事，也会遭遇到一些削弱他自我价值的人和事，我们把这两者分别称为建设者和破坏者。我们会帮助你为孩子创造条件，让他多遇到一些建设者而少碰到一些破坏者，当然也要让你学会成为一个建设者。

建设者

破坏者

8.塑造孩子的行为

明智的家长就像一个园丁，他侍弄着花园中已有的花草，并且盘算着该增添些什么。他知道他无法控制花园中已有的花草的习性，没法去控制它们开花的时间、它们的香味和颜色；但是他可以在花园中添加那些缺少的色彩，而且还可以把花园摆弄得更漂亮。有时候鲜花盛开，十分美丽，让你忘了杂草的存在；而有些时候杂草又盖过了鲜花。园丁们给花草浇水，打下桩子为花草扶正，修剪枝叶让花儿开得更加灿烂，并且还要铲除杂草。

孩子们生来就带有一些行为特征，有些被发扬光大了，而另一些被克服掉，这取决于孩子们是如何被养育成人的。另一些行为特征是通过灌输和积极的鼓励培养起来的。所有这些行为特征合成了一个整体，最终形成了孩子的个性。父母作为培养孩子的园丁，所使用的园艺工具是一些我们称之为“塑造工具”的技巧，这是一些历经时间检验的、在日常生活中使孩子的行为不断进步的方法，它们能够帮助你修剪掉那些不利于孩子成长的行为，支持鼓励那些有助于孩子成长的良好品行。

对孩子的行为进行塑造的目的在于循序渐进地向孩子灌输一种观念，让孩子认识到什么是“可接受的行为”，并且帮助他形成对良好行为的认同感。孩子会根据从自己心目中的权威人物那里得到的回应来学习行为处事，这些学习到的行为有可能是好的，也有可能是坏的。如果孩子做出良好行为后得到的回应是鼓励，他就会受到激励，继续做出良好行为。而如果孩子做出良好行为后获得的回应是厌烦，那么良好行为就会从孩子身上消失。尽管如此，如果孩子做出良好行为后能得到大量的关注，尤其是如果孩子只有做出这样的行为后才能获得权威人物给予的回应，那么不论这些关注是正面的还是负面的，良好的行为都会在孩子身上继续下去。因此你必须细致地考虑孩子的哪些行为是你想要加强的，并且认真地筹划你该如何去加强这些行为。

对孩子的行为进行塑造的大部分工作都是一种“如果—那么”式的反应（如果比利的房间搞得乱七八糟，那么妈妈就应该说“不把房间弄干净，就不能到外面去玩”）。最终，孩子就会把这些外加的行为塑造转化为自己内在的意志，逐渐建立起自己内心的“如果—那么”式的反应体系，并且在此过程中学会对自己的行为所产生的后果承担责任（“如果我的房间搞得乱七八糟，那么在房间里玩就不会开心，因此我最好把它弄干净”）。这样，他就学会了塑造自己的行为。

孩子就好比是一个小花园，在他成长的各个阶段，你应该针对他的不同需求来选择不同的塑造工具。在后面的几页当中，我们要告诉你一些培植孩子这个小花园的园艺窍门，帮助你大胆、自信地塑造孩子的行为，使孩子的性格有利于他的成长。这样培养出来的孩子将是一个十分可爱的人，会给生活这个大花园增添亮丽的色彩。

9.培养谨慎的孩子

要成为一个有道德的孩子，既要有责任心，又要培养起良知，并且能够设身处地地考虑他人的需求和权利。有道德的孩子有一种内在的是非观念，它是与内在的精神健康感紧密相连的。他的内心懂得这么一个道理:“在我的行为正确时我感觉良好，在我的行为错误时我感觉糟糕。”一个婴儿能成长为一个有道德的孩子的根本原因（这是本书的一个重要着眼点），一方面在于对自己和他人的敏感，另一方面还在于预先判断自己的行为会对别人产生什么影响、并且在采取行动之前对此加以考虑的能力。你能够帮助孩子发展起来的最有用的社会技能之一就是设身处地地为他人着想——考虑别人的权利和感觉的能力。从那些设身处地地为他人着想的人身上，孩子们能够学会设身处地地为别人着想。产生优秀公民的最佳方法之一就是培养敏感的孩子。

除了教育子女学会对别人、对事情做出负责任的行为之外，你还应该教会他们对自己负责任。你能够给孩子的一个最宝贵的生存手段就是作出明智选择的能力。你应该在孩子的内心建立起这么一个安全体系，不断地向他发出提醒：全面地考虑你将要做的事情。通过在一些不重要的事情上学会对自己的行为负责，孩子就能够学会在面临重大的后果时做出正确的选择。我们对你的希望是：培养谨慎的孩子。

10.善于交谈和倾听

在本书的每一章，我们都将为你讲述一些与孩子沟通的方法，从而让他不会成为“父母的聋子”。孩子们心目中最好的权威人物都擅长与孩子们进行沟通。你是否能够经常深入浅出地以孩子容易理解的方式来同孩子讲道理，会影响到孩子是服从你还是违抗你。明智的养育者懂得如何让一个内心封闭的孩子敞开他的心扉，并且会遵循这么一条金科玉律：你希望孩子以尊重的态度与你谈话，那么你必须首先在交谈中以尊重的态度对待孩子。

除了学会如何与孩子交谈之外，

爱和限制就像一个天平的两端，
一定要控制好平衡

学会如何倾听孩子也同样重要。获得一个孩子（或者成人）好感的最好的办法之一莫过于让他知道你重视他的看法。对于你的孩子，你处于监管、控制的地位，但这并不意味着你可以怠慢他。在第八章中我们会告诉你如何帮助孩子辨别并且正确地表达自己的情感，一旦他能够驾驭自己的情感，他就很可能会逐渐地理解、体贴别人的情感。

上述的每一个养育要点都是相互依存的。如果你和你的孩子之间缺乏亲密的关系，如果你不了解自己的孩子，那么你就难以成为孩子心目中的权威人物，难以成为孩子的好榜样，也不可能成为孩子的行为塑造者和受孩子尊敬的导师。你可能懂得一些有关行为塑造的心理学原理，但是只要你不与孩子作良好的沟通，那些塑造行为的方法就根本起不到任何作用。而且，如果你不能让孩子知道你希望他服从你的管教，那么即使你与孩子之间关系亲密，也并不能保证你的孩子会有良好的教养。这十个相互关联的养育组件构成了本书所倡导的亲密育儿法的基础。你应该把这十个组件综合在一起加以应用，这样你就会有一个详细的蓝图，让你能够照着它来培养现在能给你带来欢乐、将来能使你为之骄傲的孩子。

西尔斯经典语录

在对孩子的养育过程中，你与孩子之间建立起亲密的关系比起采用所谓的“正确”技巧来得更为重要。

养育孩子的过程就是帮助你及孩子成为“通情达理”的人的过程。

对子女的管教需要采用一整套不可分割的办法，所有单独的部分都必须用亲密的亲子关系将它们糅合在一起，然后才能加以应用。

2
CHAPTER

婴儿期：建立起亲密的亲子关系

为什么有些孩子管教起来会比较容易？我们夫妻俩在生儿育女中花费了近30年的时间才找到这个问题的答案。

我们的结论是：父母与孩子之间的关系越亲密，孩子管教起来就越容易。

为了帮助大家认识父母和孩子的亲密程度与管教孩子的难易程度之间有什么关系，在这一章中我们将为大家讲述我们对数以千计的父母与孩子进行的观察，还将提供其他研究者对于这个问题的观察和结论。

| 我们的观察 |

我们注意到，与父母关系亲密的孩子有三个方面的特点，使他们比较容易管教：

- 他们想要讨人喜欢。
- 他们愿意听大人的话。
- 他们有比较强的自制力。

这样的孩子当然是父母喜欢的。

同样，我们也注意到，与孩子关系亲密的父母有下面的一些特点：

- 他们会对孩子的要求作出体贴的回应，而不是置之不理。
- 他们对孩子的要求所作出的回应是适当的，既不会过分地迁就孩子，也不会过分亏欠孩子。
- 他们了解自己的孩子，对孩子在不同年龄、不同阶段的行为都有敏锐的觉察。
- 他们以引导的方式管教孩子，从不试图去控制孩子。

| 其他研究者的观察 |

除了我们自己的观察以外，我们也阅读了大量极为可信的研究成果，这些研究的目的旨在回答父母如何才能最大程度地影响孩子的行为方式这个古老的问题。这样的研究被称为依附性研究。依附性研究通常采用“无忧无虑地依附父母的孩子”和“忧虑地（不安地）依附父母的孩子”这样的术语，我们把这两种孩子分别称为“与父母关系亲密的孩子”和“与父母关系疏远的孩子”。这些情感研究报告给出的印象最为深刻的结论是：除了父母与孩子之间的骨肉亲情之外，父母角色的确立源自于孩子出生后最初几年中父母与孩子的关系。依附性研究者发现，与父母关系亲密的孩子几乎在能力和行为的所有方面都有出色表现。

如何与0～1岁的孩子建立起亲密关系

我们俩十分喜欢阅读我们9岁的儿子马修的学校报告书中老师对他的评价：“他真是十分专心。”“他做得实在是太好了！”朋友们也当着我们的面这样称赞马修：“和他在一起真让大家开心！”“他是我儿子的好榜样。”一次，马修和一个小朋友为玩具发生了争执，在一旁观察的家长事后告诉我们：“马修很会体谅其他孩子的要求，这真让人吃惊。”一位刚刚做了妈妈的女士在看到我妻子玛莎对马修和他兄弟之间的一次争吵进行的管教之后，问玛莎道：“你怎么知道该做什么呢？”

马修是怎样成为这样一个乖巧孩子的？是他害怕被大人惩罚，还是他天生就是一个“好”孩子？他的自制力是从哪里来的？为什么马修对处境的敏锐观察会让他自己避免陷入麻烦？为什么马修母子之间会那么的亲密？实际上，对马修的全部调教要追溯到他出生的那一天。

马修一生下来，我妻子玛莎就赶紧把他揽在了怀里。离开了妈妈温暖的子宫，马修躺在妈妈的怀抱里，与妈妈肌肤相亲，他发现这里是一个舒适的好地方。他在玛莎的怀里吃奶，紧贴着妈妈的胸脯，被妈妈的臂膀环抱着，对他来说，这里就是一个新的

"子宫"。他睁开双眼，看到玛莎的眼睛正深情地注视着自己。马修从所有这一切当中已经感受到自己应该待在哪儿，并且能够感到那里是一个温暖舒适的地方。马修很快乐，尽管他和母亲之间已经不再有脐带相连，但是妈妈产后较高的荷尔蒙水平，以及新生儿让别人懂得他需求的能力，仍然将母子俩紧紧地联系在了一起。不论是在身体上还是在情感上，马修的出生都没有给母子之间带来任何的距离。白天，玛莎把马修抱在近旁，或者把他放在吊篮里，及时地照料他，仔细地回应他的每一个需求。夜里，母子俩紧紧依偎着睡在一起，妈妈给马修带来了舒适和安全感。

这样的母子亲情就是对孩子调教的开端，并且始终贯穿于马修的婴儿期。马修一哭，玛莎马上就会去照料他，这让马修明白在他有了悲伤之后，随之而来的就是舒适。由于妈妈每次对他作出的回应总是一致的，因此马修从中就学会了信赖他的妈妈，知道妈妈会把他放在心上，始终会关怀体贴他。有时候，妈妈对马修的要求并没有作出"正确"的回应，比如马修的哭闹可能只是想要换一下地方，而玛莎却给他喂了一点吃的，但这并不会改变马修对妈妈的信赖。对马修来说，重要的是妈妈对他的要求作出了回应。尽管马修已经是我们夫妇俩的第六个孩子了，玛莎还是把他当作与众不同的一个，学着去了解他的个性。随着时间的推移，伴随着足够的耐心，玛莎与马修之间的交流有了千百次的反复练习，终于使这种交流在大多数时候都能够获得正确的效果。日复一日的彼此沟通已经让玛莎学会了预判马修的要求，当马修开始变得愁眉苦脸的时候，玛莎知道他马上就会哭起来。彼此间的熟悉让母子俩相处得轻松愉快。

作为父亲，我观察着他们母子俩在一起共同成长（当然，我也采取行动给他们以支持），我注意到，尽管玛莎对马修的种种表现作出的回应最初都带有试探的性质，难免会有差错，但他们很快做到了凭直觉就可以进行正确的交流。他们之间的关系达到了和谐的程度，有着许多要求的小人儿源源不断地向母亲发出信号，母亲被这些信号打动了，反过来又将关怀和照料源源不断地回馈给宝宝，来满足他的要求。这就使他们两人的内心产生了幸福的感觉，而这种幸福感正是亲密的母子关系所具有的特征。同样的光芒闪烁在母子两人的眼中。我们夫妻俩很乐意与马修待在一起，他与我们在一起也很快乐。由于马修与我们关系亲密，所以他感到被我们所重视——这是孩子自尊的开始，也是他表现出有教养行为的基础。马修的微笑和满足让玛莎也感到了自身的价值，从而为她建立起做母亲的自信创造了一个良好的开端。

在马修和玛莎之间，我看到了相互体贴入微的感情。在马修感到烦恼的时候，玛莎总能知道他想要什么，就好像她能进入他的心扉窥探到他的想法。玛莎能够感受到马修的心情，马修也一样了解他的妈妈。当马修发脾气、使性子的时候，或者在他感觉不好的时候，玛莎对她的母爱和关怀就会愈加强烈，这表现为对马修高度的接受和高度的给予。马修也变得十分关爱他的妈妈，当某一天她心情不好的时候，马修也会变得闷闷不乐，并且会更喜欢缠在妈妈的身边。到了马修1周岁时，我们要把他调教成一个有教养的孩子的努力进展得十分顺利。我们了解他，马修自己也感觉良好。

正是由于我们夫妻俩在一开始就投入了时间和精力来努力了解马修、满足他的要求，并且学会了预判他的行为，所以他蹒跚学步后所具有的独立性并没有让我们为他担心。一旦他的行为偏离了我们所希望的轨道，对他加以纠正并不是什么难事。他十分乐意得到我们的指引，因为他知道我们会尊重他自己盘算着的想法。他的自我意识就这样被培养起来了。

亲密育儿：对孩子进行早期管教的关键

玛莎对待孩子的方式可以被总结为“亲密育儿法”，这种养育方式给父母和婴幼儿都会带来良好的结果。要用亲密育儿法养育孩子，第一步就是要毫无保留地接受孩子的各种暗示和要求，不必担心是否会宠坏了他或者是否反过来被他牵着鼻子走。这样做的结果能够帮助你逐渐了解自己的孩子，从而为你管教他带来一个好的开端。反之，如果采取一种截然不同的方式来对待孩子，为孩子的所作所为预先规定好一大套计划，把孩子置于父母的控制之下，那么你就没有办法和孩子建立起密切的亲子关系，进行正确养育的基础也就会被破坏。通过了解你的孩子，你就能知道他在成长的各个阶段的要求和喜好。这样，你就能够懂得他为什么会这样做或那样做，什么样的情形可以促使他做你想要他做的事，什么样的情形可能导致他做出让你讨厌的事。你要帮助孩子知道怎么做才是正确的，这可以通过确定一些条件、鼓励他采取良好的行为来实现。孩子一旦知道什么是应该做的，他就会有正确的行为。他发自内心地想要做一个好孩子，因此就很少会任性、发脾气，也很少会做错事。

采用亲密育儿法养育孩子能够帮助你达到两个目标：了解自己的孩子，以及帮助他树立是非观念。这两个目标的实现为你和孩子之间的亲子关系打下了坚实的基础。采用亲密育儿法养育孩子的父母有六个方面的特点，这些都将帮助你建立与孩子之间的亲情，确保你和孩子之间稳固的亲子关系。这六个方面是：对婴儿的啼哭作出回应；给孩子哺乳；把孩子“穿”在身上；花时间与孩子一起做游戏；和孩子一起睡觉；做孩子的帮助者。下面我们就来讲述这每一个方面对管教孩子都会有些什么帮助。

1.对婴儿的啼哭作出回应

在把你的孩子真正抱在手上之前，你会感到疑惑：“我怎么才能知道宝宝想要什么呢？”实际上，你很快就能知道，因为你的宝宝会“告诉”你，关键是，你要注意倾听和观察。宝宝生来就有情感促进行为。这些行为是孩子最初的语言，他会用这些行为来表达他的需要。你会发现，他的这些行为让你难以抗拒，他们天生就能直达父母内心深处，促使父母作出回应。宝宝最强有效的情感促进行为就是他的啼哭，对宝宝的啼哭作出回应是父母自古以来都会做的。当宝宝啼哭起来的时候，父母应该把他抱起来、安抚他。你可能会想：“我该不该把他抱起来？”或者“我会不会惯坏了他？”其实，你千万不要把

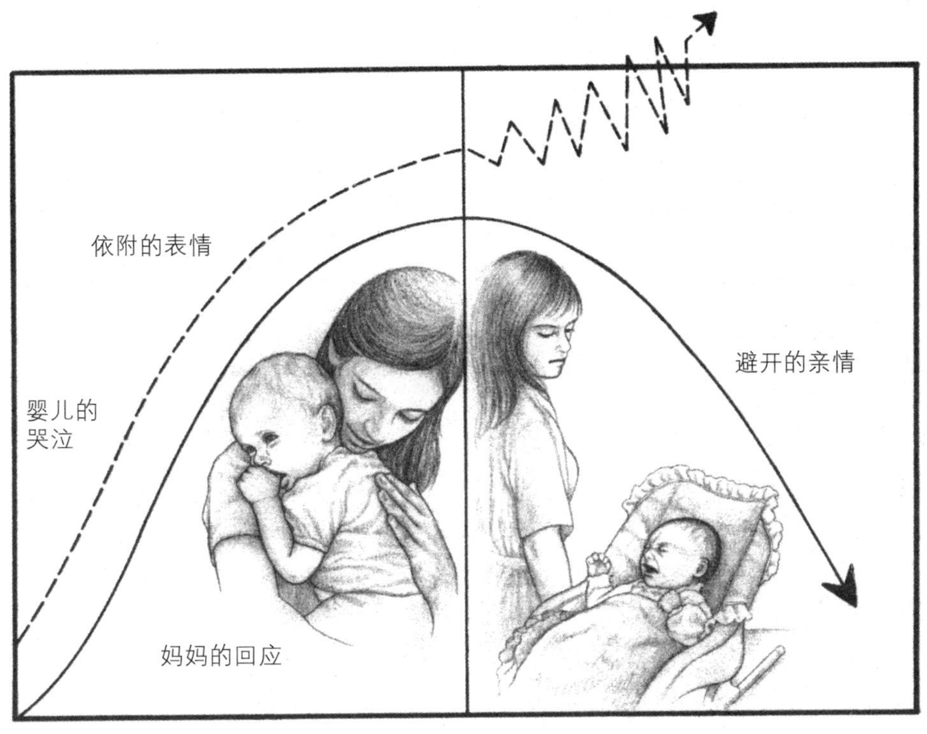

妈妈对婴儿哭泣的不同回应，会对婴儿造成不同的影响

时间浪费在这样的犹豫上，你该做的就是赶紧把他抱起来。

不必担心你作出的回应是否正确。如果你的宝宝饿了，你却不去喂他，而是抱着他、哼着摇篮曲想要让他安静下来的话，他会不停地咬自己的小手或者寻找你的乳房，从而让你知道他是要你喂他。通过反复的实践，你和你的宝宝最终能够形成正确的暗示和回应。你的宝宝能够学会对各种特定的要求发出特定的暗示，而你也将学会读懂宝宝用来表示各种特定要求的肢体语言。你将越来越能够自然地凭直觉就作出回应，有些母亲很容易做到这一点；而另一些母亲可能需要克服对被宝宝所控制和被宝宝牵着鼻子走的担忧。在你刚开始为人父母后不久，你可能会听到这样的建议：“让孩子去哭。”意思是孩子哭了你不必去管他。你可千万别这么做！孩子啼哭是他的语言——你应该倾听它。宝宝的啼哭绝不是无意义的，它保证了宝宝对食物、怀抱、休憩和社会交流的要求能够得到满足。他的啼哭还起到了让妈妈形成母爱技巧的作用。对孩子的啼哭作出回应是你教会孩子信任你的第一步，是对孩子管教中的重要一课。

对孩子啼哭作出回应，并不意味着你作出的回应一定会让孩子停止哭闹，只有宝宝自己才能够做到这一点，你的任务是要帮助他，让他能够停下来不哭。有时候你的宝宝会一直不停地哭下去，这是因为尽管你抱了他、喂他吃了东西，但这些都不是他想要的。这时，你就需要仔细探究。虽然你作出回应后他还是在哭，但这与你根本不理他是有区别的。你要抱着他，不停地轻轻摇晃，或者出去走一走，做一切可以给他以帮助的事情。只要始终想办法给孩子以帮助，你就能够学会如何作出正确的回应。你要尽可能多地把孩子抱在怀里，这会有助于他减少啼哭，也会在他哭的时候让他感到安慰。总之，啼哭是宝宝最原始的交流手段，一定要注意倾听。

在宝宝出生4～6个月后，你对宝宝的哭闹所作出的回应会本能地变得越来越不及时。宝宝渐渐地学会了等那么一会儿，并且学会了期待你去抱他。他之所以能够这么做，是因为他已经学会了信赖你，而且已经熟悉了你对他作出回应时他所得到的良好感觉。你手头可能正在做一件事，做到一半的时候你的宝宝醒了，或者他感到累了而哭了起来。这时你不必马上过去照料他，你可以对他说："妈妈在这儿。"这么做足以让宝宝感到心理满足1～2分钟。宝宝发展出了等待的能力，因为他知道你总会赶过去照料他，而你则学会了判断他是不是十分急迫地想要你赶去照料他。

| 教会宝宝好好地哭 |

对宝宝的啼哭作出回应并不仅仅是有利于孩子或是父母，其实，这还有助于发展你们之间的亲子关系。有些宝宝哭起来很刺耳，这会疏远他们和父母之间的关系。刺耳的哭声会让人精神紧张、激起人的怒火，降低父母与婴儿在一起时所感受到的愉悦。

孩子一哭就马上作出回应，这有助于使宝宝刺耳的哭声变得柔和一些。宝宝最初的婴啼是不会很让人恼怒的；相反，初期的啼哭从性质上来说能够打动母亲的同情心，激发父母作出照料孩子、给孩子以抚慰的回应。这就是宝宝啼哭所具有的促进亲情的一面。我们注意到，那些早期的啼哭得到了照料的宝宝学会了哭得“好”一些——他们的哭声比较柔和，不会那么恼人。妈妈们把这样的哭声称为“温柔的啼哭”。然而，啼哭没有很快得到照料的婴儿会变得越来越生气，因此会开始以更恼人的方式来哭闹。随着这些孩子学会哭得越来越大声，妈妈和宝宝之间就有了距离。妈妈如果听从任由孩子去哭闹的建议，她们很快就会开始给宝宝贴上负面的标签，比如“难带的孩子”或者“烦人的孩子”。由于这些孩子的啼哭没有得到回应，他们就很少再利用啼哭来促进亲情，而是越来越多地用让人唯恐避之不及的刺耳哭声来哭闹。母亲与孩子之间的这种关系使孩子的管教很有可能发生困难，因为母亲和婴儿之间缺乏很好的交流。

2.给孩子哺乳

给孩子哺乳与管教孩子之间有着特殊的联系。要使宝宝表现出父母所期待的行为，你就必须了解自己的孩子，给孩子哺乳能够让你逐渐地了解你的宝宝，并且对他的需求作出回应，帮助他树立自信。

| 哺乳为管教带来的好处 |

哺乳是身体阅读的一种练习。给宝宝哺乳的一个重要方面是要学着去读懂宝宝发出的吃奶信号，而不是看着钟点去哺乳。你学着去读懂他的身体语言，从而知道什么时候他是想要吃了，什么时候他已经吃饱了，什么时候他只是要你抱他、给他抚慰。

一位经验丰富的母亲曾经告诉我们：“看着他靠在我胸前的各种举动，我就可以知道他的情绪。”

宝宝发出的信号表达了他是想要吃还是要求抚慰，你要有针对性地作出回应，给他以照料。经过数百次这样的表示——回应练习之后，你的回应就会变得十分自然。一开始你要费神来思考的问题（比如，他是饿了，是休息得不够，还是不舒服？我不知道他到底要什么），最终都会变成直觉的反应。这样，在有需求的小家伙和来满足这些需求的大人之间形成了源源不断的交流，你就达到了与宝宝的和谐一致。

简是一个新手妈妈，我与她在一次养育孩子的访谈中做过交谈，她一直以来都被许多情绪问题所困扰，这势必会妨碍她享受做妈妈的快乐。在她自己的婴儿期，她的作息都有严格的时间表，她童年时代的一个主要问题就是受到了严密的控制。简现在已经开始做妈妈了，她认为自己作为母亲的主要任务就是确保她的宝宝不控制她、不牵着她的鼻子走。她担心宝宝一哭就把他抱在怀里会宠坏了孩子。作为养育计划的一部分，她开始通过任由宝宝去哭的方式来训练宝宝自己安静下来。她还打算给宝宝安排一个喂养时间表，这种做法被称为“由父母控制的喂养”，她感到这会让她很容易用奶瓶来给孩子喂奶。她认为这种做法会确保主导的一方是她，而不是宝宝。我向她解释说，为了“主导”她的宝宝，她首先必须学会了解宝宝，并且要能对宝宝作出直觉的反应。简改变了主意，决定尝试一下哺乳。结果，哺乳不仅对孩子有利，还给母亲带来了治疗效果，我很高兴能把这一点告诉大家。

一旦宝宝对食物和爱抚的要求得到了满足，他就自然地学会了信赖你。由于他每天都要在你的怀里逗留几个小时，因此他会感到被你所珍视。宝宝感到愉快，这种良好的内心感受于是就转变成了让你满意的行为。根据我40年来的儿科实践，我观察到母乳哺育的孩子都十分快乐，特别是那些在出生后的第二年还吃奶的蹒跚学步的宝宝。在学步期还吃奶的宝宝看起来更能善待自己，与照料他的人相处得也很好。尽管19世纪的西方文化曾经告诉人们哺乳的时间不要超过几个月甚至几个星期，但是在历史上的大多数文化中，宝宝都要哺乳2～3年。人们在几千年前就已经知道哺乳具有促进宝宝良好行为的效果。

但是大家不禁要问：“延长哺乳期难道不会使已经学会走路的孩子被宠坏吗？他应该变得不再具有依赖

西尔斯养育手记　母子亲情对身体的化学作用

母子亲情给母亲和宝宝的荷尔蒙都带来了有益的影响。荷尔蒙调节了宝宝的生理系统，帮助宝宝对外界环境作出反应。宝宝体内有一种称为“可的松”（一种肾上腺皮质激素，具有调节盐类及水代谢的作用——译者注）的荷尔蒙，它的机能之一就是帮助个体应对压力以及在险恶的环境中迅速地应变。为了使宝宝的身体工作在最佳的状态，必须使“可的松”处于良好的平衡——太少的话将不起作用，而太多了又会让人感到痛苦。有一些荷尔蒙在个体的情绪反应中扮演着重要的角色，“可的松”就是这些荷尔蒙中的一种。纵观关于母子亲情具有的化学作用的各项研究，我们得出这样的结论：母婴之间无忧无虑的亲情维持了宝宝的荷尔蒙平衡。而对母亲缺乏亲切感的婴儿要么习惯于较低的荷尔蒙水平，变得反应迟钝，要么长期处于较高的荷尔蒙水平，以致心理紧张，患上慢性焦虑症。安然地依附着母亲的婴儿看起来处在荷尔蒙水平良好的状态，由于宝宝已经习惯于良好的荷尔蒙水平而带给他的幸福感，他会努力使这种幸福感长期地保持下去。

充满了母子亲情的养育除了给宝宝的荷尔蒙带来很好的影响之外，还为母亲的身体带来了有益的化学作用。母亲的养育行为，特别是哺乳，导致了催乳素和催产素这两种荷尔蒙的大量分泌。这两种“母爱荷尔蒙”起到了生理上的辅助作用，给妈妈带来了做母亲的特殊幸福感。实际上，这两种荷尔蒙构成了母爱本能的生理基础。在母亲开始给宝宝哺乳后的30分钟内，体内的催乳素水平会增加至原来的10～20倍，其中的大部分会在1小时内消耗掉。催乳素是一种只在短时间内起作用的物质，因此为了达到最佳的母爱回应，妈妈就必须经常给宝宝哺乳，而这正是宝宝所需要的。

性。”事实却正好相反——到了他们自己不再要吃奶的时候才断奶的孩子独立性更强。过早地断奶会中断孩子与母亲之间的一种特殊联系，而这时孩子还不具备建立其他联系的能力。延长哺乳期并不是鼓励孩子保持依赖性，而是创造条件鼓励他独立。在比较烦乱的蹒跚学步阶段，给孩子哺乳为孩子带来了一种熟悉的联系，从而为孩子对不熟悉的联系的探索提供了一个支点。

在孩子的第一个生日之后要继续给孩子喂奶，这种观点可能让你感到奇怪，但是我们认为，在孩子没有表现出可以断奶的迹象之前不要给他们断奶，这一点很重要。断奶是孩子成长过程中的一个重要环节，必须逐步地进行。我们已经注意到被过早断奶的孩子出现了我们称之为“过早断奶症”的病症：具有攻击性，爱发脾气，大吵大闹，不安地紧紧缠着大人，缺乏建立深度、亲密关系的能力。哺乳看起来能够减轻学步期幼儿的攻击性倾向，并且能够使他们行为中的平衡得到恢复。1990年，美国国家公共卫生局前任局长安托尼亚·诺维罗博士在极力称赞了哺乳的好处之后补充说：“我觉得被哺乳到2岁的宝宝是幸运的宝宝。”

| 奶瓶妈妈能否像哺乳妈妈一样与孩子亲近 |

我们认为用奶瓶喂奶的妈妈是能够做到这一点的，但她做起来一定会很费劲，因为她不是哺乳过程中宝宝和妈妈组成的自然反馈环中的一部分。

用奶瓶喂孩子的妈妈很有可能会定时喂养孩子，用奶瓶喂孩子的妈妈也倾向于更多地担心宠坏她们的孩子。这样的妈妈无法享受伴随着哺乳发生的荷尔蒙水平提高而带来的好处，也体会不到与孩子之间肌肤相亲所形成的感情。

在用奶瓶喂奶时，把孩子抱在怀里，爱抚宝宝，对宝宝的哭声作出照料性的回应，能够激发妈妈的荷尔蒙，但是效果远远比不上给孩子哺乳。通过多抱孩子、对孩子的哭声作出回应、使喂养过程变成一种养育孩子的交流，用奶瓶喂养孩子的妈妈能够达到对宝宝一定程度的敏感和了解，接近于哺乳妈妈的水平，要比不采取这些增强感情的行动好得多。我们知道有些妈妈很不乐意哺乳。对这样的妈妈而言，重要的是要选择一种喂养方式，使得宝宝能够体会到快乐的妈妈就在身边。在克服了各种内心矛盾之后，这样的妈妈可能会乐意给她的第二个孩子哺乳。

3.把孩子“穿”在身上

从宝宝出生后的最初几个星期开始，你就应该把宝宝包在三角吊带中挂在怀里，每天多长时间都可以，只要你和你的宝宝感到快乐。我们把这种方式称为“把宝宝穿在身上”。从1985年起，我们就开始研究把宝宝“穿”在身上会对孩子的行为发展有怎样的促进作用。许多父母都会来到我们办公室惊奇地说：“只要我把宝宝穿在身上，他就会很满足。”研究证实了父母们的观察：你把宝宝“穿”在身上的时间越长，他就哭得越少。几个世纪以来，父母们都知道摇晃宝宝，特别是父母行走时有节律的晃动，能让宝宝安静下来。把宝宝“穿”在身上主要是通过促进宝宝的“安静的警觉状态”来改善他们的行为的。在“安静的警觉状态”下，宝宝们会具有最佳的行为表现。

把宝宝“穿”在身上
有助于你了解你的宝宝

把宝宝“穿”在身上也改善了孩子的感受方式。被“穿”在身上的宝宝感觉到自己是父母世界中的一部分，他们到哪里他也到哪里，他们看见什么他也看见什么，他们听到的声音、说的话他也都能听到。把宝宝“穿”在身上帮助宝宝感到被父母所包容，感到他在父母心目中的重要性，从而让他产生自信，这种自信又能转变为良好的行为和更多的学习良机。宝宝的大脑通过摇晃而受到刺激，从而提高了宝宝的智力，预示着孩子在将来会具有良好的感觉——运动调适能力。

把宝宝“穿”在身上同时也提高了父母的敏感程度。孩子与你靠得这么近，在你的怀抱里，始终与你相接触，这就让你能够更好地了解他。彼此的接近增强了你们之间的亲密。由于宝宝很少会大哭小叫，与他在一起会变得更有趣，这让你愿意更经常地

“穿”着他。你们之间的感情就这样逐渐地加深了。

同哺乳一样，把宝宝“穿”在身上能够促进你和宝宝之间面对面的目光交流。看着宝宝和“穿”着他们的妈妈进入我的办公室，我注意到这些宝宝和妈妈不仅仅是身体连接在一起，他们的目光也相互交织在一起。这真是一个学习读懂彼此表情的好办法。读懂彼此的表情并作出相应的回应是十分有效的管教工具，在本书的整个学习过程中你都能够体会到这一点。

多年来，我已经观察到，被包在三角吊带中挂在父母怀里的宝宝长大后都成了容易管教的孩子。

4.花时间与孩子一起做游戏

为什么做游戏必须与管教一起进行呢？你可能对此感到疑惑。一起做游戏可以帮助你在宝宝发育的每一个阶段里了解他的能力及与年龄相应的行为，同时为你和宝宝提供一个相互给对方带来快乐的舞台，为一种宝贵的管教工具——幽默——打开大门。一边进行管教，一边微笑、大笑或者傻笑，可以避免让孩子产生抵触情绪，吸引孩子的注意，使他能够接受你的管教。你想要让你的宝宝长大后成为一个快乐的人，你就必须先让他多多地体验快乐。没有什么比和爸爸妈妈在一起做游戏更让宝宝快乐的了。如果在游戏中宝宝能听从你的指导，那么从很大程度上他也会服从你的管教。

与孩子一起做游戏给孩子传递了一个信息：你对我来说很重要。这种感觉对培养孩子的自尊心十分重要。玩躲猫猫（一种小儿游戏的名称，大人把脸一隐一现以逗乐小儿，并发出peek-a-boo的声音——译者注）、搭

游戏是管教的一部分

积木、猜谜、扮家家，所有这些游戏都能够帮助你躲在宝宝的眼睛后面，用他的眼光来看周围的事物，这是你必须学会的非常重要的管教手段。随着育婴班的大量出现，以及对所谓“现代养育技巧”的过分强调，父母们往往会忽视简单的方法。其实，养育孩子在很大程度上就是和你的宝宝一起分享平实简单的生活。

5.和孩子一起睡觉

宝宝往往会对黑夜感到恐惧。但是，我们通常的习惯是父母和孩子在夜晚分开睡觉。我们希望你能够不把夜晚当作是你可以与你的宝宝完全分离的一段时间，而是把夜间作为用来加强你们之间感情的一个特殊时段。我们认为，能够很好地增强你与孩子之间感情的睡眠环境就是让孩子睡在靠近你的地方，这种方式我们称之为“共享睡眠”。

我们进行了40年的观察，还考察了别人对“母婴共享睡眠”所做的研究，并且对我们自己的一个孩子做了研究，这使得我们得出这样的结论：当宝宝睡在妈妈身边时，他的整个生命系统工作得很好；心肺系统的压力比较小，工作得更加有规律。因此宝宝会更放松、发育得更好。

除了上述生理上的好处之外，共享睡眠还有许多情感上的益处。母子睡在一起很少会让宝宝感到不安，他们会像在白天时一样感到自信。父母与宝宝的联系在夜晚还在继续着，与父母共享睡眠的宝宝得到了这样的信息：夜里和白天一样我是父母的宝贝，所以他们要我睡在身边，我一整天都属于他们。

对于一个回应宝宝发出的信号、为宝宝哺乳、把宝宝“穿”在身上的母亲来说，与宝宝一起睡觉很自然地就成了她整个亲子情感的 部分。我们的养女黛安是一个对孩子十分亲切的新手妈妈，她说过：“我不能想象我和莉莉分开睡觉，夜晚是我们不受打扰地相处的特殊时间。”

抱在你的臂膀上，依偎在你怀里，睡在你的床上，所有这些时间在一个成长的孩子的生命中只是短暂的一瞬，但是通过这些传递给他的爱和安全感将长伴他的一生。

6.做孩子的帮助者

在孩子成长的每一个阶段,他都需要有对他来说意义重要的人去关心他，这些人是孩子的帮助者，帮助他学习如何在这个世界上为人处事。帮助者就好像是一个顾问，一个可信赖的、能够为孩子提供情感上补给的权威，一个既帮助孩子发展他的各种技巧，又帮助孩子以自足的态度去充分利用周围资源的可依靠对象。帮助者并不告诉孩子去做什么，他们帮助孩子自己学习该去做什么。他们不会给孩子下命令，而是从孩子身上获得线索，把他们对孩子的期望编织在孩子自己的意愿之中。孩子说：“我要自己做这件事。”帮助者会对他说：“行，你能做得到！”帮助者会留心等待进行教育的时机，并对这些时机加以很好的利用。在我们的实践中，一个睿智的管教者这样向我们描述他扮演的帮助者角色：我的任务就是帮助孩子从生活的经验教训中拾取那些他自己体会不到的有用东西。

从孩子出生的那一刻起，你就已经起到了帮助者的作用。你把宝宝抱在胸前，让你可以方便地喂他。你会把童车的椅子稳稳地扶住以保持宝宝的平衡，安全地到外面兜风。你会为孩子安排一些小孩子用的家具、器皿和杯子，使孩子能够方便地吃点心。帮助者为孩子构筑了合适的环境，因而孩子不必浪费精力，他帮助孩子将注意力集中在重要的任务上。

在孩子和帮助者之间需要建立起相互信任，他们是相互依赖的。孩子依赖帮助者为他提供便利，而帮助者对孩子的需求很敏感，能够从孩子身上知道孩子的需求是什么，并且能够填补孩子遗漏的环节，以帮助孩子完成整个工作。帮助者在孩子成长的每一个阶段都对孩子的需求作出预计，从而让孩子能够顺利地成长。把你自己看作是帮助者，这能够让你无须去围着孩子转，避免把孩子淹没在过度的保护当中。有时，必要的袖手旁观能够帮助你和孩子协调出适当程度的自立。当你的孩子正在经历一个健康的自立阶段时，你不能对他放手不管，但必须与他保持一定的距离。

如果孩子缺乏帮助者，那么孩子的教育就会发生许多可以预料的问题。一个被迫自行其是的孩子会变得具有挫败感，同时丧失信心。我对试图不要父母或其他帮助者帮忙而自己独立行事的孩子进行过观察：这样的孩子看起来怒气冲冲，他好像感觉到自己失去了得到他所需要的帮助的机会。他的出路要么是从不自信中摆脱出来，要么是让自己足够引人注目以获得帮助（如果他天生具有固执个性的话）。不管他在这两种方式中采取哪一种，他的情感和智力发展都被减弱了。我注意到，对于与父母感情亲密的孩子和他们的起帮助者作用的父母来说，一个主要的特点是这些孩子懂得如何利用大人的资源给他带来便利，而这些父母懂得如何对孩子的要求作出适当的回应。比较理想的情况是：在头两年时间里，母亲是主要的帮助者，此后随着父亲帮助孩子走出“只有妈妈”的情景，帮助者逐渐变成了父母两个人。随着孩子们的成长，他们会求助于其他的帮助者：祖父母、老师、教练、童子军队长，等等。父母的责任是对所有这些人在孩子生活中的重要性加以监督。

宝宝需要帮助

亲密育儿是如何使管教孩子变得容易起来的

你可能从来没有考虑过那些亲密育儿的方法可以用来作为对孩子的管教手段，但它们确实就是管教孩子的有效途径。亲密育儿往往会使你的孩子将来对心理疾病具有免疫力。本节讲述了亲密育儿通过许多不同的途径来改善孩子的行为和孩子体验生活的方式。

吉娜是一个爱子情深的三个孩子的母亲，她告诉我们：“了解我的孩子们让我在他们当中很有威望。”对孩子的了解就好像是一种第六感觉，让你能够对各种情况作出预测和控制，从而使你的孩子避免遇到麻烦。我们的养女黛安向我们描述了她采用这种养育方式得到的经验：“我在莉莉成长的每一个阶段都对她有深深的了解，亲密育儿让我能够设身处地为她着想，我总是去猜想她需要我为她做些什么。”

I 亲密育儿促进相互间的敏感 I

6岁的时候，马修常常会带着恳求跑到我的身边说：“爸爸，我想我知道该怎么做，但是……”由于我们之间有着很高程度的互相敏感和互相信任，他知道什么时候我会作肯定的回答，什么时候会作否定的回答。他是在试探我，实际上他知道我的回答是什么。关系亲密的父母和孩子能够十分容易地交流彼此的感觉。只要你与孩子亲近，你就能够读懂他的肢体语言，能够正确地引导他的行为，你的孩子也将能够读懂你对他的期待，努力地让你感到高兴。正如一个与孩子亲密的大人所说的：“通常我只要失望地看着他，他就会停止调皮捣蛋。”

I 亲密育儿造就了关怀他人的公民 I

诺曼·施瓦茨科普夫将军（1991年海湾战争美军“沙漠风暴”行动总指挥——译者注）曾说过：“不会哭的男人让我感到害怕。”世界上的种种问题很大一部分都源自于一群人根本不顾及另一群人的需要和权利。参与我的研究的一位母亲曾组织了一群采用亲密育儿法养育孩子的妈妈进行座谈，她邀请一位纳粹大屠杀的幸存者给大家讲述自己的经历。在解释了亲密育儿给社会带来的好处之后，这位幸存者总结说：“因为有了像你们的孩子那样的一代新人，这样的悲剧将永远不会再发生。”

丨亲密育儿使孩子的行为更有规律丨

为了更好地了解亲密育儿如何使婴儿的行为变得有规律，我们来设想将孩子的孕育期延长到18个月——9个月是在子宫里，另外9个月是在子宫外面。子宫里的环境自动地调节了宝宝的生理系统，但孩子的出生使这种调节、组织作用暂时地被破坏了。亲密育儿为孩子提供了一个温暖、敏感的外部调节环境，它替代了子宫所起的作用。当妈妈怀抱着她的宝宝时，她行走的节律是宝宝在子宫里的时候就已经十分熟悉了的，因而起到了让宝宝安静的作用。当宝宝紧紧地贴在妈妈的胸口时，她的心跳能让宝宝想起子宫里的声音。当宝宝包在三角吊带中挂在爸爸或妈妈的胸前时，他感觉到了父母有节奏的呼吸。把他抱在怀里、让他感到温暖，这能使他安静，并且能帮助他控制自己的生理

西尔斯养育手记　**妈妈的敏感力练习**

由于受到了所谓的“专家”们的误导，有些妈妈必须先“擦除”头脑中“已经写入的程序”，然后才能对宝宝作出自然的回应。这样的妈妈可以来试一试下面的练习：当自己或者别人的宝宝哭起来的时候，你观察一下自己浮上脑海的第一感觉。正常的情况下，你会感到不安。你是否感到不安了呢？这种正常的不安有没有难以抗拒地促使你亲切地抱起孩子、给他以爱抚呢？宝宝的哭声也有可能引起的只是麻木不仁的反应：“我可不想让这小家伙来控制我。”如果你的回应并不是急切地去照料他，那么你与孩子之间将很有可能形成令人失望的养育关系，因而你就有必要更多地了解小宝宝们的需求，重新考虑你该如何扮演父母的角色。

一位到我办公室来做产前咨询的母亲担心她自己不会是一个好妈妈。我问她听到婴儿啼哭时会有什么感觉，她回答说：“我决不会让孩子去哭而袖手旁观，我会赶紧过去把他抱起来。看到别的妈妈对宝宝的哭声置之不理，我会感到不安。”我肯定地告诉这位女士，她在很大程度上会是一位好妈妈，因为她有敏感的天性。宝宝的啼哭让敏感的女士感到不安，当然也会令敏感的男士感到不安。其实，婴儿的啼哭本身就应该让我们感到不安。

反应。这种高度接触的养育方式强调让宝宝安乐、舒适，因而对宝宝被打乱的生理节律具有调节作用。宝宝会有明确的归属感，他对食物、温暖、舒适和逗乐的需求都能得到可预期的回应，这就使得采用亲密育儿法养育的宝宝具有良好的生理机能。

| 亲密育儿促使宝宝保持安静的警觉 |

许多研究和我们自己的经验都表明，采用亲密育儿法养育的宝宝较少哭闹。那么他们在空闲的时候都做些什么呢？他们在安静的警觉状态中度过了大部分的时间。在清醒的时候，宝宝要做出许多类型的行为：啼哭、

西尔斯养育手记　尽量少用玩具来哄宝宝

哄宝宝、让宝宝安静下来，这是一项繁重的工作。我们会用摇床、唱催眠曲的泰德熊、电池驱动的小秋千和不倒翁等东西来哄宝宝。为了让照料宝宝变得容易一些，劳累的父母们往往会抓过这些人造的玩意儿来逗宝宝玩。当父母需要走开一会儿的时候，偶尔可以用这些东西作为替代品来哄宝宝。但是，经常性地使用这些人造的替代品会破坏你对孩子的养育。在带孩子带得很吃力的时候，你应该使用自身的才智来提高自己的创造力、耐心和自信心——所有这些都是你养育孩子所必需的。如果你过度地使用那些人造的替代品，那么你的宝宝很有可能就学会了从物质中寻求安慰，而与人在一起反而会感到不舒服。当你流连于婴儿用品商店的时候，且慢拿出你的信用卡来付账。在孩子的早期教育中过多地依赖那些人造的替代物会让你在以后感到失望，你会认识到没有任何替代品可以帮助你养育、管教自己的孩子。

打瞌睡、警觉不安或者安静地警觉。在安静的警觉状态，宝宝对周围环境的注意程度最高。由于很少焦躁不安和苦恼，他们保存了自己的精力，把它用在交流上，由此带来的结果是大人更喜欢与他们在一起，同时也促使宝宝更长久地保持安静的警觉。

| 亲密育儿增进了亲子间的信任 |

照料孩子是对孩子进行管教的一个重要组成部分。孩子们需要知道他们不仅仅需要依靠父母来满足他们的需求，而且还需要依靠父母来帮助他们保持正确的行为轨道。在孩子面前有权威是管教他们所不可或缺的，而权威必须建立在信任的基础上。要让宝宝相信你能够带给他安全，这一点至关重要。采用亲密育儿法养育的宝宝会学着去信任与他十分亲近的人。当宝宝能够相信妈妈会满足他的需求时，他将期待妈妈对他的行为作出帮助。

| 亲密育儿增强了孩子的独立性 |

如果你对亲密育儿是否会使你的孩子缠住你不放和具有依赖性感到疑惑，那么你完全不必担心。亲密育儿实际上有助于让孩子形成依赖性和独

西尔斯养育手记　与父母感情亲密的孩子不易发生不测事件

与父母感情挚深的孩子在不熟悉的环境中具有比较好的表现，因为他们对自己的能力有很好的了解。用父母们的话来说，这些孩子一般不会“做傻事”。父母所采用的亲密育儿法所起到的组织、调节作用有助于这些孩子约束自己的冲动。即使是天性冲动的孩子，只要他们与主要的照料者感情挚深，也往往会少惹麻烦。思维有条理、富有正义感的孩子在犯傻之前往往会仔细考虑过去的成功经验，这可能是由于与父母感情亲密的孩子内心没有怒气的缘故。愤怒会增加冲动的危险，使孩子面对一些小事也不能克制自己，往往冲动地一头陷入到麻烦当中。从根本上来说，与父母感情挚深的孩子更小心谨慎。同样，与孩子感情挚深的父母也自然地对孩子可能会发生的危险更警觉、更敏感，当孩子步入没有保护的新环境时，他们会紧紧地跟在孩子的后面，随时准备给他以帮助。

立性之间的良好平衡。与父母亲近的孩子相信他的父母能够帮助他更有安全感，因此他更有可能安然地探索周围的环境。实际上，研究已经表明：与妈妈感情安全可靠的学步期孩子和那些与父母的亲密程度较低的孩子相比，在游戏中往往更具有独立性，也更能够适应新的游戏环境。

1～2岁之间的婴儿会完善他的一种被称为“人物保持力”的认知能力——这种能力在脑海里再造了一个人物的形象，即使这个人不在眼前。与照料者之间有着稳固感情的宝宝会把照料者在他脑海里的形象带到他不熟悉的场合。即使妈妈并没有在那儿，在宝宝的心里妈妈就在那儿，这就给了孩子更多的信心去探索周围的环境。亲密育儿帮助孩子在脑海里建立起了亲切的、可依靠的形象，从而能让孩子感到自信和能干。如果在孩子能够保持脑海形象之前就强迫他独立，那么他会焦虑不安，并且会十分缠人，或者表现得对什么都没有兴趣。许多本该用于探索新环境的精力都被用在了对付这些不良的感觉上。

西尔斯养育手记

与父母感情疏远的孩子会出现很多问题

假定父母由于担心宠坏孩子或被孩子所左右而不对孩子的啼哭作出回应，因而形成了疏远的、缺乏交流的亲子关系，这会导致什么结果呢？宝宝要么哭得更响、更尖利，好让自己的需求得到满足；要么停止啼哭，放弃自己的需求。不管发生的是这两种情况中的哪一种，宝宝都会从中发现他周围的照料环境是不敏感的。由于他发出的信号都得不到回应，最终他就学会了不再发出信号。他会意识到，他的生活中缺乏某些东西，因而内心充满愤怒，产生出对别人的敌意，性情变得孤僻难处。如果发生的是第一种情况，宝宝会让你觉得很烦人，父母会想方设法地躲避他。而如果发生的是第二种情况，宝宝就难以亲近，因而父母和孩子之间的感情就会相当淡漠。发生这两种情况都会使孩子变得很难管教。他会逐渐建立起这样的观念：能给他带来安全和保护的只有他自己。如果一个孩子在认为只有自己才是可信赖的观念中成长，那么他与父母间的关系就会产生许多问题。由于缺乏亲情的父母强迫自己不对宝宝发出的信号作出本能的反应，因此他们就会变得对孩子不敏感，并且会逐渐对自己的养育技巧失去信心，这是产生养育问题的另一个根本原因。

对于这种与父母感情疏远的孩子，你通过他的表情就能辨别出来，或者你通过他脸上的冷漠就能辨别出他。这样的孩子不会主动与别人进行目光交流，不像与父母感情融洽的孩子那样给别人以亲切的感觉。对于这样的孩子，我们通常听到的描述是："他看起来很失落。"你也可以通过一个宝宝呆板、执拗的行为表现来判断他是否是一个与父母感情疏远的孩子，尽管他的肩膀还很稚嫩，但他看起来却像他坐的婴儿椅那样硬邦邦的。

与父母感情疏远的孩子在他的成长过程中，大部分时间都用在了不当的行为上，而且常常是人们指责的对象；或者他会表现得生活在自己的孤独世界中。这样的孩子会变得阴沉、忧郁，大家会觉得他是满腹怨气的捣蛋鬼、坏小子。他那些令人失望的行为实际上是他寻求亲情的一种应对策略。由于缺乏对感情作出判断的尺度，与父母感情疏远的孩子不懂得如何去重新获得幸福感。他在寻求感情方面存在困难，因为他对曾经失去的东西丧失了信心。这样的情形会导致父母的养育变得漏洞百出，父母可能要花费许多时间去咨询专家的意见。

与父母感情疏远的孩子较少主动去寻求欢乐，周遭很少有让他高兴的事。因此，与孩子感情疏远的父母在家庭环境中就体会不到成就感，这使得他们只有在职业或者不涉及孩子的关系当中去寻求满足。父母和孩子之间的距离就这样慢慢地越来越远了。与父母感情亲近的孩子能给大家带来欢乐、具有亲和力。而与父母感情疏远的孩子正好相反，小伙伴们都唯恐避之不及，他甚至还会排斥那些能够帮助他产生亲情的人。因此，在感情方面，往往是富者越富，贫者越贫。

通过向专家咨询，这样的孩子还是能够和父母亲密起来的，他们之间能够出现给彼此都带来最大益处的养育关系。当然，这需要付出大量的精力才能做到，因为自然地形成最佳亲子关系的时机已经被错过了。新生儿比6岁或9岁的孩子更容易被父母所接纳。越早与孩子建立起亲密的感情，以后就越能保持这种亲密。

| 亲密育儿有助于形成密切的亲子关系 |

采用亲密育儿法养育的孩子有一种特别的神情，让你在人群中一眼就能认出他们。他们看着别人时神情专注，他们由衷地对别人感兴趣。我很喜欢与这样的孩子进行目光交流，因为他们是那么全神贯注。这些孩子会直截了当地看着你的眼睛，原因就在于他们从出生开始就成长在与别人的泰然相处之中，他们与别人关系融洽。他们注视人的眼光既不是紧张、锐利得让人反感，也不是茫茫然缺乏生气，而是真正能吸引人、引起别人关注的目光凝视。

孩子未来的生活质量（对配偶和工作的满意程度）从很大程度上取决于他们与人亲密相处的能力。我们访问过的心理治疗师都曾主动告诉我们，他们的大部分时间都用在了治疗对与人亲密相处感到困难的病人身上，而且他们的治疗在很大程度上就是努力让他们的病人重新感受到父母之爱。

受到父母亲密育儿法养育的孩子是在学习与“人”密切联系而不是与“物”密切联系的过程中成长起来的，因而他们就把这种与人亲密相处的能力带到了成年。在许多夜晚我看到2岁的劳伦在床上一点一点地靠向玛莎，紧紧地依偎在她的身边。即使是在这么小的年纪，劳伦都在学习着他终身受用的本领——让人感到亲近的能力。

在亲情中成长		
行为和能力	与父母亲近的孩子	与父母关系疏远的孩子
婴幼儿期的行为	安稳、沉着镇定、信赖别人、帮助别人；内心具有幸福感，很小的时候就注意观察、学习周围的人如何对待别人。	固执、焦虑、对人冷淡、怒气冲冲、依赖心强、行为混乱无序、冲动。
顺从性	乐于接受指导、对人有礼貌、希望让别人高兴，感到被正确指导。	封闭、抵触指导、情绪对立、胡闹、有戒心；不知道什么是别人乐于看到的行为；感到受制于人。

行为和能力	与父母亲近的孩子	与父母关系疏远的孩子
与同伴交往，建立和维系友谊	合群、体谅、协作、具有同情心、信赖别人、有人缘、乐于奉献；能长久地保持真挚的友谊；与不同年龄的群体都能融洽相处。	咄咄逼人、好控制别人、自私、不愿意主动付出、欺负人或者容易受骗；孤僻、封闭、对人冷淡、不相信别人、没有人缘；缺乏挚深的友情。
在学前教育环境中	能成为群体的领导者，好奇、求知欲强。	疑虑、缺乏学习的好奇心。
对别人的体谅和关心	敏感、体贴别人；在作出决定时顾及别人；帮助朋友。	自私、不敏感、缺乏同情心。
解决问题的能力	热情、坚韧、乐观积极、很少有挫败感、对教导能作出积极回应、适应性强。	具有强烈的挫败感、消极、很轻易就放弃、适应能力差。
自尊和自信	有很强的自尊和自信；有准确的自我评价。	自尊和自信较弱；具有不切实际的自我评价。
情绪表达	能适当地表达情绪、坦白直率、和蔼可亲。	拘谨呆板、控制不住怒火、失态、反应过度或者无动于衷。
对帮助者的依靠	期待大人的帮助、明智地依靠帮助者提供的帮助、在与大人的交谈中表现出自信；与大人进行目光交流。	缺乏信赖、不寻求帮助、避免目光交流。
是非观念	做错事时能由衷地认识到错误；具有健康的罪恶感；具有天生的是非观念。	从来不感到自责；是非观念混乱。
成年后的表现	道德上成熟，很可能具有满意的婚姻关系，不太可能具有上瘾的行为，心理比较稳定。	道德上不成熟；具有暴力和病态行为的倾向；在感情方面存在障碍；具有满意婚姻的可能性较小；易于有成瘾的行为。

* 这个表格所基于的研究比较了最初两年中的母婴感情和孩子成长后的表现，这些仅仅是统计上的相关性。对孩子的养育方式与孩子将来会成为什么样的人之间并不存在严格的相关性。

西尔斯养育手记

重新建立亲情联结

如果由于健康问题、家庭的原因或者由于接受了错误的养育建议等原因，使得你在最初的两年中未能与宝宝建立起亲密关系，孩子的养育出现了问题，那你该怎么办呢?

所幸人类天性中的一个优点就是具有乐观向上的精神，能够从一个糟糕的局面回到正确的轨道，最终得到一个皆大欢喜的结局。然而，重新建立亲子之间的亲密感情会由于时机不当而困难重重。当然，要建立亲密关系，任何时候都不算太晚。无论你的孩子处于什么年龄，挽回亲子关系的第一步就是仔细地考察你们之间的感情深度。如果感情比较弱，那就应该想办法来加强。你要记住，孩子的态度不是在一天两天里形成的，他的行为也不会在一夜之间就有所改变。重新建立感情的过程可能会花费你6～12个月的时间。在这个过程中，你可能要彻底改变自己的生活方式，积极地参与孩子的各种计划，还要频繁地给孩子以关注。在很多时候，你只要与孩子在一起娱乐就够了。我们认识的一位母亲在家里教他6岁的孩子读了一年书；另一位父亲在他频繁的商务旅行中总带着他7岁的孩子。一位父亲这样描述与他执拗的孩子重新建立感情的过程："就好像是与我5岁的孩子进行了一年的野营。"你所要做的就是拉近与孩子之间的距离，尽力去做吧！由此，你自然而然地就能够顺利地管教他。

时机的把握当然是很重要的。正在成长的孩子在需要表现独立性和感受独立性的时候要经历两个发展阶段。在第一个阶段，孩子一般具有拒绝性的表现，会说："我自己做这件事。"这个阶段很有可能发生父母与孩子之间的冲突。然后，孩子们又会往后退一步，进入第二阶段——一个接受父母的阶段，这时他们为了必需的情感充实又回到家庭的大本营。在这个阶段，孩子最容易接受父母与他的感情交流。你要等待孩子进入这个亲近阶段：当你在躺椅上阅读杂志的时候孩子坐在了你的身边，这时别再继续读杂志，应该停下来阅读你的孩子。已经长大的孩子重新露出了小时候睡觉前要你给他讲故事的神情，重新表露了要在你的房间里"睡一个晚上"的心迹，你应该尊重孩子与你亲近的要求。当孩子缠在你身边的时候，你要把握这样的良机重新与他亲近。如果你选错了时机，在孩子要疏远你的时候去亲近他，那么结果往往是遭到拒绝。

| 亲密育儿帮助你管教执拗的孩子 |

亲密育儿对于管教我们称之为“高需求宝宝”的孩子特别有用。有时，父母要到孩子3～4岁的时候才能意识到他们养了一个特殊的宝宝（例如，多动症的孩子，发育迟缓的孩子，或者性情变化无常的坏脾气孩子），他需要特殊形式的管教。亲密育儿能帮助你了解孩子的行为，增强你对孩子特殊需求的敏感，增加你对孩子的管教取得良好效果的机会。与孩子关系亲密的父母在管教“高需求宝宝”方面领先了一步，原因就在于他们对孩子的个性很敏感。而与父母关系亲密的“高需求宝宝”比较容易管教，原因是他对父母比较敏感。情绪变化无常的坏脾气宝宝往往难以管教，原因之一就是他们的生理机能紊乱。在前面我们已经讨论过，亲情促进了他们在生理上的组织有序。实际上，关于早期养育方式对孩子将来成长的长期影响的研究已经表明：是采用亲密育儿还是缺乏亲情的养育对孩子的适应能力（孩子的行为是否能够被很容易地引导到有利于孩子或有利于父母的程度）这一禀性具有决定性的影响。适应能力强的孩子更能够根据生活中的变化来调整自己，他们学习接受别人对他们错误行为的纠正，最终能够自己纠正错误。有些孩子生来就是刺头，亲密育儿能帮助你找到管教他们的办法。

| 亲密育儿有助于孩子对你顺从 |

亲密育儿的真正回报是孩子对你的顺从。这种养育方式除了让父母为宝宝的需求敞开大门之外，还让宝宝为父母的期望打开了大门。父母们常有的抱怨是：“我的孩子根本不听话。”我们来考察一下“听话”这个词，它到底是什么意思呢？随着孩子的成长，他通常从依赖父母逐渐地变得独立起来，寻求着自我，孩子听从的是他自己的意志。因此，你的孩子实际上是听话的，但他听的是他自己的话，而不是你的。

你的孩子会有多顺从，这取决于他的禀性以及你与孩子的亲密程度，他的禀性你无法加以控制，而你们之间的亲密是你能够加以影响的。由于你和感情亲密的孩子心灵相通，孩子会敞开心扉接受你的观点，用你的想法代替他原有的想法，听从你的话，不再对你封闭他的心。与父母感情亲密的孩子相信父母对世事是最在行的，这样的孩子总想让父母感到高兴。

即使是最执拗的孩子也会服从于父亲或者母亲的意愿，只要父母采取“我的孩子越执拗，我就越要与他亲近”的养育原则。盼望着取悦父母、努力地顺从父母，这正是与父母关系亲密的孩子的行为标记。南希有一个高需求宝宝，他已经4岁了，十分执拗。南希向我们坦白说：“最初的时候亲密育儿让我花费了许多精力，感到很烦很难。但现在，照料乔纳森变得容易多了，因为管教他的时候我们交流得很顺利。我最初的耕耘终于有了收获。”

西尔斯经典语录

除了父母与孩子之间的骨肉亲情之外，父母角色的确立源自于孩子出生后最初几年中父母与孩子的关系。

父母与孩子之间的关系越亲密，孩子管教起来就越容易。

与父母关系亲密的孩子几乎在能力和行为的所有方面都有出色的表现。

西尔斯养育手记　为婴儿开发具有良好行为能力的大脑

婴儿正在发育的大脑由大量的神经元构成，就好像一团几英里长的电线。每个神经元的末梢都有一些细小的纤维分支伸展开来，与别的神经元相连接，从而形成了神经传导通路。神经元末梢的这种连接是形成诸如习惯和行为方式、思维方式等“关联模式”的途径之一，“关联模式”又称为“组织结构”。亲密育儿培养了孩子心理上的平衡，不仅使孩子在生理上组织有序，而且使孩子在心理上也得到了组织有序的发展。亲密育儿有助于在孩子的小脑袋中建立起良好的大脑神经元连接。

不受疼爱的孩子很有可能在大脑中形成失序的神经传导通路，特别是当婴儿大脑神经元的失序连接超过了平均水平时，这种危险性就更大。这样的孩子在将来有着出现行为问题的危险，包括出现多动症、不服管教和情绪冲动等问题，这是在幼儿中甚至目前在成人中常见的、发病率增长最快的病症，即所谓的“注意力低下/躁动失调症”（ADHD）。人的大脑在头三年里的成长超过其他任何时期，在大脑的这个雏形期，对孩子的养育水平是否会对孩子大脑中与行为有关的神经传导通路的形成产生影响呢？我们相信这种影响是存在的，而且我们还相信进一步的研究很快就会证实：大一点的孩子和成人出现的许多行为问题，实际上是可以通过避免早期大脑发育失序来预防的疾病。

3
CHAPTER

幼儿期：了解你的孩子

小宝宝长成了一个初学走路的幼童，他们新学到的各种各样的本领给父母带来了许多挑战。

随着孩子生理和心理世界的成长，父母们开始考虑如何来塑造他的行为，以便帮助他学习，并且帮助他避开麻烦。这个过程对于父母来说同样是一个重要的学习阶段。

为了了解怎样对一个初学走路的孩子进行养育，父母需要首先了解这个阶段的孩子以及他们的行为，这将是十分有帮助的。

下面，我们就来走入一个典型的初学走路的幼儿的心灵，用他的眼光来观察事物，从而让我们弄清楚这个让人着迷的小家伙为什么会如此地具有挑战性。

初学走路的孩子会有什么样的行为？为什么？

在孩子成长的每一个阶段，他新学到的本领、新具备的能力都决定了他的行为。为了有针对性地面对初学走路幼儿的行为，我们首先应该记住养育孩子的一个基本道理：给养育带来挑战的正是孩子身上具有的促使他成长的内在欲望。

为了能够学习，孩子身上必须具备一种强烈的探索欲望，但是冒险的探索也会把他们带入从未接触过的领域。通过了解什么样的本领在什么时候会出现在孩子的身上，你就会有所准备，明白自己该采取什么行动来对孩子身上出现的新能力加以引导，使之成为良好的行为。在1～2岁这个年龄段，孩子会提出许多更具有独立性的需求，比如，一辆可以坐着出行的“车子”，并且配上一个鸣笛的“喇叭”。有了这些东西，他感到已经准备好了，能够去周游世界了——至少可以去附近周游一番。

下面我们列出了一些你可以预料到的变化。

丨有了自己行走的能力丨

你可以想象一下孩子学走路时会有什么感觉。宝宝看到了屋子四周各种诱人的景象，他发现还可以用自己的小手去触摸看到的大部分东西。一旦开始学会了走路，孩子就会产生强烈的愿望去支配它，这就是为什么初学走路的孩子总是蹒跚着不停地走来走去，他们还可能会摇摇晃晃地走到危险的环境中去。随后，行走变成了奔跑，由攀爬几级楼梯发展到了登上橱柜。

丨双手变成了工具丨

在学习拿东西的过程中，1岁大的宝宝学会了用手来操作他所接触到的东西。门是可以被打开的，把

西尔斯养育手记　慢慢就会好的

你是不是常常听到这样的话：“噢，让他去吧，他慢慢就会好的。”这句话其实是一个蹩脚的借口，借以掩饰父母不想去劳神纠正孩子的某些行为。尽管它有一定的正确性，但还是反映出家长对孩子的成长缺乏足够的了解。孩子的发育和成长往往被我们看成像衣服的尺码一样，一套衣服穿不下了，就把它扔掉，重新换一套大一点的、合身的来穿。其实，事情并不那么简单，孩子们在从一个成长阶段进入另一个成长阶段的过程中，并不会把原有的行为抛弃掉，在一个阶段没有被纠正的不良行为会被带入下一个阶段。另一方面，当你看到你的孩子表现出“良好”或“不良”的行为时，你也不必过于高兴或担忧，那可能只是孩子的一时举动，就好像他在试穿一套衣服，不合身的话就会很快脱下来。

孩子在行为上的成长就好比是乘坐电梯在百货商场进行的一次购物。电

梯门打开了，两个孩子走出电梯看看每一层都有些什么东西是他们需要的。一个孩子不要别人帮他选购，他随意地搜寻着，套上了一大堆新衣服，然后走回电梯，去商场的另一层。当他到了电梯里的时候，发现新衣服里边还穿着旧衣服，而且那些新衣服也并不是十分合身。但他仍独自一人坐着电梯一层一层地上去，在原先穿的衣服外面不断地再套上新衣服，每到一层都带上越来越多的根本不必要的东西。不用多久，早就该脱下来的衣服层层套在了一起，让他不堪重负。最终，再在外面套上新衣服的余地将会越来越小。

另一个购物的孩子从高明而又经验丰富的养育者那里得到帮助。这个养育者看到过许多孩子从电梯里出来，因此她知道孩子需要的是什么。“我来帮你试穿一些新衣服，”她对孩子说道，又补充说：“但我们得合计一下该怎么处理你的旧衣服。有些看起来挺合身的，我们还是把它们留下，以后你还会用得着。那些不怎么好的衣服我们就不要了，好给合身的衣服腾出地方。”那个被养育的孩子去到商场的每一层，不仅拿上了很合身的衣服，而且手里不会有那些根本没必要买的东西，从而少了很多拖累。

那么，孩子们的哪些行为将随着年龄的增长而自己克服掉，哪些行为又需要你留神来加以纠正呢？与特定的需求、任务或者某个成长阶段特定的限制相关联的那些行为你最好就随它去。例如，初学走路的孩子会吸吮拇指，2岁大的孩子会不听大人的话，4～5岁大的时候见着生人会害羞等。在某个特定的年龄阶段可以被原谅但又让人讨厌的行为应该加以纠正，比如，坐在餐桌前乱扔食物，捉弄家里养的小狗，对父母怒目相向等。孩子们需要有所限制，以帮助他们成长为讲礼貌、有思想、谨慎小心的人。作为父母，你的任务就是要让子女们掌握能够帮助他们从一个成长阶段过渡到下一个成长阶段的自我控制手段。

手是转动的，抽屉是往外拉的，吊绳是用力往下拉的，垃圾箱是可以倒空的，走得到、够得着的一切东西都是不错的游戏，至少他自己是这么想的。对这个充满好奇心的探险者来说，整个屋子就是一个没有被探索过的新大陆，他想把每块石头都翻起来看一看。

宝宝的小嘴开口讲话

语言能力——口头的和肢体的——的发展使得对宝宝的养育变得容易了一些。宝宝开始能够用话语来告诉你他需要什么，他的这种新本领在让人欣喜之余也带来了困惑。宝宝的话语是十分有趣的，同时也会让人感到迷惑不解，父母往往需要费很大的劲才能弄懂宝宝发出的“哒——卜”声到底是什么意思。学步阶段的孩子喜欢试着胡乱地发出各种各样的声音，为的是听一听这些声音听起来是什么样子，看看别人听到后会有什么反应。他们尖叫着、呼喊着、吵闹着，有时候他们的儿语让你听着感到开心，有时候又会让你心烦。语言还为感情表达带来了途径，一向讨人喜欢的孩子嘴里暴躁地说出个“不”字，会让你吃惊得瞪大眼睛。

> **西尔斯养育手记**
>
> **对小手进行指导**
>
> 孩子探索中的小手总是在搜寻着可以抓在手里的东西，因此有必要给这个年幼的探索者一些与东西相关联的语言联想，帮助他挑选哪些东西是可以用手去碰的。对于安全的东西，你可以说“可以碰”；而对于严禁触摸的东西，你可以说“不能碰”；对于脸和动物，你可以说“轻轻地碰”。为了调教任性的、见东西就抓的小家伙，你可以试一试鼓励他“用一个手指去碰一碰试试看”。如果孩子想碰的东西你认为完全应该去碰，你可以让他联想到另外一些词，比如“使劲去碰”、“值得去碰”。

宝宝有了自己的想法

学步阶段的孩子已经开始有了思考能力，但还缺乏逻辑性。就像出生后第二年的前半段中运动机能开始发育一样，在这一年的后半段中智力也发展起来了。1岁大的孩子不用进行多少思考就会兴致勃勃地投入到各种运动中去，而2岁的孩子会研究一下他周围的环境，在用他的双手去冒险之前，他会在头脑里首先盘算好行动的步骤。然而，宝宝做某件事的欲望往往超过他成功地做这件事的实际能力。成长过程中特有的这个问题会使宝宝陷入麻烦，并让照料者处于危险的边缘。尽管你知道宝宝还没有掌握某项本领，但是你对他的解释阻止不了他进行尝试。比如，一天早上，我们的儿子斯蒂芬非要自己倒果汁不可。他那时已经会拿杯子和水壶了，但是还弄不太明白杯子什么时候算是倒满了。他就是不要我们给他倒。于是我们让他站在水池边把水倒进杯子里，而我们在桌旁倒果汁。在水池边玩了一阵倒水之后，他终于肯让我把着他的手教他什么时候该停下来不再往杯子里倒水了。

在第二个年头，宝宝的个性将变得越来越鲜明。活泼好动、莽撞、固执、小心谨慎、爱冒险是初学走路的孩子普遍的特点。孩子们生来是不一样的，不同类型的孩子需要不同的养育。马修在初学走路时相对来说是一个小心谨慎的孩子，他好像在做一件事之前会首先进行一番仔细的盘算。

西尔斯养育手记

要尊重见东西就抓的小家伙

你初学走路的孩子手里拿着一罐橄榄，你预见到要不了多久他就会把橄榄弄得满地都是，于是急忙从他的手里把罐子夺了过来，并且想都不想，立刻就发起了脾气，要他别再去弄罐子。这么做，你确实可以免去打扫地板的麻烦，但是却惹来了孩子情绪上的麻烦要你去操心。

从孩子的手中把他所珍视的东西夺走，这种做法在社会生活当中无论如何是不恰当的：这有违孩子的天性，而且这也不是好的养育。“别乱抓东西。”你对他说。而也正是你，把他抓去的东西又抓了过来。把罐子从他的手上夺过来一定会让他感到愤怒，而且还会进一步加重他乱抓东西的心思。

实际上还有更好的办法。对于一个刚学走路的孩子，你可以和他进行目光接触，把他的注意力转移到他喜欢的其他东西上去。对那些稍大一点的孩子，你可以告诉他你会帮助他打开罐子，让他拿一粒橄榄，并且指给他你要他把这罐橄榄放在什么地方。这样的做法绝对是在礼貌和尊重当中进行的一种练习，采取了“大人主导”的方式。大人希望孩子做到的行为需要大人对孩子进行言传身教。

西尔斯养育手记

多用“孩子的眼光”看问题

小孩子们会做出令人讨厌的事情，但他们并非出于故意，只是因为他们不像大人那样考虑问题。如果你对孩子引起的每一个混乱都耿耿于怀的话，那么就可能一天到晚都过得很不开心。你走进厨房，看到2岁的孩子把水泼得满地都是，你可能会陷入到“这下糟了”的心情中去：“噢，不能这样！这下我不得又来收拾这片混乱。他为什么要给我添这些麻烦呢？”其实，你可以换一个更有利于健康的视角，不必首先去想你自己的麻烦，而是把心思马上切换到孩子的想法上去：“这多好玩。瞧，用水和盘子还可以玩出别的花样。”你会想起来，他做的这些事情对他的成长来说并没有什么不妥的地方，他是在探索和学习。你还会认识到，由于2岁大的孩子如此全神贯注地做自己的事情，如果你不让他继续干下去，他很可能就会大发脾气。你要是等上那么几分钟，他自己就会转而去做别的事情；而且，把地上的水弄干净也不是太难的事，到他6岁的时候他就不会这么干了。这样，你会发现微笑总是挂在你的脸上。不要老是用自己的眼光看问题，从孩子的角度来想一想，就会让你避免精神紧张。

如果他深深地陷入了麻烦，他不会反对我们把他解救出来。而2岁的劳琳生来就有不同的脾气，她看到橱柜顶上有一个让她心动的小玩意儿，就会不顾一切危险硬是要拿到它。由于她的个性，我们很少让她脱离我们的视线。她的欲望让她不懈地努力着，跌倒了爬起来，告诉她“不可以”之后还在继续坚持，嘴里争辩着，让大人知道她想要什么。如果饼干筒被拿开、放到了柜子的顶上，她反而来了劲，要爬得更高。父母的任务，用一个被初学走路的孩子弄得疲惫不堪的家长的话来说，就是“保护我的宝宝，不让他摔断脖子，但仍要鼓励他进行学习”。

与学步阶段的孩子交谈：他们能够听懂多少

学步阶段的孩子还不怎么会说话，但这并不意味着他们不懂得你在要求他们做什么。一般的指导原则是，你可以想象一下你蹒跚学步的孩子能听懂多少，然后再乘以2，这是他大概至少能够听得懂的。

丨训练宝宝听从大人的指导丨

在15个月左右的时候，学步阶段的孩子开始能够听懂只有一个步骤的指令："去拿那个球。"到了2岁的时候他们能够听得懂两个步骤的指令："请找出你的鞋子，并且拿到我这儿来。"18个月之前，学步阶段的孩子还很少能够听懂口头的警告，除非伴随着动作。对孩子大叫"别拉猫的尾巴"根本没有意义，除非你站起身来，从猫身上掰开他的手指，边示范给他看边告诉他："要爱抚猫咪。对猫咪要温和，不能去拉它的尾巴。"到2岁的时候，没有动作的辅助，孩子也可以听懂大部分的口头命令。

1岁大的孩子能够听得懂"不行"或者"停下来"的意思是说，他应该停下自己正在做的事情了，这差不多已经到了他理解的极限。但这并不意味着你不必对他作进一步的说明："停下来，别去碰。"你把他的小手拉开的时候要这么对他说："宝宝的手会弄疼的。"随着时间的推移，你的说明可以更复杂一些："停下来，别去碰。宝宝会受伤的。炉子很烫！"父母常常能够通过孩子的反应来发现自己的话孩子到底听懂了多少。与学步阶段的孩子说话，你应该让自己的解释简单扼要。你还可以用你的聪明才智来对孩子的捣乱行为打一些比方，这比用一些概念来解释你说的话效果更好。

关于孩子的成长，父母必须记住一个十分有用的事实：孩子在学步阶段的思维是非常具体的，他们不能对概念作一般化的归纳。一个18个月的孩子知道了你们家的火炉是烫的（通常是通过自己一个人对火炉的实际体验这种最为不幸的方式，或者通过有大人指导的探究），但是当他到了奶奶屋子里的时候，别指望他会知道所有的火炉都是烫的。归纳、概括的能力要到4岁才会发展起来。

丨通过交谈进行养育丨

学步阶段的孩子的语言接受能力越来越强，这使得养育变得容易起来。在18个月～2岁之间，孩子可能说得相当少，但他们听得懂所有对他们说的话（在这个时期，这里所指的是所有简明扼要的句子）。你应该在事先把要做的事情明白地告诉孩子，比如："爸爸要给你换尿布了。"事先告诉孩子可以避免惊吓到他，还可以给爸爸带来一个不错的与孩子合作的机会。

宝宝的语言表达能力同样会让养育变得更为容易。在这个阶段，他不仅能够听懂你想要他做什么，还能够告诉你他想要什么。"不要"的意思是他要你给他拿掉尿布。这时，你先前在回应宝宝发出的信号过程中所作的明智投入开始有了回报。一个确信他的信号能得到回应的宝宝将会发出让人更容易明白的信号。

在18～24个月之间，成长过程中的另一个进展也会使养育变得更为容易，那就是在行动之前预先思考的能力。学步阶段的孩子能否一贯地这么做，主要取决于孩子的性情而不是智力。冲动的孩子往往会贸然地做出勇敢的举动，不会先考虑一下后果，筹划出变通的办法。你只要观察一下孩子怎么玩耍，就能够明白他正处于思维成长过程中的哪一个阶段。在15个月大的时候，劳琳常常要拿着一碗麦片粥爬上一段台阶，这实在很让我们生气。为了防止必然发生的粥碗打翻，我们不允许她这么做。到了19个月大的时候，劳琳端起一碗麦片粥就跑到台阶跟前，她站在台阶下，抬头望望，转过身来，在开始爬上台阶之前把那碗粥递给了玛莎。爬到台阶顶

西尔斯养育手记

适龄养育（一）

你应该对"适龄行为"有所认识，这样才能够给予孩子与年龄相应的指导。下面列出了一些有益的提示，将帮助你在孩子的成长过程中始终进行正确的养育。

某些挑战性的行为在孩子的成长过程中是正常的。在典型的成长过程中，孩子为了不断地成长，必须对某些行为加以练习，而这些行为又会让他惹

上麻烦。在孩子从具有依赖性的状态变得独立起来的过程中，他往往会具有“叛逆”、“不听话”、“喜欢发号施令”、“莽撞无理”和“冲动”的特点。这些行为中的一部分只不过是孩子对成长为一个独立个体的追求所带来的副产品。从另一个角度来看，导致孩子“不听话”的固执，正是在孩子跌倒后激发他爬起来继续尝试的勇气。

和孩子一起进入“特定的时期”。成长中的孩子向前进两步又要向后退一步。在成长的每一个阶段，他们的心情在平衡状态和不平衡状态之间来回摆荡。当他们向前迈入从未涉及过的领域时，或者在寻找新朋友、尝试新事物的时候，会伴随着尝试而出现焦虑不安，由此就带来了养育问题，这是相当正常的。在每一个阶段中，风暴过后，随之而来的往往是平静。两个月里心情一直烦躁的孩子在接下来的3个月中可能乖得像天使一样，成长过程的这个特点可以为孩子和你都带来好处。你要看清楚孩子到底处于哪个阶段。如果他尝试着疏远你、要变得更成熟一点，那就让他出点格好了。在这个阶段中，你的孩子好像疏远了你，他甚至会回嘴和顶撞你，你可千万别为此而恼怒。这样的阶段很快就会过去的，孩子正处于“我自己来做”的阶段，他需要一定的空间以及来自场外的指导（包括纠正）。此后不久的某一天，就像太阳落山之后必定会重新升起一样，你将发现当你靠在躺椅上的时候，孩子又紧挨在了你的身边，要求你帮他解决一些问题，或者建议你和他一起参加一些活动。你甚至会在一天早上睁开眼睛之后发现6岁大的孩子又睡在了你的床上，紧靠着你。此时，孩子正处于“重新进行亲情链接”的阶段，这个阶段好比是孩子在成长旅程中的一个加油站，这时候孩子正需要进行情感上的燃料补给。做父母的应该好好地利用孩子成长过程中的这个间歇，这正是修补沟通中出现的裂缝、巩固你们之间亲子关系的好机会，你的孩子和你自己都应该在这个间歇中进行情感的重新充电，以便面对下一个不稳定的阶段。

当父母和孩子之间出现不和谐的时候，养育问题会成倍地增加。如果你试图要拴住孩子，而孩子却想摆脱你，你就很可能会对孩子正常的独立行为反应过度。当孩子处于“重新进行亲情链接”的阶段时，如果你十分忙碌而忽略了他，那么你就错失了巩固你在他心目中的安慰者、顾问、权威以及管教者的地位的良机。

西尔斯养育手记

适龄养育（二）

重视消极阶段。当孩子在成长过程中出现消极阶段时，你千万别感到恼怒。当然，有时候你会很难做到这一点。因此，父母不适宜在孩子的消极阶段进行诸如训练孩子学会控制大小便等养育项目，如果你一定要这么做，那么必定会失败，而且会给孩子更多的机会跟你顶撞。重视消极阶段的另一个途径是不要因为孩子成长过程中不能胜任的行为而惩罚他。你应该用非惩罚性的办法来对成长过程中出现的消极情况进行引导。就像在进餐训练中应该允许他慢慢来一样，身体是孩子自己的，你应该相信他能够学会这些基本技能。

事先做好计划。养育问题很可能发生在孩子从一个成长阶段向另一个成长阶段过渡的时候，或者发生在家庭有较大变故的时候。比如，搬了新家、新添了一个宝宝，家里有了病人等。最近我的诊所来了一家人，他们原先很讨人喜欢的孩子脾气变得很坏。原来这家的母亲刚开始了一份新的工作，同时孩子也开始了上一所新的学校。我给他们的建议是，如果有可能，当孩子还没有顺利地适应他生活中的重大变化时，父母应该选择在另外的适当时间来进行自己生活中的重大变化。

有些行为虽然“正常”，但也不能允许。一位了解自己宽容度的母亲这么说：“博比和吉米，你们听着，我不管书上怎么说，打架在我们家是不允许的。”所谓养育，部分工作就是学习如何在生活中与孩子一起度过不同的成长阶段，以及让孩子学习如何与你们一起生活。孩子早期的家庭生活就好像是野营拉练，为将来的生活做好准备。一个孩子必须学会如何与家庭成员相处，这样才能为将来的社会关系做好准备，他必须具有适应能力，学会根据家庭的特定需要来调整自己的行为。比利是一个天性活跃、喧闹的孩子，他被要求安静地玩几天，因为妈妈正从病中恢复，而且患有头痛。让孩子懂得太阳升起后除了照耀自己之外还照耀别人，这对孩子很有益处，可以教会他不要只顾自己。孩子们必须学会根据家里的规矩来调整自己，这样他们才能在将来适应社会的各项规则。

在成长过程的不同阶段要有针对性地进行养育，这并不意味着可以放松对孩子的管教。尽管确实有必要调整你对孩子的养育方法以适应他的天性和不同的成长阶段，也确实有必要在养育进行得十分费劲的时候放宽你对孩子的容忍度，但你没有任何理由不要求、不帮助孩子服从你的管教。说一句“他只是在经历一个阶段”或者“那不过是他天性的一部分”，不能把孩子的错误行为轻易地敷衍过去。

上之后，她又转过身来，伸手要玛莎把那碗麦片粥递上去给她。这时她已经相当成熟了，已经能够想象出自己行为的后果，并且想出了一个借助大人帮助的、有创意的变通办法。语言和认知能力的这些进步还减少了孩子发脾气的可能性，因为孩子此时已经很少再遭受到挫败，而且有了更强的能力来盘算出达到自己目的的变通办法。

引导学步期孩子的行为

在学步期孩子的养育过程中，你首先应该做的是要密切关注孩子的感情需求，并且要对他的成长发育水平有充分的了解。一旦你了解了学步期孩子会做出怎样的行为以及他们做出这些行为的原因，你就能够很容易地做到宽容那些你无须去加以纠正的行为，对那些必须禁止的行为也容易进行纠正。

当你的宝宝开始学走路的时候，他就正式进入了学步阶段。作为孩子的养育者，你的角色从只是简单地照料、养育孩子扩展到了要为学走路的孩子提供一个探索和学习的安全环境。一般来说，你对初学走路的孩子的行为不能有过高的期望，必须实事求是：学步期的孩子冲动、坚决。这些品质是他们所必需的，能让他们不断地学习，让他们在生活中遭受了小挫折之后能够很快地恢复过来，而且，初学走路的孩子开始认为自己是独立于妈妈的自主个体，这既让人感到兴奋，又着实让人担忧：学步期的孩子已经准备好摆脱婴儿期的诸多限制，但还不具备可以脱离保护的能力。

对于一个受到亲密育儿法养育的孩子来说，在出生后的第一年中所学到的东西能够帮助他克服学步期的矛盾心理。由于他习惯于自己总是对的这种感觉，因此他往往不太会进入让自己感到错了的境地。由于他在对自己和照料人的信任中进入学步阶段，因而他的所作所为和他的行为方式中就存在着一种平衡。他的行为都有一个明确的目的，使得他相当有自信，能吸引人的注目。采用亲密育儿法的母亲就像读一本书那样“阅读”自己的孩子，推测下一页将发生些什么。她将学会采用有针对性的方法来引导处于学步期的宝宝的行为。

西尔斯养育手记

转移孩子的注意力

你1岁大的宝宝摇摇晃晃地向电灯的电线走去。你不要马上赶过去一把将他抱开，这么做会引起他的反感，让他大发脾气。你首先应该叫他的名字，或者你知道你说一句什么可以让他在行走过程中停顿足够长的时间，以吸引他的注意力。然后，你再迅速地把他的注意力转移到另一个安全的东西上去。举例来说，在劳琳小的时候，每当她快要开始淘气的时候，我们就会赶紧向她叫道：“劳琳！”听到有人叫自己的名字会让她感到意外，使她暂时忘记了原先的目标。她会回答道：“哎？”然后我们就赶紧转移她的注意力。到了现在，这个办法还时常能对劳琳起作用。

| 给宝宝的行为提供重新引导 |

宝宝的头脑里充满着数以百计的词语联想。在马修的成长日记中，我们记录了这么一个联想模式，当我们对16个月大的马修说“走吧”的时候，他就会拿起包宝宝用的三角吊带跑到门口去。在对他的养育中，我们就利用了这个联想能力来分散他的注意力：当我们看到马修快要开始大大地淘气一番的时候，我们就会对他说“走吧”。这个提示信号诱使他的思维和肢体改变了方向。我们把许多这样的提示词语（比如“皮球”、“猫咪”、“走吧”等）记录下来，做成了一个表格，把它们作为对马修的“重新引导”。当然，光这么说还不行，你还必须继续做下去，带他出去走一走，或者去玩一会儿皮球，或者去找猫咪；如果只说不做，你的孩子就会变得不信任你，你也就失去了一个有用的管教手段。14～18个月大的小孩子需要大人花费许多精力来满足他的要求。到了18个月以后，你可以开始对他说“现在不行，以后再说吧”，或者诸如此类的话。

把孩子的注意力引导到另一件事情上

我们的劳琳是个性情倔强的孩子，她在17个月大的时候总是固执地要到隔壁房间去找她的妈妈，而妈妈正在酝酿写作。当我伸出胳膊把她挡住的时候，她会生气地把我的胳膊推到一边去，并且对我大发脾气。我向她传递了她必须与我待在一起的信号，但是我决定通过做游戏来达到这一目的。我不再去强行阻止她，而是在我用胳膊挡住她的时候让她玩我的胳膊，玩着玩着，我们两个很快就转而玩起了猜拳游戏；在这之后，当她用小手把我的胳膊推开时，我就会拉着她的小手，教她轻轻地摸我的胡须，她会因此而大笑起来。用不了多久，劳琳就忘记了原先那个要到隔壁房间里去的强烈念头，觉得和爸爸在一起玩也很开心。转移劳琳的注意力需要花费时间，还要花费额外的精力，但是这么做使我们俩都避免了心力交瘁的折磨。我真正地使我们父女之间的关系更加密切了，这避免了我们父女之间出现不愉快的肢体冲突。孩子越固执，父母就越需要在引导孩子培养良好品行方面进行创造性的付出。

| 给宝宝的行为设定限制 |

你对孩子的养育在很大程度上取决于你对孩子设定限制的能力。人人都需要有所限制，而且年纪越小，限制就必须越明确。孩子渴望冒险的勇气引导着他探索，而他的少不更事又会让他误入歧途，为他设定的界限给他带来了安全保护。我们来看一个经典实验：把校园四周的栅栏拆除后，先前在校园里四处闲逛的孩子们会挤在一起跑向周边热闹的地方，而不再愿意去仔细探究原先围在栅栏里的各个角落。对孩子所作的限制实际上并不是要捆住孩子的手脚，而是要对这个好奇的探索者以及他的环境加以保护，让他在给定的界限内放开手脚、更好地发挥自己。例如，你的学步期孩子在和你一起穿过街道或停车场的时候不想拉住你的手。你应该态度坚决地做出限制：只有拉着手才能穿过街道和停车场，没有别的选择。我们做父母的在实现孩子的自由与约束之间的良好平衡方面需要作出艰辛的努力，要做到这一点并不容易。

设定限制给生活带来了十分有益的教诲：世上充满了允许和不允许。你应该确定孩子的什么行为是你不能允许的，并且要做到始终坚持这样的限制。对于不同的家庭和孩子不同的成长阶段，所采用的做法可以各不相同。设定限制把孩子经受的挫折提高到了一个新的水平，而这正是每个孩子在离开家门到社会上经受挫折的打击之前必须预先经历的。如果你确实不想要初学走路的孩子把垃圾扔得到处都是，那么你就应该把垃圾桶盖起来，或者关上门。你要是不想让孩子把架子上的食物随手拿光，你就得把食品储藏室的门关上。剪刀和尖利的刀具是不能让他碰的，你要学会把它们放在孩子拿不到的地方。当难以避免的事情发生的时候，你要坚定地转移他的注意力，用其他东西来吸引他。对孩子有所限制会给整个家庭带来好处。学步期的孩子需要学习如何与全家一起分享家里的东西，而且父母们也需要实事求是地对孩子们有限度的容忍。正如一位母亲所说的：“我知道孩子们的忍受程度，也知道我自己的。”

有些父母无法对孩子作出限制，原因就在于他们做不到对孩子遭受的挫折袖手旁观。挫折只要不严重到对孩子造成伤害的程度，那就会有助于孩子形成适度的抵抗力，让他能够尽力发挥自己的潜能。没有挫折，就没有成长；而如果到处都是挫折，那也就不会有生机。我们要为孩子示范健康的克服挫折的方式。成年人也是有所限制的，如果你知道如何去面对自己的限制范围，那么你就会懂得如何去为你的孩子作出限制。

学步阶段的孩子需要有人来为他们设定限制。没有限制的话，世界会让他们感到提心吊胆。他们直觉地知道自己需要限制所带来的安全保护。当他们对限制进行试探时，会要求你向他们表明你以及你对他们作出的限制在多大程度上是值得信赖的。

| 负起对孩子的监管责任 |

随着我们的孩子一个一个地进入学步阶段，我们不得不仔细地审视我们作为权威人物所扮演的角色——权威形象指的到底是什么，以及我们应该如何保持我们的权威形象。我们希望明确地对初学走路的孩子负起监管的责任，从而让他们感到安全和受保护，让他们知道有人挡在他们和包藏着危险的世界中间，有一个地方让他们可以寻求帮助，我们并不是为了要感受到自己的强有力而把他们当成木偶来控制。与某些理论家的观点正好相反，我们也根本不相信学步期的孩子想要控制我们。他们想要学会控制的正是他们自己，我们通过两种途径来帮助他们：用我们讲话的语气和我们的行为来让他们知道我们是成熟的大人；为他们提供一个安全的、受保护的家庭环境，作为他们可以随时离开和回归的大本营，让他们出发去探索世界，然后在需要的时候回来享受舒适、重拾自信。通过这样的方式，我们就可以帮助他们形成内在的自我控制力。

当我们的孩子处在学步阶段时，我们给了他们充分尝试的机会，任由他们把事情搞得一团糟，他们从父母对其失败的援助中学到了知识。一次，斯蒂芬想要喝一个广口杯中的果汁，他硬是不要玛莎帮他，于是玛莎就让他自己去试，结果他把果汁倒了自己满身。冰凉的果汁从他的身上流下来，把他吓了一跳。为了喝第二口，他就自觉地不再那么任性了；他仔细地听从玛莎的指导，“慢慢地”把杯子倾斜过来。

由于我们在孩子们出生后的最初几年与他们建立起了相互间的信任和敏感，因此，孩子们在学步阶段很容易把我们当作权威人物来敬仰。我们能够让他们明白无误地知道我们期待他们拥有什么品行，而他们的行为也常常表明，他们希望通过让我们满意来使自己感到快乐。

给孩子创造一个充分自由和安全的活动空间

当你的孩子到了1岁大的时候，对你养育职责的描述中就增加了一个新的头衔——孩子环境的建造者。通过从事这项工作，你能够把孩子的精力引导到愉快的学习体验中去，并且让他远离伤害。你为孩子建立了框架，但这并不意味着养育是毫无通融余地的、压制性的或者蛮横的。相反，我们所说的“框架”指的是设置条件，鼓励孩子身上良好行为的发生。框架给孩子以保护和指导。你不拘束孩子，让他自由自在地做一个小孩，为他提供长大和成熟的时机。框架为孩子带来了一个积极的环境。只要稍稍作一些预先的规划，你就能够摆脱大多数需要对孩了说“不”的局面，使得对孩子加以肯定的情景占主导地位。

随着孩子的成长，框架是需要不断发生变化的。在成长发育的每一个层次，重新塑造孩子的环境框架是最重要的养育策略。当你的宝宝成长到了见东西就抓的阶段，你要小心地把你的咖啡杯放在他够不到的地方。当孩子开始蹒跚学步、发现了卫生间的所在时，你就要开始盖住浴缸的盖子，或者干脆把浴室的门关起来。学龄前儿童晚上要打闹着上床睡觉，为的是在就寝时进行例行的放松。9岁大的孩子努力地不拖拉家庭作业，为了完成作业，他需要有一个安静的、有吸引力的地方，上学期间还需要严格地限制晚上看电视的时间。框架为良好品行压倒不良品行提供了一个舞台。

| 创造一个适合孩子的、安全的环境 |

学步阶段的孩子所生活的房间里如果布置着只适合大人用的家具，那么他很容易就会遇到麻烦。作为孩子的环境设计者，你的任务当中很重要的一部分就是要把房间布置得对蹒跚学步的孩子来说是安全的，并且还要布置得让孩子不容易发生危险。学步阶段的孩子心里充满了各种各样的好奇心，你的任务就是要使这种好奇

西尔斯养育手记

帮助孩子独自玩耍

人的自我约束力在一定程度上表现为从独自玩耍中获得乐趣的能力。在18个月以前，婴儿只能在很短暂的心血来潮中做到这一点，而且时常渴望得到母亲的陪伴，要么跑到他的身边，要么用他的眼睛搜寻妈妈的身影。采用亲密育儿法养育的婴儿比较喜欢几乎不间断地与母亲依偎在一起，这是很正常的。让孩子在婴儿期和学步阶段尽可能多地得到母亲的陪伴看起来能够使他为将来自己独处做好准备，这样的孩子懂得如何管理自己，也不会像与父母感情疏远的孩子那样需要大人时时的操心和挂念。

孩子在14～18个月这个时期对母亲来说是十分艰难的，这个时期的孩子正蹒跚学步，精力十分旺盛，他想要做所有的事情，但仍然需要母亲花费大量的时间来照料他。1岁大孩子的母亲必须为这种马拉松似的大量付出做好准备，因为一般情况下妈妈会有这样的想法："啊，现在他1岁了——我可以轻松一点了。"你最终当然会轻松起来，但这时候还不行。你必须坚持，一直到过了18个月，然后要密切关注孩子试着与你拉开一定距离的迹象。有些母亲可能会为此感到彷徨、闷闷不乐，想继续紧紧地看着孩子，但是请记住，1岁半～2岁大的孩子已经有了独立自主的要求，你会越来越多地观察到这种努力。一开始的时候你会不相信自己的眼睛。还在学走路的孩子会学着你的样子来做事情，他会照料玩具娃娃，放好锅碗瓢盆，想要在厨房的水池边玩耍，用勺子去挖泥土，他会做出你想得到的任何事情——可能性多得数不胜数。他有时会要你与他一起扮家家。扮作一只狗或一只狮子是很好玩的，但他实际上只是需要你帮他开个头。在假扮的午后茶会或晚餐上，他会要你装作狼吞虎咽地吞下他递给你吃的所有东西，但实际上在玩的过程中并不需要你太多的参与。

到了3岁的时候，孩子的想象力和创造力让他有能力将一切东西都玩得很高兴。你给他的玩具应该是简单的、初级的——比如积木、皮球、洋娃娃和毯子，或者玩具小汽车和卡车（请采用不用装电池的那种）等。4岁大的孩子如果独自待在房间里没有什么可玩的话，他会想办法把房间里的鞋子和袜子当作小汽车和乘客来玩耍，或当作摇篮和洋娃娃。

到了孩子6岁大的时候，你就已经进入了孩子开始与你疏远的阶段，一位与我们交谈过的心理学家把这个阶段称为“有计划的疏远阶段”。你的孩子吃早餐时会出现在你的面前，吃完后就跑出去了，吃午饭时又会出现，之后又跑出去了。你会对他说：“你看起来不错，宝贝。”或者给他写个纸条提醒他一些琐事。最终，你会开始在晚餐桌上和他进行一些交谈。晚饭后可以玩玩纸牌、唱唱歌，或者进行一些诸如此类的以促进家庭亲情为目的的活动，从而将你和这个过去常常与你形影不离地黏在一起而现在已经独立的个体重新亲密地联结起来。

心的满足得以安全地实现，要在家里做到这一点应该是比较容易的。当孩子看到一样诱人的、闪闪发光的东西时，他会很自然地要去触摸它，父母的任务就是要俯下身来，帮助孩子去探索这个东西，避免损坏它，也要避免伤着孩子，然后将孩子的注意力引导到别的东西上去。

你应该把家里的易碎物品和传家宝收拾起来不让孩子碰到。这个变通办法很好地取代了始终小心翼翼地对孩子加以防护或者对孩子自然的探索欲望加以责罚的做法。作为一个大人，你具有的成熟让你能够把自己的东西暂时地放到一边去（放得高高的或远远的），直到孩子成熟到能够珍视对大人来说贵重的东西。你要记住，这个阶段只不过持续很短的一段时间。我们曾经发现，当我们的孩子会在地上爬了之后，我们不得不把房间里摆的花草搬离地面。6个月后，我们又把花花草草重新放回地面，孩子们压根就不再去理会这些过去对他们来说具有难以抗拒的吸引力的东西了。当你的孩子开始会爬的时候，你应该在屋子里转上一圈，用他的眼光来找一找哪些东西是必须拿开、不能让他碰的。有许多现成的廉价商品可以帮助你把家里布置得对孩子具有安全性（坐厕的插销、门把手的护套、抽屉和橱柜的锁、电器插座的保护盖和插头的保护套等）。所有这些东西以及其他的一些精巧物品都能帮助你对家里乐此不疲地探索的小“科学家”加以保护。这么做会使你和学步期孩子之间的冲突大大地减少，这个好结果是你在防护宝宝方面作出的努力所带来的。此外，还可以让你成为轻松愉快的父母。下面的指南为你逐个列出了每个房间应该做的防护措施：

（1）客厅

● 给电器插座加上保护盖。

● 将电灯的电线加以固定，以防电灯被拽下来。

● 把落地灯固定在地板上，或者干脆拿走。

● 把电视、音响设备、录像机的控制开关盖起来。

● 将咖啡桌、钢琴凳、壁炉炉床的尖角用垫子包起来。

● 把易碎物品摆在宝宝够不到的地方，或者干脆把它们拿走若干年。

● 重新布置书架（学步期孩子喜欢把书都翻出来、撕下书的封面和护套）。

● 把花草搬走。

（2）餐厅

● 把椅子放到离餐桌尽量远的地方，以防孩子爬上去。

● 放置易碎的盘子的抽屉或者橱柜应该装上锁。

● 把餐桌上的东西放到桌子的中间。

● 把桌布角卷起来，让孩子抓不到。

（3）浴室

● 把药品、剃刀、大头针、漱口水、化妆品、香水、指甲油、去污剂、剪刀等危险物品放到孩子拿不到的地方。

● 把放置药品的橱柜锁起来。

● 把浴室的水龙头用垫子包起来。

● 在浴盆中放上防滑垫。

● 使用有防滑背衬的地毯。

● 把坐厕盖放下来，并插上插销。

● 浴盆用好之后要把水放干。不要让孩子无人照管地待在浴盆里。

● 使用塑料的杯子和肥皂盒，不要用玻璃或陶瓷的。

● 把浴室的门关起来。

（4）厨房

● 把刀具放在孩子拿不到的地方。

● 要拔掉家用电器的插头，不要让电线挂下来。

● 要把清洁剂、溶剂、漂白剂、餐具洗涤剂以及其他有毒物品放在上锁的橱柜里，不要让孩子拿到。

● 使用火焰向后的炉具来做饭煮

菜，烹调时要把锅柄转向里面。

- 把火炉的控制开关盖起来，或者干脆拿走。
- 把易碎物品、会导致孩子窒息的物品以及其他危险的东西放在孩子拿不到的地方。请记住，学步阶段的孩子能够爬上厨房的台柜。
- 当孩子在旁边的时候，要使用不易打碎的盘子。
- 要把塑料袋和塑料购物袋放在孩子拿不到的地方。
- 把烫的饮料放在孩子抓不到的地方。

（5）窗户和门

- 关上推拉玻璃窗，把纱窗锁上。
- 在玻璃门上与孩子视线平行的地方贴上有图案的贴纸。
- 锁紧窗户，确保纱窗是牢固的。
- 缩短窗帘和卷帘上的绳子，让孩子够不到。
- 用防护网把阳台或走廊的护栏围起来，以免孩子从栏杆中间挤出去。

（6）其他区域

- 不要忽视车库中的油漆稀释剂、防冻剂、园艺工具、汽车配件、杀虫剂以及其他危险品。
- 在楼梯的顶部和底部要安装安全栅栏。如果楼梯很陡而且没有铺设软垫，则更要装上栅栏。有些父母选择另一种做法，如果他们家里的楼梯铺上了地毯而且不是很陡，他们会让宝宝在楼梯上学着爬上爬下，并且在宝宝学习爬行的那段时间密切注意没装防护栅栏的楼梯。
- 你可以把一个活动的安全护栅从一个门道移到另一个门道，让孩子在你没法亦步亦趋地看着他的时候远离诱惑。例如，你可以用安全栅栏把厨房的门堵上，这样能够让做父母的免去许多担心——你总不会希望孩子一有机会就把储藏盒中的东西全拿出来。

一旦你把“不能碰”的东西都放到了孩子拿不到的地方之后，你就应该考虑如何用积极的步骤来鼓励学步期的孩子发展良好的品行了。可以在厨房里给他一只属于他自己的抽屉，里面装满有趣的东西，比如称量用的小勺子、塑料盘子、上豆捣碎器等，让他去把这些东西随意地拖出来，并且去摆弄这些东西。可以在屋子里四处为他放置一些可以推拉、转动和操作的属于他自己的东西。让他到外面去尝试把水倒进洗碗盆，或者尝试把水倒进浴盆，也可以让他在你看着的情况下在厨房的水池边玩水。没煮过的大米和燕麦可以用来代替沙子，让他在室内倒来倒去，这些东西比起沙子来可要容易清理得多。

可以在屋子里放上一些儿童家具，这么做可以使学步期一刻都闲不下来的孩子安静地坐上比较长的时间，让他可以在自己专用的桌子上“工作”。踏脚凳能够帮助他够到厨房的水池，便于他洗手、刷牙以及在厨房里“帮忙”。

蹒跚学步阶段是孩子一生中的一段令人激动的时光，单单是看着这个小家伙玩耍就是一种巨大的乐趣。细心地观察也会有助于你了解什么时候该出手帮助孩子、什么时候该让孩子自己去解决困难。一个安全的环境有助于孩子自己独立地解决所遇到的问题。

| 安排你的时间以适应孩子 |

把你每天的时间安排重新稍作调整，这要比改变学步期幼儿的性情容易得多。你最了解自己的孩子，你可以采用先尝试一下、错了再纠正的办法来弄明白什么办法对孩子更有效。可以试试下面这些招术：

（1）在购物时使用智慧。当你和学步期的孩子一起去购物的时候，你首先要确保你和孩子都睡好了、吃好了，并且还要准备好营养丰富的小点心，好让孩子不会去专注于商店里的麦片桶、莴苣和鸡蛋盒。要准备好花上两倍的时间——带上把宝宝“穿”在身上的三角吊带，让宝宝乘坐一下购物车、玩耍一会儿，并且可以让他自己选购一两样东西。如果你的时间很匆忙、感到心烦意乱或者心情紧张，那么就不要和孩子一起去购物。

（2）事先做好规划。你要了解自己的孩子在一天中情绪低落的时间段。学步期的孩子大多数都会在早晨具有最好的行为表现，而在傍晚或午睡前那段时间的行为表现最差。应该将外出安排在我们称之为“容易时间”的时间段。玛莎发现，早晨是最容易让我们的孩子们和她的日程安排相合拍的时段。在每天的“费劲时间”，我们的学步期孩子一般都待在家里。

（3）预先调整孩子的情绪。应

该在孩子变得饥肠辘辘之前就给他吃些点心，或者为他开午饭或晚饭。在他夜里兴奋得难以入眠之前，你应该坐下来和他一起做一些能够让他心情平静下来的活动。

（4）为孩子规定常规的程序。你当然不必成为固定时间表的奴隶，但是学步期的孩子需要对接下来该做的事作出预计：早晨首先是吃早饭，然后穿衣打扮；套上袜子和鞋子，然后说“再见”、出门；晚上是吃晚饭，然后安静地玩耍，洗澡、刷牙，最后是上床讲故事。常规的固定程序为孩子带来了支配感。

| 规划孩子的活动以适应你的日程安排 |

尽管孩子的举止行为不能由父母像工程师设计机器那样来进行设计，但你还是可以采取一些简单的办法来引导孩子的小脑袋和小身体，从而使你的日子过得比较顺当一些：

（1）让孩子养足精神、填饱肚子。如果你别无选择，不得不把学步期的孩子带到一个2岁的孩子不乐意去的地方，你事先就该作好规划。假定你在4点钟要与大孩子的学校老师见面，而且不得不带上2岁大的小孩子，那你就应该鼓励宝宝在一点半睡上1.5～2个小时的午觉，在出门之前给他吃些点心，并且带上一些安静而又能吸引孩子的玩具。你应该在这一天的早些时候让宝宝得到足够多的照料，这会有助于他在你专心致志地与老师交谈时具有较好的行为表现。在你们谈话的时候，可以让宝宝坐在你的膝盖上。

（2）为孩子规定玩耍时间。你要密切关注到底是哪些因素激发了孩子的良好品行，并且应该消除那些会引发孩子调皮捣蛋的因素。有些玩耍的环境能够促进孩子的良好品行，并且不太会给你带来麻烦。你应该积极地去发现这样的环境，这可以通过调整谁和孩子玩、什么时间玩以及挑选多少玩伴来做到。你应该判断出孩子和谁在一起玩最开心、一天中什么时候他玩得最起劲。他是与一个小伙伴在一起玩会玩得好呢，还是与两个或三个玩伴在一起玩得更好？如果精心挑选一个性情合得来的孩子相伴在一起玩耍，大多数学步期的孩子都会和小伙伴玩得很好。许多不到3岁的孩子还没有培养起与别人一起玩耍、合作的能力。如果妈妈愿意在旁边照看着、密切地观察孩子的活动，当孩子学习社交“规则”时能够及时地介入，那么让学步阶段的孩子与一群小伙伴在一起玩耍会有很好的效果。除了这种让孩子与年龄相仿的玩伴一起玩耍的做法之外，你还可以让2岁大的孩子和4～6岁的小伙伴们一起玩耍。大一点的孩子喜欢和“小宝宝们”一起玩，让他们在一起玩不会玩着玩着就打起架来。

| 拿走那些危险性高的玩具 |

塑料棒让孩子一个人玩耍是很适合的，而一群孩子在一起玩就会引起大的麻烦。你要为孩子挑选与年龄和性情相适应的玩具。对喜欢任性地摔东西的孩子，要给他柔软的玩具，而不能给他可以用来像石头那样用力扔出去的金属小汽车。如果一个玩具屡屡在玩耍时引起孩子们的争吵，那你就应该把它拿走放起来。不到3岁的孩子还没有培养起与别人分享一样东西的能力。

| 别让孩子无所事事地闲着 |

无所事事的孩子是麻烦滋生的沃土。你应该让孩子和你在一起忙碌，有时可以让他自己去做一点事情，有时你要和他在一起玩耍，14～18个月大的孩子十分需要你的陪伴。在这以后，孩子就会越来越能够自己找好玩的事来做了。

如果孩子无所事事，而父母十分忙碌，这种不协调的组合具有高度的危险性。在4岁以前，出生后始终与父母感情亲密的孩子一直都会自己玩得很开心。到了4岁，你可以指望这个老是袖手旁观的小家伙来帮一把手了：“想不想帮妈妈一把？”他的“帮忙”会让你慢下来，但这么做所花费的时间比起对付一个“没事干”的孩子来要省事得多。

从与你同为一体到成为独立个体：孩子可预期的行为

在出生后第一年的后半段，宝宝开始了一个被认为是“孵化”的成长进程。宝宝已经认识到除妈妈之外，外面还有一个广阔的天地。在第二年的整个成长过程中，宝宝的自我意识逐渐成熟起来，从一开始的认为“妈妈和我同为一体”发展到认为“我和妈妈有所不同”，然后再进而认识到“我”是一个独立的个体。诸如“我的”、“我”、“我的东西”一类的词反映了孩子独立于母亲的自我追求。除了在认识上渴望成为“我”之外，这个小小的独立个体到这时也有了足以帮助他成为他自己的运动技能和语言能力。宝宝如何发展这种“自我”的观念，父母如何规范宝宝这个时期的行为，这些都对孩子的情感健康有着至关重要的影响。儿童和成年人心理学研究者都认为，早期生活中愉快的分离经历起到了一种心理免疫的作用，能够对幼儿阶段后期和成年后容易引起心理紧张的分离产生抵抗力。

从来没有和父母建立亲密感情的孩子缺失了认为“妈妈和我是同为一体的”这么一个健康的成长阶段。在过渡到产生健康的自我意识阶段的过程中，这样的孩子会遇到许多障碍。而被逼迫着过早地进入具有自我意识阶段的孩子也很可能会发展出不稳定的自我形象，从而导致缺乏安全感、消沉和容易动怒。如果父母不能正确地理解在“同为一体”发展到成为“独立个体”的过程中相伴发生的那些正常行为，那么他们很有可能会面临许许多多的养育问题。

在孩子从与妈妈“同为一体”到成为“独立个体”的进程中，会同时发生一些有规律的行为。这些行为中的一部分有助于他变得更为独立，但是让孩子陷入困境的往往也正是这部分行为。通过了解这些行为为什么会发生以及你如何去帮助孩子，可以使养育变得更为容易。

| 渴望独立的矛盾心理 |

宝宝渴望独立，并且他也需要独立起来，但他对独立的过程有多快、应该与你保持多远的距离没有把握。宝宝会不断地试探到底跟父母保持怎样的距离才是轻松愉快的。刚才他还像葡萄藤一样紧紧地缠着你，几分钟之后却又快乐地跑到屋子的另一边去玩耍，这就需要你随时随地改变养育策略。宝宝就像一个溜溜球那样上下起伏。如果你放松自己、心情愉快并且从容不迫，那么不用费神就能把溜溜球玩好；而如果你厌倦、慌张、感到自己无能为力，你就会玩得恼羞成怒。

| 面对陌生人的不安 |

孩子走向独立是要付出代价的。在出生后第一年的后半段中，孩子开始在有陌生人出现的场合感到不安。这时，再次加强与孩子之间的亲密关系会带来很好的效果。与父母感情亲密的孩子是依靠父母来评估一个场合是否具有安全性的。在一个不熟悉的社交场合，宝宝会通过你的反应来估量陌生人，他通过你的眼睛来了解陌生人。如果你感到不安，宝宝也就会不安。当“陌生人”走近的时候，宝宝会注意到你由身体语言表达出来的“别怕，没必要感到不安”的态度。在宝宝警觉的头脑当中，如果一个陌生人对你来说没什么可怕，那么他对宝宝来说也就不可怕。宝宝懂得别人鲁莽地闯入他的个人空间是件讨厌的事，因而对别人的突然闯入会做出强烈的反应。在这样的场合中，父母能够起到缓冲的作用。

同其他孩子相比，有的宝宝面对陌生人时会更为敏感一些。当我注视着一个第一次来我办公室的婴儿时，我发现他对我作出的反应方式总是与他妈妈对我作出的反应方式相一致。如果宝宝紧紧地依偎着妈妈，而妈妈也紧紧地搂着宝宝、不安地对宝宝说：“他不会伤害你的。”实际上妈妈是在加剧不安的气氛，宝宝会依偎得更紧。而如果妈妈松开紧紧搂着宝宝的胳膊，进门后很快就与我愉快地攀谈起来，宝宝就不会紧紧地抓着妈妈不放了，他会配合我对他的诊断，感到我是妈妈认可的人。

| 与妈妈分离时的不安 |

在出生后第一年的后半段中，宝宝会开始害怕与妈妈分离，这同样是一个正常的成长现象。过去常常有这么一种看法，认为如果在第一年里妈妈不离开孩子的话，她就会宠坏孩子，孩子就会永远都缠着她不放。尽管有关亲密育儿的研究已经表明事实恰恰相反，但现在仍然有许多人还相信这种观点。其实，宝宝在一开始的时候越是与妈妈感情亲密，长大后与妈妈分离所带来的不安就会越少。

当孩子在玩耍的时候，感情亲密的妈妈待在孩子的身边，或者让孩子在心理上感到妈妈就在身边，这能够起到对孩子的不安进行调节的作用，会给孩子以这样的信息：“大胆地去探索吧。”与妈妈关系亲密的孩子在脑子里存储着十分丰富的关于妈妈的心理印象，因而即使是在他与妈妈没有目光接触的情况下，他也能在心里感到妈妈时时刻刻都与他在一起。

在和妈妈一起到陌生的环境玩耍时，孩子既有着探索新环境的欲望，又有着依附于妈妈这个熟悉的照料者的需要，他往往必须在这两者之间找到平衡点。即使是心里感到很踏实的孩子，一旦进入一个陌生的环境，在开始进行探索之前他也会紧紧地依偎着妈妈，其原因就在于此。亲密育儿有助于宝宝在依偎着妈妈与放手去探索之间找到平衡。在探索陌生环境的过程中，孩子会时不时地确认一下妈妈就在身边，为的是消除恐惧和疑虑。有妈妈在身边似乎能增加孩子进行探索的动力。由于孩子不必浪费精力去担心妈妈是否在身边、是否会离去，因而他能够把自己的全部精力都投入到探索中去。总有那么一天，他将不再紧紧地缠着妈妈，开始轻松愉快地去探索周围的环境，渐渐地远离充满母爱的家庭大本营，但是他还会时不时地跑回来进行情感上的重新补充。如果你对与一群孩子在一起玩耍的学步期宝宝做一下观察，你将会注意到，他们会定期地跑回到妈妈的身边，坐在妈妈的膝上，得到一次让他消除恐惧的爱抚，或者仅仅是获得一个受到妈妈照料的短暂机会——这是再一次跑开去玩耍之前情感上的休息和补充。

对与母亲感情疏远的宝宝而言，在寻求这种平衡的过程中，他们会遇到比较多的困难。他们很可能会花比较多的时间来缠着妈妈不放，也可能会脱离妈妈和玩耍的环境，变得孤僻起来。已故英国心理学家约翰·波尔比是亲密理论最有影响的研究者之一，他认为：“缺乏自信的孩子不会相信与他有亲密关系的人在他需要的时候会对他伸出援手，他会采用一种缠着不放的策略来确保能够得到他们的帮助。他对妈妈是否会帮助他没有把握，因此这种担忧会一直盘踞在他的心头；如果心里充满了这种担忧，那么就会阻碍他的独立和探索，从而妨碍他进行学习。”亲密育儿法承认这么一条成长原则：宝宝在有能力轻松自如地把握好自己的独立性之前，必定要经历一个健康的亲密阶段。

有些宝宝比别的孩子对与母亲分离更为敏感。因此在第二年中，你的养育目标之一就是要了解孩子在什么场合能够轻松、愉快地离开你，是否能经常离开你，能够离开你多长时间。有些孩子一离开妈妈就会感到不安，原因就在于他们的妈妈在分离时总是为他们感到担忧。在第一年中你和你的宝宝之间的关系越健康，那么

在头脑中创建一个永不分离的妈妈的形象有助于宝宝安心地离开妈妈

在第二年和第三年之间你的宝宝就越能够高高兴兴地与你分离。

每个宝宝都有自己与妈妈分离的时间表。在2岁左右时，我的宝宝们常常会愉快地挥手对我妻子玛莎说“再见”，只要我或者一个兄弟姐妹与他们待在一起、陪伴他们就行了。到了3岁半的时候，我们“长大了”的孩子会很高兴地独自待在周日学校里；到了4岁，他们会很安心地在要好的朋友家里过夜。

大发脾气

宝宝有着占有一切的欲望，但现实中有许多事他没有办法去实现。他渴望自己强壮有力，但实际上他并不是十分强有力的，这给他带来了挫败感。大发脾气的行为是性格中坚定性的正常副产品，而这种坚定性在形成健康的自我的过程中是必不可少的（为了了解大发脾气为什么会发生以及如何帮助孩子平静下来，请参见第五章平息孩子的脾气发作）。重要的一点是你不仅要构造孩子的环境以减少他发脾气的必要性，而且还要对孩子表达情感的需求加以认可和鼓励。

西尔斯养育手记　采用适当的方式离开宝宝

如果妈妈离开了，依附性强、对分离敏感的宝宝会十分难受。为了解决这一问题，你首先要凭直觉去了解正在逐渐长大的孩子在什么时候开始能够应付你短暂离开的局面（这里所说的“短暂离开”并不包括你和他爸爸偶尔一起离开他一段时间）。在过去，奶奶、阿姨，甚至是邻居家的妇女都会亲密地参与到一个家庭的生活中来，因此宝宝与这些熟悉的人在一起一次待上3～4个小时都会很安心。如果在你的生活中缺乏这样的人，那你就应该去寻找一份能够培养起来的友情——一周花数次时间与宝宝喜欢的另一对母子（女）待在一起，经常在彼此的家里一起玩耍、一起做家务。这种相互间的亲密能够为你和你的朋友带来有着差不多养育风格的、父母外出时可以照料宝宝的最佳“临时保姆”。

在2～3岁之间，孩子的内在精神生活会变得越来越能够被了解。孩子们会用象征性的举动来表达他们无法用语言表达的情感，从而用他们的行动为你提供了有关他们情感的线索。当妈妈照料着新生婴儿的时候，玛丽“照料”起了她的洋娃娃，她觉得自己就像是个小妈妈。吉米在不顺心的时候会重重地捶打他的泰德熊，以此来表达他的愤怒。

公然的违抗

你应该弄懂孩子为什么不听你的话。还在蹒跚学步的孩子并不是真的要公然地违抗你或者桀骜不驯。他要表达的并不是“我一定不做”，而是“我不想去做”。通常，在他说“行”之前他会说两到三次“不行”。或者他是在试探、思考：“如果我说‘不行’的话，会发生什么呢？”他在想：“我现在正在干自己的事。这是我自己的时间、我自己的空间，我有权去支配它。”他正在服从他自己的意志。这种行为是正在学走路的孩子发展自我意识的努力中的一个正常部分。到了2岁左右，当我们要让正在调皮捣蛋的孩子停下来时，我们面对的将是他大声地说

"不"，就好像他意识到我们正在侵入他划定的领地。他在尝试着找到自己身上所具有的能够伸张权利的力量。在这个阶段，父母孩子都需要学习一门至关重要的成长课程：掌握对别人说"不"的能力，以及接受别人说的"不"的能力。当孩子说的"不"让父母觉得受到威胁时，严厉的话很可能就会脱口而出："不许这样对我说话。"有自信的父母不会把孩子说"不"看成是对父母权威的威胁，而是看作所有学步期孩子都需要经历的一个健康阶段。当用亲密育儿法养育的宝宝对大人说"不"的时候，一个成熟的家长不会做出不安或惩罚性的反应，而是以"既来之则安之"的态度平静地应对孩子每一次说"不"的局面，并且采用自己的智慧来对孩子加以引导。

帮助学步期孩子轻松进入独立阶段

孩子为了认识周围的环境并且了解自己，必须脱离妈妈的庇护；妈妈也必须放手让孩子去探索，并且应该让孩子学会在较远的距离上维系母子（女）之间的亲情。同养育孩子的许多方面一样，这里也涉及如何把握好平衡的问题，既要给孩子一定的宽松度，让他养成独立性，又要保持母亲与孩子之间的亲密。妈妈一方面不能放手让孩子完全脱离自己，另一方面也不能因为自己对孩子的担心，或者

西尔斯养育手记 宝宝走向独立的过程

许多关于养育孩子的理论都向人们传授了这么一种观点：养育孩子的主要目标是培养孩子不依赖父母。这当然没错，但是培养起孩子的独立性仅仅是让他成长为一个情感健全的人的一个方面。孩子必须经历下列三个阶段：

- 依赖阶段："为我做这件事。"不到1岁的婴儿完全地依赖他的父母。
- 独立阶段："我自己来做这件事。"在第二年，进行着探索的学步期孩子受到父母的鼓励，学会了不依赖父母就可以做许多事情。

• 相互依靠阶段："我们一起来做这件事。"这是最为成熟的阶段。孩子有着靠自己成就一番事业的动力，但是也明智地知道要寻求帮助来把事情做得更好。为了使孩子获得成长为一个情感健全的人的最佳时机，父母必须鼓励他循序渐进地经历上述的每一个阶段，让他逐渐地成熟起来。徘徊在依赖阶段停滞不前与被迫过早地脱离这个阶段一样，都是有害的。而始终停留在独立阶段会使人感到讨厌。成熟地进入相互依靠阶段赋予了孩子从别人那里获得最大帮助、同时尽可能帮助别人的能力。

相互依靠意味着父母和孩子要求彼此发挥各自最优秀的品质。要是没有孩子在经历每一个阶段时给你带来的挑战，你就不会掌握养育他所必需的技巧。这正是密切的亲子关系大放异彩的地方。父母和孩子相互帮助，使他们彼此成为对方眼里最好的人。

学会相互依赖让孩子对生活，特别是对人际交往和工作，做好了准备。事实上，为了提高生产力，管理咨询专家们就在传授着相互依靠的概念。知道什么时候去寻求别人的帮助，以及如何得到帮助的能力是十分有用的社交技能，即使是2岁的孩子都能学会："我能够自己做这件事，但有人帮忙的话我会做得更好。"

历经了所有的这些成长阶段，孩子就会从孤独的状态逐渐变得合群了，从向往独立渐渐地变得向往被人接纳。实际上，对大多数相互依靠的人来说，在与大家融为一体和离群独处这两者之间来回变化是一种长伴一生的社交模式。你往往希望你的孩子既能轻松自如地独处，又能轻松自如地和别人相处，到底哪种状态占主导地位实际上取决于孩子的气质。相互依靠让天性主要是领导者的孩子和天性主要是追随者的孩子都能够得到平衡。独立性强的个人英雄主义者会紧紧地把自己封闭起来，以至于失去了大家能够为他提供的帮助。而依赖性强的孩子又忙于追随大众，因而永远都得不到发展领导才能的机会。

让孩子学会相互依靠与让他学会负责任是相一致的。当孩子习惯于从别人那里获得帮助时，他们自然而然地就学会了去考虑自己的行为对别人会产生怎样的影响。真正快乐的、心理健全的人既不会完全地依靠别人，也不会完全地独立，他们相互依靠。

出于要孩子继续依赖自己的需要，而把孩子置于自己的完全控制之下。在第二年中，父母自始至终都会感觉到自己游走在过分地限制孩子和放手让孩子去探索之间，前者很可能会阻碍宝宝的成长，而后者又会让孩子危及自己或他人，或者破坏财物。下面给出了一些既能帮助宝宝独立，同时又能维系亲子之间亲密关系的方法。

玩“躲猫猫”的游戏

从9个月左右或更早的时候，你就可以开始和孩子玩躲猫猫的游戏了，也可以和孩子一起绕着家具相互追逐。你把自己的脸用手遮起来，或者在长沙发的另一边藏起来，这些游戏都为孩子提供了机会去想象你的存在，尽管孩子看不到你。

渐渐地分开

宝宝培养起健康的自我意识的最佳途径是孩子主动地与妈妈分开，而不是妈妈去摆脱孩子。如果是孩子慢慢地离开母亲，那么发生养育问题的可能性就比较小。如果宝宝在学走路的时期还依旧和母亲十分亲密，那么这个时期充满着探索欲望的好奇的宝宝离开妈妈的身边去探索时就会感到很安心。为了获得抚慰、得到建议，与妈妈很亲密的孩子会在他的探索过程中偶尔带上妈妈。这把两方面的好处结合在了一起——既与妈妈同为一体，又有独立性。对于这种感情的重要性，我们是在我们一家驾船出海探险的过程中才懂得的。由于我们的帆船安装了电子导航设备，因此我们能够与陆地上的一个无线电控制塔保持“连接”，因而我们可以很安心地在大海中冒险，航行到更远的地方。紧密的联系给我们带来了安全感。

许多现代养育理论都存在这样的问题：它们都过分地注重培养孩子的独立能力，而忽视了学步期孩子与父母继续保持健康依赖关系的必要性。在维系父母与孩子的紧密联系和鼓励孩子自主独立之间，你必须努力地实现细致的平衡。

恰当地离开孩子

我们18个月大的孙子安德鲁有一对十分有教养的父母。当鲍勃和谢丽尔中的一人想要“离开”，到隔壁房间里去的时候，他们会很周到地让安德鲁知道。由于安德鲁对分离十分在乎，因此他从很小的时候就让他们懂得了该这么做。对孩子说“再见”，“待会儿见”以及“爸爸要去干活了”，这都非常重要。即使是妈妈要离开一会儿，安德鲁也能够平静地面对，因为父母从来也没有让他吃惊地突然离开他。在离开的时候和孩子打声招呼，这有助于让他在任何时候都掌握实际的内情，从而也会使他相信，父母随时都会把最新的情况告诉他。

| 做孩子的辅助者 |

孩子们会很自然地变得独立起来。你的任务并不是要去使他们独立，而是要提供有利于他们独立起来的可靠环境。随着孩子为了实现无忧无虑的独立而努力，你成了孩子的辅助者。当像发电机一样转个不停的孩子需要情感上的补给时，你就应当起到电池充电器那样的作用。有时他与你形影不离，过一会儿又像箭一般地飞离你身边。他能容忍和需要多大程度的独立性？他又能容忍和需要多大程度的亲近？在与父母拉开距离的同时，孩子还需要维系与父母的密切联系。在由父母庇护着走向新环境的过程中，孩子如果找到了与父母亲密联结和大胆探索之间的平衡关系，那么他往往会具有良好的品行。作为孩子的辅助者，你的任务就是帮助孩子达到这种平衡。

| 不方便时，代之以语言交流 |

如果初学走路的孩子在你看不见的另一个屋子里玩耍，而且开始大惊小怪起来时，你大可不必马上扔下手里正在干的事情、火急火燎地跑过去帮他，你可以大声地对他说：“妈妈就要来了！”在淋浴的时候，和浴室门外的孩子保持对话，这能够防止孩子因为不乐意你离开而吵闹。

| 孩子不让你离开时，你应该使自己换挡 |

有时，即使是“大人很容易可以走开”的孩子也会突然变得对大人的离开十分敏感。如果宝宝不愿意让你离开他，你可以尝试一些有想象力的方法，既留在他的身边，又让自己能够感到快乐地与他待在一起。你感到自己确实有理由要走开一会儿，而实际上可能只是你的内心想要多给自己一些关爱。

提供“远程”帮助

探索中的孩子往往会陷入危险的境地。父母保护孩子的所有本能让我们想要马上跑过去把处于危险之中的孩子解救出来。有时，比较好的办法是站在局外鼓励孩子，让这个年轻的冒险家自己摆脱麻烦。在这一节的写作过程中，我注意到2岁大的劳琳正试着让她的玩具马车向下驶过一小段台阶。玩具马车走到一半就在台阶上停住了，劳琳开始大声嚷嚷起来。我没有马上跑过去帮她，而是鼓励她：“劳琳自己去解决。”这种鼓励足以让她去使玩具马车重新开动起来、驶下剩余的台阶。给学步期的孩子以鼓励、让他们自己想办法去摆脱困境，这将有助于他们养成独立自主的意识。

留意大人走开后孩子的紧张迹象

开始走路的孩子有时仍然需要缠在你的身边，有些孩子这样的要求会强于其他孩子。在白天，如果平常总是无所畏惧的小“探险家”不愿意离开你，你应该尊重他的这种愿望，同

西尔斯养育手记

在亲密关系中断奶

断奶意味着孩子成熟了——一个成长阶段的需求已经得到了满足，因而孩子有了接受下一个阶段挑战的准备。断奶的关键是要循序渐进，因为断奶是个过程，而不是一时的事件。在逐渐地断奶的过程中，父母要细心地对宝宝加以照看，让孩子一步一步地掌握各方面的能力。应该按照我们所讲述的养育宝宝的基本方法来建立亲密的亲子关系：对宝宝的啼哭作出及时的回应，为宝宝哺乳，把“宝宝”穿在身上。所有这些都是十分符合孩子天性的养育手段，能够减轻孩子在学步期的不安，让孩子摆脱压力、顺利地应对挑战。如果孩子在学步阶段仍然吃奶，有时仍然被包在三角吊带中“穿”在父母身上，仍然得到

父母的及时回应，那么孩子在这个阶段继续得到了亲密的养育，因而有能力逐渐变得独立起来。

在我的儿科实践中，我观察过许多学步期的孩子，他们与我在书上读到过的一些孩子并不相同。我见过的这些没有过早地断奶的孩子都是有自信的、向上的孩子，并不消极，他们以及他们的妈妈并不像育婴书籍和儿童杂志上所描写的那样糟糕。我注意到，品行良好的孩子都是在最适合他们的时候才断奶的。

但是，延长孩子对妈妈的依恋是否会宠坏孩子呢？如果母亲出于占有孩子的目的，以牺牲孩子的继续成长为代价，为了满足自己的感情依恋的需要而紧紧地抓住孩子不放，那么这个问题的答案就是肯定的。如果只要自己和孩子认可，妈妈可以在任何一个依恋阶段给孩子断奶，那么上述问题的答案就是否定的。与一般认为延长孩子对妈妈的依恋会妨碍孩子的独立性的看法正相反，我们发现，如果孩子的任何依附阶段都不过早地结束、在他们自己愿意之前不过早地断奶，那么孩子实际上会变得更具有独立性。许多关于亲密育儿的研究也为我们的观察提供了支持。

早早地就给孩子断奶的妈妈认为她们可以得到一些自由。实际的结果有可能是这样，然而这是需要付出代价的。我们认为，学步期孩子的多数不良行为，比如发怒和情绪对立等，实际上都是由于过早地让孩子不再与母亲那么亲密而引起的。早早地给孩子断奶，早早地让孩子离开主要的照料者、离开家，这在西方世界是一种通行的做法。而在孩子的养育方法上杂乱无章、毫无头绪，也是西方世界所特有的现象。这两者之间是否存在着某种联系呢？在亲子关系当中，确立与孩子年龄相称的养育方式的最佳途径是让孩子自己走向独立，而不是父母在时机还不成熟的时候过早地摆脱孩子。

时还要想法儿弄清楚他为什么会这么亲密地靠着你。他是感到不舒服吗？是不是你心烦意乱或者太忙了而忽略了他？是不是大人与他分离得太多了，让他无所适从？你应该花些时间陪他，为他的“油箱”重新注满父母的亲切关怀，这样，要不了多久，他就又会从你的身边跑开了。

| 花一段时间与宝宝随意地待在一起 |

在一天中的任何时候，只要孩子愿意，你都可以让他与你在一起待上一段时间，坐在你的膝上，依偎在你的怀里和你说说话。玛莎曾经说过："早上起床后的第一件事就是我们的劳琳要与我待上一会儿，特别是那个晚上她睡在了自己的床上，或者我起得比较早，没能在床上和她搂抱一段时间。如果我任由她和我待在一起，直到她自己要求停下来，那么她就为自己'充好了电'，然后可以有相当长的一段时间不用大人陪在她的身边。我不是每次都能很容易地坐定下来陪她、直到她心满意足，但是每当我做到了这一点，我都会十分快乐。"

| 鼓励孩子与其他重要的长者之间建立亲密的关系 |

祖父母、家庭的朋友以及日常代替你照料孩子的人都能帮助你年龄渐长的学步期小孩学会依靠父母以外的其他大人。你应该让在孩子心目中具有重要地位的其他大人进入孩子的生活，从而使孩子在摆脱你、逐渐独立起来的过程中能够依靠许多人，从不同的人那里获得帮助。

请你记住，在孩子们从一个成长阶段向下一个成长阶段的过渡过程中，他们的行为会让父母的管教面临比较多的挑战。如果能平稳地度过这种过渡时期，你就能够减少接下来会遇到的养育问题。

2～3岁孩子的行为特征

"讨厌的2岁孩子"这种说法不仅很过分，而且也不公平。尽管2岁的孩子确实具有挑战性（3岁的孩子也一样），但同时他们又棒极了。孩子在能力方面的最大变化发生在语言领域。初学走路的孩子已经具有相当好的语言理解能力——他听得懂你说的大部分内容。同时，2岁大的孩子还能更好地让自己为别人所理解。语言表达能力在这时蓬勃发展了起来。这种双向的语言交流使得对孩子的管教变得容易起来。对语言的掌握让2岁的孩子能够利用大人的帮助给他带来好处，并且有助于他感到"长大了”。当然，这个阶段仍然存在着让孩子感到挫败的时候，有时你的2岁孩子会十分费劲地想要别人明白他的意思，有时他会发现他没办法让周围的世界来满足自己的全部愿望。

| 整个家庭相协调 |

2岁大的孩子开始具备了在家庭内部保持力量平衡的意识。这个小家伙开始对各种各样的限制有了判断，能够弄清楚自己与爸爸、妈妈、哥哥和姐姐，以及熟悉的照料者之间应该分别保持什么程度的关系。他对家庭环境有了更多的发言权和支配权，已经能够在家里引起一些事情的发生。他已经探索过房间的每一个角落、每一个缝隙，而且独自一人去研究过家里的每一个房间。他把自己看作是这块领地的主宰，理所当然地认为自己拥有这里的一切。对于哥哥、姐姐，他会变得专横霸道，会说：“我的妈妈。”（意思是妈妈不是你们的）前两天，当2岁半的劳琳突然发现一个男孩子刚刚送给海登的那些插花时，她马上就一把抓了过去。她认为这些花理所当然是送给她的，并脱口说道：“哟，布兰登，这是给我的吗？”

| 事先提醒 |

2岁大的孩子难以很好地进行行为的转变。他们的心思全部都在自己要做的事情上，很难去适应别人的时间安排。比如到了3点钟，你的女儿该和一起玩耍的小伙伴说再见了，但她是不会情愿离开的。对于成长过程中这种很正常的全神贯注的特点，你应该加以尊重，在带她离开之前应该事先提醒她。

| 固定的思维方式 |

固定的方式和重复的程序使2岁和3岁的孩子能够茁壮地成长。在这个阶段，驱使他们形成条理性的动因也使他们排斥各种变化，而那些变化在大人的眼里看来是根本就微不足道的。如果你能够进入一个成长中的孩子的内心世界，去了解孩子的心灵是如何运作，你就能够理解这种与成长相伴随的思维方式。婴幼儿时期，孩子们在头脑中储存了数以千计的联想模式，这些联想模式可以帮助孩子去理解这个世界，但有些孩子会用抗拒的态度去对待联想模式的任何变化。具体来说，当马修3岁的时候，三明治中的果冻是放在花生酱上面的，他对此已经习惯了，这种模式已经固定在了他的头脑中。如果我们忘了先涂花生酱而先涂上了果冻，他就会难过得心都快碎了。出现这样的情况并不意味着他就是顽固不化或者不懂道理，只是新的方式不符合他的愿望。

| 家里要讲究秩序 |

2岁和3岁大的孩子在一个有秩序的环境中往往会有比较好的行为表现，尽管这一点一般并不能很明显地表现出来。杂乱无章的环境会导致无序的行为。幼儿正在发育成长的神经系统在搜寻着系统性和条理性。把衣服和玩具乱丢乱放会导致孩子狂躁地乱扔东西。你可以试一试用玩具架来放玩具，而不是用玩具箱。高度比较矮的玩具架，每一格差不多一平方英尺大小，一格中放上一两件孩子心爱的玩具，比把玩具全部都堆在一个大箱子里要好得多，这可以让孩子很方便地挑选玩具去玩耍。太多的玩具堆放在一起会让孩子感到困惑，并会给他这样的信息：细心地整理东西根本是没有必要的。轮换着玩各种不同的玩具能让孩子一直保持浓厚的兴趣。

除了创建有秩序的环境之外，你还应该为孩子准备一个放他自己的东西的地方，以鼓励他培养起责任感。你应该示范给孩子看如何用齐眉高的衣帽钉和塑料挂钩来挂衣服，以及把鞋子放在专门的地方。对于父母来说，一天中最倒霉的事要数在临出门时找不到孩子的鞋子——或者更糟糕的是，孩子的一只鞋子找到了，却怎么也找不到另一只。应该示范给孩子看如何始终把两只鞋子放在一起（或者到了孩子大一点的时候，可以要求他把两只鞋子系在一起），“这样就能在专门放鞋子的地方很容易地把一双鞋子找出来”。如果我们允许孩子把东西放得乱七八糟的话，他们就必然会放得杂乱不堪；而如果我们帮助他们讲究整洁的话，他们也就会整整齐齐。如果生活在乱糟糟的环境当中，那么孩子们努力地在自己的生活中建立起秩序的成长阶段就会受到妨碍。

3岁的孩子具备了听从大人指导的智力，并且能够在头脑中保存起对熟悉的地方的记忆。他们能够想起来家里的东西放在了哪里，并且开始意识到每个玩具都有各自的摆放位置。在孩子懂得了这些之后，应该不失时机地对他进行表扬，以充分利用他在智力上的这种成熟。不要对孩子说“把这本书放到书架上去”，可以换成这么一种说法：“请把书放到它该放的地方去。”

| 孩子开始了社会性的生活 |

在这个年龄阶段，孩子的任务是学习各种社会技能，学会与别人一起玩耍，学会对别人的需要和情感产生敏感。作为孩子的管教者，你的任务是为孩子社会技能的成熟提供条件，具体来说，这项任务包括为孩子挑选合适的玩伴、调解孩子们的争吵，如果有必要的话，还包括为孩子选择幼儿园。孩子们开始不再把你作为主要的玩伴，也不再独自玩耍，而是开始去找别的孩子作为玩伴，这既有好的一面，也有不好的一面。好的一面是你的孩子在与别的孩子的交往中学会了让自己成长起来的各种技能。不好的一面是他可能学会了你不希望他学到的那些行为。这就是为什么作为2岁和3岁孩子的管教者，你的主要任务是为孩子的社会生活提供空间，使之有助于孩子的成长。

| 开始讲究礼貌 |

2岁和3岁大的孩子已经能够学习礼节了。你要清楚地知道这一点，这有助于你了解这个阶段的孩子在智力上和情感上能多大程度地遵循各种社会礼仪。只有以走进别人的内心世界、理解和体谅别人的观点为基础，孩子们才能真正地懂得不自私、有礼貌。在5岁之前，孩子们不会突然地一下子就懂得这一点。而且5岁以下的孩子思考的往往是特定的事情，还不具备普遍性的思维。你可以教孩子在奶奶给他一块饼干时对奶奶说“谢谢”。但他很可能只有在奶奶给他饼干时不需要你的提醒就对奶奶说“谢谢”，而在你给了他饼干时他根本不会向你道谢。到了差不多5岁时，孩子才会发展起将“谢谢你”普遍化的能力，他会发现无论在什么时候别人给了他什么东西，“谢谢你”都是一个十分恰当的回应。尽管如此，在孩子成长着的头脑中确立起讲礼貌的习惯还是很有益处的，即使孩子讲礼貌主要是为了得到父母的赞扬并且获得自己想要的东西。如果讲礼貌已经成为一种习惯存储在了孩子的头脑中，那么各种礼节的含义就能够相当容易地在孩子头脑中占有一席之地。

孩子们是通过你对待他们时有礼貌的态度来学习讲礼貌的。在2岁半时，劳琳已经学会了在提出要求时加上一个“请”字，那么“请”字会给她带来非常亲切的、并且常常是积极的回应。2岁大的孩子很快就能认识到积极的社交会为他们带来更有价值的生活。你应该要求孩子对大人和其他孩子讲礼貌，并且要为他做出讲礼貌的榜样，但是在你的头脑中应该始终记住：2岁大的孩子与别人合作的能力是相当有限的。

“我自己来做这件事。”

确实，只要旁边有个人能稍稍提供帮助，你的孩子就能够自己去完成一件事情。在2~3岁之间，这种独立性会完全地展现出来，这种表现是很正常的，你应该充分利用这个大好时机去培养、促进孩子的责任感和自立意识。如果时间允许，你就应该给孩子充分的时间去自己穿上鞋子。这样，当你的时间很紧张时，你就可以毫无愧疚、实事求是地对孩子说：“这次你可不能自己穿了，妈妈要赶时间。”

玛莎讲过这么一件事：“在劳琳2岁大的时候，一次她看见她4岁大的哥哥不要大人的照料就自己跳下了汽车，于是她认为一旦她松掉了绑在身上的安全带，也可以不要我的帮助自己下车。她已经打算要改变我们的习惯做法，但没有注意到我已经防范在先了。当我伸手去抱她的时候，她用力地挣扎着，不让我把她抱下车，嘴里还大叫着‘不，我要自己下车’。我的直觉告诉我，她并不是在故意地违抗我。那是她第一次要‘自己来做这件事’。如果这次我也像往常那样把她抱出汽车的话，起码要花上平时三倍的时间。于是我克制住自己，调动起了自己的耐心和幽默感，把这件事看成是她验证自己能耐的机会。一个还在学走路的孩子又一次教会了我要慢慢来、要去享受生活的乐趣。”

3岁后，对孩子的养育变得容易起来

和3岁的孩子在一起生活是比较容易的。3岁大的孩子已经有了让双向交流成为真正意义上的交谈的语言技能。他变得更为成熟、镇定，已经用了整整一年的时间来提高自己的语言能力。你可以带着3岁大的孩子一起去购物，同时还能真正地体会到购物的乐趣。

| 教导转化为孩子内在的禀性 |

“我已经一遍又一遍地反复告诫我们18个月大的孩子别去拉猫咪的尾巴。”这样的抱怨你听起来是不是很熟悉？妈妈们发现，她们需要反反复复地叮嘱自己学步期的孩子，而“他好像根本没有听见”。你对孩子的许多指导其实都没有被他听进去，原因并不在于孩子要违抗你，而是由于大多数不到2岁的孩子还不具备记住和回忆你过去对他进行的那些教导的认知能力。你要做的只能是一遍又一遍地叮嘱他——这是他在这个年龄段学习知识的方式。在2～3岁之间，孩子们开始把你对他们的要求转化为自己内在的禀性。他们会更多地留意你对他们的指导，并且把这些指导作为自己行为准则的一部分存储在脑海里。当你对一个1岁半的孩子说“别跑到大街上去”时，他会表现得好像以前根本没听到过这句话一样。而当你对一个3岁的孩子同样说这句话时，他很可能会作出这样的反应：“噢，好的，我记住了。”孩子已经具备了把你对他的教导转化为他自己本性的一部分的能力，这使得养育变得容易起来了。

| 共同分享喜怒哀乐 |

马修的婴儿日志记载了这么一件事。

玛莎要求3岁大的马修收拾好自己的积木，这是孩子们在每天的收拾、整理时间必须要做的事情之一。马修压根不愿意去做，他磨蹭着，然后调皮地让姐姐替他去完成全部的任务。当时，玛莎被马修的做法激怒了，因而大喊大叫地说她对他的不听话感到很生气，但是她很快就意识到马修需要时间去重新考虑自己的态度。她克制着自己，几分钟后，马修心甘情愿地自己动手干了起来。他一边收拾他的积木，一边对妈妈说：“你还爱我吗？”玛莎向他保证道：“哪怕是你在哭闹、尖叫和不听话的时候，我也爱你。”马修固执地又问道：“你喜欢我吗？”玛莎回答说：“是的，我喜欢你，但是我不喜欢你不听话和不帮忙。我喜欢你作出正确的选择。”马修完成了他的任务，走上前来紧紧地拥抱着玛莎，对妈妈说：“妈妈，我很抱歉。”玛莎也紧紧地拥抱着他，对他说：“我也很抱歉对你大吼大叫。”几分钟后，他又说道：“你对我满意吗？”

对于3～4岁的孩子，你能够期望他们的感情交流达到这样的深度，他们其实很想让你感到高兴。如果你给孩子们许多机会来让你感到高兴、讨你的喜欢，那么你就会发现，和他们一起生活其实是相当容易的。

3岁的孩子已经变得对他自己（或者她自己）感到比较满意了。3岁大的孩子开始会夸赞自己。一天晚上，3岁大的马修向大家宣布道：“我打开了圣诞树上的那些灯，全部都是我自己干的。”我们对他发出了惊叹：“哇！”以此表示我们与他分享了他成功的喜悦。他说：“我对自己感到好满意。”

| 接受家里的各项规则 |

3岁常常被描写成是一个“妈妈梦寐以求”的阶段，这主要是因为3岁大的孩子十分听话。2岁大的孩子常常会说“不行”，而到3岁时，孩子变得常常会说“好的”。2岁大的小孩总是认为别人要做的事情都没有自己的重要，而3岁的孩子会考虑别人的需求，在你叫他的时候，他会走过来；一旦你提出了要求，（通常）他会把自己手里的玩具放回去。3岁大的孩子一般都想要讨人喜欢，尽管所有这些变化不会在一夜之间就发生。

3岁大的孩子懂得了家里的各种规则以及违反这些规则所带来的后果，而且开始了接受父母的价值观。你要解释给孩子听你对他有什么期望，你可以随着孩子智力上的不断成熟来更多地向孩子解释你的期望。2

岁大的孩子是根据行为和结果之间的联系来做事情的（比如，“我打了人，因此我被罚坐在旁边的椅子上”），而3岁大的孩子已经能够懂得为什么他不可以把他的三轮脚踏车骑到大街上去。3岁的孩子开始会在做事情之前预先考虑一番；但是，对这一点你可千万不要过分地依赖，他们暂时还不具备分辨行为是非的能力；他们只是在脑子里闪现出了你曾经教过他们的东西——如果把三轮脚踏车骑上了大街，父母就会把它锁到车房里去。在这个年龄段，对孩子进行养育实际上指的是训练孩子以某种方式来做出行为，而不是要教会他作出道德上的判断（是非观念大约是在6岁或7岁左右形成的）。对于2岁大的孩子收效甚微的养育方法，在3岁孩子的身上能起到很好的效果。父母们很想知道他们3岁大的孩子到底懂得多少。对于任何年龄的孩子，一种实用的粗略评估方法是先估计孩子懂得多少，然后再加上一倍。失去控制的3岁小孩能够懂得所谓“暂停”就是要他在“安静的角落里”待上一段时间，从而恢复对自己的控制。

| 选择，选择，再选择 |

3岁的孩子在选择中茁壮成长。对选择过程的参与让他们觉得自己很重要，并且让他们更愿意与你进行合作。你应该让3岁的孩子参与你的选择过程（比如，“妈妈应该穿哪件衣服？是蓝色的还是红色的？”）。具有固执个性的孩子们（“犟小子”）需要有各种各样的选择（你首先应该确保你为孩子提供的所有选择方案都是你所喜欢的）。在具有两种选择的情况下，大多数孩子都会有良好的行为表现，而更多的选择会让他们无所适从。

| 生动的想象力 |

这个时期的孩子会把许多时间花费在对游戏的想象当中。他们会在头脑里幻想出许多景象，从而给自己带来愉悦。这种生活在一个虚幻的世界中的能力有助于孩子们了解真实的世界。他们无休止地在虚幻的世界中扮演着各种角色：假装是各种各样的动物，或者扮演起妈妈和爸爸、医生和病人、卡车司机、老师或公主的角色。你应该和孩子们一起分享他想象中的游戏（比如可以问他："谁会来出席你的茶会？"）。孩子对游戏的想象是一个极好的窗口，通过这扇窗口你能够看清他的头脑里到底在想些什么。

你应该努力地利用孩子的想象力来让他与你合作。一位妈妈采用这样的办法来教他3岁的孩子刷牙："在布兰登的牙刷上有一个小别扭奥斯卡（美国著名儿童电视系列片《芝麻街》中的木偶形象，爱拣垃圾。——译者注）的画像，因此我对布兰登讲话就学起了奥斯卡的腔调。我说'你的牙齿里有垃圾吗？让我进来看一看。'他马上就张大了嘴巴，好让奥斯卡进去看看他的牙齿，吃掉他牙齿里的垃圾。然后我们谈论起保持牙齿的清洁，以及如何才能不让垃圾残留在我们的牙齿里。由于我帮助了布兰登与我合作，因而给他刷牙已经不再是什么难事。"

学龄前儿童的头脑中有着丰富的幻想。对于3岁的孩子来说，大鸟和巴尼（这两者都是《芝麻街》中的角色。——译者注）都是真实的形象，他们不会把精力浪费在区分真实和虚幻上；他们根本不会去理会真实和虚幻之间的区别，而是安然地体验想象所带来的快乐。尽管父母们会认为养育孩子的责任要求自己把那些不真实的东西从孩子容易受到欺骗的头脑中排除出去，你还是应该对这种不由自主的想法加以拒绝，应该尽力去营造一种平衡。让孩子去体验幻想的快乐好了，随着他的思维过程变得越来越成熟，他终将认识到那些想象中的人物不过是虚构出来的。你不必为了维护这些虚构的形象而处心积虑地为孩子营造环境，不必像有些父母那样想方设法地让孩子相信圣诞老人和复活节兔子是真实的。应该按照这些

西尔斯经典语录

给养育带来了挑战的正是孩子身上具有的促使他成长的内在欲望。

学步期的孩子还不怎么会说话，但这并不意味着他们不懂得你要求他们做什么。

当孩子1岁大时，对你养育职责的描述中就增加了一个新的头衔——孩子环境的建造者。通过从事这项工作，你能够把孩子的精力引导到愉快的学习体验中去，而且还能让他远离伤害。

游戏的本来面目去欣赏它们——它们只不过是虚构的。圣诞老人充其量不过是一个令人快乐的、慈爱亲切的人物形象，他不会给人以惩罚。每个人都享受着幻想的快乐，即使是对于成年人来说，幻想的快乐体验也具有心理上的治疗作用。你应该将孩子的行为看作是一个晴雨表，以此来判断他的幻想体验是有益的还是有害的。富有想象力的头脑创造出了各种各样的幻想，同时也会产生出恐惧。这时我们就应该明确地告诉我们的孩子，在圣诞节给他们礼物的是爸爸妈妈。我们从来都不赞成告诉孩子们“圣诞老人”在监视着他们、看他们是不是很乖。对于那些卡通片，你也应当特别当心。

4

CHAPTER

正确地对孩子说“不”

在宝宝出生后最初的9个月中，父母事事都会顺着他。

从9～18个月开始，你将要花费许多精力来转移宝宝的注意力、对他的行为加以引导。

随着你对他的要求和需要作出的回应变得越来越不及时，宝宝渐渐就有了挫败感，在这之后你会越来越直接地对他说“不”。

“不”字是一个有魔力的词，它就挂在嘴边，很容易就说出来；如果你希望它起作用并且不被滥用，那么它就会有好的结果。

你的孩子会经常从你这里听到这个词；你也会经常从孩子那里听到这个词。下面我们就介绍一下如何用这个不起眼的否定词来给孩子传递积极的信息。

说“不”的重要性

对父母来说，对孩子说“不”是必需的，只有这样，孩子以后才会对他自己说“不”。

对于所有的孩子，以及某些成年人来说，要延缓自己得到满足的欲望是很难做到的。“我现在就要”是一种冲动性的渴望，对初学走路的孩子来说尤其如此。

学会接受别人说“不”，其实是对自己说“不”的前奏。真正会给孩子带来麻烦的是他们对自己的要求作出不假思索的、冲动的回应——立即加以接受——没有花时间用他们的大脑来想一想，没有仔细地考虑是否有必要对自己说“不”。

营造一种平衡

对孩子说太多的“不”和太多的“是”都会有损于孩子的自律能力。在孩子的环境中实现“是”和“不”的正确调和是非常重要的。如果你很少对孩子说“不”，那么一旦你对他说“不”的时候，孩子会感到崩溃，因为他不习惯于受到挫折。如果他整天都被“不”所淹没，那么孩子就会觉得这是一个消极的世界，他长大后就会成为一个消极的人。

这个世界实际上总是充满着“是”和“不”。在许多家庭当中，孩子很快就会发现父母中谁是说“是”的好好先生，谁常常会说“不”。即使是《圣经》的“摩西十诫”中也有“允许”和“不允许”。随着孩子逐渐地学会生活的这个道理，他就会渐渐地养成一种健康的、折中的个性。

“不”也要随着孩子的成长而变化

你对孩子说“不”的技巧随着孩子的成长也逐渐成熟起来，在第一年，宝宝的需要和要求没有什么变化，因此作为父母，你大体上总是对他说“是”。而在第二年，宝宝的要求就不一定总是谨慎、健康的，因此你会成为有时对他说“是”、有时对他说“不”的家长。

从9 ~ 14个月，你只能直截了当地对宝宝说“不”，我们把这种方式称为“低能量的‘不’”。

从14 ~ 18个月，宝宝们一下子就进入了把大人的话不当一回事的阶段，他们很容易受到挫折，这时你就需要采用“高能量的‘不’”的方式和有创意的变通手段了，比如采用分散孩子的注意力或用其他事物来替代的办法，从而把对你和对孩子的损害减到最小。

等到18个月的时候，对孩子说“不”可以开始变得更为就事论事。父母可以开始向孩子传达这么一种态度：“生活就是这个样子的，我相信你能自己处理好它。”

到了2岁，已经会走路的孩子自己也会变得经常爱说“不”了。

有创意地说“不”

一天早上，我们18个月大的、正

处在冲动阶段的女儿劳琳正在屋子里跑来跑去、爬上爬下、到处乱钻。她使自己处在危险之中，并且把屋里搞得乱七八糟。当我对她说了20遍“不行”之后，再听到这个词我自己都感到厌烦了，劳琳也是一样。在孩子们的一间卧室的墙上，我看到一张招贴画，上面是一只小猫站在高高的树梢上，标题写着：“主啊，别让我伤害自己！”我意识到，劳琳想从冲动的自我中摆脱出来，她需要变换一下环境。于是，我带着她到外面度过了这一天剩下的时间。公园和游乐场给她提供了空间和自由自在的环境，让她可以四处闲逛，爬上爬下。

如果你发现自己与到处乱跑的、充满好奇心的孩子之间产生了隔膜，而且你在屋子里到处追着他、对他说“不行”，那么你就应该考虑调整一下，采用一些比较有趣的办法。可以到外面去走一走，或者带上一本好书、坐到一个安全的场所去，让他在那里奔跑。

西尔斯经典语录

对父母来说，对孩子说“不”是必须的，只有这样，孩子以后才会对他自己说“不”。

学会接受别人说“不”，其实是对自己说“不”的前奏。

学会如何对别人说“不”以及正确面对别人对自己说“不”，这是成熟的一种表现，也是养育的一部分。

教会孩子懂得“停止”的信号

在出生后不久的几个月里，你就应该教会宝宝识别表示“停止”的身体语言。在用语言对宝宝说“不”之前，你的宝宝必须长期受到表示“停止”的身体语言的熏陶。在喂奶的时候，他第一次咬妈妈的乳头，会让你的脸上出现“哎哟，好疼啊”的表情。当宝宝第一次伸手去拿危险的东西时，你的脸上会出现警告的神色。

如果你的宝宝已经习惯于你明确的身体语言，以至于你的表情稍有变化就能引起他的警觉和注意，那么你就很可能从这些“停止”的身体语言中获得最佳的效果。如果你的宝宝看到过许多表示肯定的身体语言，比如对他感到骄傲和赞许的眼神、快乐和喜悦的表情、目光的交流、给他拥抱、挠他痒痒，以及表示“我爱你，你很棒”的熠熠生辉的表情，那么在学步阶段你对他说的“不行”就会起到更好的效果。

我们注意到，那些用亲密育儿法养育的孩子由于每天都在父母的怀抱里进行几个小时的面对面的交流，因此，他很容易就能读懂父母的表情和身体语言，这让他在未来的岁月中能够轻松自如地进行面对面的交流。有的孩子对身体语言有着强烈的印象，以至于你不用说任何一个字，他们就能明白你的意思。有这么一个与母亲感情亲密的2岁孩子，她的表情丰富的妈妈曾告诉我们说：“通常我只需脸上略带不满地瞟她一眼，她就会停止调皮捣蛋。”

| 教会孩子懂得“停止”的语调 |

你的情绪或身体语言的变化常常不一定能够对孩子的冲动行为加以引导，语言是必不可少的。要不了多久，孩子就会明白哪些教训的话相对来说更具威力、需马上做出回应。而且孩子也很快就会明白，什么样的语调是认真的，什么样的语调表示允许一定的自由度。你应该学会使用各种表示“停止你正在做的事情”的语调，这样你就能根据不同的场合，有针对性地加以选择和利用。语调的强度要与孩子行为的危险性相一致，最为严厉的语调应该用来针对真正危险的行为。

| 用变通的方法说“不” |

如果总是对孩子说“不”，那么就会让这个词语失去威力。由于你用话语来阻止孩子的目的主要是为了让他远离危险，因此可以尝试采用适合具体场合的、更有针对性的话语。我们来看下面这个例子：当蹒跚学步的孩子快要把手伸进一个猫咪做窝的箱子时，你的第一反应是说：“不行！”接下来还要作个解释：“脏死了！你会感到恶心的。”下次孩子再走向这个箱子（他还会再有下一次）的时候，你就不要再说“不行”，而是直接说“脏死了！你会感到恶心的”。你这么说，再加上脸上厌恶的表情，将会帮助孩子明白什么是好的行为，以及它之所以成为好行为的原因。这样，猫咪做窝的箱子就会不再具有吸引力。

宝宝在差不多6个月大的时候会开始伸手去拿不该碰的东西。起初，比较好的办法是对他说“这不是给你的”。当孩子还处在蹒跚学步阶段的时候，这么说让孩子感到熟悉，而且很具体。

一天，2岁的劳琳蹦蹦跳跳地跑进我们的书房，手里还紧紧抓着一袋花生。我没有马上从劳琳手中夺过花生、对她大叫“不行”（花生被我们列为会让3岁以下的孩子噎住从而窒息的食品），玛莎直接看着她的眼睛，平静地对她说：“这不是给劳琳的。”她的语气和关切的眼神使劳琳站住、停了下来。然后玛莎抱起劳琳（她仍紧紧地抓着花生）向食品储藏室走去，并在那儿找到了一种安全的点心。

通过采用我们的“不是给劳琳的”这种标准说法，同时给她一个安全的食品作为替代，她就根本没时间去做发一通脾气的打算，而如果你直接对她说“不行”的话，这一通脾

西尔斯养育手记　学会使用眼神

在很多时候，你其实不用开口说话就可以纠正孩子的行为。我注意到，那些调教孩子的高手们用一个不满意的眼神就能制止孩子的行为，同时又不损害孩子的自我形象。这种眼神向他表示：“我是认真的。”在调教了8个孩子之后，玛莎已经能够随心所欲地使用眼神：头稍稍侧过来，露出探究的眼神，加上适当的面部表情和语气，向孩子传递这样的信息：“我不喜欢你正在做的事情，但我内心仍然和你亲近。我知道你比我更清楚该怎么做。”

你应该记住，你的眼神会向孩子透露出你的真正想法和感觉。如果你对孩子感到气愤或轻蔑，孩子就会从你的眼神中看出来。如果你们夫妻俩或者其中一方意识到发生了这种情况，那么你就必须为你这种用眼神传递给孩子尖刻表情的做法向孩子道歉。你应该确保你对孩子发出的制止信号、制止声音阻止的是他的行为，而不是在损害孩子的自尊心。你的孩子应该懂得，你不满的是他的行为，而不是他这个人。在使用眼神制止他之后，你应该给他一个拥抱、一个微笑或一个直率的解释：“我不喜欢你刚才干的事情，但我还是喜欢你。”

西尔斯养育手记

使用特殊的语调

除了要掌握“眼神”之外，在你必须用口头的方式向孩子表达观点的场合，你还应该专门采用一种特殊的语调。一位在调教孩子方面经验丰富的母亲告诉我们她的秘诀：“我是一个随和的母亲，但是我的孩子们能通过我的语调来判断他们的行为是否越界了。一天，我们2岁大的宝宝正在调皮捣蛋，我们4岁的孩子对他说‘妈咪说话的声音已经都那样了，你就别再给她捣乱了’！”

气肯定是避免不了的。在任何一个家庭里面，都会有一些东西是小孩子不能碰的。如果你从一开始就平静地、一贯地使用“这不是给你的”这种说法，初学走路的孩子就会明白你是在保护他。

“不”是很容易说出口的，它不需要费神思考，它像条件反射一样自发地产生，然而又可能令人痛苦得难以忍受。而对孩子说“不能做”会让孩子知道更多的道理，而且你也需要进行一番思考才能这么说，因此你会把它用在真正不能让宝宝再继续下去的场合。你让他的身体受到了保护，同时又尊重了他的想法。

就我们的经验来说，孩子对“停下来”的回应比“不行”要好一些，“停下来”能吸引孩子的注意力，使他的行为停止足够长的时间，让你能够想出其他的对策。“停下来”是保护性的，而不是惩罚性的。“不行”会引起情绪上的抵触，即使是十分倔强的孩子通常也会在听到“停下来”的命令后马上停下来，对这个命令进行一番估量，就好像意识到前面有危险一样。如果先前已经听大人说过千百遍的“不行”，那么倔强的孩子常常会把它当作耳旁风。即使是“停下来”这个很管用的命令，如果用滥了也会失去效力。

提供正面的建议

在对孩子的行为进行否定的同时，你应该向他提出正面的建议：“你不能拿那把小刀，但是可以去玩皮球。”你应该用有说服力的表达来让孩子接受你“可以做”的建议，从而缓解“不能做”的命令所带来的紧张。你用平常的口气对他说“你不能横穿马路”，然后再耐心地说明“你可以帮妈妈打扫人行道”。每个妈妈都会掌握一些有创意的办法来说服孩子。

| 避免让孩子起念头 |

当你带着你的孩子去一个玩具商店买一份礼物时，你应该清醒地认识到你正在使自己置身于一场冲突当中，你的孩子很可能想要买店里的每一样东西。为了避免不得已地对他说“不行，你不能要那个玩具”，在你们进店之前，你就应该让他明白你们来这里是为了给朋友买礼物，而不是为了给他买玩具，这样就能让他不动想要买玩具的念头。

用尊重的态度说“不”

在成长中的每一个阶段，都相应地存在着一些可以让孩子做的事，同样也相应地存在着对孩子的限制。随着孩子年龄的增长，对他作出的限制水平也会越来越高。学会如何对别人说“不”以及正确面对别人对自己说

西尔斯养育手记　幽默地说“不”

一天下午，玛莎走进看电视的房间，看到马修和他的小朋友正在看一部影片，这部影片是大孩子们前一天借回来看的（后来我们才知道他们俩在大孩子看的时候也都一起看了）。她看了一眼影片的内容，认为她应该要求马修关掉电视。再说那时正是中午，男孩们应该到户外去玩耍。她在那儿站了一小会儿，边看电视边考虑她的行动步骤。玛莎感悟到了影片中角色的情调，突然灵机一动，决定采用一种幽默的方式来对马修说“不”。她一边把电视机关掉，一边在原地用脚后跟转着圈子，开始用影片中角色的面部表情、腔调和手势说起了台词。她一定是把那个演员模仿得惟妙惟肖，因为两个男孩都坐在那里瞪大了眼睛盯着她，好像他们不相信一个妈妈会做出这种即兴的疯狂行为。当妈妈用那个角色的声音告诉他们去找些更好的事情做时，他们俩便一起跳了起来冲出房门，一边还在不住地大笑。

“不”，这是一种成熟的表现，也是养育的一部分。

| “不”也是孩子的语言 |

作为父母，你要有面对孩子向你说“不”的心理准备。你2岁大的小家伙刚跑出门口，你叫他回来，他大叫道“不”，你的第一反应很可能是：“这个小家伙不该用这种方式与我顶嘴，我会让他知道到底是谁说了算……”弄明白2岁的孩子到底想干什么以及他说的“不”的背后的真正含义，将有助于你接受这种学步期孩子的正常行为。

你千万不要对孩子说的“不”感到气愤。孩子说“不”，这对于他的成长、对于他建立作为一个独立个体的个性都是至关重要的。孩子说“不”并不是对你的权威的公然藐视或否定。有些父母感到他们不能容忍孩子说的任何一个“不”字。他们认为任由孩子说“不”会对他们的权威造成损害。最终，他们会使孩子在形成自我的重要成长进程中受到防碍，而对孩子们而言，他们必须在实践中探索妈妈会在什么地方停止对他们的监管、他们应该在什么地方开始自己进行尝试。父母可以学会尊重孩子的个人意愿，同时仍然对他进行监管、继续对他作出限制。如果孩子的个性得不到锻炼的话，那么他就不会个性鲜明。随着孩子年龄的增长，在某些特定的环境场合下，比如偷窃、欺骗、吸毒等，他与同伴相处的能力往往取决于他说“不”的能力。

到18个月大的时候，劳琳已经知道我们对她说“不”的意思是想要她停止她正在做的事情。一天，她在厨房的水池边欢快地玩着水，她看我走到近前，估计到我要阻止她玩水，于是不假思索地大声叫道：“不，爸爸！”劳琳已经划出了她自己的领地，并且坚定地认为她有权这样做。她说的“不”字意味着她在守卫自己的空间。我向她说明了我认为她说的“不”是什么意思：“你不想要我阻止你。你要玩水，你就继续玩吧，那看起来好像很有趣。”如果我当时想要让她真的停下来，那么我可能就会这样说：“对不起，现在可不行。拿个喷水瓶，里面装好水让你去玩，好不好？”

说“不”时带上个人称谓

我们确信劳琳命中注定会是一个搞公共关系的人。她对我说“不，爸爸”，是用一种具有策略性的方法来说“不”。在“不”后面加上“爸爸”，她就使自己的话带上了个人感情色彩。我们在对孩子说“不”的时候也加上孩子的名字，这是比专横地说“不”更为适当的办法。如果你常常对人大声呵斥，加上个性化的称呼至少可以使你的声音听起来不那么刺耳，也可以显示出你对听者的尊重。有些父母将尊重孩子与给孩子平等的权利混为一谈，其实这并不是权力的问题。有权力的人应该尊重受支配者，这个论点在对子女的养育中是成立的，在其他关系当中也成立。

采取体谅的态度

当你不得不对孩子的行为进行阻止时，你没有任何理由采取粗鲁的态度。例如，你的宝宝发现了别人遗落的一卷胶带，这是一个很不错的玩具，你可以先花点时间和他一起研究一下这个玩意儿，而不是突然站到他的面前，一把从他手中夺过来，让他可怜巴巴地哭着被你强行拉走。玩弄一阵之后，你们可以对这卷胶带说“再见”，然后把他的注意力引导到其他可能不那么有趣却更为适合的活动上去。在这个过程中，你可以从令他着迷的胶带上取下长短合适的一段递给他，作为他没有得到整卷胶带的补偿。

说了就一定要做到

你必须把对孩子提出的要求坚持贯彻到底。在好几个月里，我们都告诉劳琳，为了能在睡觉前躺在床上听故事，她必须先刷一刷牙齿。在这几个月里她都做到了这一点，有时很容易，有时在一定程度上要连哄带骗，还要对她说：“好吧，那就不讲故事了……”一天晚上，她决定试探一下玛莎，她拉长下巴，紧闭双唇，表示她终于要向我们挑战了，看看我们会不会向她摊牌。玛莎没有像以往那样哄着她、迁就她，而是平静地说：“好吧，那就不讲故事！”然后把灯关掉，带她上床。玛莎跟她一起躺在那儿，有点紧张，因为她知道妈妈是认真的，已经和她摊牌了，而且已经关了灯——没办法改变了，接下来只能睡觉。从那以后，她就知道了要乖乖地刷牙，这样才能有睡前故事听。

在孩子面临危险时说“不”

你初学走路的孩子伸手去抓火炉上汤锅的手柄，你对他大叫一声：“停下来，别动！”而不是说：“不行！”在宝宝停下来的瞬间，你应该紧接着马上对他说：“会烫着宝宝的。”你紧紧地抓住了他跃跃欲试的小手（你会想着下次该把手柄转向里面，并且使用在后面燃烧的炉具），看着他吃惊地睁大了眼睛，保持你严肃的表情，对他说：“烫，会伤着的。别去碰炉子上的东西。哎哟，好疼啊！”这么做，你不是简单地对他说“不”，而是清楚地解释了你的观点。

接下来，你应该抱他一下，特别是当你发现自己刚才的语气很严厉的时候，抱他一下可以让你们重新变得亲密起来。这样的话，这个小插曲就不会使孩子一整天都不高兴（“烫”也是一个能让孩子停下来的管用的词，尤其是在孩子已经有了对“烫”这种感觉的个人体验之后。你应该小心地抓着他的手，放到他能感觉到炉子温度的地方，让他明白这种感觉和“烫”之间的联系）。

在我们刚有头几个孩子的时候，我们俩还是年轻的父母，那时我们认为，在孩子生命面临危险的场合，比如刚刚学会走路的孩子一下子跑到了大街上，打他的屁股是没有什么不妥的。我们认为，很有必要在孩子的心里和身上留下持久的印记，以防他下次再跑到大街上去。在那个时候，我们认为安全是第一位的，其次才会考

西尔斯养育手记　是协商，还是坚持自己的立场

孩子们，特别是那些有着坚强意志的孩子，会让父母心力交瘁。他们坚信自己必须拥有一些东西，否则他们的日子就过不下去。他们不停地对父母纠缠不休，直到父母答应了才会停止对父母的折磨。这样的养育肯定是错误的。

然而，如果你在仔细地倾听之后，发现孩子的要求听起来很合理，那么就应该主动和他商量。有时，在你对他说了“不行”之后，你会发现明智的做法是改变自己的主意。一方面，你要让孩子明白你说“不行”就是“不行”；另一方面，你还应该让他感到你是可亲近的、能变通的。这有助于你坚持自己对他说“不行”的立场，直到你把他的话听完。

如果你意识到在你说了“不行”之后，你的孩子感到了委屈或者默默地生起了气，你就应该在他身边听听他的想法，可能他有一条理由是你没有想到的，或者他的要求对他来说十分重要、远远超出你的想象。如果孩子的想法有充足的理由，你要勇敢地改变自己的决定。但是，你必须要让他知道，你之所以会改变主意是因为你的公正，而不是由于他要的“让你受不了”的鬼把戏。

我们的女儿埃琳看起来命中注定会成为一个庭审律师，她能够既符合逻辑又充满感情地为她的情况进行辩护。当她扬起她那长长的眼睫毛时，你很难对她说“不”。最后，我们终于学会了既对她说“不”，又不挫伤她富有创造性地坚持自己意见的勇气。当埃琳想要一匹马的时候，我们对她说“不行”（家里靠我们养活的成员已经够多了），埃琳却还是坚持。通过在尝试和失败中的摸索，我们已经懂得，任何在孩子心目中有分量的愿望，不管是多么滑稽可笑，大人都应该听一听。当埃琳向我们讲述她想要一匹马的愿望时，我们全神贯注地听着、体验着她的情感。我们反驳道：“埃琳，我们能理解你为什么想要一匹马。你可以经常骑着马出去玩，还可以照料它，并且你的朋友中也有养马的。（我们想让埃琳感到我们理解她的想法。）但是我们不得不说‘不行’，而且我们将来也不会改变主意。现在我们还是坐下来，平静地解决这个问题。（让孩子知道她的要求没有可商量的余地，这能够分散她的精力，也使我们能够避免被她烦得筋疲力尽。）你现在还没办法去照料一匹马。（我们一一列举出了在拥有一匹马后，得到乐趣的同时，还需要承担的那些责任。）如果你能够完成接下来6个月的功课，并且向我们证明你能负责任地照顾好一匹马，那么到时候我们再来商量这个问题。”9个月之后，一匹名为“踏飞”的马加入了我们家庭成员的行列。埃琳得到了她想要的马，同时又学到了生活中两个非常重要的经验：如何克制自己、将自己的欲望推迟到将来再满足，要获得利益就必须承担责任。

虑他的心理承受能力。

但是，随着我们对养育孩子了解得更多，我们认识到，即使是在危急的时候管教孩子，也有比打屁股更好的办法。而且，我们还认识到，学步阶段的孩子前一次刚得到的教训到了下一次就忘记了，即便是有“身体上的印记”。下面是我们后来总结的一些有效办法。

| 面临危险时说的“不” |

当学走路的孩子跑到了我们家车房前的车道上时，玛莎像老鹰一样紧紧地盯着他。如果他冒冒失失地离马路太近，她就会上演她最拿手的长篇大论的唠叨，大声对他喊道：“站住！！那是马路！！”并且把他从马路边抓回来，一遍又一遍地絮叨当他跑到大街上时她有多么担心。

她没有对孩子大声呵斥或发火，而是表达着自己由衷的担心，诉说着每个妈妈在自己的孩子可能受到伤害时内心都会出现的惊慌。重要的一点是，孩子相信她，因此她毫无保留地对孩子诉说着。这还真起了作用！

孩子对马路有了很深的敬畏，而且想到马路上去的时候总是期待着得到妈妈的许可，知道妈妈会拉着他的手和他一起穿过马路。有好几次玛莎不得不大声发出警告，以增强孩子对马路的敬畏感。她把这种声音专门用于为了安全而需要立刻作出反应的场合。这种声音很难用文字来描述，它是一种非常尖锐、非常强烈的“啊”的声音。

有一次，斯蒂芬在一个公园里走到了离她大约60米远的地方，当他快要跨入马路时，玛莎不得不使用了这种声音来阻止他。他停下了脚步，这让玛莎的紧张心情一下子得到了缓和。斯蒂芬回过头看着玛莎，这使得她有足够的时间跑到他身边去。她从来都不随随便便地就使用这种声音，日常生活中经常都会发生的情况应该用常规的办法来处理。

| 纠正错误需要多次重复 |

我们4岁大的斯蒂芬正向马路走去，我立即跑到他的旁边，为了防范再次出现危险，我开始进行长篇大论的唠叨（参见前面），然后和他在一起玩起了“把录像带重新倒回去”的

西尔斯养育手记

不能说“不”的妈妈

有的父母想要为孩子提供孩子想要的东西，出于这样的热诚，他们往往会给孩子提供孩子想要的所有东西。那些实践着亲密育儿法的妈妈们，往往会成为凡事都对孩子说“是”的妈妈。

从最初的时候开始，妈妈就应该轻松自在地向孩子说“不”，这一点十分重要。早在妈妈制止宝宝用力拉自己的头发或者在哺乳过程中咬她的乳房时，她就应该开始对孩子说“不”。妈妈应该告诉他必须立即停止，因为他的行为让她感到疼痛，这样的做法实际上是她开始在教宝宝分清是非的界限。严肃地对孩子说“不”应该贯穿于孩子学步阶段的始终。

除了直接说“不”之外，还有许多其他的方式可以让宝宝知道哪些是不安全的、不妥当的。无论妈妈是说“停下来”、“把它放下”或者“不安全”，还是动手改变孩子的行为，她都是在言行一致地、温和地引导孩子的行为，教会他们分清是非的界限。

不论采用的是什么方式、什么词汇，对孩子说“不”并不是一件消极的事情，而是一种给予的途径，并且需要作出很大的努力。不会说“不”的妈妈在坚持自己的立场方面会存在很大的问题，在我们眼里，她们会成为被自己学龄前的孩子牵着鼻子走的木偶。

一旦妈妈在需要的时候开始自信、坚定、充满爱意地说“不”，孩子是不会被吓着的。这可能会让他皱一会儿眉头，因为他不喜欢听到“停下来”、“等一下”或者其他诸如此类的话。但是他已经跟父母有了亲密的感情作为基础，他信任父母。给孩子设定限制并不像某些人认为的那样会让孩子消沉，妈妈不能等到学龄前阶段才开始对孩子说“不”。父母应该十分自然、自信，凭直觉对宝宝说“不”，而且越早开始越好。

游戏，把这一幕重复了十次。我们跑向马路，在马路边停下来，向两边张望：“看看这一边，没有汽车；再看看那一边，也没有汽车，然后我们才可以穿过马路到你的朋友家去。”通过生动、真实的重复，我的目的是把

西尔斯养育手记

过一天“是”的日子

吉尔是5岁的安德鲁的妈妈，她很信任我，对我说：“我不喜欢目前发生在我身上的事。我想体验做妈妈的快乐，但是我们整天都在互相冲突中度过。即使是我要安德鲁做最简单的事情，他也根本不听。我现在成了一个暴躁的人，但是我想要做一个快乐的妈妈。”

我给她的建议是这样的，明白地告诉安德鲁你想要什么，对他说：“我想做一个快乐的妈妈，而不是一个暴躁的妈妈。要是你能帮助我成为一个快乐的妈妈，我们就会过上顺心的日子。首先，我们来画一个表格，这样我们就可以记录哪些事你同意、哪些事你不同意。每次我要你做一件事时，如果你说‘好的，妈妈’，那就在表上写一个‘是’。在一天结束的时候，如果表上的‘是’比‘不’多，那么这一天就是‘是’的日子，然后我们就一起来做一些特别的事情。以示庆祝。”

用不了多久，安德鲁就会认识到，与快乐的妈妈待在一起比与暴躁的妈妈待在一起要有趣得多，这样就能促使他继续过“是”的日子。

一走到马路边上就自动地向两边看看有没有汽车、然后再穿过去的习惯印入斯蒂芬的脑海。

8岁的马修正跑在一条光滑、潮湿的人行道上，他滑倒了。我采用了“把录像带重新倒回去”的办法来防止这种事故的再次发生。我和他一起跑向人行道上的一个水坑，停下来，在它旁边绕过去，然后再继续往前走，我们把这一幕重复了十次。通过这种“重新倒带”的办法，你就为孩子提供了一个当他下次再遇到同样情形时可以照着去做的脚本。

5 CHAPTER 平息孩子的脾气发作

孩子在1～2岁这个阶段，你要做好他大发脾气的思想准备。几乎所有的孩子都会发脾气，有的孩子比别的孩子发得更多些。在孩子的养育过程中存在着许多挑战，其中之一就是学会如何防止和面对孩子发脾气。

孩子为什么会发脾气

你已经上班快迟到了，但是还有一只鞋子找不到。你翻遍了鞋柜，一边还嘟囔着自己的这一天算是完蛋了。你渐渐地越来越烦躁，发疯似的翻找不见了的鞋子，鞋柜里的东西被你扔得到处乱飞。在恼怒当中，你冲出卧室，准备找个人来骂一通，于是你怒气冲冲地一把拉开房门，门上的把手重重地撞在了墙上。就在你刚要开始大吼的时候，你的配偶站在了你的面前，提着你那只找不到的鞋子，它是在你满腔怒火时扔到一旁的床罩底下找到的。你感到十分尴尬。你注视着墙上被门把手撞出的凹痕，这是你大发雷霆所留下的永久纪念。这样的情形你是不是感到很熟悉？如果我们对压力听之任之的话，压力就会随时侵扰我们。作为成年人，我们应该懂得如何在挫折当中保持平和的心态。

下面我们来看看一个冲动的小家伙。他渴望做一些事情，然而这些事情却远远超出了他的能力。把这样的孩子和一个阻止孩子、用武力硬把孩子从他的目标当中拉回来的权威人物结合在一起加以考虑，你就能明白是哪些因素造成了孩子的脾气发作。

特别是，如果你大吼大叫地对孩子说“不”、然后猛然地把孩子拉回来，那孩子不发脾气才怪呢。

突然地大发脾气是婴儿成长发育过程中正常的副产品。宝宝们是按照“只管去做”的原则来行事的。他们的欲望总是比他们的智力和运动能力超前一步，这可以让他们保持不断探索的欲望。他们需要坚韧的个性以激励自己去征服各种新的环境。发脾气是孩子们以及他们的父母为成长和学习而付出的代价。

另一方面，发脾气也是因为在婴儿发育过程中，其智力和运动技能的发育要比语言发育快得多。在孩子能用语言进行表达之前，他早就懂得了他要的是什么以及他有怎样的感受。由于此时他还不具备表达挫败感的语言能力，他就只能以行动来表达——大发一通脾气。不合逻辑的思维也是造成脾气发作的原因之一。宝宝们还不能合理地推断出他们的行为会造成什么结果。他们想把方形的塞子塞到圆形的孔里，想把方块摞到圆球的顶上，想要让小狗把刚才给它的饼干（已经吃掉了）还回来。他们的想法与大人根本就不一样：“既然妈妈能够十分快乐地摆弄那把大刀子，为什么我就不能用它呢？”当孩子的这些意愿实现不了时，他倾注在各种尝试中的所有强烈情感就会一下子爆发出来。

西尔斯养育手记

学步期孩子语言能力的重要作用

语言能够让宝宝表达自己的支配欲望和挫败感。父母与他们的婴儿或大一点的学步期的孩子交谈，在日常的生活起居中教孩子们说话，这有助于使孩子具有应对挫折和强烈情感的本领。如果学步期的孩子在冲突发生时已经会说一两个词的话，那么他就常常会与你合作，因为这一两个词的说出让他对正在坚持的主张有了支配权。

| 容易发脾气的孩子 |

有些孩子比其他孩子更容易发脾气。有着高需求的婴儿，有着强烈愿望的儿童，以及那些不能控制自己情感的人，都很容易出现大发脾气的行为。他们难以达到心境的平和——一种能帮助人们从生活的诸多失败中振作起来、恢复镇静的内心情感平衡。他们存在着两方面的情绪问题：他们比别人更容易揭开自己的情绪“盖子”，而且一旦揭开了这个“盖子”就很难再把它盖回去。

使孩子们容易大发脾气的某些个性，比如敏感、坚韧、有决心和有创造力等，都十分有益于孩子智力和社交能力的发展。作为父母，你的任务之一就是对孩子的这些品性加以引导，使它们出现令人高兴的结果。现在你已经懂得了你那总是十分讨人喜欢的宝宝为什么偶尔会变得脾气乖戾了，下面，我们就来教你如何阻止孩子发脾气，以及当孩子发脾气时如何正确处理。

如何防止孩子发脾气

消除不良行为的最佳途径是对良好的行为加以鼓励，这是贯穿本书的一个主题。这个原则也适用于防止孩子发脾气。你应该消除那些引起孩子情绪烦躁的条件，增加对情绪稳定具有促进作用的各种因素。

| 用亲密育儿法养育孩子 |

我们注意到，那些经常被父母带在身边的婴儿，以及发出的各种暗示得到了敏感回应的婴儿，他们更快乐，不太容易发脾气，并且能够驾驭情绪烦躁的波动起伏，不让它强烈地爆发出来。由于他们的行为发自一种内心的平和，因而就不太会做出冲动的行为或者大发脾气。然而，那些在养育中很少得到父母关爱的孩子们往往不能从情感的狂风暴雨中恢复平静。

采用亲密育儿法养育孩子的父母能够很好地读懂他们的孩子，因此他们会本能地创造各种条件，使孩子尽量不发脾气。你应该尽可能多地、尽可能频繁地采用亲密育儿这种养育方式。亲密育儿的一个立竿见影的效果就是使你能够轻松自如地应对孩子的大发脾气。

| 了解孩子发脾气的起因 |

孩子的勃然大怒经常会发生在对父母来说最不方便的时候：你正在忙

着打电话，正在超市购物，或者正在忙于处理自己的事务。你可以做一个孩子发脾气的日记，记录孩子发火的原因是什么。他是厌烦了、累了、病了，还是饿了，受了过度的刺激？你可以准备一张孩子的行为表。制作这张表格将有助于你加强对自己孩子的了解和观察。它也能帮助你创造一些条件来鼓励孩子做出平和的行为。

你可能会发现，在孩子午睡或上床睡觉之前，或者在父母正忙着做晚饭的时候，脾气爆发最有可能发生。如果整个上午你都在朋友家玩，那么你回到家的时候，孩子就很可能会大发脾气。这个行为表可能会反映出，在父母做饭的时候如果允许孩子来帮忙并且来尝一尝饭菜的话，孩子会有良好的表现。你应该从孩子童年经历的这些一点一滴当中进行学习，这样你就不会重蹈覆辙。如果你发现防止孩子发脾气的某个办法很管用，那下次就应该采用这个办法。

就算是你做了最大的努力，孩子也可能还是会时不时地发脾气。你应该试着尽早去驱散它们，并且要了解处于学步期的孩子发脾气的征兆——预示着“风暴”即将来临的身体语言。我们的劳琳非常急躁，一点挫折就能够引起她大发雷霆。一次，她要把卡在沙发底下的玩具拿出来，我们站在一旁看着她，她一边用力地拉玩具，嘴里还一边嘟嘟囔囔地发着牢骚，脸涨得通红。在她自己劳而无功地拉了一两次玩具之后，我们就早早地介入到了她的努力中。一旦她开始这样嘟嘟囔囔地发牢骚，她就不会再有正常的思考。我们的其他孩子在那个年纪都有比较好的耐心，如果他们遇到这种情况，我们会站在后面旁观，好让他们有更长的时间去自己设法解决困难。在养育容易发脾气的孩子的过程中，你必须学会掌握好平衡，弄清楚什么时候应该站到一边让孩子自己去克服困难，什么时候要介入进去。

然而，千万要注意，绝不能把你的孩子保护得遭受不到一丁点的挫折。父母很可能会十分周到地安排性情温和的孩子的生活，以至于他受不到一定的、有利于他成长的挫折。这样，他就将进入到下一个阶段，丝毫不懂得怎样去对自己说“不”，也不懂得怎样去面对挫折。一个孩子如果没有遇到过一些问题的话，那他就永远都不会知道怎样去解决问题。

| 了解你自己 |

有些学步期孩子的行为常常会成为打开父母怒火的开关，而有些父母的怒火开关又十分的敏感。如果容易发脾气的孩子遇着了性子急躁的父母，那么很可能会爆发严重的冲突。你应该清楚地知道孩子的哪些行为容易让你生气，这样你就能知道什么时候应该赶快采取措施，从而使你和孩子免受相互之间的伤害。你应该评价一下自己会怎样对孩子作出反应。如果你自己都常常失控，大发脾气，那你就应该寻求专家的帮助了，从而关闭你的怒火开关。

我的孩子什么时候表现最好	我的孩子什么时候表现最差
我关心他的时候	下午去购物的时候
他休息得很好的时候	我忙碌了太长时间的时候
他被包在三角吊带中的时候	周围有太多的吵闹的时候
他忙着做事情的时候	他很厌倦的时候

当孩子“火山爆发”时，你该做些什么

即使你尽了最大努力来培养孩子的良好性情，并且在家里营造出了良好氛围来防止孩子发脾气，孩子有时还是会脾气发作。你千万不要为此而恼怒。正常的脾气发作源自于孩子的成长和他的性情，并不是由于你的养育不当造成的。下面列举了当孩子这座小火山在自己家里、在公共场所或者在祖母家里爆发时，你应该如何来应对。

发脾气是受到挫折所造成的（你学步期的孩子正在尝试一项很复杂的“工程”，当出现差错时，他会大叫大嚷），所以千万不能忽视他对于帮助的需要。你应该把孩子的脾气发作当成是你与他培养亲密关系的良机：通过帮助孩子摆脱困境，你就在他的心目中确立了权威和信任。你要伸出手来帮助他，给他以安慰，对他说“没关系”，并且要把他的努力引导

西尔斯养育手记

说出孩子的心思

作为和孩子关系密切的父母，你通常都会知道你的孩子在想些什么。当你看到孩子开始发脾气时，你应该用语言把它讲出来。当正在发作（或者将要发作）的孩子听到他此时的情感从你的口中说了出来时，会异常迅速地平静下来。举例来说，你的孩子想马上得到一样东西（比如讲故事，别人的玩具，到外面去走一走……），在等待过程中，孩子的脾气突然发作的时候，你平静地对他说："等待确实很难熬。你希望我们现在马上来讲故事（或者得到这个玩具、到外面去），对吧？"听到自己的情感被妈妈用语言表达了出来，这是你的孩子学习用语言表达自己情感的最佳方式。

到整个任务中比较容易做的部分上去（举例来说，你先把袜子在脚上套上一半，然后再让他把袜子拉上去）。

有时候，孩子们只是需要宣泄一下被压抑的情感。你可以帮孩子说出他自己还不懂得表达的心情："妈妈不再让你吃糖，你很生气。"在另一些时候，当孩子们已经失控时，他们很想要一个高大、充满智慧的人来亲切地抱着他们、安全可靠地监管他们。你可以尝试对他说："你生气了，我来抱抱你，直到你能够控制自己，因为我爱你。"要不了多久，孩子的脾气就会平息下来，你会感到身体拼命扭摆着的孩子像融化了一样乖乖地靠在你怀里，似乎在感激你把他从他自己造成的麻烦中解救出来。

你应该在孩子发脾气的过程中摸索解决办法，要避免强迫性地去制止孩子。如果在孩子发脾气时你把他抱住会让他更加暴躁、脾气发作得更加厉害的话，那就松开你的手，别再抱着他。你的孩子需要的是支持，而不是愤怒。

对于2岁以下容易发脾气的孩子来说，差不多每次发脾气的时候你都需要用把他抱住的方法来对付他。此时，他还不会把自己的问题说出来。你有力的臂膀在适当的位置把他抱住，这实际上给了他一个信息：由于他已经失去了控制，因此你参与进来帮助他把握好自己。你的话他可能听得进去，也可能听不进去，但你都应该在他的耳边轻柔地说一些让他安心的话，比如“妈妈在这儿，我会帮你的。告诉我你想要什么？”等诸如此类的话。如果你不能好好地控制他，而且他确实弄伤了你，那就平静地把他放下来吧！让他待在你的旁边，你可以尽可能地靠近他，又不让他伤着你。什么时候要把孩子抱住，什么时候只需旁观，这要根据孩子每一次发脾气的具体情况来决定。

| 暂停孩子的脾气发作 |

如果对孩子的发脾气不予理睬或者进行安抚都没有效果，你就应该带孩子离开引起他脾气发作的环境，并且要求他暂停。举例来说，假如你的孩子在超市里发起了脾气，你应该平静地把他抱起来，去找一个安静的角落，或者走向你的汽车。

如果孩子在奶奶家里发起了脾气（这通常让父母感到最为难堪，因为有他们自己的父母和配偶的父母在场时，他们感到自己被最挑剔的眼光审视着），那么你最好事先和奶奶沟通好、让她分享你对付孩子发脾气的策略，这样奶奶就不会去破坏你对孩子的管教，而且也可以让她知道你是真正在为她的孙子负责，让她可以在一旁休息、看着你管教孩子。你这样的做法很可能和她年轻时做妈妈的做法非常相似，也可能根本不一样。但是无论如何，如果她对你说：“他就像他爸爸。我也经历过许多这样的日子，我们俩都熬过来了。”或者诸如此类的话，都会对你看问题的观点有所启发。听了这样的话之后，你们可以一起放声大笑，而你也可以从在场的人那里听取一些明智的意见。

如何应付和预防稍大一点的孩子发脾气

当孩子快到3岁的时候，脾气发作会大为减少，因为此时他已经掌握了表达自己情感的语言能力，而且他正忙于在个性化之外的其他领域发展。例如，他的想象力正在蓬勃发展，并且有了更多的恐惧，因此他需要“巨人”来保护他的安全。脾气发作在4岁的时候又会重新出现，而且伴随着一个令人惊讶的倾向。4岁的孩子比以前更聪明、更强壮、声音更响亮，对控制父母的各种情绪更为在行。这时的孩子意识到他在家庭里已经有了自己的影响力，这对某些父母来说会具有威胁性。千万不要采用过激的反应来压制一个正在成长中的孩子，这一点十分重要。

| 给予明确的教导 |

你应该把你的期待明确地告诉孩子。你对他的教导必须是建设性的、明确具体的："我希望你在奶奶家里要有礼貌。我们可以把你的那些新书带给她看，也许她会念一本给你听。吃过午饭我们就回家。"这样对孩子说，就比说"我不能容忍你发脾气，我希望你表现得好一点"意义明确得多。在孩子发脾气时，你没法和他讲道理，但在脾气发作之前你是可以和他讲道理的。

你应该让孩子用其他的方式来宣泄情感上的过重负担，而不是通过发脾气。你要帮助他正确运用自己的身体——为他安排大量的机会来进行大运动量的活动和户外游戏（比如，让他在一张旧的床垫上或者一张小型蹦床上跳上一整天）。可以放一些欢快的音乐让他去跳舞，也可以和他进行跳跃比赛。你应该鼓励他把自己发脾气时的感受在一块写字板上画出来。在脾气平息后，你可以让他把自己的感受"画成愤怒的图画"。在你生气的时候，你自己也可以这么做，并且谈论一下你正在做的事情："我在画一些愤怒的线条和愤怒的表情！"这种做法能够真正起到的作用是，它让你的孩子看到你控制住了自己的脾气发作。在你生气的时候，你可以尝试脸朝下趴在床上去踢打你的床，或者可以说"我们要去进行一次'生气

西尔斯经典语录

正常的脾气发作源自于孩子的成长和他的性情，并不是由于你的养育不当造成的，因此你不必自责。

消除不良行为的最佳途径是对良好的行为加以鼓励。这个原则也适用于防止孩子发脾气。你应该消除那些引起孩子情绪烦躁的条件，增加对情绪稳定具有增进作用的各种因素。

亲密育儿的一个立竿见影的效果就是让你能够轻松自如地应对孩子的脾气发作。

时的散步’，赶快上你的婴儿车里去”。有了孩子会促使大人去反省他们自己在情感上是否成熟。我们都曾或多或少地发过脾气，所以不必不好意思承认。即使是对于你自己而言，也会有许多你乐于看到的变化在你身上发生，从而让你成为更加冷静的父母。

千万不要火上浇油

不要让你的孩子把发脾气当作达到目的的一种手段。如果他知道当你们走到够得着超市付款台上的糖果的地方时，只要他一发脾气，你就会为了让他安静下来而向他屈服的话，那么他就会做好准备，等你一靠近柜台他就马上开始发作。下次，在你们进入他要发脾气的那个高度危险区之前，你应该对他解释说：“我们不是来买糖果的，你闹也没有用。你可以帮妈妈把买的东西放到柜台上。记住，我们是来买家里吃的冰冻酸乳酪的。”一位朋友告诉我们，在私人场合和公众场合，她会分别用不同的办法来处理孩子失控的脾气发作。在私人场合，她对孩子的脾气会十分的不耐烦，因此孩子不久就会停下来。在

西尔斯养育手记　大声尖叫

孩子发脾气时最让父母头疼（并使他们屈服或生气）的是孩子的大声尖叫。这里关键的一点是千万不要为孩子的尖叫所触怒，它只不过是孩子激动情感的一种口头表达。如果孩子的大声尖叫使你屈服于他，那么大声尖叫很快就会变成他用来控制你的工具。我们在家里定下了一条规矩：“你们只能在草地上大声尖叫。”一个朋友带她的孩子到外面去，然后示范给他看，教他怎样“在草地上大声尖叫”。妈妈“在草地上大声尖叫”给这个孩子留下了长久的印象。

在夜晚，父母对孩子的大声尖叫特别脆弱，感到没有力量去应对。例如，你2岁大的孩子已经吃了两次奶还要吃，你会决定让爸爸把他抱过去。我们告诉父母们不必去阻止孩子的大声尖叫，不用担心他叫坏了嗓子。既然他选择了尖叫，那么他也能选择闭嘴。他自己会想出办法来停止尖叫。

公众场合，她会严厉地对孩子说“你可别让我没面子”——孩子会认为她说得对。

| 不予理睬 |

孩子发起了脾气，你到底是去面对他，还是不予理睬，这取决于你认为孩子发脾气的原因是什么。如果你判断孩子闹一通是为了引起你的注意，那就不用去理他。如果你打算对他的发脾气不予理睬并且要走开，那你就应该让他知道，你并不是不管他了：“埃里克，你肯定是真的生气了。你冷静下来后，我会来帮你。”然后你就走开，但不要走得太远，让孩子自己去恢复平静。如果你对孩子大叫“闭嘴”，或者大声呵斥他，都会把孩子与你沟通的大门关闭起来，更会增添他的怒火。

在孩子发脾气时，你如果不采取走开一会儿的策略的话，你可以尝试一下家庭大本营的办法。你要待在离孩子不远的地方，一直忙着做事情，比如说读一本书。千万别去理睬他的发脾气，也不要和他吵。如果孩子的脾气发作扰乱了你内心的平和，或者孩子要对你动手动脚，那你就必须赶紧走开。请你记住，孩子的发脾气一旦能吸引观众的话，就会继续下去。观众的热烈反应会使孩子的脾气再来一次。有时候，你可以告诉孩子：“当你准备平静下来好好说话的时候，我再到这儿来。”这足以激发孩子去改变自己的性情。

当一个2岁的孩子失去控制的时候，你可以在身体上制服他，但面对4岁或更大一点的孩子时，你就不能这么做了，他已经长大到可以和你对抗了。你可能很想把他锁进他的房间，但是更为安全的做法是，你把自己锁进你的房间，直到他能够平静下来。如果你气愤得想打孩子的话，无论如何你都得让自己离开正在发脾气的孩子。有些妈妈把孩子关到他自己的房间里去，结果发现孩子弄坏了屋子里的东西。如果他弄坏的是玩具，请你记住，那是他的玩具，你别再去买新的给他。如果他损坏的是房间里的东西（比如打碎了窗户、弄坏了墙壁等），当这样的事第一次发生的时候，他自己都会对愤怒时的狂暴感到吃惊。这种行为实在吓人，因此，孩子很可能不会再去重复它。你应该要求他偿还你为修理他的房间所付出的费用。如果这种破坏性的行为又再次发生，你就需要请专家来帮助你彻底解决这个问题了。他的心里有着太多的怒气。一次脾气的突然爆发可以成为你对孩子的内心进行深入探究的线索，在孩子的身上很可能存在着迫切需要解决的问题。

有一位妈妈是心理学家，我们曾经和她交谈过，她说她已经认识到自己在助长孩子的脾气越发越大方面起了很大作用。过去，在孩子发脾气时，她总是一直不停地数落他，这反而让孩子更来劲地和她顶撞。后来，她学会了停止数落孩子，像前面建议的那样去做一些事情，以便让孩子的脾气逐渐消停下来。

6 CHAPTER 父亲的管教者角色

基本的养育原则无论是父亲还是母亲都可以同样采用，但是我注意到父亲们和母亲们采用了不同的方法来着手进行养育。或许事情本来就该是这样。这种差异给孩子的养育带来了一种平衡。在当今这个时代，父亲和母亲在养育模式上的差异并不像以往那样明显，但是男性所特有的气质仍然影响着父亲对孩子的管教。

做了父亲：请抽出时间和你的孩子在一起

爸爸们，让我来给你们讲讲我作为父亲对我们头三个孩子的管教有多么糟糕。我们头两个孩子出生的时候我还是一名医学生，第三个孩子出生时我正在实习。我那时信奉的人生观是事业追求远高于其他一切。我是在没有父亲的情况下长大的，因此，我缺乏一个榜样来告诉我父亲在孩子抚养中的重要性，而且我妻子玛莎又是一个十分称职的母亲。我感到在孩子的养育中自己简直是可有可无的。和许多父亲一样，我打算在男孩们长大到可以扔橄榄球时再来涉足孩子的养育。这真是大错特错！

当我们孩子中的一个出现不良行为时，我要么反应过度，要么压根没什么反应，但玛莎却总是知道怎样做才恰如其分。在大多数情况下她都能用正确的方式来作出反应，并且富有成效。她掌握了管教我们孩子的窍门，而我却没有。由于我不知道怎样管教孩子，她不得不担当了全职的监管人以及主要照料者的角色。她给孩子们喂奶，抱他们，敏感地对孩子们的啼哭作出回应。不仅是她了解孩子们，孩子们也了解她，并且敬佩她的智慧。我总是问玛莎：“你怎么知道他们快要惹上麻烦了？”她总是回答说：“我就是知道。”其实道理很简单，不仅是父母在塑造着孩子，孩子也在塑造着父母。我们的孩子帮助玛莎培养起了对他们的敏感、体贴。而我在塑造孩子和被孩子塑造这两个方面都是失败者，我没有花足够的时间与孩子们在一起，所以他们不理睬我。

父亲们要上的第一课是：为了管教你的孩子，你先得了解他们；而要了解他们，你就得花时间陪他们。除了哺乳之外，孩子的照料当中没有哪件事是父亲干不了的。我开始认识到我们的孩子们确实需要我作为父亲必须提供给他们的东西。只要对孩子尽到做父亲的责任、对玛莎尽到做丈夫的本分，就会有助于对孩子进行管教。

但是，要做好一个父亲就需要花费时间。那我的工作怎么办？在几位年龄比我大的父亲（在他们的第二次婚姻中）与他们的妻子一起带着新生儿到我的诊所来体检之后，我做父亲生涯的转折点出现了。他们中的许多人都很后悔过去没能介入前面那些孩子的生活。现在他们有时间和那些孩子在一起，而孩子们却已经没时间和他们在一起。我自己想要有一个无悔的晚年，我想象着到我50岁、孩子们都已长大时自己会有怎样的感受（在那个时候，我根本想不到自己在50岁时还会是几个婴儿的爸爸）。我可不喜欢有“我早就该这么做了”或“我早就该那样做了”的感受。因此我决定改变自己。一开始我还担心我的事

西尔斯养育手记

高度优先——高度回报

我参加过一个关于时间管理的研讨会，会上的发言者建议我们把要承担的责任看作有高度优先就有高度回报的事情。会后我告诉发言者，他的说法正好描述了养育孩子这项需要全身心投入的工作。别去管那些不太要紧的、低回报的事务，这些事务会耗费你的精力，却带不来回报。相反，你应该把精力集中在那些能给你的时间投入带来高回报的事情上。

业会停滞不前，但是后来我明白了，在我的事业中，我可以像录音带那样在任何一个地方倒回去、重新开始，但是为人父母、孩子的童年时代却只向一个方向前进。孩子们的每一个成长阶段都只有一次。

我的孩子们需要的是我，而不是我的履历。他们想要并且也确实需要一个和他们一起摔跤、一起玩耍的父亲。在睡觉前，他们需要父亲用低沉的声音读书给他们听，而不只是例行公事地说一声“晚安”。我把自己的心思转到了做父亲和做丈夫上。我不仅要和孩子们亲密地相处，我还必须与妻子密切相处。我放弃了加拿大多伦多儿童医院儿科主任住院医生的职位，这样每个周末和许多个晚上我就有了空闲时间，可以和家人在一起。我们经常出去露营，并且驾船出海航行。我开始了解我们的三个男孩，很喜欢他们，并且终于设法让玛莎相信我们应该再要一个男孩。这段时间我和大家相处得更多，并且更愉快了。

接下来就有了我们的第一个女儿海登，她的出生改变了我的生活。这个精力十分充沛的小家伙生来就与我们其他的孩子不一样。她总是要人抱，逃避任何有规律的进餐安排，一把她放下来就大声哭闹。她给了我们灵感，让我们创造出“高需求宝宝”这个新词。做海登的父亲、和她待在一起并不是一种选择，而是一种必需。由于海登强烈地反对别人把她放下来，所以玛莎需要我待在旁边，和她轮流抱孩子。海登白天被我们抱在手上，夜里睡在我们的床上。有一段时间她要不停地吃奶。她渴求肌肤的触摸，有时候竟在我毛茸茸的胸脯上睡着了，这样玛莎才有片刻的休息（那时，我们还不懂得使用三角吊带“把宝宝穿在身上”）。我逐渐地了解了海登，她也渐渐地开始信赖我。一种从未有过的做父亲的敏感在我的心里油然而生。这种我过去不熟悉的敏感又扩展到了我和其他孩子以及妻子的关系中。当父亲做着需要他做的一切时，整个家庭就运转得更好了。我和孩子们待在一起、参与他们的活动，这就给孩子们的家庭教育带来了主心骨。到了海登3岁的时候，我懂得了一个父亲怎样才能成为一个管教者：父亲在对孩子作出限制之前，首先要了解自己的孩子。

母亲和父亲之间有一个重要的差别，孩子们可以从这个差别中受益。近年来，关于做父亲有许多荒谬的说法，其中之一认为父亲只不过是母亲的替补，当妈妈不在的时候代替妈妈来照料孩子。事实上，父亲的参与在孩子的养育中不是可有可无的。父亲给孩子的生活带来的影响与母亲是不同的，不是比不上母亲，而是有所差异。正是有了这种差异，孩子们才会茁壮成长，整个家庭才会繁荣兴旺。我们家繁荣兴旺的结果是添了第五个孩子埃琳。

有了第六个孩子以后，我把美国军队的口号“做一切你能做的”作为了自己做父亲的座右铭。从马修出生开始，他给了我机会，让我做了一个父亲所能做的一切。我们请的接生员没有及时赶到，所以我在马修出生时第一个抱起了他——这种体验比在超级杯橄榄球赛上充当四分卫还要棒。也许马修永远都不记得我颤抖的双手对他的第一次抚摸，但是我永远都不会忘记。我被他迷住了，他一出生我们就成了好伙伴。

由于我们当时以为马修会是我们的最后一个孩子，所以我不想错过他成长中的任何事情。马修出生几个月后，我把我的儿科工作暂时搬回到自己家里来做（实际上，我们把家里那个大车库的一部分改成了我的儿科办公室，我的那些十几岁的患儿把它称为“比尔医生的车库和身体修理车间”）。这让我在忙着给患者看病的同时还可以和马修在一起。有时候，在玛莎给马修喂过奶之后，我可以把他抱在怀里，或者用三角吊带把他系在我的身上——这是我在有了6个孩子以后才发现的与马修亲密接触的方式。我知道马修感到了我的身体与妈妈的不一样。他躺在我“温暖的、毛茸茸的”怀里时，他的耳朵就挨着我的心口，他的胸脯和肚子贴在我的胸脯和肚子上。他那柔软的幼小身体躺在我的臂弯里，随着我的呼吸有节律地上下起伏着。他的头靠在我的颚下，我的呼吸让他的头顶感到温暖；在这个不一样的“子宫”里他找到了一个温暖的角落。

在我的这些带有男性特征的触摸中，马修习惯了我的身体：不一样的呼吸、声音、脚步和触摸，深沉的嗓音。实际上，就胸前孩子依偎的地方来说，父亲比母亲要有优势，因为父亲的“音箱”结构振动得更明显一些，宝宝在头上能够感觉到这种振动。父亲给孩子带来的这种触觉并不比母亲的好，只是有所不同。这种不同使马修茁壮成长。有我在场他会很高兴，就好比一个孩子得到了两份不一样的甜点心那样。马修对我的父爱所作出的反应以及我对于自己情感的惊讶，都帮助我将自己的父爱提高到了一个新的水平，并让我发现我在养育孩子方面作出的贡献具有新的价值。

我新发现的做父亲的技巧不仅对马修和我有好处，对玛莎也同样大有裨益。过去，由于我对学习照料孩子不够重视，玛莎总是一个人忙得筋疲力尽。现在，我已经成了一个不错的婴儿照看者，因而玛莎很愿意把他交给我，她喜欢看着我和马修在一起——她感到我对马修的呵护加强了我对她一生的承诺。她喜欢时不时地小憩片刻来保养自己。这使得她成了我们所有孩子的更好的母亲，也成了我更快乐的妻子。就连我们的性生活

西尔斯养育手记

当宝宝惹妈妈生气的时候

一位体贴的丈夫曾告诉我，他要保证让妻子始终快快乐乐的，这样她也就不会惹孩子们生气了。另一位父亲则说：“我尽量不让妻子皱眉头。”在妻子需要帮助的时候，丈夫应该及时伸出援手。妇女们往往担心万能妈妈的神话破灭，因而她们很少会把自己的需求告诉丈夫。如果你们家庭城堡里的女主人越来越多地过着糟糕的日子，那你们就应该坐下来商量一下，做一些改变。

帮帮那个高高在上的女主人吧。你可以雇佣一个十多岁的小保姆，让她利用课余时间和假日来帮忙。十多岁的孩子具有宽容心，佣金又便宜，还会做一些傻里傻气的动作来吸引小孩子的注意。这样可以减轻一些母亲的压力。要让孩子们清楚地知道父母对他们有什么期望，并且要把你们的期望坚持贯彻到底。你对孩子们说：“我希望你们友善地对待我爱的女人。”如果在最初的时候进行一些婚姻生活培训，那就可以比较好地做到这一点。

也有了改善。

又过了一年，我关了家里的诊所，把它搬进了附近的一座医院大楼。但是，尽管我不在家里工作了，我优先考虑的还是家里的一切。不和马修在一起的时候，我惦记着他。当我们在一起时，我们会十分亲密。我的感情纽带自然而然地延伸到了其他孩子身上，这迫使我调整我生活中的平衡，把我的家庭放在我的儿科实践、教学和写作之前优先加以考虑。如果外面的工作需要占用我的时间，我会感到十分为难。我对家的依恋会像弹性很强的橡皮筋，把我拉回家去。

马修和我现在仍然令人难以置信地亲近。写这本书的时候他9岁了，这种亲密还在继续着。随着马修从一个成长阶段进入另一个成长阶段，我作为一个父亲——以及作为一个人——的发展也向前迈进了一步。当他加入少儿棒球联盟的时候，我也想参加他的活动，于是我报名做了教练。当他参加童子军的时候，我又自愿担任了童子军团长。要不是我太喜爱我的孩子们的话，我是不会找到时间去充当这些角色的。而且我的事业

西尔斯养育手记

挽救糟糕的局面

小孩子们犯的错误会造成麻烦和损失，许多这样的错误是父母控制不了的。但是你完全可以控制自己对这些错误行为的反应。彼德学了一个星期开车之后，他把脚踩在了油门上而不是刹车上，结果撞坏了车库一边的门框和汽车保险杠。我的第一反应就是想到了需要花费的费用和他所造成的麻烦。彼德看到我生气了，这使本来就十分沮丧的孩子更加伤心。3年后，海登撞坏了车库另一边的门框。这次我变得明智了一点，做到了从积极的一面来看待一件坏事。我不再把注意力集中在造成的损失上，而是关心她，我对她说：“看到你没有伤着我很高兴……”看到父亲不仅没有生气，还在关心自己有没有受伤，这让海登更加明白了对父亲来说什么更重要。损失毕竟已经发生了，我没办法改变这个事实，但是250美元的保险扣款确实为我换回了一些东西：自尊，以及与女儿更紧密的关系。而且只花了一半的维修费用，我就帮两个孩子懂得了驾驶汽车需要有高超的技艺。

一点也没受影响。

我们家孩子的数量还在继续增加。在西尔斯家族中我们又添了两个孩子。我的八个孩子正在把我训练成一个更完善的人和一个更好的父亲——因为我是为了他们才那么做的。采用亲密育儿法养育孩子的爸爸会收到的回报是：在养育孩子们的过程中，我们自己变成了有教养的人。

做一个孩子们愿意亲近的父亲的好处是，对孩子的管教会更容易一些，家中紧张的气氛会少一些，养育孩子会更多地出于直觉。我能够指导我的孩子们，是因为我了解他们。孩子们听我的话，是因为他们信赖我。我学习做爸爸的过程让我确信许多父亲在孩了的养育中都会遇到艰难的时候，因为他们没有和自己的孩子们紧密地联系在一起。

我注意到在对马修的养育中有一点不同。我们在每一次交流中都很亲密，例如，在我让他去做一件事情的时候，他会直接看着我的眼睛说：“好的，爸爸。”（偶尔会说：“噢，爸爸。”）目光的接触和直接的称呼结合在一起，使他的回答带上了个人感情色彩，这反映了我们之间的相互信赖。马修相信我的要求是正确的，而我也相信他会听我的话。马修想要让我高兴。当我纠正他的错误时，他察觉得出我的身体语言和声调中的权威。严厉的训斥和大力的体罚在纠正马修的错误时是根本用不到的。这其中有多少是他的性格使然，又有多少是由于我们一起营造了一个良好的开端，我可能永远都说不清楚。随着马修对我的称呼从叫“爸爸”到“爹地”再到“爸”，我们的关系变得越来越有价值了。

我知道，由于家庭的状况和工作的境遇总是在不断变化，许多爸爸无法把生活重新安排成以孩子为中心，但是不管你选择什么样的途径，你都应该抽时间和你的孩子紧密地联系在一起。这样，你对孩子的养育就会容易许多。

帮助父亲成为管教者的八点建议

父亲成为孩子管教者的途径与母亲大致是一样的——通过了解自己的孩子。不论是乖巧的孩子还是调皮的孩子，我们越是坦诚地亲近他们，就越会认识到父亲们本该更早地开始成为子女的管教者。

西尔斯养育手记

一次让妈妈惊喜的打扫

爸爸们，在这里有一个让你和你的孩子们，以及你的妻子在一起相处更愉快的诀窍。晚饭后，你的孩子们在看电视，你在他们旁边坐下，提出一个建议："妈妈需要歇一会儿，所以她要到外面去散步。在她出去的时候，我们大家一起把厨房清理一下怎么样？如果每个人都动手，我们很快就可以打扫完，还可以给她一个惊喜。"每个人都从这项计划中得到益处：你的妻子会有一个干净的厨房，而你和孩子有了一个在一起度过一段时间的机会，孩子们还可以让妈妈开心，真是一举多得。

1.尽早开始

随着时间的推移，花时间和孩子待在一起会让你获得回报。你应该与婴儿建立起亲密的关系，这样，你把他造就成你所希望的样子的养育过程就会进行得十分顺利、自然。

2.从最基本的开始

大多数在职位阶梯上不断往上爬的人都是从最底层开始一级一级地爬到权威位置的，做父亲也要经历同样的过程。也许你会感到奇怪："换尿布和管教孩子有什么关系呢？"照管孩子有助于你对自己的孩子了解得更多。给孩子换尿布，帮孩子洗澡，为孩子穿衣服，和孩子一起玩耍，和孩子的所有这些交流都有助于你学会"读懂"自己的孩子。在刚出生的头两三年里，你的宝宝大概需要换五千次尿布，假定你帮他换了20%，那么你就有一千次机会与宝宝进行交流。最开始的时候，即使是对于马修，安抚孩子扭动的身体、清洗孩子气味冲鼻的小屁股都不关我的事。可是到了后来，我终于发现换尿布对孩子、对我都是一种学习的体验。我是在"从最底下"开始做起。我必须想出一些与宝宝接触的方法去吸引宝宝的注意，还要学会和蔼地向宝宝传达“有爸爸在呢”的信息。

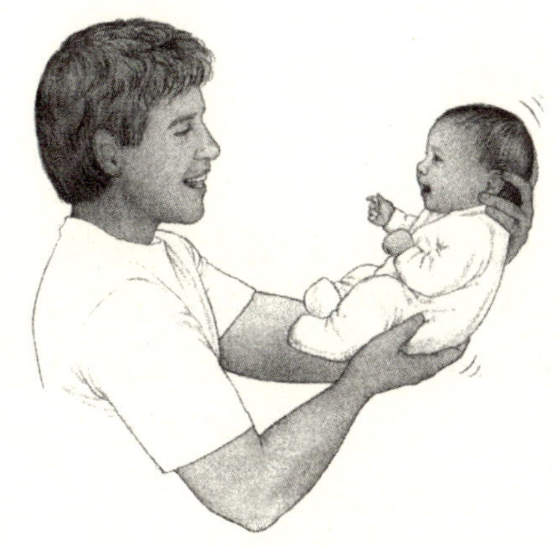

和你的宝宝玩耍有助于你了解他

3.让自己值得信赖

在关于养育子女的交谈中，我注意到爸爸们比妈妈们更关心对孩子的养育，并且对养育也存在着更多的疑问。有一天晚上，我正在与一群新手爸爸们谈论孩子的养育问题，当我问及关于养育孩子他们最想学到什么时，他们回答说：“在家里做一个权威人物。我要让孩子对我毕恭毕敬、服服帖帖。”我承认，父亲应该是权威人物。但是，即便你是家里的顶梁柱，也并不意味着你理所当然地能够得到你想要的尊敬。有些爸爸认为，小孩子必须听自己的话，道理很简单，因为“我是爸爸，你是孩子”。其实并非那么简单。孩子会服从他信赖的人，但是信赖不会伴随着父亲这个头衔而自然地产生，它需要通过争取才能得到。只有建立起真正的权威，孩子才会服从你。

那么，如何才能让孩子把你当作权威人物来加以信赖呢？我自己在有了好几个孩子之后才学会了下面这条养育孩子的基本原则。在我成为一个权威人物之前，我的孩子必须确信我是会帮助他们的。也就是说，我必须去了解他们——满足他们的需求，分享他们的喜悦，做一个对孩子的所有事情都参与的父亲，这样才能让你的孩子信赖你。

4.提供原则

从9个月～2岁，宝宝们探求世界的冲动超过了他们控制自己所需要的心理能力。一些冲动的行为，比如用力地拉电线、冲到大马路上去追一个球，或者爬上柜台去乱翻橱柜等，都是成长中的学步期儿童的正常

西尔斯养育手记

彻底改变情绪化的咒骂

坎蒂斯一出生就是一个高需求宝宝。她经常哭闹，很难去安抚她。一点点的不顺心就会让她大发脾气，拱起背不让你抱她。睡觉的时候她总是难以入眠，并且不可预料，还拒绝任何作息安排。她不仅仅是一个紧张不安的宝宝，她的暴躁性情还使她父母的婚姻大受影响，以至于他们越来越多地相互激怒对方。她的爸爸马克作出了诸如此类的评论："哎，她肯定不是我最想要的孩子。"或者把她叫做"哭煞鬼"。他很少抱她，从来不去吻她，甚至从来不用积极的方式和她讲话。在马克眼里，坎蒂斯的一切都是消极的。马克从来没有和坎蒂斯一起微笑或大笑过，当他被孩子激怒的时候，会把她放到长沙发上，愤怒地告诉她："闭嘴！"到了坎蒂斯2岁时，她成了一个很难相处的孩子。尽管她那慈爱的、耐心的母亲一直都在关爱着她。不幸的是，母亲没能尽快地制止这种采取咒骂方式对待孩子的行为。

我与马克做了一次父亲与父亲之间的快速交谈，并且让他深刻地认识到高需求宝宝们特别地敏感，会从父母那里得到强烈的感受。由于马克总是把坎蒂斯的行为看成是消极的，他把这种态度也反馈给了坎蒂斯，因而使得她在马克面前变得更为消极。我建议马克在接下来的两个星期除了以正面的态度看待坎蒂斯之外，不要对坎蒂斯做任何其他事情。马克有点怀疑，但他同意确实有必要做一些改变。我从他的妻子那里得到了这样的进展报告："开始的时候他的努力是勉强的。我认为这样的做法对他来说确实不容易，但坎蒂斯马上就接受了这种做法，而且以积极的态度来回应。相信我，她身上的变化几乎在一夜之间就发生了，从牢骚满腹、懒散、虚弱无力到快乐、活泼、欢笑、天真，而且健康。在1个月里她的体重就增加了差不多1.5公斤。大家都会这么说：'除了整天笑个不停之外，她还做别的事情吗？'或者'她肯定是个快乐的孩子！'这种愉快的心情就像滚雪球一样越滚越大。坎蒂斯越是常对着爸爸微笑，爸爸就越会变得真诚、慈爱。现在，坎蒂斯一定很爱她的爸爸，爸爸也肯定很爱她。马克实际上是一个敏感的男子，他认为用粗暴的态度处理事情对他来说是正确的行为方式，他不愿意承认是自己错了，但现在他知道了用爱的方式效果更好。

行为。父亲应该为孩子提供一个大的原则来控制孩子的冲动行为。孩子们很想要一个他们信赖的、具有权威性的人来给他们设定限制，他们也确实有这样的需求。一旦你为孩子的生活提供了大的原则，孩子就会感到心里更踏实，因为你把他的精力引向了一个更有意义的方向。关于为什么一些运动员在比赛场上会比另一些运动员更有纪律性，费城鹰队的前任教练迪克·佛梅尔曾经这么说过：“训练开始于家庭。”

5.做孩子的榜样

请爸爸们记住，你们养育的孩子在将来都会成为别人的丈夫或者妻子、母亲或者父亲。你们一点一滴地灌输给婴儿和儿童的各种人生态度都将决定孩子在长大后会成为一个什么样的人。孩子们是通过仿效榜样来学习的。因此，塑造孩子性格的最佳途径就是在你自己的身上拥有你想在孩子们身上看到的良好品质，为孩子树立一个好榜样。我发现，把我自己要给孩子们作出榜样的那些品质列举出来是很有用的事情。在我列出这个清单的时候，我认识到自己给孩子们作出的榜样当中还有不少缺陷。对那些我没有做到的事情，我没办法给孩子们作出榜样。当我一项一项地审视着这个很有用的清单中的项目，并把这些与孩子们的平常表现联系在一起加以考虑时，我意识到自己在许多时候并没有表现出所有的这些品质。这种认识给我上了十分有价值的一课：为了管教好我的孩子，我必须先管教好我自己。

期望孩子具有的品质	如何做出这些品质的榜样
● 有信用	● 信守你对孩子作出的承诺。
● 敏感	● 在他们幼小的身心受到伤害时表示出你的关心。
● 忠诚	●“是，长官，我已经在努力了。”
● 健康的性意识	● 和蔼地对待孩子的母亲。
● 对权威和长辈的尊重	●“奶奶，我能帮你吗？”——（参见上面的“忠诚”）
● 自我控制	● 我可以等上一年再要那辆新汽车。
● 幽默感	● 自嘲自己的过失。

西尔斯经典语录

父亲的参与在孩子的养育中不是可有可无的。父亲给孩子的生活带来的影响与母亲是不相同的，不是比不上母亲，而是有所差异。正是因为有这些差异，父亲的参与才给孩子的养育带来了一种平衡，才能使孩子茁壮成长。

爸爸们，不管你们的工作多忙、应酬多多，你们都应该抽时间和你的孩子紧密地联系在一起，这样对孩子的养育也才会容易许多。

6.参与孩子们的各项活动

爸爸们，要了解你们的孩子、享受和他们在一起时的快乐，你们就必须加入孩子们的队伍。千万不要做一个离得远远的父亲，而是要做一个随时准备上场的爸爸。你应该自愿地训练你的孩子练习他喜爱的体育运动，或者试着担任一段时间的童子军团长。你可能会说，体育运动并不是我的事，而且我一点儿都不懂童子军的活动。其实，这并不是要求你一定要成为专家，只要你参与就行了。而且，你总比孩子们更睿智、更老练。通过我自己做少儿棒球联盟教练和童子军团长的经历，我在总体上对孩子们有了更多的了解，比我在医学院的心理学讲座上学到的还多。

我们来看一看你的孩子在团体运动中会学到的东西：成功和失败、三击出局和全垒打、帮助同伴上垒、在一次击杀或出局后自己上垒、全队协作、从零开始并且按照击球的规则去得分、处理自己和别人的失误、有风度地面对胜利与失败，以及在一个集体中与人和睦相处。棒球是这样，纪律是这样，生活也是这样。

西尔斯养育手记　父女之间的约会

父亲们，如果你有一个将近10岁的女儿，那么她的青年时代很快就要到了。在那段时间，你的女儿将被她的朋友们所吸引而与你疏远。不过，当她需要你帮忙的时候还会偶尔来到你的身边。为了防止你和孩子之间的距离越拉越远，你可以试一下这剂预防药：在你的女儿将近10岁（甚至更小）的时候，开始去形成一种我称之为父女约会的固定习惯。时不时地与你的女儿“约会”，一起度过一段让她感到特别的时间，并且让她感受到你对她割舍不掉的关爱。这是一段你们单独在一起进行交流、分享快乐的时间。你应该确保把这段时间只用于和她在一起，而不要在此时对她的缺点作任何纠正。这是一段一起欢笑、相互倾听、并且与你的女儿紧密联结的时间，尤其是在你们两人之间已经有了距离的时候。实际上，这种特别的时间对任何年龄段的孩子都能起到很好的作用。

父亲们，有一点要提醒你们：千万不要用父女之间这种约会取代你们对女儿进行的日常指导。这种约会是父亲对女儿的日常养育的一种补充，而绝不是取代。如果只有在这种时候你才想要和女儿“好好谈谈”的话，那么这种父女间的约会是不会起作用的。你要花一点时间和你的女儿在一起：上公园去、玩接球游戏、下棋、玩洋娃娃、洗汽车、去购物和办事，一起去为母亲买礼物。你会逐渐地习惯于和自己的女孩儿建立亲密无间的关系，她也会习惯于和一位优秀的男性在一起。

父女之间的约会

西尔斯养育手记

养育中的性别差异

母亲和父亲通常会用不同的方式养育孩子——并不存在哪个好、哪个坏的问题，只是不同而已。如果能明智地加以利用，这种差异对孩子们是有好处的。母亲和父亲应该在孩子的养育中相互补充，而不要去争谁是“对”的。父母养育方式的不同实际上是一个平衡问题。

当初学走路的孩子开始探索周围环境的时候，母亲往往是保护者，而父亲会成为鼓励者。爸爸们会提出这样的挑战——爬得更高一点，妈妈会加上一句保护性的提醒——要小心。如果孩子在夜里醒来（已经第三次了），当妈妈立刻忙着去安慰他的时候，父亲会提议让他闹上一阵，然后再想办法去安抚他。爸爸们鼓励孩子的独立性，而妈妈们则抚慰孩子的恐惧（在有些家庭中，这样的角色分配可能正相反）。

特蕾西和汤姆明白这些差异，并努力地使这些差异成为他们家庭的一种财富。他们意识到他们需要彼此的平衡，孩子们也同样需要这种平衡。他们3岁大的内森是一个爱冒险的孩子，他渴望实现的事情总是超出他自己的能力。他常常陷于危险的境地，吵闹着要求别人的帮助。特蕾西和汤姆发现他们在什么时候帮助内森以及什么时候让他自己走出困境等问题上有所分歧。最后，他们达成了一致，在内森遇到麻烦的时候他们会问他：“你需要我帮忙吗？”

母亲们会深入地探究孩子们的情感，努力去理解孩子们的看法。当孩子遇到了问题时，母亲会像马达一样发动起来，去了解导致问题出现的原因；而爸爸们会赶紧去面对问题、解决问题。母亲往往会不着边际地反复唠叨；而父亲更关心结果，在管教中对孩子提出要求时不用多少话语，当说服、引导不起作用的时候，往往急于摆出一副做爸爸的架子。我见过这样一个事例：凯尔骑脚踏车没有戴头盔。妈妈挨着他坐下来，作了一大通为什么不戴头盔会不安全的解释。爸爸在一旁看到这一番不着边际的对话，走到凯尔的面前，用尊重的口气命令他说：“凯尔，你知道骑车要戴头盔的法规。但是你没有戴头盔。现在罚你一个星期不能骑脚踏车。”

7.为孩子示范健康的性观念

爸爸们，你的儿子或女儿见到的第一位男性就是你。事实上，研究表明，父亲比母亲更多地影响着孩子对性的态度。婴儿从出生开始就很容易认同自己的母亲，而他们在与父亲的关系中得到的体验对他们性别认同的发展起着至关重要的作用。

男孩子们需要在父亲的协助下去认识他们自己的男子气概的价值。能给孩子以帮助、并且享受着做男人的乐趣的父亲为孩子提供了一个健康的男性榜样，让孩子可以去模仿。研究表明，为了形成健康的男性性别认同，男孩子需要把自己的父亲看作是一个积极的管教者、家庭的决策者。父亲缺乏温情表现的大男子主义行为与儿子们的非男性化行为是密切相关的。请爸爸们记住，你自己认为做得怎样并不能算数——主要是你的儿子如何看待你。你必须表现出你的爱，并且把你的爱说出来。

父亲的养育对女儿来说同样重

西尔斯养育手记　**爸爸出门去了——关于如何渡过难关的建议**

养育孩子是两个人的事情。如果有适当的辅助，单亲家庭的父母也可以支撑下去。在双亲家庭里，当父母一方不在的时候，孩子常常会做出不良行为，因为家庭的平衡被打乱了，孩子往往变得不听话、情绪不稳定并且失眠。这些不健康的表现之所以会产生，原因就在于监管他们的父母一方寡助无援，而且孩子内心充满了焦虑不安。对变化最为敏感的孩子往往就是那些当爸爸（或妈妈）不在的时候做出不良行为的孩子。为了帮助你的孩子茁壮成长、帮助留在家里的配偶渡过难关，当你不在的时候要事先做一个针对难以预料事情的处理方案。如果你的孩子性格倔强，可以利用这个品质让他负责一些额外的任务。外出的父母一方可以每天打电话回家，监督孩子们的行为表现。为了帮助在家的一方应付这样的局面，你应该事先计划好一些娱乐项目——逛公园或其他户外活动。可以邀请一些朋友到家里来给在家的父母一方做伴，以减轻负担太重带来的压力。

要，因为这有利于她们享受到作为女性的乐趣。父亲给了女儿们对异性的最初体验。如果父亲在女儿的“圈子以外”，并且消极、麻木、游离于家庭生活之外，那么女儿就会失去有关两性间平衡关系的早期教育机会。她在与男孩子、或者以后与青年男子的交谈时就会感到很不自在，而且对方也会感受到她的这种不自在。她与男性的关系很可能会遇到各种问题。在她追求爱情的过程中，她可能滥交，也可能卷入受虐待的两性关系之中，或者遭遇痛苦的婚姻。爸爸们应该记住，你们的女儿会在她生命中的某个时候去寻找一个男性榜样，你就为她充当这个榜样吧。

对孩子们的性别认同最有力的影响之一就是他们如何看待父母之间的关系。如果一个男人爱自己的妻子，支持她、帮助她，那么女儿就很可能会珍视她自己的女性身份和母亲角色。她会觉得：“爸爸尊重妈妈是因为她是女性和母亲。”爸爸对待自己妻子的态度同样也塑造了他的儿子对女性的态度。正如一位婚姻破裂了的妇女曾经痛苦地说：“我们的婚姻失败了，原因就在于我丈夫的父亲没有尽到他自己的责任。”

8.做一个担负家庭生计的父亲

对于大多数男子来说，做一个出色的家庭生计担负者对他们的男子汉气概和做爸爸的感觉具有重要的影响。正是这一点促使他们长时间地劳作，尽管他们多待在家里、少出去做事可能会使他们的家庭更加欢乐（妻子们请注意：用婉转的、充满爱意的方式告诉你的丈夫你要他更多地待在家里，会有助于让他做到这一点）。如果男人是家庭中唯一挣工资的人，那么他会感到沉重的压力，特别是周围邻居的家庭一般都是夫妻两个人都有收入的话（这个情况可能正在发生变化。1994年的一项研究表明，单收入家庭在最近33年中首次成为美国人口中增长最快的群体。相当低的利率使得单收入对许多家庭来说成为可能，而且人们也越来越认识到父母中的一人全职留在家里确实会给家庭带来特别之处）。如果你必须长时间地工作，可以试一试把做父亲结合到你的工作当中，在家做一部分工作，或者把孩子带到工作的地方去。了解你的工作会有利于他的健康成长，而且一旦他懂得了你不在家时在做些什么，那么他对于你的外出就会更容易接受。

媒体一般都把父亲描绘成家庭的经济支柱，只是偶尔待在家里或陪伴家人。但是我们周围仍然还有这样的形象存在，我现在看到电视商业片和卡通连续剧中也会出现父亲为孩子洗澡以及承担家务的场景。媒体正在提升父亲的形象。我相信，父亲们最终会认识到把时间、精力投入到孩子们身上所带来的好处。

西尔斯养育手记

父亲带来了平衡

父亲们，为了帮助你们明白为什么你们的妻子难以对学步期的孩子说“不”，我们一起来看一看下面这个类比。假定你的妻子正在逛一家“养育商店”，她发现了一种叫做“亲密育儿补剂”的灵丹妙药。如果使用得当，这种药会使父母对孩子更敏感、乐于奉献，并且会本能地爱孩子。因此你们俩都服用了这种补剂，都成了乐于奉献的人。但是药瓶上有一张警告标签写着：“一旦服用，有些父母，特别是母亲，在第一年会产生副作用，包括：过于奉献而耗尽自己，不会拒绝孩子，特别是在孩子的心情十分愉快的场合，比如会经常性地夜间给孩子喂奶。”

治疗的手段包括几个方面。当妻子对孩子过于奉献时，父亲一起来分担孩子的照顾工作，尤其是在孩子的高需求时期。在妈妈的脑子已经用不过来、心力交瘁的时候，父亲要充当一个明智的、对孩子说“不”的角色。

7
CHAPTER

自尊：良好品行的基础

对于你的孩子来说，自尊是让他一生心理健康并在社会生活中获得幸福感的手段，是孩子幸福的基础，是孩子成年后取得成功的关键。在任何一个年龄段，你的自我感觉都会影响着你的行为表现。你可以回想一下你自我感觉非常良好的某个时候，是不是比较容易与别人相处？

所谓自我形象就是一个人如何看待自己。孩子照着镜子，他喜欢在镜子里面看到的那个人。他审视着自己的内心，在心里看到的那个人让他觉得很舒服。他一定会认为这个自我是一个有能力让某些事情发生的人，是在大多数时间都自我感觉良好、值得去爱的人。父母是孩子自我价值意识的主要来源。作为孩子的管教者，你的任务之一就是要培养孩子积极、正面的自我形象，促使这样的自我形象不断地成长壮大，从而使孩子有能力去克服生活中遇到的各种困难，同时能够享受生活的快乐。

缺乏良好的自我形象常常会导致一些品行上的问题。在咨询工作中我看到过的大多数品行问题都是由于孩子和父母一样缺乏价值感而引起的。为什么你跟有的人在一起会感到赏心悦目，而有的人似乎总让你感到委顿、沮丧呢？人们如何评判自身的价值、如何与人相处，以及在学校里有怎样的表现、在工作中取得什么样的成就、在婚姻中的关系如何，所有这些在根本上都受到他们自我形象的影响。

健康的自尊并不意味着自我陶醉或傲慢骄狂，它指的是对自己的能力和弱点有一个客观的认知，并且发挥自己的长处，努力克服生活中的各种困难。

帮助孩子树立自尊的十个途径

在整个生命历程中，你的孩子将面临许多积极的影响（建设者）以及许多消极的影响（破坏者）。家长能够帮助孩子去接受建设者的积极影响，并且帮助他们去克服破坏者的干扰。

1.实行亲密育儿法

把你自己设身处地地放在一个婴儿的位置上，这个婴儿每天有许多时间是在他妈妈的怀抱里度过的，或者被包在三角吊带中背在妈妈的身上，妈妈根据他发出的信号来给他哺乳，并且敏感地对他的哭声作出回应。在你的想象中，这个宝宝会有什么样的感受呢?

这个宝宝感到自己受到关爱，他感到很有价值。你是否曾经拥有过一个特别的日子，在这一天碰到了许

西尔斯养育手记 **帮孩子恢复受到伤害的自尊心**

在一开始的几年中，你就应该着手建立孩子的自尊心，并且在以后的岁月中不断地保护它。许多敏感的、脸皮薄的孩子十分需要保护，从而使他们可以避免无法应付的局面。我曾经对5岁的托马斯进行过入学身体检查。托马斯是一个敏感的孩子，他的妈妈一直在帮助他建立强烈的自尊心。我和他的妈妈在哲学层次上热烈地讨论着有关亲密育儿法的长期好处，托马斯在一旁感到很不耐烦。这是可以理解的。他开始去吊在我的天平上，那是一架安装在体检台上面的非常昂贵的天平。我的第一反应便是考虑到我的体检台的安全。对于我来说，它面临的危险比托马斯面临的要大得多，所以我相当强硬地问他道："托马斯，请你别再吊在我的天平上，好吗？"正当托马斯被我并不是出于故意的羞辱弄得快要哭起来的时候，他妈妈赶快插进来进行了补救："……因为你很有力气。"她知道如何躲在自己孩子眼睛的后面、用他的眼光来看问题。

多运气，赞扬雨点般地落在了你的身上？你也许会感到你就像是这一天的女王，做起事来心里充满着希望。受到母亲无微不至照料的婴儿因此就会产生自我价值意识。他喜欢自己内心的感觉。

| 获得回应是婴儿自我意识建立的关键 |

婴儿发出一个信号，例如，哭闹着要吃奶或者要求得到安慰，妈妈立刻作出了回应，而且妈妈的回应是和往常相一致的。随着这样的信号——回应模式在第一年中数千次地重复，宝宝明白了他发出信号是有意义的：“有人在听着我，因此我是有价值的。”这样，一种强烈的自我意识就形成了。

当然，你不可能一直做到对宝宝的要求立刻作出回应，而且对宝宝的回应也不可能每次都是一致的。但是，占主导地位的模式起到了重要的作用。宝宝会识别出父母的主要养育风格，并且对此形成印象。随着宝宝年龄的增长，学会处理那些有利于他健康成长的挫折对他来说是十分重要的，因为这样的挫折将教会她如何去调整自己以适应变化。在这个过程中，重要的是你要与他在一起，让他知道你随时准备帮助他，有了这样的信息，宝宝就会建立起良好的自我意识。

亲密育儿培育了自信心的建立，这能够给高需求宝宝带来特别的好处。由于高需求的宝宝们有着各种强烈的需要，因此他们得到消极回应的可能性就比较大。如果亲密育儿使与宝宝连结紧密的父母和高需求宝宝之间产生出了相互敏感，那么宝宝就能学会用一种满意的眼光来看待自己。

在养育中能得到充分的回应，与父母关系紧密的宝宝知道自己应该有什么样的期待。他感到自己掌握着周围环境的控制权。与之相反，与父母关系疏远的宝宝会感到困惑。如果他的需要没有得到满足、他的信号得不到回应，他就有可能感到那些信号根本就不值得发出。这就会让他得出这样的结论：“我没有价值。我受着别人的摆布，我做什么都不能让他们满意。”

由于在最初的两年里大脑发育十

西尔斯经典语录

作为孩子的管教者，你的任务之一就是要培养孩子积极、正面的自我形象，促使这样的自我形象不断地成长壮大，从而使孩子有能力去克服生活中遇到的各种困难，同时能够享受生活的快乐。

在整个生命历程中，你的孩子将面临许多积极的影响（建设者）以及许多消极的影响（破坏者）。你能做的就是帮助孩子去接受建设者的积极影响，克服破坏者的干扰。

分迅速，所以我们十分强调早期照料的重要性。正是在这个时期孩子形成了联想模式——即事物作用方式的心理模型。正在成长中的头脑就好比是一个存放文档的抽屉，在每一份文档中都有一幅关于某个信号与对应的期望回应相关联的心理图像。在进行了一次交流之后，头脑就把交流中发生的一切存储成为一幅心理图像。举例来说，宝宝举起了他的双臂，大人对他作出回应、把他抱了起来。多次的重复加深了婴儿头脑中的这些模式，最终，情绪（不论是积极的还是消极的）就与这些模式关联起来了。一个装满了各种大体上是积极的情感和心理图像的文档抽屉使孩子产生了“情况良好”的自我感觉，幸福感就会成为宝宝自我意识的一部分。

对于那些习惯于从亲密育儿中得到幸福感的婴儿来说，他们在以后的生活中会努力地保持这种感觉。由于他们在感觉愉快、自信方面有了许多实际的体验，因此即使有了短暂的中断，过后他们仍然能够重新找回这种良好的感觉。这些心里感到安全、踏实的人能够比较好地处理生活中遇到的挫折，因为在幸福感受到损害之后，他们的心里有着把它重新修复起来的强烈愿望，幸福感已经成为他们自我意识中不可分割的一部分。他们也许会遭受重大的失败，但他们总是能摆脱挫败，重新站起来。对于那些存在着生理缺陷或者生来就天分比较差的孩子来说，上述的这个道理是特别适用的。那些没有早期幸福感的孩子会努力挣扎着去寻找这种幸福感，但是由于他们不知道幸福是怎样的感觉，因此他们并不能确定要寻找的到底是什么。这就可以解释为什么有些在幼年时期用亲密育儿法养育的宝宝，尽管由于家庭问题而经历了动荡的童年时代，但依然能很好地把握自己的人生。

| 随时开始建立亲密关系 |

你也许会有这样的疑问："但是，如果我没有完全按亲密育儿法养育宝宝的话，那会有什么样的结果呢？"不必对自己太苛求。婴儿是有弹性的，而且在任何时候开始树立孩子的自我形象都不算晚。亲密育儿法把组成自尊的各个部分牢固地凝聚在一起，同样也能够修复这些组成部分。话虽如此，但越早开始进行亲密育儿，它就能够进行得越顺利，它的凝聚作用也就越强。

2.增强你的自信心

养育孩子具有自我疗愈作用。在照顾你的孩子的过程中，你常常也在治愈自己。我们在儿科实践中遇到的一位高需求宝宝的妈妈曾经宣称："我的宝宝让我发挥了身上最好的优点，也暴露了我身上最糟糕的缺点。"如果你过去存在一些问题，影响了你对孩子的养育，那么你应该寻求心理帮助，勇敢地去面对这些问题。

| 疗愈你的过去 |

孩子的自尊是后天获得的，并不是先天遗传的。对每一代人来说，孩子所具有的某些特征以及性格上的某些特征都是从上代人那里学来的。你一定期望过自己理想中的父母，生养宝宝给了你一个机会，让你可以成为你期望中的那种父母。如果你有一个很糟糕的自我形象，特别是如果你认为部分原因在于你父母对你的养育方式（通常的情况确实是这样），那就应该采取步骤疗愈自己，打破家族的养育模式。你可以试一试下面的练习（临床治疗者们把它称为"传承精华，去除糟粕"）：首先，列出你的父母为了树立你的自我形象而做的那些事情；其次，列出父母对你的养育中那些削弱了你自我形象的事情；最后，下决心去仿效你父母对你做过的那些好的事情，并避免做出其余那些消极的事情。如果你发现自己很难从头到尾进行这个练习，那么你就应该去寻求专家的帮助。你和你的孩子都会从这个练习中受益。

西尔斯养育手记

要不要取笑孩子

我曾经相当频繁地把我们的大女儿称为“住在我们家的佣人”。我觉得这种玩笑很好玩。但是海登不这么认为。我只是把它当作一个轻快的家庭幽默，而海登却把它当作严重的羞辱。由于这个幽默是冲着海登来的，所以她的感受要比我强烈得多。最后，海登不得不对我说：“爸爸，你已经说了好多次了，而且每次我都告诉你我不喜欢这个幽默。请你别再说了。”当你认为自己是在开玩笑的时候，要十分注意哪些玩笑是有趣的，哪些会伤害孩子的感情或激怒孩子。

尽管你不能（也不应该）保护你的孩子完全避免受到自尊心的伤害，但你还是可以使你的家成为一个安全地带。不要允许兄弟姐妹们相互取笑嘲弄。如果最小的孩子是个女孩的话，年长的男孩们可能会去取笑、嘲弄她。当大人和邻居的孩子来你家用嘲弄的言辞或腔调取笑你的孩子时，你要起到缓冲作用，避免让孩子感到自卑。你应该在邻居中树立这样的声望，在你家嘲笑别人是绝对不允许的。

你不能对你的父母过于苛求。对于他们的境遇状况和他们那个时代流行的养育方式来说，他们或许已经尽力做到最好了。我记得有一次我听到一位外祖母对一位母亲说：“我是你的好妈妈。我严格地遵守着医生给我的时间表。”这位新手妈妈觉得，她现在的某些问题其实就根源于她从小就开始忍受的死板的时间安排。她决心要学会读懂自己的宝宝发出的暗示。我提醒她不要责怪她的母亲，因为那个时代流行的养育方式就是听从“专家们”关于养育孩子的指导，而九十年代的母亲更乐意做自己孩子的专家。

| 保持自己的好状态 |

没有人能够时时刻刻都在脸上洋溢着幸福，但是父母不快乐的情绪会传递给孩子。孩子会把你当作是他自我感觉的一面镜子。如果你心里有烦恼，你就不会有好的情绪。在幼年时期，孩子的自我观念在本质上是与母亲对于她自己的自我观念密切相关的，这就使得母子双方展开了共同建立自尊的过程。你这面镜子反射给孩子的是什么映像呢？孩子会透过虚伪的外表看到里面那个苦恼、忧虑的人。马修曾在一份填空式的调查表中表示了对妈妈的尊敬，他写道："我最喜欢在妈妈高兴的时候和她在一起。"随着年龄的增长，他们甚至会认为他们对父母的幸福负有责任："如果我的爸爸妈妈感到不满意，那肯定是因为我不好（或不够好）。"如果你感觉到忧郁或者焦虑，那就应该寻求帮助，让你能够在这些不良的情绪影响到孩子之前把它们消除掉。

玛莎附注：在我们的第八个孩子出生后没多久，我简直被两个还包着尿布的婴儿以及家里的四个大一点的孩子的各种需求弄垮了。我心里的紧张反映在了脸上，我总是闷闷不乐的。所幸的是，我意识到了自己正在把坏心情表现给孩子们看。我不希望我的孩子们有妈妈总是不开心或者是他们造成了妈妈不快乐的想法，我不愿意他们在这样的想法中成长。于是我寻求帮助，重新调整自己内心的感受，擦亮自己这一面镜子，从而让我的孩子们能够从我这面镜子中看到他们自己更好的形象。

3.做一面有积极意义的镜子

孩子自尊中的大部分不仅来自于孩子对于自己的看法，而且还来自于孩子认为别人对他的看法。对于学龄前的儿童来说尤其如此，因为他们是根据父母的反应来了解自己的。像一面镜子那样，你反射给孩子的形象是正面的还是负面的？你有没有让他知道和他在一起是一件很有趣的事？他的想法和愿望对你来说重要吗？他的行为让你感到高兴吗？

如果你反射给孩子的是正面的形象，他就学会了认为自己不错，而且他还会很乐意让你来告诉他什么时候他的行为是令人不满意的。这样，这种做法就成了管教孩子的一种工具。一位母亲曾经说过："我只需站在一旁用某种方式看着他，他就会停止调皮捣蛋。"她已经使孩子的自我意识充满了积极和正面的感觉，孩子不断

父母正面的表现	父母负面的表现
持续的目光接触，微笑，拉着宝宝的手并拥抱宝宝	匆匆的一瞥，眉头紧锁，心里总在想着自己的事
把宝宝“穿”在身上	让宝宝长时间地独自躺在那儿
把换尿布看作是一种乐趣	讨厌换尿布
根据宝宝的暗示及时喂食	严格按照时间表来喂食
和宝宝一起打盹和睡觉	让宝宝独自入睡
给宝宝讲故事	成天想着拥有一座完美的房子
把宝宝抱起来，或者父母坐在地上，和宝宝一起欢笑	心不在焉地抱孩子，太严肃，闷闷不乐
在孩子的成长中不断地给予拥抱和亲吻	不愿意表达自己的感情
语言上的鼓励	疏远孩子，说话时羞辱孩子
经常性地做一些身体接触	不经常进行身体接触
总是用目光接触和孩子沟通	不会进行目光接触
在感受到正面的表现时孩子会有什么感觉	**在感受到负面的表现时孩子会有什么感觉**
我是很宝贵的。	我根本没有价值。
花时间和我在一起一定很有趣。	我很乏味。
做我这样一个人让我十分快乐。	我有什么不对劲的地方？
我的照料者很喜欢我。	我的照料者宁可去做些别的事情。
有我在身边，爸妈感到很快乐。	我只能一个人待着，我不是个好孩子。
生活让我感到兴奋。	我很困惑、很害怕。

地接收着妈妈带给他的这些正面的自我形象，这样他就会习惯于这种感受自我的方式。而如果妈妈反射出的是一个负面的形象，孩子就不会喜欢这样的形象给他带来的感觉，因而他会迅速地改变自己的行为去重新获得内心的幸福感。

当然，你应该实事求是。你是

一个普普通通的人，你不可能时时刻刻都愉快、乐观，不可能时时刻刻都露出微笑。你的孩子应该懂得父母也有不如意的时候。孩子们能一眼看穿你的强颜欢笑。你对他的敏感会使他对你的敏感更加强烈，或许到了某一天，他会成为提升你自信心的人（参见上页的表格）。

4.和你的孩子一起玩耍

在与孩子的玩耍当中，你会了解孩子身上的很多东西，也会更多地了解你自己。花时间与孩子一起玩耍带给了孩子这样一个信息："你值得我花时间。你是一个有价值的人。"孩子们是在游戏中进行学习的。你应该利用游戏时间来培养孩子的品行，而不是把与孩子一起玩耍看作无聊的琐事。

| 游戏应该让孩子来发起 |

父母们必须始终牢记这样一条很重要的学习原则：由孩子自己主动地发起的一项活动比由成年玩伴提议的活动更能长时间地吸引孩子的注意力。当孩子在选择玩什么的时候，他会进行比较多的学习。此外，由孩子自己发起的游戏还增强了孩子的自尊心："爸爸喜欢做我做的事情！"当然，当时你可能会这么想："噢，不，别再玩积木游戏！"或者"那个故事我们已经读过20遍了！"这正是对养育孩子的考验。在孩子对"小猫躲在帽子里"的游戏感到厌倦之前，你早就感到厌烦了。如果你想给那些总是重复的老掉牙的游戏带来一点新意，你可以在游戏过程中加入一些新的变化，或者找出旧玩具的另一种新玩法，比如："我们把这座积木搭的塔改造成一个停车库，好吗？"

| 让孩子感到他是独特的 |

在游戏过程中，你的注意力要集中在孩子身上。如果你的人是和孩子在一起，但心思还在工作上，孩子就会觉察出你的心不在焉。这样，你和孩子都不会从共同度过的这段时光中受益。孩子会感到你和他在一起没有什么意义，而且最终他会觉得自己是不重要的。而对你来说，你失去了了解孩子、享受孩子带来的乐趣，以及重新学习如何玩游戏的机会。我还记得和6个月大的马修一起玩“围圈子”游戏的乐趣。我让他坐在我的面前，面对着我，在旁边放上一些我们喜欢的玩具（有我的，也有他的），我用腿围成一个圈子把他围起来。我用这个空间把他围在里面，为他提供保护，以防这个刚刚会坐的小家伙倒向一边。我的注意力全部都在马修身上。他感到自己是独特的，我也一样。他发出婴儿那种傻里傻气的叫嚷，真是很逗。

父母们也需要游戏

作为一个忙碌的人，我很难把自己降到婴儿的层次去享受那些缺乏系统性的、看上去没有任何意义的游戏。毕竟在我的日程安排上还有许许多多“更重要的”事情要做。但是，一旦我意识到我和孩子都能从游戏中

西尔斯养育手记

你是否对培养孩子的自尊心尽到了责任

如果一本关于养育孩子的书籍中没有专门一节讲述孩子的自尊，那这本书就不是物有所值的。然而，我们担心父母们会误解上述这个概念，会认为在一日三餐和温暖的冬衣之外他们还必须额外地多给孩子一样东西。父母们保护孩子，使孩子免受任何自尊心的伤害，有时甚至到了可笑的地步。比如，父母会对孩子说：“噢，比利，你唱歌实际上并不走调，你只是高音唱不上去。”他们每天都估量孩子的自尊心是否受到了伤害，就像有人每天量体温一样。比如，今天朱丽叶的自尊心比较低，因为她大哥昨晚下棋赢了她。

如果需求得到了满足，每个婴儿都会在内心建立起自尊心。就像园艺师栽培一棵树一样，你的工作就是养育孩子，尽你的所能为孩子营造环境，好让他长得粗壮挺拔，使那些幼嫩的枝条免受伤害。你做不到在每一次称赞中、每一个活动中都树立孩子的自尊心。许多父母们都会为在培养孩子的自我价值感方面做得不够而深感内疚。实际上，培养一个有自信心的孩子并不要求你拥有心理学学位。大部分的养育工作是简单容易的，并且充满了乐趣。多抱一抱你的宝宝，敏感地对他的需求作出回应，享受宝宝给你带来的乐趣，然后你就可以在一旁歇着，欣慰地看着孩子的自尊心自然地建立起来。

获益，那么这段特殊的时光对我来说就变得有意义了。对我来说，游戏成了一种治疗方法。我需要从成年人的事务工作中摆脱出来一段时间，把注意力倾注在这个重要的小家伙身上，正是他在不知不觉中教会了我如何去放松自己。游戏帮助我逐渐地了解了马修，比如他的性情，还了解了他在每一个成长阶段所具有的能力。在游戏中，孩子向父母展现了自己，反过来，父母也把自己展现给了孩子，这样的关系给双方都会带来很大的好处。和孩子一起玩游戏有助于我们用孩子的眼光、想法来看待事物。因此，抽出时间去享受一下和孩子一起玩游戏给你带来的质朴的欢乐吧。

| 游戏是一种投资 |

如果你有一些“其他事情”可以做，或许你就会觉得搭积木是在“浪费时间”。许多大人都在努力地让自己忘记那些排得满满的日程表。当然，你不必把一整天的时间都用来玩耍，而且你的孩子也不希望你这样做。18个月之后，孩子对你陪伴的需要会越来越少。你可以从这个角度来考虑问题：你在做着世界上最重要的工作，在养育人类中的一员。在你看起来没有意义的活动对于你的宝宝来说却有着重大的意义。你应该把和孩子一起做游戏的时间看作是你最好的投资。在孩子小的时候，你和孩子一起做事时表现得越是兴致勃勃，孩子长大后就越会有兴趣和你一起做事。随着孩子的成长，你可以让他参与到你的娱乐和工作中去，因为与你在一起就是对孩子最好的奖赏。

5.用名字称呼你的孩子

在一个名字当中有什么呢？在一个名字当中有一个人，一个独立的自我——不论是大还是小。我至今还记得，是我的祖父让我深深地懂得了使用和记住别人名字的重要性。事实证明，这样的教诲让我终生受益。那一年我还是医学院的一个预科生，和一群学习市场专业的学生竞争一份夏季推销工作。在我获得了那份工作之后，我去询问我资格不够却被雇佣的原因。我被告知：“因为你记住了对你进行面试的所有人员的名字，并且叫出了这些名字。”用名字称呼你的孩子，尤其是在伴随着目光接触和身体接触时这么做，就会表露出“你是独一无二的”这么一个信息。用别人的名字来作为交往的开端，往往能打开沟通的大门，消除隔阂，甚至能使纠正性的管教变得温和一些。

孩子能读懂你叫他们的名字传递给他们的信息，并且还会与你对他们品行的期望联系在一起。父母通常只是在随便的对话中才使用孩子的小名，例如：“吉米，我喜欢你正在做的事情。”他们会用全名来加深印象，从而对要传递的信息加以强调，比如：“詹姆斯·麦克·西尔斯，赶快停下来！”我们曾听说过有这么一个孩子，他把他的全名称为他的“生气名字”，因为只有在父母对他生气的时候才会听到他们用全名叫他。我们注意到有自信心的孩子会比较经常性地用名字或头衔来称呼同伴和大人。他们身上的自信让他们在与别人的交往中表现得更为直接。就在我写这一节的时候，2岁的劳琳冲到我的书桌前欢快地叫道：“嗨，爹地！”她加上“爹地”这个称呼比没有称呼地对我说“嗨”更能打动我。在有需要的时候，一个能够轻松地用名字称呼大人的学龄儿童会有较强的能力去请求别人的帮助。

6.鼓励孩子做他喜欢做的事

随着孩子的不断长大，你应该鼓励他发挥自己的天分。不论是一个把玩过家家的野餐食物装起来的2岁宝宝，还是一个热爱芭蕾的10岁孩子，总有他可以做得很好的事情。多年以来，我们注意到一种被我们称为延伸原则的现象：喜爱某一项活动会提升孩子的自我形象，而这种提高了的自我形象又会延伸到孩子的其他努力中。我们的一个儿子天生就是个运动员，但他对做学问却没有兴趣。根据延伸原则，我们鼓励他进行体育活动，同时在他的学习过程中帮助支持他。他的学习有了很大进步，他的总体自信心也因此而增强了。你应该去发现孩子的特殊天分，并且帮助他以这些天分为基础进行发展。这样，你才能看到孩子在各个方面都茁壮成长。

7.激励孩子向往成功

帮助孩子发展他的天分、获取各种技巧是父母对子女养育的一部分。如果你在孩子身上发现了一种不为他自己所知的才能，那就应该鼓励他。但是千万要小心，有些工作其实不适合你的孩子，只是让你很有面子而已，你千万不要用这样的事来让孩子不堪重负。你应该努力在激励孩子进步和保护孩子之间达到一种平衡，这两者都是不可或缺的。如果你不鼓励孩子去尝试，他的技能就不会有长进，你也会因此而失去一个成为孩子有价值的、自信的建设者的机会。如果你没能保护好孩子，让他承受了不切实际的期望，就会削弱孩子的竞争意识。

西尔斯养育手记

西尔斯家的荣誉墙

在我们西尔斯家成就展览室的墙上，陈列着海登当拉拉队队长的纪念品、马修的少儿棒球联盟照片，以及孩子们其他各种努力和成就的见证。每个孩子都有自己的强项，你应该去发现并加以鼓励，用镜框把奖状、照片装起来，并且陈列出来。如果你们家没有一面这样的荣誉墙，你的孩子也就失去了他的辉煌时刻。如果你有一个不擅长体育的孩子，那就试试让他参加童子军吧。与男童子军、女童子军们在一起，每个孩子都会是胜利者，每个人都能赢得许多奖章。当大一点的孩子走过自己的展柜时，他们一眼就能看到自己几年来的成就。这会让他们感到振奋，尤其是在他们的自尊心动摇的时候。

丨谨防攀比心理丨

孩子往往是通过了解别人对他的评价来衡量自己的价值的。在我们这个评价、鉴定盛行的社会中，孩子们的技能，以及由此体现出来的价值是通过与其他人比较来衡量的。你的孩子在垒球队中可能击出400分的优异成绩，但如果他的队友都击出了500分，他还是会不满足。你应该让孩子相信，你觉得他很有价值是因为他是你的孩子，而并不是因为他有什么样的表现。你应该通过充分的目光接触、爱抚和专注的神情来让孩子知道这一点。换句话说，你应该表现出对比赛或成绩测试的结果根本不关心。

不要因为你自己做到了，就期盼孩子像你一样在体育、音乐或学术方面做出优异的表现。有一件事情是孩子能够做到最好的，那就是做好他自己。他必须明白你对他的爱并不取决于你是不是认可他的表现。当然，对于那些在自己的成长过程中为了得到爱和被接受而表现自己的父母来说，要做到这一点是相当不容易的。

8.在家中帮孩子聪明起来

在你养育子女的过程中，有时你会冒出这样的念头，一个孩子应该与价值观各不相同的孩子们在一起，这样他就可以对价值观作出自己的选择。这个想法听起来是不错，或者至少在社会公共原则上是正确的，但它是起不了任何作用的。这样的做法就好像让一条既没有舵也没有船长的船出海远航一样，这条船到达目的地的机会极为渺茫。孩子们的时间太宝贵了，父母们可不要浪费培养孩子良好品行的机会。

| 武装你的孩子，以抵御自尊心的侵害者 |

通过在最初三年里的亲密育儿，以及此后与孩子保持亲密关系，你就把自己对于家、家庭，以及人与人之间关系的价值观念教给了你的孩子，为他的价值观建立了坚实的基础。孩子培养起了道德观念，懂得了尊重父母的智慧，这样他就能够安全地走入社会这个弱肉强食的丛林而不被活活吞噬掉。这个与父母联结紧密的孩子装备了适用的工具，能够在社会的丛林中披荆斩棘，开辟出自己的道路，并沿着它向前迈进。即使他会像几乎所有的孩子那样稍稍偏离原来的方向去做一点尝试，他也能重新找回自己的道路。

你应该仔细筛选孩子的朋友，至少在孩子十多岁之前应该这样。孩子的价值观和自我观念受到在他生活中具有重要地位的人们的影响，这些人包括亲戚、教练、老师、宗教引导者、童子军队长和朋友。父母有义务让孩子远离那些会损坏孩子品行的人，应该鼓励孩子去接近那些有助于塑造他们人格的人。

首先，要让孩子自己选择朋友，并对孩子和朋友之间的关系进行监管。比如，在一次游戏结束之后，可以仔细观查一下孩子的感受。他的心情是平和的还是很烦恼？孩子们在一起相处得融洽吗？如果你的孩子比较被动、不活跃，而一个较强的孩子能够带动他而不欺负他的话，那么让这个较强的孩子与你的孩子做伴是完全可以的。采用亲密育儿法养育的孩子往往能够自己明智地挑选适合的玩伴。有些孩子在一起好像天生就相处得很好，如果你的孩子和他的小朋友们在一起时的气氛不是很好，那你最好加以干预。

> **西尔斯养育手记**
>
> **营造受孩子欢迎的家庭氛围**
>
> 应该请孩子的朋友们到你们家来做客。确实，这会添上一大堆乱七八糟的东西要你收拾，但这是值得的。邀请邻居家的孩子来做客将有助于你监管自己的孩子，这也给了你机会去观察孩子的社交风格，让你在总体上了解孩子的个性，使你知道孩子的哪些社交行为是恰当的，哪些还需要改进。这样，你就可以在必要时及时介入，对孩子进行现场管教，或对你的孩子进行个别教导；如果全部孩子都需要加以引导的话，还可以对他们进行整体纠正。

作为一刻不放松地监管着孩子的妈妈，玛莎在许多年前成功地挽救了我们的一个孩子，他被别的孩子恐吓、勒索，以至于从我们这儿偷了一些钱。由于玛莎对打进来的一些电话产生了怀疑，并且有一天接听了这样的电话，一个活跃在附近的少年敲诈团伙才终于被打掉。我们这个被吓坏了的7岁孩子还不具备摆脱那种困扰的能力，当我们进行了干预之后，他得到了极大的解脱。

对于年龄幼小的孩子来说，他的自我观念源自于他的家庭和养育他的照料者。在6岁以后，同伴的影响变得越来越重要。在家庭中培养起来的自信心越深厚，孩子就越能够以提升自我价值的方式与同伴交往，而不是在交往中对自我价值进行贬低。他们懂得如何有区别地面对那些能够在一起玩得很高兴的同伴，以及会给自己带来麻烦的同伴。如果孩子的父母采用了亲密育儿法养育他，他就会比较有能力用不同的规则去应对不同的环境（比如邻居、祖父母、学前教育等）。为了将来在社会上能有一个健康的发展，孩子首先要对自己有一个良好的感觉，然后才能轻松自如地与人相处。

| 留恋家庭这个大本营 |

在正常的成长过程中，孩子会逐渐从已知世界走向未知世界。他会去尝试新的体验，就像依恋妈妈的宝宝学着不再黏着妈妈那样。当孩子在未知世界的丛林中不断地向前探索时，他会定期地退回到已知世界（他的家庭）的舒适环境中，这是相当正常的。对所有的孩子来说，拥有一个十分值得依恋的家庭大本营是非常重要的。有一些比较敏感的孩子可能会需要一份额外的信心，这样他们才能循着自己内心的指引去适应新的环境与关系。父母们常常会感到疑惑，究竟孩子对家庭依恋到什么程度才是正常的。你应该花上一整年的时间，在生活过程中观察、研究这个问题。如果发现孩子到外面去冒险的愿望在一年里没有变化，那就可能是一个不健康的迹象。而如果你发现了缓慢地向外探索的苗头，那就说明你孩子是一个在发展社交关系方面小心谨慎的人，这是敏感的孩子们的共同特点，他们宁愿建立少量有意义的、较深入的关系，也不愿把精力花在大量肤浅的关系上。

9.要监督学校对孩子的影响

有些学校可能会对孩子的情感健康构成威胁。父母必须仔细地为孩子选择学校（如果可以选择的话）。如果孩子与他的照料者之间的感情非常牢固，而且已经具备了强烈的自我形象，那么他就很可能不会受到新的社交群体中发现的各种不同行为的干扰。他会愉快地坚持自己的游戏方式；或许他会因为看到各种不符合他心理预期的现象而感到沮丧，给自己日渐鲜明的个性添加压力。如果孩子的自信心在动摇，他会把对别人的侵害和欺负看作是家常便饭，这样的行为慢慢会成为他自己的习性。

到了6岁左右，当孩子开始读小学的时候，其他的成年人在他的生活中就渐渐有了影响力。这些人相当密切地环绕在孩子的周围，影响着他的行为，向他展示着各种各样的价值观。过去，在孩子的生活中有重要意义的人主要来自于同一个家族，而在当今这个流动性很大的社会，孩子很可能有着范围相当广泛的同伴。这就意味着现在的父母必须防范、警惕，时时留心是谁在影响他们的孩子，这些人展现给孩子的是什么样的行为。作为孩子的管教者，父母在管教孩子

西尔斯养育手记 去掉消极角色的标签

当我问7岁的格雷格为什么到我的办公室来时，他大方地对我说："我有气喘病。"的确，格雷格是有气喘病。但是与这个标签给他的心理带来的副作用相比，身体上的病症治疗起来要容易得多。只要喷上一点支气管扩张剂，他的哮喘声就会完全消失，但他患有气喘病的标签却一直留在那儿。我曾私下提醒格雷格的母亲，对于患有慢性病的孩子来说，有两个方面的问题需要解决：一个问题就是疾病本身，另一个问题是孩子及其家庭对待疾病的态度。

每一个孩子都在寻找着自己的定位，一旦找到了，他就会把它当作注册商标一样紧紧地粘在身上，直到有一天它渐渐地变旧了，被另外一个更能吸引注意力的自身定位所代替。"哮喘病人"已经成了格雷格的标签，他经常把这个标签挂在自己的身上。他整天都在围着这个病转圈子，而且他的家人关注的也是他这个病，而不是格雷格这个完整的人。格雷格的兄弟姐妹们开始对生活中凡事都要迁就格雷格的气喘病感到厌倦了，他们不再怜悯他。有些旅行他们根本没办法去进行，因为可能会累着格雷格。他的气喘病成了全家的疾病，家里所有的人（格雷格除外）都不得不扮演着自己并不喜欢的角色。

去掉了格雷格的标签，可能会损害他的自尊。所以，我们达成了一个协议：我负责治疗格雷格的气喘病，而他的家庭则负责去喜欢格雷格，我们大家都努力给这个"气喘病人"贴上一个更好的标签。

的程度上是有差异的，但人们对此往往有错误的认识，存在着两种极端。持一种极端的父母认为让孩子在成长过程中体验各种不同的价值观是无害的，能使孩子在长大成人后心胸宽广、没有偏见。而另一个极端的父母则要把他们的孩子保护起来，使孩子们免受外界的影响，以免孩子接触那些与大人的信念不同的观念，这样的孩子成长在一个不切实际的环境当中。

采取介于上述两种极端做法之间的养育办法，你就能使孩子受到正确的养育。如果在孩子还十分幼小的时候就把孩子抛进有各种各样价值观的大熔炉，这时孩子还没有他自己的价值体系，那么就会造就一个十分困惑的孩子，在他的内心建立不起道德观念和永久的价值体系。而如果父母过分地保护孩子，那就会使得孩子没有自己的独立思考，使他容易受到各种挑战的伤害，或者是十分地主观武断，对任何具有不同信念的人都横加指责。有些父母处在这两种极端的中间，他们为孩子打下了价值体系的牢固基础，并在他遭遇其他价值体系时对他进行引导。这样养育出来的孩子由于拥有一个牢固的价值体系作为开端，就会比较好地将自己父母的价值体系和别人的价值体系加以权衡、比较，并形成他自己牢固的价值观。他自己的价值观可能与父母的有所不同，可能包括了父母的许多价值观念，另外还星星点点地撒布着一些从同伴或老师那儿学到的不同的价值观念。有一点很重要，那就是这个孩子拥有了作为他行为处事出发点的价值体系。他不会像小河中一片随波逐流的树叶，哪儿阻力小就飘向哪儿，流过它应有的边界，最终消失在变幻莫测的浩瀚大海之中。许多孩子在生活中挣扎着，有的甚至在他们此后的余生中一直都会这样，苦苦地寻找着本该在婴幼儿时期就形成的价值观念。

到了童年的中期，如果孩子被认为“有潜力”，父母们可千万不要被这个会让人自满的词所误导。这个阶段可不是你可以蒙头大睡、对孩子漫不经心的时候。这个年龄段正是孩子建立道德观念、学习你的价值体系的时期。事实上，在孩子的一生当中，这个阶段，至少是这个阶段的初期，是孩子毫不怀疑地接受父母的价值体系的唯一时机。慢慢地，通过与同伴、其他家庭、老师的交流，通过邻里间的关系，以及在教堂里建立起来的友谊，他们形成了自己的价值标准。他们会发现一个更为广阔的世界，在这个世界里有着各种各样的观念和行为。他们在各种不同的场合与人（无休无止地）交谈，观察环境，进行探索，在这个过程中学会如何选择自己的行为、怎样去对待别人。如果耽搁到了孩子十几岁时才来试图把你的价值观强加给他，那么你会面临巨大的困难，因为孩子在这个年龄段的主要任务是确立他自己的价值观。向孩子灌输你的价值观的最好方法是以身作则，在生活中全面地示范你的价值观念。

10.让你的孩子承担起责任

孩子需要有事情做。帮助保持、整理家庭的内外居住环境，这是孩子培养自信心并在内心建立起价值体系的主要途径之一。让孩子承担一些家务工作会使他们感到更有价值，而且还会把他们的精力引导到良好的行为上去，教会他们生活的技能。你可以试一试下面这些技巧。

| 让孩子早点开始分担家务 |

从2岁左右开始，孩子就可以在家里干一些无关紧要的活儿了。为了保持孩子的兴趣，你应该选择孩子已经显示出兴趣的那些家务来让他做。我们的劳琳在2岁大的时候对餐巾很感兴趣，于是我们就安排她在吃晚饭的时候给每一个位置放上餐巾。我们在儿科实践中遇到的一位母亲曾告诉我们说：“我实在没办法不让我3岁大的孩子去碰吸尘器，所以我给了他一个任务，让他用吸尘器去打扫家里的起居室。他忙着去干活，我也让他帮着做了一点事情。”在2～4岁之间，孩子就可以开始学习对自己、对父母，以及对他个人的物品负起责任了。一旦他学会了对所有这一切负有责任感，在接下来的成长过程中，他就会自然而然地产生出对社会的责任感。

到了孩子3岁的时候，你可以教他清洗水槽和水桶（用海绵和一小罐清洁剂）。比较小一点的孩子们很喜欢用刷子和肥皂水使劲地刷洗东西，而3～4岁的孩子喜欢把要洗的衣服分成深色的和浅色的，分开来洗涤。在5岁的时候，孩子就可以每天晚上洗盘子了。你要明确地告诉他们应该怎样操作（比如，把残羹剩饭倒到垃圾袋里或废物箱里，冲洗盘子，然后把它们放进洗碗机）。应该使用那些摔不破的杯子和盘子，另外，如果锅太脏的话，可以让孩子先放在火炉上或者烤箱里，留着过后由大人来清洗。到了7岁，孩子就可以每星期至少一次从头到尾地做一顿饭了。你应该教他怎样准备他最喜欢的饭菜，并让他学会去市场挑选烹饪原料。要鼓励学龄儿童自己做午餐，这样，除了可以培养他们对自己的营养负起责任来之外，孩子还可以吃到自己亲手做的喜欢吃的饭菜。一旦你教会了他们怎样准备饭菜，你就可以让他们单独留在厨房里了——妈妈们不要老是放心不下。轻松一下吧，妈妈们可以去找爱人聊聊天。

| 给孩子布置特别的任务 |

如果一份工作被称为是“特别”的，那它通常会完成得很快。不管“特别”这个词的魔力是什么，它肯定会带来结果。或许孩子会这样去推想：“我肯定是与众不同的，因为我得到了一项特别的任务。”你可以给4～5岁的孩子预先安排好固定的家务活，当然，到时候还需要大人加以提醒。为了让我们乱糟糟的家变得整洁一些，我向孩子们宣布：“现在是整理东西的时间！”你可以给每一个孩子分配一个房间，让他们去收拾。任何年龄的孩子在干活的时候都会有偷懒的问题，特别是那些会使他们欢快的兴致渐渐地消失殆尽的活儿。但有时候应该让孩子们懂得工作第一、游戏第二。为了让孩子们行动起来，你应该和他们一起干活。

| 创建工作图表 |

你可以把创建工作图表作为家庭会议中激发大家创造力的一项内容。把要干的家务活列出来，让每个孩子挑选，如果他们愿意的话，也可以让他们轮流干活。我们把家务活分为有报酬的和没有报酬的两种，有报酬的是指那些他们可以挣钱的分外工作，而没有报酬的是指孩子们住在家里就应该做的那些事情。对那些孩子们最不愿意干的活儿，应该悬赏比较高一点的报酬。最好是在孩子们负责地完成了一项工作之后马上给他们报酬，因为孩子们喜欢马上得到回报。在5～10岁之间，孩子就能够把不断增加的权利与义务联系在一起。一次，我们全家决定到乡下的别墅去度周末，我们和孩子们说好，星期六上午是全家整理别墅的时间，只有在这项家务活全部干完之后才可以开始玩。

| 种植家里的花园 |

种植花园能够教给孩子们一个道理：他们播撒什么种子，就会有什么收获。在我们家种植花园的过程中，孩子们很好地学习了如何承担责任，就像我们从中学会了怎样养育孩子一样：给花草、树木浇水，它们会茂盛地生长；除去杂草，花儿就会开得更艳。

其他的一些工作是男孩们和女孩们都喜欢做的，而且一开始有父母在旁边手把手地教一下，他们就能做得更好，这样的工作包括洗汽车、清扫户外活动场所和人行道、侍弄花园、吸尘、掸灰以及照管婴儿。在7～8岁的时候，他们能够做到把一次要洗的衣服全部放进洗衣机里。到了10岁，他们就能够自己去使用洗衣机了。孩子们在家里做一些家务，不仅可以减轻父母的繁重负担，而且也可以让孩子们感到自己在为家庭生活做着贡献，他们感到自己很有用、被大家所需要。此外，孩子们在家里付出的精力也变成了他们对家庭的价值体系所进行的投资。

西尔斯养育手记

帮孩子们喜欢自己的身材

“你真肥！”8岁的埃米莉嘲笑着她5岁的妹妹洛丽。“我才不肥呢！”洛丽顶嘴道，并一边跑向浴室的镜子，一边哭出了眼泪。镜子里照出了她胖胖的身材，这在一定程度上是由她的基因决定的。尽管如此，父母还是可以通过几种办法来帮助孩子拥有健康和散发出魅力的身材。最为重要的是，你应该在家里作出健康的饮食习惯和锻炼习惯的榜样。其次，你应该告诉你的孩子你喜欢他的身体，比如，你可以对他说："我喜欢看你跑步。""你的舞姿很优美。""你看起来棒极了。"切记要避免攀比，比如："你姐姐有一双漂亮的长腿。""看你哥哥多壮实。"如果你的孩子对他身体的某一部分过分在意的话，你应该把他的负面想法扭转成良好的感觉。一位妈妈有两个女儿，一个感到自己的脚太大，另一个又感到自己的脚太小了。这个聪明的妈妈引导孩子们把自认为的短处看成是一种优点。她对认为自己脚大的女儿说："你的脚会让你游泳游得很快。"对那个双脚纤巧的女儿，她鼓励道："你的脚很适合滑雪。"

千万不要对孩子无法改变的身材进行嘲笑，也千万不能允许孩子们去批评其他孩子的身材。必须让孩子们知道嘲笑别人的身体是绝对不能允许的。请你记住，孩子们是根据对别人看待他们的方式来看待自己的。在谈话中，最好避免对身材的负面评论，比如"粗矮"、"瘦长"、"细高"、"瘦得皮包骨"、"肥嘟嘟"、"大鼻子"、"笨拙"、"呆头呆脑"等。

大多数孩子都会经历一个邋里邋遢的阶段。在这段时期，他们看起来不太在乎自己的外在形象和卫生。这个阶段会过去的，尤其是如果你给孩子做出了整洁的榜样，而不只是一味地说教的话。有许多孩子，即使父母都很苗条，他们也会在10岁之前出现一个"矮胖"的阶段。当青春期发育的荷尔蒙出现在体内之后，身材就往高里长了，这常常会让你搞不清10岁孩子的照片和14岁的照片上是不是同一个孩子。

肥胖的孩子们往往情绪上比较糟糕，在社交中处于劣势。他们不喜欢自己，常常感到沮丧，会通过在班级里搞滑稽、说笑话来进行心理补偿。有时，才只有9岁的孩子也会染上神经性厌食症，或者开始进行节食以克服差劲的自我形象、控制好自己的身材。如果一个孩子严重地超重，或者过于节食（厌食），那就应该请专家对整个家庭提出建议。健康的孩子会根据自己身体的需要来恰当地进食，以保持他们活跃的生活方式。有一种办法最有可能让孩子们喜欢他们在镜子中看到的自己的身材，那就是让他们在上学之前就开始对自己的身材感到满意。采用亲密育儿法养育的婴儿感到自己很有价值；得到称赞的学步期孩子会感到自己很独特；而一个被精心喂养的4岁孩子在身体上和情感上都会感到安全、有依靠。

8 CHAPTER 帮助你的孩子表达情感

养育孩子的目的之一就是教会孩子们对别人敏感。然而，为了了解别人，孩子们又首先必须具有对自己的敏感。

他们必须清楚地识别自己内心深处的情感，并在适当的时候把这些情感自如地表达出来。这是与别人建立良好关系的开端，也是学习在长大成人之后保持情感平衡的第一步。

让孩子自由表达情感

把情感表达出来，这并不意味着孩子受到了情感伤痛后，每一次都可以随意地发作，而是指他应该在表达情感和把情感埋在自己的心里这两者之间实现一种和谐的平衡。最终，他应该能够在必需的时候把自己的情感掩盖起来，但又不能盖得太紧，盖得太紧会让他即使是在“安全”的环境中也没办法把那个盖子揭开，比如在进行体育锻炼的时候（举例来说，发疯似地狂跑，以宣泄内心压抑的情感）或者与值得信赖的朋友在一起时。

能够对情感表达进行控制是一种成熟的标志。不会控制自己情感的孩子是令人讨厌的顽童，而一个从来不表达自己情感的人则是平淡乏味的。对情感过多地控制或过分夸张地表露，这两种做法都会给成年后的生活带来问题。

把情感埋藏在心里，无论是对孩子、对父母，还是对他们之间的亲子关系来说，都没有任何好处。如果你希望孩子不要把情感表达出来，那实际上就是告诉孩子，他的情感让你感到害怕，或者给了他这么一个信息：你根本不想去了解他的情感。这样，孩子就会认定，伴随着日常生活中喜怒哀乐的交替变化而产生的情感是没有任何价值的。根据小孩子的逻辑，如果他的情感没有价值，那么他自己也就分文不值。如果这种缺乏感情的情况一而再、再而三地发生的话，孩子很快就学会了抑制自己的情感，尤其会在父母面前把自己的情感隐藏起来。最终，孩子就变得越来越不了解自己，而且父母与孩子之间的交流也会变得困难重重。

即使你并不是漠不关心地对待孩子的情感表达，而是更多地采用压制的办法，实际上也是对孩子的情感表达作出了生气的回应："我不想再听你嚷嚷那条无聊的死鱼。"或者更糟糕："我会给你点颜色看，看你再嚷嚷。"父母对孩子的情感作出的这种反应使他产生了恐惧，把他变成了一个不会表达情感的、麻木的人。而对孩子的情感反应迟钝的父母更会责备孩子，进一步压制孩子的情感（比如，我告诉过你不要给鱼喂得太多），让孩子的内心充满了负疚和伤害，而且不敢表露出来，或者导致孩子大发脾气。

对于那些从小在感情迟钝的环境

隐藏情感		释放情感	
孩子的表达	父母的反应	孩子的表达	父母的反应
"奶奶给我的项链坏掉了。"	"那只不过是一条项链。"	"奶奶给我的项链坏掉了。"	"我很难过。你也很伤心，对吗？"
嗯哼，嗯哼。	"我们再去买一条项链。"	"哎，它对我来说很特别。"	"我知道奶奶的礼物对你来说很特别。"
"我不要再买一条。我就要奶奶给我的那条。"	"快别再闹了。""你为什么自己不小心呢？"	"那是她特地为我挑选的。"	"如果你真的很在乎一样东西，你就不会失去它。"

中长大的父母来说，要改变这种对孩子情感表达的反应方式是一项富于挑战性的任务。

下面，我们从积极的方面来描绘一下当孩子能自由地表达自己的情感而且父母又接受他的情感时会发生什么情况。我们来看这么一个例子："爸爸，奶奶送给我做生日礼物的项链坏掉了。"爸爸马上停下手头的工作去关注孩子，注视着她的眼睛，用臂膀搂住她的肩头，对她说："我很难过。那真是一条特别的项链。"他说的话和身体语言都向孩子传达了这样的信息："我会帮助你的，你的情感对我来说很重要。你在我的心目中有重要的位置。"

爸爸的这种反应让孩子的情绪放松下来，使她能够向他倾诉更多的情感，通过对他的倾诉来解除心里的疙瘩。她既不会畏畏缩缩地不敢吐露自己的心声，也不会勃然大怒，而是找到了一条途径来表达内心的悲伤。

孩子的情感表达实际上是她内心的真实写照，通过接纳她的这些情感，爸爸就提升了孩子的自尊心。

提高孩子的情感表达能力

培养出善于表达情感的孩子，这对于我们当中那些小时候不被允许表达情感的父母来说，是他们需要面临的最大的挑战之一。我们必须学会怎样去接受和理解孩子们的情感，同时还要学会去接受和理解我们自己的情感。

| 用亲密育儿法养育孩子 |

一个能表达自己需求的婴儿往往会成长为一个能够表达自己情感的孩子。这就是我们在本书的第一部分中十分强调对婴儿发出的信号作出回应的原因。1个月大的宝宝通过啼哭来表达他对食物和要大人抱的需求。父母获得了宝宝发出的这些信号，敏感地作出回应。于是，宝宝就懂得了他自己内心的这些欲望是有意义的。他的啼哭带来了让他感到欣慰的回应。他把自己的需要表达出来，从而产生了好的结果。通过接受和回应宝宝发出的信号，父母就能够对宝宝的自我表达作出判断。如果你能够通过识别宝宝啼哭之前发出的微妙信号来预测他的需求的话，你的宝宝就能学会用许多不同的方式来表达自己，很少有必要用哭的办法来得到他想要的东西。这就会让人感到有他在身边真是一种乐趣，同时能确保父母继续对他的需求作出回应。这样，与父母关系亲密的婴儿就会成长为一个能够明确地判断自己内心深处的情感并把它们表达出来的孩子。

与父母关系疏远的婴儿就不会是这个样子。如果一个宝宝的生活被安排了严格的时间表，哭闹的时候大人根本不去理他，他的父母并无恶意，只是受到了“别把孩子宠坏了”的建议的毒害，那么宝宝在很小的时候就会认为给他以照料的外部世界对他的需求是不敏感的，于是他就学会了不再提出要求。这个宝宝在小小的年纪就学会了把自己封闭起来，将情感埋藏在心里。他既不想去弄清楚内心的情感到底是什么，也不愿意把它们表达出来。从表面上来看，这个小家伙是一个很“乖”的宝宝，他不会让任何人感到讨厌。他让自己去适应死板的时间安排，夜里好好睡觉，有他在旁边，大人不会感到任何不便。这样的“乖”孩子看起来好像是“非常有教养”，实际上却有着成长为一个

不可亲近的：“别用那条无聊的死鱼来烦我。”

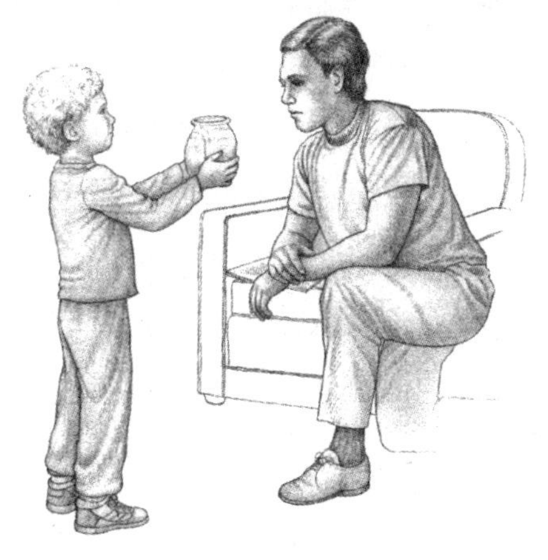

和蔼可亲的：“你十分怀念斯纳比，是吗？”

消极的孩子、一个内心愤怒而压抑的成年人的危险。另一些与父母感情疏远的婴儿在得不到回应时会拼命地哭闹，会变得十分令人讨厌，而且总是怒气冲冲。这种宝宝会变成很难管教的孩子，他们会把这样的情感带入成年期，就像“乖”宝宝一样，长大后很有可能会成为心理医生办公室里的常客（这种“乖”宝宝、“讨厌的”宝宝与性情平和、安乐的宝宝或者难带宝宝还是有所区别的）。

| 应该对学步期孩子的情感表达加以鼓励 |

善于表达情感的婴儿和敏感地作出回应的父母能够把一个双赢的组合带入孩子的学步期。由于在第一年中宝宝发出的暗示得到了倾听和理解，到了学步期他就能够很好地表达自己，学会了表达自己需求的婴儿会成长为一个关心自己情感的学步期孩子。一些妈妈告诉我们：“我的孩子还不怎么会说话，我需要花很大力气才能弄懂他的意思。”我们建议她们去观察孩子的眼睛。玛莎很善于阅读学步期孩子的眼睛。当她不能确定孩子在对她说些什么的时候，她能够从孩子的眼神表达中找到线索。学步期的孩子已经能够清楚地知道自己在对你讲些什么，而且他的眼睛常常比他的舌头更善于表达。当你的孩子在“表露心灵”时，你应该全神贯注地观察他的眼睛，这会帮助你在突然间悟出他那些零零碎碎的话语的意思。

| 要做到和蔼可亲 |

学步期的孩子人虽小，却有着许多需求，而他们表达这些需求的能力又十分有限。你应该帮助他们。在孩子与你说话的时候，你应该俯下身子，眼睛处在与他的眼睛差不多的高度。即使是你不明白他想要说什么，也一定要全神贯注地听他说。你要对孩子做出一些身体语言的暗示（点点头、目光接触、手放在他肩膀上），让他知道你想要弄明白他的观点。如果你一时不能停下手头的工作来和孩子交流，你至少应该跟他讲讲话、用声音来和他沟通。他还没有足够地成熟，还不能理解为什么这时候你的需求比他的更为紧迫，但是听到你和他交谈（比如:“告诉妈妈，你要什么……”），会有助于他感到你在关心他。

我们2岁的孩子劳琳弄伤了自己的手指。她把受伤的手指举起来给我看，“爸爸，呜哇，好疼。”我知道她伤得并不重，如果她的手指伤得厉害的话，她会疼得哭起来。我本来可以不去理会这件事，让心思回到自己重要的日程安排上去，但是我的内心正在用劳琳的眼光来看待这件事。我意识到她那看起来没什么大不了的手指并不是问题的所在，事实上，根本问题在于，劳琳觉得自己的手指受伤了。劳琳学会了向我表达她的情感，以此来引起我的注意和共鸣。我对她的痛苦表示出关心，帮助她继续表达内心的情感，对她说：“到底哪里弄伤了？给我看看。”我看着她的眼睛，细心地检查她的手指。“我们来治好它。”我把一个创可贴包在她的手指上，告诉她怎样到冰箱里去拿“波波兔”（装冰块的布袋）。然后我把她抱在膝上坐几分钟，直到她的注意力转到其他事情上去。没经验的父母往往会对这样的小题大做感到不可思议。而经验丰富的父母则知道小孩子对“呜哇”是十分敏感的。从孩子的眼光来看，即使是被针轻轻地刺了一下也代表着他身体上有了一个窟窿，他需要用创可贴把这个“漏洞”补起来。

| 避免孩子把情感埋在心里 |

当孩子们对生活中的一些小挫折作出反应（有时我们认为是“反应过度”）时，他们的愤怒往往会越来越剧烈。孩子们大多都是这个样子。那些事情虽“小”，但对他们来说却非常重要。

千万不要让小孩把情感埋藏在心里。在孩子烦恼的时候，你要给他时间和空间来表达自己。你应该抛弃自

西尔斯经典语录

对自己敏感是与别人建立良好关系的开端，也是学习在长大成人之后保持情感平衡的第一步。

能够对情感表达进行控制是一种成熟的表现。不会控制自己情感的孩子是令人讨厌的顽童，而一个从来不表达自己情感的人则是平淡乏味的。对情感过多地控制或过分夸张地表露，这两种做法都会给成年后的生活带来问题。

己内心的那些消除孩子怒气、批评孩子、和孩子讲道理的想法，你的孩子还没有能够接受你这些做法的悟性。有时候，孩子们表达自己情感的方式恰好冒犯了父母，父母们会本能地对孩子的情感表达进行压制。不善于表达自己情感的父母向孩子传达了父母不接受他情感的信息，使得孩子变得沉默起来。这就造成了“双输”的局面，孩子失去了表达自己的能力，而你自己成了一个不接纳孩子的父母，孩子学会了不再向你敞开心扉。这样，父母和孩子之间的距离就越拉越远了。

对待那些习惯于把情感埋在心里的孩子时，你别去这样批评他：

- “停下来，不要哭得那么吓人。”
- “你根本没什么不对劲啊。”
- “你只是个小孩子。”
- “你反应得过头了。”
- “这没什么大不了的。”
- “你根本不需要创可贴。”
- “别再来烦我。”
- “你一点儿都不冷。”（或者一点儿都不饿、一点儿都不渴等）

你应该试着帮助你的孩子去弄清楚他自己的情感到底是什么：

- “难道你认为自己是坏孩子吗？”
- “那让你生气了?”
- “噢，那一定伤着你了。”
- “那让你很伤心吗？”
- “真是好幸福啊！”
- “那真的让你很伤心，是吗？”
- “你的膝盖擦伤了，一定很痛。”
- “我敢打赌，你感觉不错。”

过了6岁之后，孩子能够承担起更大的责任来保持家庭的和谐。如果你7岁的孩子满怀憎恨地瞪着你，看起来一心想要调皮捣蛋，而且拒绝你主动与他进行交流，这时，你可以平静地要求他到另一个房间里去，以免他那令人讨厌的情绪影响你们之间的融洽。

| 与孩子有情感上的共鸣 |

在我为人父母的早期生涯中，我学到了一套了解孩子情感的有用办法，这套办法是通过观察玛莎如何回应孩子的情绪爆发而得出的。举例来说，当一个孩子受了一点点的擦伤而向我们跑来时，我马上就会扮演起我的医生角色，对情况作一个客观的评价。我十分专注地察看孩子伤处的外观表现、对受伤的情况做着判断，因而在心情上没能与孩子的情绪相一致。在他表达自己情感的时候，我却陷入了沉思，研究着这个擦伤到底有多严重。

而玛莎就不是这样，她能够使自己的情感和孩子产生共鸣。她并不是僵化地用自己成人的思想来考虑问题，而是马上就用孩子的眼光来进行思考。她首先在情感上就和孩子的情感状态相一致了。如果孩子的情感表明他的受伤情况达到了“10级”的话，那么玛莎对他的同情也会达到“10级”。她正运用着世界上最古老的协商技巧：首先，满足对方提出的要求，然后再引导他们来满足你的想法。玛莎会开始逐渐地减轻他焦虑的表情，这能够帮助孩子放松下来，慢慢地认识到那一点擦伤对他来说并不是世界末日。他会意识到，如果那点擦伤在妈妈眼里不是什么大不了的事，那么他自己也不值得把精力去花在它上面，他会重新去玩他的游戏，开心地让大家看他手指上包着的创可贴。

西尔斯养育手记

教孩子学会请求别人的帮助

每个孩子都需要懂得如何请求别人的帮助。寻求别人的帮助不仅对学习来说是十分重要的，而且也是一种与帮助者拉近距离的方式。你应该请求孩子帮你来完成各种各样的任务，向他解释即便是你也需要帮助，从而为孩子作出寻求帮助的榜样。孩子向别人提供帮助能使他感到自己被别人所需要，因此自己很有价值，在他的内心培植起家庭成员之间应该相互帮助的信念。得到了父母愉快帮助的孩子会比较有能力去寻求其他成年人的帮助，比如老师、教练以及他们生活中的其他大人。

“我的伤要紧吗？”

你应该等待孩子主动来请求你的帮助。许多时候当我们看见孩子

“啪”地一声摔倒时，我们紧张得眼泪都要掉出来了，但是孩子自己会爬起来，然后偷偷地朝我们瞄一眼。如果我们当时看上去十分担心，并且火急火燎地马上冲过去的话，孩子就会从我们这里得到心理暗示，于是他的意志一下子就崩溃了。而如果我们平静地待在一边的话，孩子就常常会不在乎那点小小的疼痛，继续玩下去。

| 做一个心灵相通的倾听者 |

我们全家曾做过一次短途旅行，在准备过程中我们细心地为11岁的女儿埃琳挑选了一个飞机上的座位，好让她坐飞机时有个看电影的好位置。当我们登机后，她很不喜欢自己的座位，因为她不能和我们挨着坐在一起。我们并没有因为她不懂我们的好心而训斥她，而是倾听她的理由，听她解释为什么会感到不开心。我们听她讲完，然后想办法让她知道如果和我们坐在一起，就没办法有一个看电影的好视角了。在她继续为自己的要求辩解的时候，我们看得出来，她已经开始发觉自己的位置确实比较好。于是我们就把与她之间的讨论从刚

西尔斯养育手记 找出孩子行为的“言外之意”

安德鲁和玛丽对他们的孩子迈克尔实行的是亲密育儿，迈克尔现在3岁了。玛丽曾经讲述过一个例子，她认为这个例子反映出与孩子的亲密情感对于他们管教孩子十分有用：“一个晚上，安德鲁很晚才下班回家，这种情况已经持续整整1个星期了。我们播放了迈克尔最喜爱的录像片《音乐之声》，大家都坐下来一起看。尽管迈克尔只有3岁，却具有让人难以置信的沟通本领，但有些时候他仍然没法表达自己想要什么、想说什么。影片开始几分钟后，迈克尔相当生气地叫道：‘关掉！’我们都感到很惊讶，对他说：‘可是你很喜欢这个电影啊。出了什么事？’他回答道：‘把它关掉！’并且开始把他周围的那些玩具用力地扔出去。我于是建议他：‘迈克尔，为什么不跟爸爸一起坐在长沙发上看那个影片呢？’他回答说：‘不，我不要有个爸爸。’安德鲁和我相互看着对方，都感到很迷惑，迈克尔一直是很喜欢他爸爸的。因此，虽然我

们非常想看那部影片，但我们还是关掉了录像机，然后询问起还在生气的迈克尔。我们问他是不是影片里的情节让他感到不高兴，他说不是。然后我们再问他为什么不肯和爸爸一起坐在沙发上，这时他更生气地回答说：‘不，我不要有个爸爸。’这时迈克尔正处在大发一通脾气的边缘，他紧挨着安德鲁，站在地板上，踢着长沙发，好像是要安德鲁叫他停下来。安德鲁没有对迈克尔的这些坏行为大发雷霆，而是对他说：‘你帮爸爸一起修理一些工具，好吗？’顿时，迈克尔的整个脸都亮了起来，他答道:‘好的，我喜欢做这件事。’安德鲁接着说：‘我还以为你不要有个爸爸了呢。’迈克尔回答说：‘我其实是很想有个爸爸的。我要爸爸，这样我就可以和他在一起。’”

“我们想起来，这是整整一个星期以来安德鲁第一次在迈克尔还醒着的时候回到家里。一个小孩子又如何能够像成年人那样说出这样的话呢？‘对不起，爸爸，可不可以下次再看这部影片？我已经整整一个星期没见到你了，我真的很需要和爸爸待上一段时间。’他当然说不出这样的话，但他在尝试着表达自己的意思。”

“在接下来的两个小时中，迈克尔帮着爸爸修理工具。迈克尔很专心，也很合作。在这个夜晚快要结束的时候，迈克尔开始疲倦了。在他将要进入梦乡时，他对爸爸说：‘谢谢你和我在一起，爸爸。我爱你。’”

“那个夜晚就这样整个地改变了，因为我们把时间投入到了解决迈克尔行为的根源上。当时我们差点就要惩罚他，或者因为他的鲁莽而不去理他，但是我们感到他的行为需要我们投入时间和精力才能找出原因。就像我们在他婴儿期就已经习惯于对他发出的暗示作出回应一样，这时我们也需要找出他暗示背后的原因。否则的话，我们就会在这一次重要的养育考试中遭受失败。我们认识到，尽管我们在迈克尔的婴儿期就已经实践了亲密育儿的思想，这种养育方式还需要继续进行下去，而且我们的养育原则必须始终运用于他成长过程中出现的各种新特点上。如果那个晚上我们不是去寻找迈克尔行为背后的原因，我们就会播下沟通破裂、漠不关心的种子。这种方法并不只是简单地、漫不经心地采用所谓的‘现代方法’来问出孩子的情感，然后再来谈论一番‘他有什么样的感受’。在对孩子的关心中有不得半点虚情假意，因为孩子是能够看出这一点的。”

才冲突的话题中引开去，很简单地对她说：“你可以随便去坐你喜欢的座位。”这么做，给了她一个保全面子的机会。最终她还是选择了原来的位子。

在遇到难题去解决之前，孩子和成年人通常都需要表达出否定的情感。我们来观察一下谈判桌上的高手。他们一开始总是试图去了解对方的观点，而不是急于对此作出判断。下一步，在提出自己的解决方案之前，他们会引导对方把所有的观点都摆出来。你应该采用类似的策略来帮助孩子处理他的情感。要给他机会去陈述他的全部想法，用心地听他讲，并与他产生情感共鸣。千万不要一上来就给他提出建议或解决办法。如果当孩子在陈述他的观点的时候，你在忙着构思自己的对策，他会看得出来你在干什么，他知道你不会接受他的观点，也不会很好地帮他。懂得什么时候该开口说话、什么时候该闭口不言，这将有助于你成为一个好的倾听者和一个优秀的管教者。

不要充当外行的心理学家

如果你刚刚完成心理学入门课程，或者刚参加了最近的养育孩子的培训，然后装得很有经验地去问孩子：“那件事让你感觉怎么样？”年纪稍大一点的孩子，尤其是十几岁的孩子，能够觉察出你根本不在行。他们很可能会讨厌你把一些外行的方法用在他们身上。最好的情况是他们可能感到很尴尬，而最坏的情况是他们被激怒了。

你应该采用你自己的个性化的方法来了解孩子的情感。如果你确实要采用书上或其他外部资源中的各种技巧，也应该循序渐进地慢慢来，要使这些技巧成为你自己的东西，要使用你自己的语言和沟通方式。

避免掩饰情感

肤浅的人往往由于羞怯而逃避深厚的情感关系。如果你有福气生了一个情感深厚的孩子，而你对他总是作出淡淡地回应，你们之间很有可能就会拉开距离。有一天，埃琳的小兔子死了。她难过得心都碎了，但还是来告诉我她那悲惨的发现，我当时正忙着。我本应该首先关注她的情感，其次是小兔的死，最后才考虑她给我添的麻烦。可是我没能这么做，而是蹩脚地搪塞她说："我们给你重新买一只。"这其实是一种掩饰，是面对深厚情感的一种拒绝。我没有去关心埃琳心里的悲伤，而是作了一个经济上的补偿，就好像有了一只新兔子就会管用似的。我的这种掩饰不仅鼓励了她去隐藏自己的情感，而且还为她示范了一种浅薄的态度：我们生活在一个用完即丢、一次性的社会当中，破碎的情感可以通过重新买新的东西来快速治愈。埃琳的悲伤实际上带有负疚感，因为小兔子在死去的时候没水喝，而给它水喝恰恰是埃琳的任务（过后，睡觉前躺在床上谈话和祷告的时候，她把心中的负疚告诉了玛莎）。要帮助她消除这些沉重的负疚感，就必须仔细地去倾听她的诉说，而且要设身处地地向她提出一些忠告。

西尔斯养育手记

富有感情的木偶

孩子处理恐惧和情感的最理想的方式是与你交谈。然而实际上，孩子在被问到"你感觉怎样？"时，往往会缄默不语。他们会把自己的感受告诉给某个中间对象，比如一个木偶或者一个她所喜欢的洋娃娃。你可以自己拿一个木偶，把另一个给你的孩子。你手里拿着的木偶问孩子的木偶他在想些什么，通常情况下，孩子会通过他的木偶来说出自己的情感。如果你的孩子担心你会对他的情感作出批评的话，通过这种替身说出来，就会让他感觉少了很多威胁。

| 在向孩子解释之前首先体会他的情感 |

设身处地地从孩子的角度来考虑问题是你对孩子敏感的一部分，而对孩子敏感正是亲密育儿的核心内容。要真正地体会孩子的情感，你就必须进入孩子的心灵，从他的角度来观察世界，努力去感受他的情感。逻辑反应永远代替不了对别人情感的共鸣。孩子们是不讲逻辑的。你可以对孩子说储藏室里根本就没有什么怪物，但是只要孩子实实在在地感到害怕，那么逻辑解释根本就是徒劳无益的。你首先应该面对的是孩子的情感，要鼓励孩子相信你，然后再来运用你具有逻辑性的、成熟的智慧。这种方法无论是对于大一点的孩子还是对于年龄幼小的孩子都是十分管用的。在你能够与孩子们进行真正的沟通之前，他们必须首先相信你确实明了（尽管无须赞同）他们的观点。对于10岁刚出头的孩子（或者十几岁的孩子）来说，没有什么比意识到父母不理解他的观点更令他烦恼的了。你可以尝试采用下面的方法来做一个设身处地地为孩子着想的倾听者：

- 要承认孩子的情感。不要这么说："你压根不必害怕那条大狗。"而是应该说："那条狗真的很大，而大狗是很吓人的。它汪汪叫，有没有把你吓得跳起来？"
- 在脸上应该表现出和孩子心有同感的表情。
- 心有同感地倾听孩子向你诉说自己的情感。但如果他大声尖叫、乱踢乱咬或者责怪别人，就不要这样做。
- 引导孩子去解释为什么他会有那样的感受和情感。

进入孩子的心灵、用孩子的眼光来看问题，这种能力是十分有用的养育手段，它开始于孩子的婴儿期，是在孩子和父母相互学习彼此身体语言的过程中形成的。你对孩子心有同感，将赋予他设身处地地为别人着想的本领。能够读懂人与人之间的微妙暗示是在社交生活中取得成功的关键所在。

9 CHAPTER 使怒气为你所用

“我讨厌你，妈咪！”你是否曾经为孩子如此无礼的乱发脾气而感到伤心？清楚孩子发火的原因，学会处理怒火的办法，会使家庭生活更为安宁、平静。

小孩子们为什么会发火

愤怒是人之常情，任何人都会有发怒的时候。肚子疼得厉害的婴儿会大哭，刚刚开始走路的孩子会因为总是摔倒而感到愤怒，动不动就要发脾气的2岁孩子会因为大人为防止他闯祸、从他样样东西都要抓的手中把玻璃瓶夺下来而怒气冲天，4岁大的孩子也会因为你没给他买糖果而和你闹上一阵，8岁大的孩子简直难以相信你不让他看热门的恐怖电影。在从一个成长阶段过渡到另一个成长阶段的过程中，大多数孩子都是很容易发脾气的。在这个时期，孩子的欲望远远超出了他的能力。这其实是好事，因为正是孩子的欲望在不断激励着他进行尝试。

| 为什么有些孩子的怒气比较多 |

有些孩子会比较容易遭受挫折。父母们越早认识到这种倾向，就越容易抚平孩子心头的创伤。一个孩子经受挫折的能力可能比较弱，这部分地取决于他的天性。容易带的宝宝和温顺的孩子经受挫折的能力比较强，你不用时时刻刻把他们抱在手上，他们也能够接受，他们还可以接受不按严格的时间表对他们进行喂养。如果你要求他们别抓猫的尾巴，他们会很听话。这样的孩子会相对平静地度过学步期。他们的父母会因为有这么"棒"的2岁小家伙而内心充满喜悦。

与之相反，高需求宝宝——用不了多久就会变成倔强的少年——有着高度的需求，这样的宝宝在你想要把他放下来的时候会哭闹，如果你一直坚持着想要把他放下来的话，他会怒火冲天。如果让他留下来和临时的照料者在一起，他会焦躁、愤怒。当父母把他从危险的边缘拉回来时，他会拼命地踢打、挣扎。在他不安分地度过躁动的学步期的过程中，父母会累得心力交瘁。

大人的愤怒会对养育和管教产生什么影响

不恰当地对孩子发火会阻碍你养育能力的正常发挥。无论是在孩子哭闹得太多的时候，还是在孩子不肯睡觉的时候，不论是由于孩子不停地调皮捣蛋，还是由于他"主宰了你的生活"，只要怒火在你的心中升腾，你就存在使孩子的身心受到伤害的危险。即使你的怒火并不是由孩子引起的，你的愤怒也会使你对孩子作出的回应变得阴沉起来，他会觉察出你的愤怒，而且会很不幸地认为你的怒火就是冲着他来的。可能更糟糕的情况是，愤怒会让你口出恶言、伤害孩子，甚至会责打孩子或粗暴地推搡他。如果这种情况发生在你身上，你应该认识到，为了孩子，也为了你自己，你应该寻求专业人士的帮助。

西尔斯经典语录

愤怒是人之常情，任何人都有发怒的时候。清楚孩子发火的原因，学会处理怒火的办法，会使家庭生活更为安宁、平静。

要想平息孩子的怒火、帮助孩子拥有内心的平和，你自己首先必须拥有平和的心境。

我们关于避免在盛怒之下犯错误的座右铭是："人无完人，这是由人的本性决定的。"

不恰当地表达愤怒也会影响你对孩子的管教。例如，你4岁大的孩子做了一件蠢事，他用通心粉的调味汁把小狗倒得满身都是，小狗跳起来，逃进了起居室，在浅褐色的地毯上留下了橙红色的爪印。这看起来是你

西尔斯养育手记

做一个体谅、理解孩子的妈妈

“你真是太蠢了！你是最坏的妈妈！”一次，我们10岁大的女儿埃琳想去看一部需要家长指导的、13岁以下孩子不宜的电影，玛莎拒绝了她，这做得很恰当，但她就这样对妈妈吼了起来。

我的第一个反应是：“我的孩子中要是有一个敢这样对妈妈说话，那他一定逃脱不了惩罚。我看她这次是跑不掉了！”紧接着，我内心的愤怒在不断地加剧：“我们有什么地方做错了？这孩子我们一直带在身边，给她哺乳了好几年。毫无疑问，父母在她身上花费了大量的心血，难道我们得到的就是这样的回报？而且，我们还写过几十本养育子女的书呢！”

玛莎在养育8个子女的过程中积累了丰富的智慧，她让我冷静下来，以帮我弄明白为什么像埃琳这样，父母在她身上花费了很大心血的孩子会说出那样的话来。玛莎并没有因为孩子对她的公然冒犯而生气，她在思考着问题的症结所在。作为一个10岁刚出头的孩子，埃琳要经历许多的变化。那星期她过得很糟糕，她在学校里有着相当重的负担，还要承受那些喜欢看电影的朋友给她造成的压力，埃琳想要摆脱这些烦恼。在这个大千世界，她能够放心依靠的人只有她的妈妈。妈妈总是体谅、宽容的，她毫无保留地爱着埃琳。我没有意识到埃琳在整个星期当中已经遇到了一系列不顺心的事，妈妈再拒绝她，她实在是受不了了。

玛莎对埃琳内心的洞察使我没有激动地去责骂埃琳：“你忘恩负义……”我决定冷静几分钟，让场面平静下来。我看得出，埃琳的大发脾气并没有给玛莎带来烦恼，相反却使埃琳自己相当沮丧。埃琳需要的是有人来排解她的情绪，而不是我去教训她。玛莎开始帮助她去克服在生活中积累起来的那些紧张情绪，最后我们有了以下的谈话：

“你在说出你妈妈是最坏的妈妈时，你心里一定也很不好受？”我说道。

“是的，我的本意并不是那样的。”

“我知道你不是，亲爱的。”玛莎对她说，使得她更加安心了。

整个场面以埃琳紧紧地搂着妈妈，眼含泪光、满怀歉意地依偎在妈妈的怀里而告终。这件事让我认识到一个体谅孩子、理解孩子的妈妈对孩子的心理能起到多么有效的治疗作用。

最有理由发脾气的时候。然而，孩子的行为越糟糕，你就越需要保持清醒的头脑，来仔细地掂量该怎样处理孩子的错误行为。如果你的头脑处于狂怒的状态，那么你的思维就会混乱不清。你打小狗（那会让它跑过更多的房间，把地面弄得更加一塌糊涂），并且打孩子的屁股，把他赶到自己的房间里去（留下你一个人收拾烂摊子，心里仍然满腔怒火）。到这一幕结束的时候，每个人都感觉受到了伤害。

有一种方法能使每一个人都不那么难受，它需要有冷静的头脑和适当的幽默：赶快把小狗抱起来跑到洗澡盆那里去，用尽量愉快的口气叫你的孩子过来帮忙洗掉小狗身上的汤汁，然后再一起去清理地毯。你的孩子可以从这个过程中学会怎样处理危机，并且能够明白要花多大的工夫才能把这些清理干净。你发一通脾气并不能挽回孩子由于无知而造成的混乱，只会让情况变得更加糟糕。

愤怒会在孩子与父母之间造成隔阂，是我们的孩子让我们认识到了这一点。有一段时间，我们发现自己和17岁的儿子彼德之间产生了距离，彼此之间的交流不再那么轻松自在。当时，14岁大的女儿海登对我们说："他待在自己的房间里，躲避你们对他的吼叫。他知道你们会生气，并且会开始对他大吼大叫。"我们并不认为自己是爱生气、爱大吼大叫的父母，但彼德觉得我们是，于是他就把自己封闭起来了，以逃避和家人的交流，保持自己的宁静。海登告诉我们的这些话简明扼要地解释了为什么愤怒会让孩子与父母之间出现隔阂，尤其是对彼德这样举止安详、自在的孩子来说。海登的直率促使我们重新去评估了自己的情感表达。我们开了一个家庭会议，坦白承认了大吼大叫是我们需要解决的问题，我们为自己的这个缺点向大家道歉，并讨论了应该怎样来改掉这个毛病。

此外，我们也希望孩子们能够无拘无束地亲近我们，不管他们做了什么或是有什么样的情绪。因此，我们开始着手消除让孩子感到畏惧的因素，对孩子们说："我们先说好，你们告诉我们任何事情，我们都会冷静地听，不会大吼大叫。"当然，我们并不是一整个晚上都能做到这一点，我们仍会时不时地大发脾气。如果又发脾气了，我们会向孩子们道歉，然后亲近地和他们相处。在孩子面前展现你的愤怒会吓着孩子，让他们产生戒备心理。他们将来要么出于保护自己的目的而把自己封闭起来，要么在成长过程中形成易怒的个性。在我们消除了因畏惧而带来的隔阂之后，彼德走出了他的房间。我们继续努力地改善和他之间的交流，我们已经学会平静地说："在你……的时候，我生气了。"你的孩子和配偶需要知道是什么造成了你的愤怒，但他们并不想要你把怒火一股脑地全发泄在他们身上。

如果你的愤怒失去了控制，那就必须寻求专家的帮助。你必须认识到，即使是作为一个成年人，内心感到愤怒也并没有什么错（请记住——你不是不食人间烟火的神仙）。不幸的是，我们之中的许多人在孩童时期受到了这样的教育：愤怒是不对的、有罪的，甚至是非常可怕的。其实，愤怒本身并没有什么对和错，会产生错误的是我们在愤怒时所做出的行为。不管内心有什么样的情感（愤怒、害怕，甚至是爱恋），脸上始终保持平静，这是情感上成熟的标志。

你的孩子是通过对你的观察和模仿来学会处理他自己的愤怒的。我们的目的是接受和交流自己的情感（这样，我们的孩子就能知道我们是具有真实情感的人），同时给孩子们做出榜样，使他们像我们所期盼的那样成长为真实的人。

如果你和孩子之间有着健康的关系，那你就不必担心偶尔的脾气发作会伤害你的孩子。实际上，让孩子知道你在恼怒或者生气是有益的，真诚的交流有时候需要真诚的愤怒，当然这种愤怒必须以不吓唬孩子、不羞辱孩子为前提。下面我们来看一位妈妈（她和孩子之间有着健康的母子间的亲密关系）是怎样采用有益的愤怒来与她的孩子进行交流的：

当我的孩子萨米3岁时，有一天我简直被他的行为激怒了。那次我丈夫在事业上遇到了挫折，我们的情绪都非常低落。那天他格外地不听话，我们不断地让他停下来，但他根本听不进去，于是我们就只好强迫他回自己的房间去待着。我把他放在床上坐着，他挣脱我，跑向房门。我只能更强硬一点，让他重新坐回到床上去（好像有一种摆脱不了的愿望在牢牢地吸引着他）。他当然又挣脱我，跑向房门。我更用力地把他放到床上去，并且生起气来。我也坐到床上对他叫着说："你给我听着！你以为这对我来说是很好玩的游戏吗？根本不是，实际上我很讨厌这么做。你知道为什么我会待在这儿？你知道为什么我一次一次地坚持着，直到你乖乖地为止吗？那是因为我爱你，我可不能袖手旁观地看着你长大后像个蠢货一样！"我实在是怒不可遏，在说"我爱你"的时候都克制不住满腔怒火地对他吼叫。

然而，萨米在听到我说"蠢货"这个词时大笑了起来。他的笑并不是担心自己身上会发生些什么的神经质的大笑，而是一种毫不做作地觉得某件事好玩的傻笑。我这才意识到，他过去从来没有听到过"蠢货"这个词。他会认为这个词是什么意思呢？我猜想，这个词一定在萨米的想象中呈现出一幅滑稽的心理图像。

尽管萨米的这个举动有点不严肃，却正好为我们提供了一个很好的机会，让我们可以平静下来，通过温和地说"我爱你"和相互间的拥抱来解决问题。这样，他在自己的房间里乖乖地按我们的要求待了一段时间，之后得到了我们更多的爱和拥抱。

对于这个故事，我得出的相关结论是：你可以在书本上读到所有你想知道的怎样教育孩子的知识，包括应该怎样做才是正确的，但是在你们有冲突时、盛怒的情况下，如果你对孩子感到不知所措，那么你就应该恢复自己的本来面目，本能地想什么就说什么。当然，如果把握得不好的话，这种做法是很危险的，具有潜在的破坏性。然而，如果你和孩子之间的关系是建立在坚实的亲密情感的基础上的，那么你尽情地发泄你的情感对管教孩子会起到很好的辅助作用。

有时候，真诚、不矫揉造作是穿透孩子心理防线的唯一办法。

要学会处理愤怒

任何人、任何家庭都不会是从来不发火的，也根本做不到从来不发火。下面的一些方法可以使愤怒的情绪为你所用。

| 帮助孩子获得内心的平和 |

研究表明，与父母关系亲密的孩子和母亲相互发脾气的时候比较少。我们自己的经验也支持了这个观察结果。在成长过程中，与父母关系亲密的孩子内心始终洋溢着幸福感，父母为他做出了内心平和、安宁的榜样。孩子当然会有生气的时候，但他懂得如何去处理自己的怒火，从而不让自己被怒火所主宰。与孩子关系亲密的父母十分了解自己的孩子，因此他们不太可能创造环境去引发自己和孩子的怒火。

而与父母感情疏远的孩子被内心的慌乱所支配。在内心深处，这样的孩子感到他的自我当中失落了某件重要的东西，他对此感到愤怒（顺便提一下，这种失落感有可能会延续到成人时期）。这种空虚感很有可能表现

西尔斯养育手记

欢笑——治愈愤怒的特效药

幽默能够驱散愤怒，能够防止微不足道的烦恼激化成满腔的怒火。我们的孩子很喜欢吃通心粉——汤汁越浓，他们就越喜欢。一次晚餐时，我们让大一点的孩子负责照料2岁和5岁的小家伙，他们俩正磨磨蹭蹭地拨弄着自己面前的粘糊糊的通心粉。就像一个大家庭中常常会发生的那样，最大的孩子把责任推给了老二，而且依次推下去：“你瞧那两个小家伙……”最后，劳琳和斯蒂芬根本就没人管了，于是他们之间就爆发了一场通心粉大战。当我们发现这两个小家伙把到处都搞得粘糊糊一塌糊涂时，我们责骂了那些大一点的孩子，责问他们为什么不阻止这种场面的发生。当我们对他们大吼大叫的时候，他们相互间也吼叫着。劳琳和斯蒂芬抬眼望着生气的哥哥、姐姐，他们的面颊和前额沾满了汤汁，通心粉挂在了他们的头发上。我们所有人都开怀大笑了起来，大家都心情愉快地一起动手来给那两个孩子擦洗并打扫弄得乱七八糟的环境。现在，当我们要把自己的权力委派给孩子时，我们总是很小心地首先考虑孩子的年龄能否使他真正地承担起责任。

为孩子对自己和对父母的愤怒，使得整个家庭面临着人人都怒气冲冲的危险。

西尔斯养育手记

享有内心的平和

许多成年人为了获得他们过去在成长过程中未能获得的内心平和，会花费许多时间和精力来接触各种不同的哲学、宗教知识，阅读各种自我帮助的书籍，参加各种支援团体，采用不同的治疗方法，或者转而求助于药物或其他上瘾的嗜好。他们不可能找到内心的平和，因为他们根本没弄明白自己要追寻的东西到底是什么。而与父母感情亲密的孩子在成长过程中体验着内心的平和，因而知道内心平和到底是一种什么样的感觉。如果在生活中遇到了无法避免的挫折，他们会暂时失去幸福感，但总能把它重新找回来，因为他们知道自己要寻找的是什么。他们有着找到内心平和的情感技巧，在长大成人后，他们会更易于进行深入的心灵内省。

| 不要对孩子的愤怒漫不经心 |

从孩子的学步期开始，你就应该鼓励你的孩子去辨别什么时候他是生气了。你要做一个全神贯注的倾听者，帮助孩子说出他的情感。如果有一个愿意给予帮助的听众在旁边给予理解、同情，而不是加以评判，孩子们常常就会把自己的感受说出来，从而摆脱内心的焦虑。一次，我们8岁的孩子马修坚持要看一个电视节目，我不同意，他发起脾气来。马修觉得他实在是不能不看这个节目，而我认为这个节目的内容对于他的个性成长和家庭和谐都是有害的。当马修为自己的立场进行辩护的时候，我专心地听着，不作任何评判。在他陈述完他的理由之后，我也摆出了我的理由。我平和而又威严地列出了我的看法，让马修知道我理解他的观点，但还是不能同意他看电视。我让他明白我是爸爸，因此我有权决定他可以看什么电视节目，我的决定是不会动摇的。我们谈论起做什么事可以用来代替看电视。马修渐渐地明白了不值得为这个电视节目而大动肝火。在我们谈话的过程中，他停止了流泪，涨红的小

西尔斯养育手记　帮助“愤怒的孩子”

习惯性地犯错误的孩子常常怒气冲冲。如果你的孩子看起来总是“不乖”，你“不知道还能对他做些什么”，或者孩子表现得很孤僻，那么你就应该透过表面现象仔细地探究使孩子生气的深层原因。

在为这些孩子的父母提供咨询、辅导的过程中，我找到了两个原因：要么是家庭里火药味很浓——父母双方或者其中一方动不动就发火，于是孩子接纳了这种愤怒的情感，把它作为自我情感的一部分；要么是因为孩子的幸福感受到了威胁，从而使他心生愤怒。

要对老是做错事的孩子或者常常表现得“不乖”的孩子进行帮助，往往首先要对家庭生活进行全面的调整。应该将孩子生活中的影响因素逐一列举出来。是什么因素加强了他的自尊心？什么因素将他的自尊心削弱了？他的哪些需求没有得到满足？什么样的内心焦虑是他发火的根本原因？孩子的愤怒只是海面上露出的冰山一角，它发出了警示，海面下看不见的部分需要我们的认真对待。

内心的愤怒常常会使孩子变得孤僻起来。为了使摇摇欲坠的自我形象免遭侵袭，愤怒的孩子会拼命地抗争，裹上一层坚硬的外壳。他在表面上看起来相当平静，但层层掩盖之下却是一腔紧张地压抑着的情感，好比紧紧盖着的高压锅里滚烫的蒸汽，需要认真对待并加以疏导。如果把情感的盖子紧紧地捂住，孩子就会变得孤僻，逃避那些可能会引起他怒火爆发的人际交流。这就是我们建议父母要用孩子的眼光、孩子的思维方式来看问题的原因——同样的事物，从孩子的角度来看和用大人的眼光来看是完全不一样的。

如果孩子感到自己是一个“坏孩子”，他就会彻底垮掉。除非这种认识被扭转过来，否则，孩子在长大后就会真的扮演起坏孩子的角色。为了使孩子摆脱认为自己“坏”的感觉，你应该想办法增强他的自信心，对他说：“你一点儿都不坏，你只是还年轻，年轻人往往是会干蠢事的。可是爸爸正在帮助你不再做那些蠢事，所以，长大了你会感到自己正像爸爸心目中所认为的那样，是一个出色的人。”这就向孩子传递了一个信息，你十分细心地发现了孩子在不良行为背后的真实形象。

西尔斯养育手记 **为追求完美的孩子减轻负担**

孩子们必须懂得犯错误并没有什么大不了的。你应该向孩子示范处理错误的各种方法，从而为紧张不安的孩子减轻心理负担。如果你打翻了咖啡，可以自嘲一下："我想我今天赢得了'脏乱先生'的称号。"当你把购物清单忘在家里的时候，不要大吼大叫地去责怪别人。让孩子们知道，大人也会把事情弄得一团糟。犯点错误没有什么了不起的，做不到完美也很正常。尤其是对于完美主义者来说，他们会感到别人对他的认可，以及他自己的价值都取决于自己在家里和学校不犯错误。

我们注意到，当马修不能把一项任务完成得很完美的时候，他会对自己十分严厉。他之所以会这么做，我们认为是因为他从我们身上学会了对自己的错误感到愤怒的态度。一次，他看到我们想办法减轻了自己的心理负担，之后他也就学会了减轻自己的压力。

犯错误是一条很好的学习途径，在家里我们进行了许多这样的学习。在我们家，当一个人犯错误的时候，一定会有人在一旁发表这样的意见："好了，现在我们从这件事当中能吸取什么教训呢？"如果大家心里都充满了愤怒，那么这种办法是起不到任何作用的。所以你要小心，如果有人打翻了咖啡或者撕破了裤子，你可千万别对他发火。你只要说："我们可以从这件事当中学到什么呢？"然后，你甚至可以把这件事当作笑料来笑闹一番。

脸放松了起来。我确信他的脉搏跳动也平静下来了。然后我们去外面玩起了接球游戏，以取代看电视。

父母内心的平和

为了帮助孩子拥有内心的平和，你自己必须拥有平和的心境。我们认为这个观点能够用来解释为什么有些大人能够相当顺利地进入为人父母的角色，而另一些人却在这种角色中苦苦地挣扎。并不是每个人在内心都享有通过亲密养育培养起来的幸福感。

如果你自己在儿童时期没有体验

过让你心里感到安全的亲密感情，那么在长大成人后，你很可能会因为缺乏内心的平和而痛苦挣扎。即使是那些用亲密育儿法养育的孩子，在进入成年期的过程中也必须努力地保持精神上的追求，从而找到生活的目标，以及被我们每一个人所需要的内心深处的平和。这是一个贯穿我们一生的旅程，既令人兴奋又需要付出艰辛的努力，既有很高的要求又令人心情愉快。

| 抚平过去的愤怒所留下的创伤 |

为人父母对你自己具有心理治疗作用，它可以让你看清楚自己的问题所在，并激励你去克服这些问题。如果心头郁积的怒火占据了你过去的时光，那么在你不自觉地做出伤害孩子的举动之前，你首先必须采取步骤来治愈自己的心理病症。

研究已经表明，要是妈妈经常发火的话，孩子就可能很难管教。你应该弄清楚过去出现的哪些问题会导致你现在经常发脾气。在你的孩童时期，你是否被虐待过或者被粗暴地惩罚过？你是不是很难控制自己的脾气？你有没有意识到自己缺乏内心的平和？你还应该认真地弄清楚目前是哪些因素让你心中充满怒气，是对职业、配偶的失望，还是对你自己或孩子的不满意？

请你记住，你自己就是内心情绪的一面镜子。如果你的孩子看到的总是一副生气的面孔，听到的总是愤怒的声音，那么他很有可能也会成为这样的人。

| 坚持你的看法 |

每个人都会有被触怒的时候。有些父母很容易就会大发脾气，当他们大发脾气的时候，连家里的小狗都会躲得远远的。这样的父母可以试试下面的练习：

第一步，将孩子的“过失行为”分成“小过失”（令人讨厌和恼怒的行为）和“大错误”（伤害自己、他人或者财物的行为）。“小过失”是你不值得去劳神为之生气的，而面对“大错误”你必须作出反应，这既是为了你好也是为了孩子好。

第二步，对你自己进行调整，使自己不受孩子那些“小过失”的困扰。有些话你应该记在脑子里，下次你或孩子打翻了什么东西的时候你可以把这些话“播放”出来：

“我很生气，但我能控制住自己。”

“意外发生了。”

“在这个地方，我是大人，应该承担责任。”

“我恼火是因为这里一片混乱，不是冲着孩子来的。”

“我会保持冷静，我们都会从中吸取教训。”

你应该通过排练一遍又一遍地反复练习这些句子。也可以加上下面的这些话：

“糟糕！我弄得一团糟。”

“我得赶快去拿毛巾来。”

“没关系，我会帮你擦干净的。”

你会注意到，这么对孩子说，与你自己小时候所听到的那些粗暴的训斥存在着鲜明的对照。当然，要做到这一点并不像说的那么容易。

在现实生活中，当“小过失”真正出现的时候，你应该努力调整情绪来控制自己。你可以做一个深呼吸，到外面去走一走，保持冷静，思考一下你的对策，然后再回到出事现场。

我们来举个例子。当你的孩子在墙上乱涂乱画时，你已经调整好自己，不让自己发作。当然，你的表情自然是愤怒的，这有助于让孩子明白你是不高兴了。你应该坚定而简要地对孩子说“不行”，一定不要长篇大论地对孩子又吼又叫。然后你可以“暂停”一下，去冷静一会儿。在冷静下来之后，你应该坚持叫孩子（如果他足够大的话）帮你一起清理被他弄得一塌糊涂的地方。

你克制住了自己的愤怒，这种做法给孩子传递了一个这样的信息：“妈妈生气了，妈妈完全应该生气，她不喜欢我刚才做的事，但她仍然喜欢我，相信我有足够的能力来主动帮她清理我造成的混乱。”

我们发现，狂怒地大发雷霆常常让我们自己比孩子更难受，这让我们感到心力交瘁。通常情况下，要是我们因为孩子把鞋子扔进了厕所而发脾气，愤怒过后的懊恼情绪给我们带来的痛苦远远超过了对孩子乱扔鞋子的烦恼。

其实，我们控制自己的情绪比孩子控制自己的行为要容易得多。在我们认识到这一点之后，我们就能够坚持自己对这些令人烦恼的孩童成长阶段的正确看法，在生活中和孩子相处得更容易了。

在确实对某个孩子生气的时候，我们都会努力地克制怒火。要是失去控制的话，我们首先会因此而对自己心生愤怒。

| 让愤怒帮助你 |

情绪都是服务于目的的。有益的愤怒情绪能促使你去解决问题，首先是因为你不想让孩子的行为得不到纠正；其次，你不喜欢孩子的过失行为给你带来的困扰。这样的愤怒是有益的。

一般来说，我对宝宝的大声尖叫不太能够容忍。在我们的第八个孩子劳琳差不多15个月大的时候，她学会了发出让人受不了的尖叫，使我的血压一下子蹿了上去。随着年龄的增长，我的忍耐度降低了，我的耳朵也变得更加脆弱，劳琳的哭声触发了我的怒火，因此我不喜欢她，并且因为不能做到喜欢她而对自己也不喜欢起来。

如果我不生气的话，本来也许可以比较容易地处理劳琳的尖叫。但是，由于我很气恼，这种情绪就影响了我对劳琳的态度，于是我逼着自

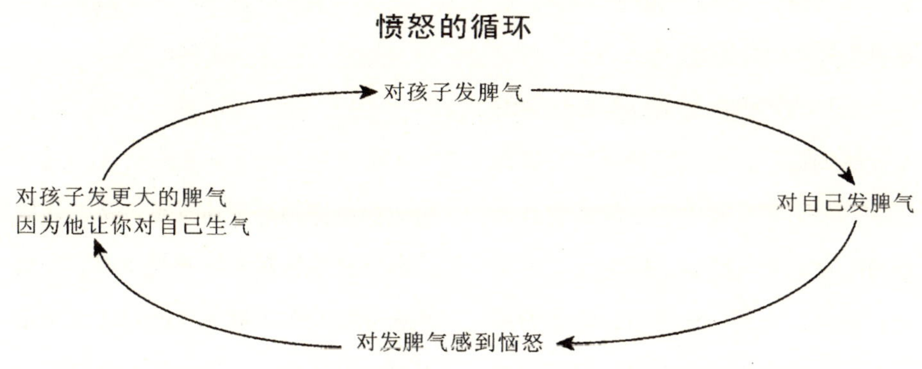

你可以在任何一个点上把这个循环打破，从而保护你自己和你的孩子

己对她的尖叫采取行动，这些行动我相信是不恰当的，对这个除尖叫之外其他各方面都很讨人喜欢的小家伙来说并不合适。我认识到了这一点。因此，我不再把心思放在我对她的尖叫有多讨厌上，而是关心起是什么因素导致了她的尖叫。

我尽量去预先判断出这些诱发因素。我发现，在她感到厌烦、劳累、饥饿或者被忽视的时候，她就会发出尖叫，特别是当她的哥哥斯蒂芬去招惹她的时候，她就会尖叫得更厉害。她是一个需要大人作出快速回应的孩子，尖叫帮她实现了这一目的。我的恼怒促使我去发现劳琳的问题，更警觉地去看管这帮小家伙。

现在，我已经变成了很聪明的家长，和劳琳在一起变得愉快多了。这是愤怒带来的好处。

如果你不把愤怒当成是要你去解决问题的信号，那么愤怒只会造成伤害。你任由它存在、不去解决它，最后只会让你不喜欢自己的感受、不喜欢你自己以及使你产生愤怒情绪的那个人。你的生活纠缠在本来可以忽略的那些琐事上。

不要让怒火冲昏头脑

如果你对一件事感到十分厌烦，怒火就会在你的内心燃烧，而且你也会把这种怒火发作出来。在把许多精力花费在情绪激动上之后，你可能会发现现实的情况实际上对每个相关的人都比你以为的要好。这种“后见之明”会使你不再头脑发热，帮助你以后在快要发作起来的时候驱散心中的怒火。我们关于避免在盛怒之下犯错误的座右铭是：“人无完人，这是由人的本性决定的。”

孩子做出不懂事的行为

| 警惕可能引起愤怒的高度危险因素 |

你是不是生活在让你感到愤怒的生活境况中？如果是这样的话，你就很有可能把自己的怒气发泄到孩子的身上。失去了工作，或者经历了类似的有损自信心的事件，这些都让你有足够的理由感到愤怒。一旦你已经怒火中烧，小过失很容易会被你看成是大问题。

如果你突然受到某个怒火触发因素的刺激，下面的这句话有助于你让全家做好心理准备："我希望你们所有人都知道爸爸今天过得很倒霉。我失业了，我感到很生气。我会找到另一份工作，我们大家都会好起来的，但是如果我有时对你们大吼大叫，那不是因为我不爱你们。我将努力让自己平静下来。"如果你的怒火大到实在难以克制，明智的做法是向孩子们道歉（在他们发脾气的时候，你也应该要求他们同样地作出道歉）："我对自己的粗暴感到很抱歉。我不该对你们大吼大叫，这不是你们的错，我并不是要对你们发火。"这将有助于你保持对自己的坦诚，弄清楚自己的弱点，并且帮助你保持高度的警觉，直到引起愤怒的因素被解决掉。

"我希望你把这些涂得乱七八糟的东西擦干净。你看，应该这样擦。"

在生活当中，总会有某些问题是你无法控制的。随着你在为人父母以及为人处事中变得越来越有经验，你会渐渐地认识到，在生活当中，你唯一能够控制的只有你自己的行为。你处理愤怒的方式决定了愤怒是为你和孩子所用，还是会给你们带来伤害。

10 CHAPTER 喂养出良好的行为

你吃的食物对你的一举一动都有影响。孩子如果有正确的饮食，就很有可能会做出正确的行为。孩子是否摄入了充足的营养，对孩子的品行有着深远的影响。有些孩子的小肚皮是什么东西都能吃的，他们吃下各种各样的零食，不会有什么异常，而另一些孩子吃了一颗软糖都会勃然大怒。通过给孩子安排正确的饮食，你就更容易培养他的良好品行了。下面我们就来谈谈如何做到这一点。

| 是否有些食物会使孩子焦躁不安 |

尽管科学家们声称儿童吃的食物和他们的行为之间没有什么关系，但妈妈们并不同意这一点。虽然还没有科学的证据能证明食物与行为之间的因果关系，但仍然有些父母明显地注意到，在一些孩子的身上，食物与行为存在相关性。你的孩子是否对某些特定的食物敏感呢？可以对照一下下面的清单。

- 在食用了某些特定食物之后的半小时内，你的孩子是否总是表现出莫名其妙的情绪暴躁？
- 是否有些食物会让你的孩子表现出攻击性、心绪不宁或者好斗？
- 是否有些食物会让你孩子的脾气暴躁？他的睡眠是否有问题？
- 在食用某些特定的食物或饮料之后，你的孩子是否会一连几个小时对人冷淡，或者做事漫不经心？

对行为造成不良影响的食物

每一种食物都有可能会给某个特

定的孩子带来不良影响，然而，有些食物成分对孩子的行为所造成的影响却是普遍的。在家长们看来，影响最为突出的是糖和食品添加剂。

| 引起不良行为的糖 |

有些糖能够被血液快速吸收，因而引起体内能量的陡然增加，但是血液中的糖分也激发了胰岛素这种荷尔蒙的突然释放，从而又引起了孩子血糖水平的跌落。当孩子的血糖水平比较低的时候，他就会情绪不宁、对人冷淡、缺乏耐心。

为了对降低了的血糖水平进行补偿，身体会释放出各种导致紧张的荷尔蒙，它们既能给身体带来好的影响，也会引起不良的反应。这些荷尔蒙通过释放肝脏中储存的糖分来提高血糖水平，但同时又提高了整个机体的紧张程度，使得孩子感到焦虑、

西尔斯养育手记 **良好的行为从饮食开始**

就像你吃的食物会影响你的行为举止一样，你食用食物的方法也会对你的行为产生影响。通过学习，我相信在选择营养方面，身体具有自己的智慧。这个关于营养的观念实际上由来已久，这种观念认为，如果你为孩子准备了各种各样有益于健康的食物，并且把这些食物做得很诱人的话，那么孩子会不多不少地吃下为他的机体处于良好状态所必需的食物。然而，在我们这个忙碌的大家庭中，我们根本没有时间和精力去为挑食的孩子操太多的心。下面是西尔斯一家在厨房里总结出来的诀窍。

为了鼓励学步期或者学前阶段的孩子养成良好的饮食习惯和良好的行为，你应该准备一个装零食的盘子。可以采用冰箱里做冰块的冰盒、饼干筒，或者带有格子的塑料盘，在每个格子中装上一小份颜色鲜艳的食物。把各种食物剩下的部分放在冰箱里进行保鲜。为每一种食物取一个诱人的名字，比如“鳄梨船”（四分之一只纵向切开的鳄梨）、香蕉轮子、煮熟的胡萝卜轮子、花椰菜树、乳酪积木、小圆圈（O形的谷类食品）、鸡蛋独木舟（煮透的鸡蛋纵向切成多瓣）、小棍子（长条的全麦面包）、月亮（削了皮的苹果切成片。

可以涂上一层薄薄的花生酱），或者叫做贝壳和蚯蚓（形状各异的意大利面食）。记住一定要在盘子中留出一格来放孩子喜欢吃的有营养的蘸料，如鳄梨酱或酸乳酪。

让孩子帮你一起来摆放零食盘（孩子们会比较喜欢吃自己亲手做的食物），然后把装好盘的美味放在孩子吃饭的桌上，或者在冰箱里位置较低的架子上专门为孩子留出地方来放盘子。

要鼓励孩子在一整天里的各个时候都从这个盘子里拿东西吃。这样，这个忙碌的"探险家"在屋子里跑来跑去地打着来回的时候，他就会时不时地停下来给自己补充营养。不要让孩子带着零食在屋子里跑来跑去（这么做对3岁以下的孩子是很不安全的，而且会把食物弄得到处都是）。

从零食盘中拿东西吃

你自己也应该采用健康的方式来吃一点零食，并且要和孩子一起分享。吃一点零食可以减小血糖含量的高低起伏，在孩子空着肚子跑来跑去的时候，可以使由于血糖水平起伏不定而造成的行为不稳定减至最小。

孩子们在两餐之间需要吃一些零食。日托所和幼儿园的保育员们（还有妈妈们）很久以前就已经注意到在午饭前和晚饭前，孩子们的行为会比较低落。这种行为低落可以通过分别在上午和下午的中段给孩子吃一点有营养的点心来加以预防。聪明的妈妈会在全家一起去购物时带上一袋点心。培养良好行为的最佳办法是始终让孩子吃有利于形成良好行为的食物，并鼓励孩子吃那些营养含量比较高的食物（小小的一块就含有大量的营养），比如鳄梨、完全用谷物做成的意大利面食、花生酱和乳酪等。

亢奋，并且暴躁。血液中糖分过多还会使孩子难以集中注意力，甚至会让他昏昏欲睡。这些有害健康的糖分种类繁多，在许多食物中都能找到，包括葡萄糖、蔗糖、右旋糖、砂糖、红糖等。这些糖就是糖果、糕点上的糖粉、调味酱、软饮料、多种谷物以及冰冻甜点的主要成分。如果仔细地阅读这些食品的标签，你会发现，在一些深加工的食品当中，包含有不止一种的糖分，它们加在一起形成了一记强有力的糖分“重击”。由于糖分提供了快速的能源，这些含糖食物就使那些对糖分比较敏感的孩子在情绪和行为上产生了强烈的不稳定。

| 能带来良好行为的糖 |

有一些糖要花较长的时间才能消化，这样的糖包括水果和蜂蜜中的果糖、乳制品中的乳糖。这些糖不会迅速地进入血液，但仍然给孩子提供了实实在在的能源。与前面提到的那些给孩子的行为造成不良影响的糖分不同，这些糖并不会激起荷尔蒙水平的攀升。在我们的孩子当中，有一个吃任何东西都要蘸调味酱，因而我们很高兴在食品店里能买到各式各样的甜果酱。

我们还发现，从水果中提取出来的果糖与从“高果糖”的淀粉糖浆中提取出来的果糖相比，有很大的不同。我们的一个孩子过去经常会暴躁地大发脾气，不再给他吃淀粉糖浆后就好了。他吃爆玉米花会感到头疼，因此我们推测果糖与他的行为之间存在一定的关联。3年前她曾经有一次猛吃果汁软糖，结果脾气发得简直像疯了一样。在甜味的食品中，淀粉糖浆还常常和蔗糖一起存在。

| 能够带来最佳行为的糖 |

各种复合碳水化合物是另一种

西尔斯养育手记　为养育而安排固定的进食时间

你也许受到某些养育理论的影响，认为应该让孩子按照固定的时间来进食。实际上这是错误的。多年来的经验和长期的研究都表明，为还在哺乳的婴儿安排固定的进食时间实际上有损于对孩子的养育。给孩子安排固定进食时间的整个观念是由用人工婴儿奶粉来喂养宝宝的想法逐渐发展而来的。尽管有些婴儿能够适应可预期的喂养时间安排，但大多数婴儿需要的是灵活喂养，从而使他们不时出现的生长高峰得到食物上的滋养。

了解你的孩子，这是良好养育的最根本的基础，而严格的时间安排往往会对这个基础造成不利的影响。我们可以想象一下，把三四个小时进食一次的时间安排强加到一个新生婴儿身上会发生什么情况，这种毫无科学依据的方法有时被称为“由大人控制的喂养”。孩子醒了，哭了起来，他是不是饿了？妈妈看了看时钟，从上一次开始喂他到现在才两个小时，因而她错误地认为宝宝不可能是感到饿了。于是她把孩子抱起来，但他继续啼哭。他感到饥饿，而妈妈执意地认为他不会饿。这个刚刚出生不久的小家伙实在是饿坏了，在出生之前他可从来没有体验过这种感受。他等不及了，因为他还没有时间观念。他只知道自己在那一刻的感受，但没人理睬他。他感到了害怕，在这样的情形多次反复之后，他就会不再相信自己的感受，或者不再相信他的妈妈。

在这个期间，妈妈正变得越来越不知所措，她不知道孩子为什么会哭得这么厉害。她无法抚慰宝宝、让他安静下来，因为她把给孩子喂奶的时间耽误了。妈妈没办法再忍受宝宝的哭闹，于是把他放回到摇篮里。最后，他在摇篮里睡着了，当时钟到点的时候他已经累得醒不过来吃奶了。

终于，严格的进食时间安排“训练”了这个宝宝，因为除了学会等待之外他没有别的选择。有些宝宝会学得比较慢一些。许多婴儿会坚持不懈地想让妈妈知道他是饿了，会大声地哭闹着嗷嗷待哺，不只是发一点小脾气。而对于那些学得比较快的孩子（他们放弃了，或者是天性随和）的妈妈来说，会觉得严格的时间安排真是很管用，因而会向遇到的每一位母亲宣传自己的经验。

我们来对比一下根据宝宝的“暗示”来给孩子喂奶并且让孩子自己安排进食时间的妈妈。这样的妈妈和她的宝宝形成了他们自己的通信系统，他们彼此信任，也信任自己，播撒下母子之间良好关系的种子。妈妈对孩子有很好的了解，几乎总是能知道如何照料他。最终，就形成了一个既灵活又可预见的模式；同时，由于这个模式来源于宝宝自己的需求和本性，而不是源自于外部的需要，因而宝宝会比较容易做出让妈妈满意的平和举动。妈妈一贯的、敏感的回应增强了宝宝的这种平和性情。

类型的糖，我们家的老奶奶把它们称为“糨糊”。这些糖具有比较长的分子，消化系统要花费较多的时间才能分解这样的分子，因而使得这种糖能像能量胶囊那样缓慢地释放能量。这种大分子的糖为机体提供了逐渐释放的、稳定的能源，让你能在比较长的时间内感到精力充沛，而且不会触发你做出古怪的行为。这样的食物有面包和饼干、去糖的谷类食品、意大利面食以及马铃薯。

其他有害食物

咖啡因是造成孩子和一些大人行为起伏波动的另一个“罪魁祸首”。尽管咖啡因对感到劳累的成年人能够起到有益的兴奋作用，但是它会给脆弱的孩子带来过度的刺激。咖啡因一般来源于各种软饮料（可乐、苏格兰威士忌以及某些牌子的汽水）、巧克力、咖啡和茶等。

食用色素

红色和黄色的色素可能与在某些孩子中引起的行为问题有关，这听起来多少有点奇怪。尽管研究未能发现

西尔斯养育手记 **饮食训练**

许多孩子成长在饮食充满情绪化因素的家庭里，食物往往成了宠爱或权力的代名词。下面是我们多年来收集的一些对孩子进行饮食训练的好办法。

- 在吃东西的时候避免心情沮丧。你花了“好几个小时”去为孩子采购和准备有益于健康的、用有机肥料培植的南瓜，并且满心喜欢地把几大块煮熟的南瓜给他吃。可他对你“辛勤劳动的成果”根本不屑一顾，几分钟后你发现，他一点一点地吃起了给小猫准备的食物。你应该放松一点，只管吃自己的南瓜，根本不要去动生气或失望的念头。
- 不要把食物作为一种控制工具。千万不要把食物硬塞给婴儿或儿童，让他们吃下去。如果他们喜欢吃的话，那就会张大嘴巴，或者自己拿起来塞进嘴里。你的任务只是提供有益健康的、营养丰富的食物。是不是吃这些食物，那是孩子自己的事情。千万不要拿着一汤匙的食物在后面追着他，硬要他把东西

吃下去。别为了让孩子吃完主食而威胁他“要不就没有点心吃”。也不要对孩子吃饭的好坏作任何评论。你应该把嘴巴闭起来，吃饭好坏是孩子自己的事。

● 尽管对于挑食的孩子，我们确实需要采取一点销售员的技巧和营养学知识来进行喂养，但是你也不必专门为他“开小灶”，也无须去满足他的每一种口味。在我们家里，如果一个孩子不喜欢我们正在吃的食物的话，我们就会用手指着冰箱，告诉他，他喜欢吃什么，可以自己去做。

● 要为孩子提供多种选择。“今晚想吃花椰菜还是豌豆？”不管想吃哪一种，孩子吃的都是蔬菜。应该让孩子帮你一起准备饭菜。到了7岁的时候，孩子们就有能力独立准备全部的饭菜了。他们会吃下自己做的食物。你可以让孩子列出他喜欢吃的东西，并且帮你一起去采购。或者，你也可以列出一张健康食物的清单，让孩子挑选他想要吃的东西。

● 你可能会说：“我的孩子只吃饼干。”请你记住，父母是家里的大人，家里的东西是你们买的。你有两个选择：要么别买饼干，要么就买全麦饼干，并涂上有营养的果酱给孩子吃。

● 在家里吃饭，可以采用两种方式：一种是控制的方式，只能由大人来拿食物给孩子吃，而不允许孩子们自己去开冰箱或食品柜；另一种是自助的方式，我们家就选择了这种方式。我们的食物柜里装满了有益于健康的点心，孩子们可以自己去拿来吃。我们很喜欢看到2岁大的孩子自己打开食物柜拿点心吃，因为里面的东西都是可以给孩子吃的。这为孩子提供了一条走向独立的途径，让他饿了就去吃，而不是在我们说他饿的时候才可以吃。

● 不要用食物来补偿孩子受到的身心伤害，也不要用食物来解决孩子们的争端。不应该对孩子说：“如果你们不再为这个玩具吵架，我会给你们每人吃一块饼干。”当然也不是完全不能采用这种方法，一种例外的情况是，可以用它来哄不肯离开妈妈乳房的学步期宝宝，妈妈的乳房不仅仅是用来给孩子喂奶的。同样，也不要用食物来作为对孩子的奖励。当你训练孩子使用厕所时，孩子可能很不情愿，这时你可以用食物奖励的办法来诱导他，可是一旦训练进行起来之后，你就应该取消食物奖励。你要培养起孩子对食物的健康态度，这是防止他以后饮食无序的一种有效手段。

● 你应该知道，饥饿的孩子、吃着垃圾食品或含糖量过高的食品的孩子都很难具有良好的行为表现。你可以午前和傍晚让孩子吃上一餐，或者吃一点有营养的、耐饥的点心，从而可以有效地防止孩子在上午和下午的晚些时候发脾气。

- 千万不要让孩子贪吃，因为这将有助于他学会生活中十分有用的一课——推迟满足自己的欲望。如果你自己总是要吃双份的蛋筒冰激凌，那么孩子就会学你的样，也要同样多的冰激凌吃。你应该在特殊的宴会场合才吃双份的蛋筒冰激凌，在一般情况下你应该只吃一份，给孩子作出推迟满足自己欲望的榜样。

食品添加剂和行为之间的因果关系，但据我所知，有些机敏的妈妈还是把孩子的行为波动归罪于食用色素。

| 不要超过限度 |

对于有些孩子来说，少量食用一种或多种引起不良行为的食物，并不会给他们带来什么不好的影响。但是，如果把这些不良的成分混在一起加入同一种食物，或者增大它们在食物中的含量，那么你就最好给孩子绑紧座位上的安全带，免得他跳起来。一根棒棒糖或者一杯软饮料中，含有大量的糖、咖啡因或者食用色素，孩子们对这些东西的反应是各不相同的。能为某个孩子提供能源的食物或者能使他解渴的饮料，另一个孩子吃了却可能产生不良反应。

假如你的孩子喜欢吃甜食，可是刚吃了一块从商店买来的蛋糕就会乱蹦乱跳起来，那也不必让他完全放弃吃甜食。你完全可以给他做他喜欢吃的甜食，但不要用砂糖或红糖，应该采用那些能够带来良好行为的甜味素，比如浓缩果汁，或者从水果和蜂蜜中提取的糖（用椰枣糖来烤点心就是相当不错的）。在自己家做的甜食中，根本没必要放任何食品添加剂和防腐剂，而且你对这些甜食中的成分也知道得一清二楚。

| 营养第一 |

为了让年幼的孩子们想要吃那些“能够使他长大的食物”，你应该限制他们吃甜食。在孩子小的时候，你就应该开始培养孩子少吃甜食的习惯。这样，这个习惯在他们的心中就会早早地扎下根。到了你很少有机会再对孩子吃什么发表意见的时候，这个习惯就早已养成了。别在孩子空着肚子的时候给他吃甜食，特别是不要把甜食作为孩子的早餐。你要明白，谷物加工成的大多数儿童食品都相当甜，完全可以被看作是甜食。“含糖的谷物不能作为你们的早餐”，这在我们家是一条严格的规定（但也有一种例外情况：作为特别的款待，过生日的孩子可以挑选他喜欢吃的甜食，并且用它作为早餐来招待到家里来过夜的小客人们）。你不能让孩子养成吃甜食的习惯，然而在用完晚餐几个小时之后，吃一点有营养的饼干或水果还是很有好处的。这样，就不会因为吃零食太早而在孩子腹内已有的“能够使他长大的食物”上面加一层含糖食物，从而影响消化。

密切追踪
引起不良反应的食物

食物确实有可能是造成孩子不良行为的一种因素，因而有必要花费精力去追踪引起不良行为的真正原因。你应该防止把各种问题都归罪于食物的倾向，有些问题实际上是由其他原因引起的。下面我们给出了一步一步地来进行追踪的方法：

| 第一步：记录孩子一个星期所吃的食物 |

5岁以上的孩子能够经常帮助你写下他每一餐（在家里和在外面）和各餐之间都吃了些什么，以及是什么时候吃的。

| 第二步：记录孩子的举止行为 |

把最让你担心的行为挑出来，记录下这些行为发生的时间。你应该仔细地询问孩子，并记录他的感受有怎样的变化，以及这些变化发生在什么时候。

| 第三步：找出联系 |

如果孩子每天都会食用或饮用相同的一种食品或者一组食品，那么孩子是不是每天都会表现出一些相似的行为问题呢？如果你的孩子在每天下午4点都会发一通脾气，而他在3点的时候都要尽情地享用海藻三明治，那么你就揪出了引起他发脾气的罪魁祸首。你应该问一问孩子，他认为哪种食物会给自己带来烦恼（如果他说“椰菜和菠菜”，那你应该懂得这些蔬菜一般不会对行为产生不良影响）。

| 第四步：缩小怀疑的范围 |

你至少应该在一个星期内不让孩子吃那些你怀疑的食物，看看那些不良行为是否有所消退。

| 第五步：挑战你的发现 |

为了验证你的发现，重新让孩子吃你所怀疑的食物，看看不良的行为是否又重新出现。如果不良行为确实又出现了，那么一种办法是完全禁止孩子再食用这种食物；如果孩子很喜欢这种食物，那就应该减少食用量，直到你弄清楚孩子对这种食物有多大承受力。

你会发现，通过饮食来吃出良好的感觉其实是一件很普通的事，养育中的许多练习也同样如此。

西尔斯经典语录

好行为是喂养出来的。通过给孩子安排正确的饮食，为孩子提供充足的营养，你就能更容易培养他的良好品行。

11 CHAPTER 早期睡眠训练

在一天24个小时中，婴儿和年幼的儿童需要花上相当一部分时间用于睡眠。但是在睡眠时，他们并没有脱离给他们以照料的外部环境。

在睡觉的时候，孩子仍然会学习许多东西。夜间的管教和训练并不仅仅是让孩子上床去乖乖睡觉，还意味着要帮助孩子培养起健康的睡眠习惯，并把良好的睡眠习惯带入到他的成年期。孩子如何度过夜晚是件很重要的事情。

婴儿在夜间的需求

睡眠充足或者缺乏睡眠会影响到孩子和父母的行为。父母和孩子都需要充足的睡眠。疲倦的父母是没法明智地管教孩子的，而疲倦的孩子也很难接受管教。因此你千万要小心，一定不要把你本来应该用来睡觉的时间浪费在做别的事情上。你应该对孩子在夜间的各种需求进行深入的了解，这会有助于你找到在夜间有效地管教孩子的方法。

| 婴儿的入睡与成年人有所不同 |

与婴儿相比，成年人从醒着的状态进入熟睡状态相对要快一些。婴儿和学步期的孩子需要经历一段比较长时间的轻度睡眠，然后才会慢慢地进入深度睡眠。

对父母来说，使孩子们安稳地度过轻度睡眠阶段，最后进入深度睡眠，这常常是一个挑战。这种正常的睡眠机制解释了为什么婴儿、甚至大多数2岁的孩子在没有你协助的情况下就没办法按你的要求躺下来马上睡着。父母们应该了解到：婴儿和学步期的孩子需要有大人照料着入睡，而不是把他们放在那儿让他们自己入睡。应该教他们学会放松自己，逐渐进入睡眠状态。

西尔斯经典语录

无论是怎样的夜间养育方式，只要是适合孩子，以及你的夜间睡眠习惯的，并且能帮助你们都睡好的，那就是最好的。适合的才是最好的。

| 婴儿自然醒来的次数比大人频繁得多 |

由于婴儿和许多3岁以下儿童具有时间比较短的轻度睡眠和深度睡眠周期，因而他们生理上的这个特点就决定了他们比大人更经常地醒过来。一旦一个人从深度睡眠状态到了轻度睡眠状态，那么他就进入了一个非常容易醒过来的睡眠脆弱阶段。婴儿的睡眠脆弱阶段在次数上会比成年人多一倍。父母们应该认识到，小孩子们应该被照料着重新进入睡眠。

| 夜间是小孩子容易受到惊吓的时间 |

当孩子夜间醒来并且发现只剩下他们自己的时候，年幼的孩子们通常会感受到与大人分离的焦虑。而且，孩子们也很难弄清楚梦幻和现实的区别，在醒来的时候，他们搞不清楚自己到底是醒了还是在做梦。他们处理夜间烦恼的能力要比成年人弱。父母们应该认识到，孩子们在夜间需要父母陪伴在身边。

| 性情决定孩子的睡眠习惯 |

有些婴儿生来就是睡不醒的人；而一些高需求的宝宝白天精力旺盛，晚上也难以入眠。因此，如果你的邻居夸口她的宝宝一觉睡到大天亮，而你的宝宝却做不到，你也不要责备自己。也许，她的宝宝生来就是这样，而你的宝宝天生就睡不好。“睡眠好的人”一半是天生的，一半是培养出来的。就算她的宝宝真的是一觉睡到大天亮，也有可能是她在夜间根本就没有把宝宝放在心上，宝宝已经不再醒来哭闹了。

夜间管教的若干原则

不存在一种通用的办法可以让每一个孩子都能睡个好觉，也不存在能让每一个孩子都睡好的地方——有的只是适合你孩子的办法和地方。父母们应该学会：无论是怎样的夜间养育方式，只要是适合孩子的夜间睡眠习性，并且能帮助你们都睡好的，那么你都应该乐于去尝试。

你应该认识到，你在夜间对孩子进行管教的主要目的是帮助孩子培养起健康的睡眠态度，帮助他们懂得进入到睡眠状态中是很愉快的、沉沉睡去并没有什么可怕。下面我们就来教你培养孩子健康的睡眠态度的各种方法，首先，你应该从孩子的婴儿期就开始你的培养。

西尔斯养育手记　孩子夜间醒来的原因

在孩子的童年阶段，夜间偶尔醒来是不可避免的，有时候你必须放弃自己的睡眠需求，去满足孩子夜间醒来想要得到大人关心的需要。然而，如果孩子在夜间频繁地醒来，那就是既不正常也不健康的了。为了使你自己免遭夜间无法安睡的折磨，你应该像查找发烧原因那样仔细地找出孩子为什么会在夜间惊醒。下面列出的一些原因有助于你着手进行查找。

- 害怕独自一个人睡觉。
- 家庭困扰，如搬家、离婚、疾病等。
- 转学。
- 父母中的一方出门去了。
- 家庭中有一个成员出现了情绪波动。
- 孩子的情绪消沉、沮丧。
- 恐惧的电视、电影和书籍。
- 与伙伴或兄弟姐妹之间出现了问题。
- 各种环境刺激因素和致敏物质：比如烟雾、灰尘、动物的毛皮等。
- 各种医学原因：肠道寄生虫、呼吸道过敏、食物过敏、耳朵感染等。

形成一套夜间管教的观念体系

“你的宝宝是不是一觉睡到大天亮？”一定经常有人问你这个问题，问的人既可能是关心你夜里休息得怎样，也可能在某种程度上把宝宝是否能一觉睡到天亮与你养育得好不好划上了等号。

指望婴儿甚至大一点的孩子一觉睡到大天亮是不现实的。对于那些向你兜售各种使婴幼儿在夜间不打搅父母的方法的所谓睡眠训练者，你一定要提高警惕。这些人的方法无非是同一种做法的改头换面，这种令人讨厌的做法就是“任由孩子去哭”。这个被广为宣传的随孩子去哭的做法能很快起作用，但你千万要小心，不要盲从这种权宜之计。它不仅在父母和孩子之间造成了距离，而且使你不会去探究孩子休息不好的原因，也妨碍了你想方设法地去解决孩子的睡眠问题。每一种情形都有它的独特性，对于各种复杂的睡眠问题来说，不存在简单的解决办法。

我们建议你不要采用“关上门，堵上你的耳朵，随孩子去哭”的做法，而是要采取另一种变通的手段。孩子们应该在最初的两年中学会健康的睡眠态度和健康的生活态度。如果婴儿是睡在妈妈的胸前或者睡在照料者的怀抱里被带大的，他就会形成这么一种睡眠态度：进入睡眠状态是十分愉快的。如果婴儿能够睡在父母的身边，在他夜里醒来啼哭的时候，父母能对他作出敏感的回应，那么宝宝就会懂得沉浸在睡眠当中其实是一种很安全的状态。因此，父母在夜间的亲密养育就为孩子确立健康的睡眠态度奠定了基础。

如果孩子长大一点之后仍然存在某些麻烦的睡眠问题，而且你在他婴儿期没有对他进行高度敏感的夜间养育，那你也不必失望。要做到与你的孩子重新亲密起来，永远都不嫌晚。无论你采用了哪一种高度接触、高度响应的夜间养育方式，你都能教会孩子懂得夜间养育的两个体验：进入睡眠是一种很愉快的体验，进入沉睡状态是很安全的。

选择合适的卧室

许多第一次有了孩子的父母都会提出他们的孩子应该睡在哪儿的

疑问。正确答案是任何地方都可以，只要你们都能睡得很好。有些婴儿在自己的房间会睡得比较好，有些在父母房间里自己的小床上会睡得更好一些，也有些婴儿最喜欢睡在父母的床上。睡觉的地方也可以随着孩子的每一个成长阶段而不断变化，可以是孩子在婴儿期与你们睡在一张床上，而到了学步期自己一个人睡，也可以倒过来，婴儿期一个人睡，学步期与你们睡在一起。

在40年的儿科实践中，我们遇到了许许多多的家庭，他们采取了各式各样的夜间养育方式，对此我们进行了一系列观察：老练的父母常常会欢迎宝宝睡在他们的床上，因为经验已经使他们认识到，这样做无论是对宝宝还是对他们自己来说，都会比较轻松一些。这样的父母对自己在夜间宝宝有了需求时所作出的直觉反应有比较强的自信，并且不容易受外界建议的影响。而新手父母常常会鼓励孩子与他们分开睡觉，原因就在于他们还没有发现夜间和宝宝亲近的重要性。他们更容易为左邻右舍的风气所影响，也比较容易受到睡眠专家的危言耸听的摆布，那些睡眠专家们会告诫说，如果你让宝宝睡在你们床上的话，孩子最终就会有依赖性。而我们发现，从总体上来说，相对于那些与父母睡在一起的宝宝，与大人分开睡的孩子（主要是那些没有受到亲密养育的宝宝）往往有更多的行为问题。

那么，让宝宝与父母睡在一起对亲密育儿有怎样的重要性呢？这个问题的答案存在于另一个问题当中——你希望在多大程度上回应你的宝宝？另外，你的宝宝自己一个人睡觉时睡得好不好？有些父母从孩子出生的第一天起就自然而然地倾向于和孩子睡在一起，他们知道这样的亲近对于孩子来说是最好的，他们对和孩子睡在一起感到很兴奋，并且根本不介意为此而改变生活方式。在生活方式的这些变化当中，有些实际上能使新手妈妈过得更轻松一些。有一位妈妈这样说：尽管她曾经对第一个孩子能够独自睡得很好而感到开心，但她认识到自己使孩子“对他的小床产生了依恋”。通过和宝宝一起睡觉，她使后面的两个孩子更依恋于她这个妈妈。

另外一些父母采取了一种“等等

看”的态度——每个夜晚都换一次睡觉的地方。如果他们的宝宝在他们床边的摇篮里能够睡得很安然，或者在另一个房间里的婴儿床上（带有一个监控器，使他们容易听到她的声音）能睡得很好，他们会对这样的安排感到满意。然而，他们也会充分地考虑宝宝睡眠方式发生改变的可能性，如果宝宝很明显地想要在夜间更亲近他们，那么他们就会考虑重新进行安排。

下面来讲一讲我们在和孩子睡在一起这个问题上是如何历经坎坷的。我们的前三个孩子都睡在自己的婴儿床上，但是我们从来都没有扔下他们不管，从来都不会让他们独自啼哭。当我们的第四个孩子大吵大闹地让我们明白她想要在夜里和妈妈睡在一起时，我们听从了她的愿望。在1978年，这种做法是相当大胆的，因为当时广为流行的建议曾预言说，如果让宝宝和我们睡在一起的话，会产生一系列可怕的后果（宠坏了孩子，孩子会离不开你们的床，会毁掉你们的性生活等）。但是，我们更关注的是让她一个人去啼哭会造成的后果（缺乏信任和亲情），以及玛莎一夜不断地起来看她四、五次所带来的后果（精疲力竭，几乎完全崩溃）。自从我们开始顺着宝宝夜里频繁醒来的内在原因（宝宝需要亲近感和安全感，使自己可以放松下来、进入睡眠）去安排孩子的睡眠之后，我们和孩子都开始睡得更好了。我们现在很想知道我们的前三个孩子小时候是否也更愿意和我们睡在一起，但是他们在婴儿期的性情就都很温顺，从来不曾执意地对我们说他们想和我们一起睡。

自从我们找到了这个有效的办法之后，我们就在后面的四个孩子身上保持了夜里睡在一起这个好传统。这种做法很明显地使玛莎的生活更轻松了，因为她得到了更多的休息，而且我们俩在一起享受到了由此所带来的更多的和宝宝在一起的时间。我们这么做的主要原因是认为婴儿需要靠在一个温暖的身体旁边睡觉。我们并不担心宝宝会在我们床上睡多久，就像我们不担心宝宝要哺乳多长时间一样。有人会提出这样的警告：“他会离不开你们的床。”这句话有一定的道理。只要这种需求存在，婴儿以及学步期的孩子依然需要保持这样的睡眠安排。就像我对一位做空姐的妈妈所解释的那样："如果一个乘客习惯了坐头等舱，他就不会喜欢坐普通舱的位子了。"如果学步期的孩子在任何一个方面都受到了快快长大的催促，他们会清楚地感觉到这一点，而且他们感觉到的压力越大，他们就越会反抗。到了差不多2岁时，许多与父母睡在一起的孩子会自然而然地开始有和父母分开睡觉的念头。到了3岁时，他们常常会愿意在你床边的地板上放上他们自己的床垫，要么睡在自己房间（或者兄弟姐妹们的房间）的床上。

一位妈妈在夜间与她18个月大的宝宝达到了完美的和谐，她有以下的陈述：

我们18个月大的宝宝现在仍和我们睡在一起，他夜里仍然还要吃奶，但大多数时候我甚至都没醒过来。在夜间，我们有着根本不同于白天的依恋。白天，他忙着玩耍，他当然需要我，但原因与夜里是不相同的。白天他是我的小男子汉，而夜里他是我的小宝宝。夜晚的时间是他重新与我亲近的好机会。

我与我们的第一个孩子就没有这样的夜间和谐，我没有和他睡在一起，我明显地感觉到了不同的地方。贾森更愿意听我的话，我对他来说是很重要的，因此他不太会做惹我心烦的事。如果我不得不责骂他，他会立刻作出反应并且道歉。而我的女儿往往要半小时后才会作出回应。比起了解我的女儿来，我对儿子了解得更多，我们两个很对路子。他咿咿呀呀、不清不楚地说着，可我知道他在说什么、他想要什么。我丈夫会问我说："你怎么知道他在说什么？"我就是知道。我不想说有心灵感应之类的东西，但是似乎我们的脑电波是一致的。贾森很喜欢上床去睡觉，因为他对自己度过夜晚的方式感到喜欢。而在我女儿小的时候，要她上床去睡觉简直是太费事了。现在，我自己也睡得比以前好多了。

在我把主动权交给了贾森之后，我发觉这使我过得更轻松了，于是对我来说就出现了转折点。当我听从于他的需要，而不是听从于我认为他有什么需要时，我的夜间生活就进行得相当顺利。我没有感觉到他是在控制我，这样的做法给我们都带来了好处。实际上，我感到我对贾森比对我的女儿更有权威，因为我更清楚地了解他，而他也更尊重我。这使得我管教起他来相当容易。

就像给孩子健康地断奶一样，让孩子不再与父母睡在一起也是要逐步进行的，也许往前走了两步又要回头退一步。在出现了过度的压力和病痛的时候，你就应该打算往回退一步。当一个新宝宝降临到家庭里来的时候，就可以让大一点的孩子采用任何一种不会出现危险的方式逐渐地进入他自己的空间。现在，只剩下一个孩子正式地睡在我们的房间里。3岁的劳琳睡在我们床边她自己专用的小床上，有些早晨当我们醒来的时候，会发现她还是爬到了我们的床上来和我们睡。

| 孩子的夜间习惯会反映出他们白天的行为 |

在白天感觉良好的孩子在夜里会睡得更好（当然，反过来也一样）。你是否曾注意到，如果你白天感觉不错，那么晚上也会睡得相当好。如果你的宝宝以前睡得很好，现在却在夜里睡不好了，那就应该留意一下是不是在他的整个环境中出现了某种干扰因素：是进入了一个新的成长阶段呢，还是开始上托儿所或幼儿园了？是在与兄弟姐妹的相处中受到了压力呢，还是受到了父母婚姻关系的压力？像大多数的行为问题一样，随

西尔斯养育手记

睡眠时间即是补救时间

千万不要让你的怒火过夜。这条建议对于管教孩子是很有用的，对于和配偶在一起生活也很有价值。如果你和孩子在白天发生了冲突，夜里一起躺在床上就为你们提供了补救的机会。孩子在准备入睡的时候会更乐意接受你对他说的话，而且夜晚宁静的环境也更有利于亲子关系的修复。相互之间的道歉，紧紧的拥抱，再次表白相互之间的爱意，所有这些都驱散了感情紧张的气氛，让你们双方在第二天又有了相互亲密的感觉。

着孩子内心健康的整体改善，睡眠问题也会有所好转。即使是大一点的孩子，如果在学校里遇到了问题，或者同伴威胁到了他的自信心，那他仍然会受到睡眠障碍的折磨。

处理常见的夜间养育问题

在帮助孩子培养起健康的睡眠态度的同时，父母还应该让孩子学会上床睡觉并保持沉睡状态，这是夜间养育要完成的任务。下面列出了父母们经常向我们咨询的各种常见的夜间养育问题。

抗拒睡眠的孩子

我们3岁大的孩子对要他上床睡觉是完全抗拒的。在晚上10点以前要把他弄上床去睡觉简直就好比是一场战斗，而到了那个时候，我都感到很困了，可他一点儿都不困。

父母常常指望他们的孩子在需要睡觉之前早早地上床去，而睡眠不是你能将孩子赶着去进入的一种状态。比较好的做法是创造环境，让睡意袭上孩子的心头。

首先，你要确定孩子已经困了。你不妨取消或缩短孩子的午睡时间，或者让他早一点睡午觉。睡前应该用让孩子逐渐放松下来的相互交流（比如，洗热水澡、讲故事、玩安静的游戏，或者吃一些有营养的点心等）来取代那些让孩子更加兴奋的活动（比如，看恐怖或者刺激性的电视，看摔跤比赛，吃含糖的点心等）。合理的、有规律的睡眠对于各个年龄段的孩子来说都是有益健康的，并且使困乏的父母能够比较省心。

上床时的固定程序有助于孩子平静地入睡，前提是他们已经感到困了。应该采取比较简单的固定程序，比如：吃点心→刷牙→换睡衣→讲故事→祈祷→依偎在妈妈或爸爸的身边等。这些事需要你和孩子一起来做，这么做是值得的，因为差不多在半个小时之内，你的孩子就会进入梦乡。

请你记住，孩子需要的是开心、快乐，如果不睡觉会玩得更开心，他们就会对上床睡觉产生抗拒。在我们家里，上床睡觉是件快乐的事情，是不需要抗拒的。你应该使上床睡觉的时间变得特别而且有趣——但要采用一种安静的方式。应该将孩子最爱听的故事留到上床的时候来讲，前提条件是只有孩子在指定时间已经上床之后，你才讲那个故事。最能使孩子沉沉睡去的故事是那些有着数数和重复内容的故事。应该用孩子最喜欢的那些故事人物拼成一个长的故事：小熊维尼和小老虎一起去钓鱼，他们钓上了一条蓝色的、两条红色的、三条绿色的。当然，不要仅仅去数数——应该对每一次“钓”的过程作一定的描述，讲讲它们坐到船上、拿出诱饵、装上钩、把钓钩抛出去等一系列的动作，在你的孩子进入梦乡之前，小熊维尼和小老虎也许已经幸运地钓上来半打的鱼了。

上床睡觉时的一个固定程序能使孩子习惯于在头脑中形成一幅画面，这个程序能帮助他们放松下来，习惯性地产生马上就要睡觉了的想法。在你开始讲故事之前，告诉孩子他必须静静地躺下来。特殊的就寝程序应该带有一些附加条件，比如可以告诉孩子：“9点以后就不能再给你们挠背了。”你要采用孩子喜欢的办法来诱导孩子上床睡觉，如果夜里他肯听话，那么就应该给他奖励。

玛莎附注：在写这本书的时候，我们认识到，对付我们家的小夜猫子劳琳的一个方法就是对她还没有准备好上床去睡觉的状态采取尊重的态度。虽然我们总是进行惯常的就寝程序，但有些晚上到了劳琳平常上床睡觉的时间她还根本不困。她已经完全准备好上床去听故事，但给她讲了四五个故事之后，我能感觉到她还是毫无睡意。她很开心地躺在那里，听一个小时的故事，然后把灯熄掉，听着摇篮曲，在床上翻来覆去（在这样的夜晚，我总是先睡着了）。如果我没时间陪她，那么我会从床上爬起来，告诉她，只要不惹麻烦，她可以静静地玩。然后我就花上一个小时来写作，一边等着劳琳玩累了，上床就能够很快睡着。

拖拖拉拉的孩子

我花了一个小时才使我们4岁大的孩子睡着。最后，他终于睡着了，但是到了这个时候我已经疲倦得没办法再去做其他的事了。

随着我们养育更多的孩子，我们越来越多地注意到孩子们所做的一切都是为了满足他们自己的需求。除非是生气了，或者是与父母的关系相当疏远，否则的话孩子们不会在睡觉前躺在床上玩闹，故意去惹恼父母。其实，你应该把孩子躺在床上对你的亲近看成是对你表示的敬意。他喜欢和你在一起，并且不愿意放弃白天的那些欢乐。这时，你要用孩子已经疲倦了的眼光来看问题。上床前的那段时间可能是一天中你唯一关注他的时候，如果真是这样的话，你就应该放轻松一些，和他一起来享受这段时间。在那些白天得不到父母关注的孩子当中，上床拖拖拉拉的情况是特别普遍的。如果父母白天都外出工作，孩子们一般都会将就寝仪式在时间上的拉长看成是他们天生就有的权利，这是一段特别宝贵的与父母亲近的时间。

夜晚，当你感到自己耐心比较差的时候，看看录像可能会有助于让抗拒睡觉的孩子放松下来，或者让拖拖拉拉地不肯上床的孩子变得安静起来。挑选一部能让人心情平静的录像，坐下来和孩子一起看。这样，你就可以和孩子挨着靠在一起，不用费多少工夫就给了孩子睡觉前的亲热。在马修3～4岁的时候，有许多晚上我们都这样相拥着坐在懒汉沙发里，他边看《小姐与流氓》（英文名称为“Lady and the Tramp”，是迪斯尼的经典动画片。——译者注），边打起了瞌睡。

当父母中的一方外出时

我丈夫常常出差，当他不在家时，我们3岁的孩子就会睡不好，经常在午夜的时候跑到我房间里来。我怎样才能让他在爸爸不在家时睡得好呢？

当父母中的一个不在家时，孩子们一般都会感觉到家庭气氛的变化，如果你们家是一个感情十分亲密的家庭，那就尤其会如此。

父母一方的外出使孩子的安全感受到了威胁。为了减轻孩子在夜间的不安全感，在你床边的地板上放一个睡垫或者睡袋，把它作为爸爸不在家时的“专用的床”，让孩子睡在这个

西尔斯养育手记

当好夜间心理辅导者

临睡前躺在床上的那段时间是解决孩子幼儿期问题的良好时机。在白天沉默寡言的孩子到了夜里常常会吐露他的情感。孩子可能需要卸掉白天的重负，从而轻松地进入梦乡，如果孩子出现了这样的迹象，你就必须加以警觉。你应该让孩子一步一步、慢慢地向你敞开心扉，一种好的做法是给孩子挠背、让他放松下来。然后，你应该给孩子以鼓励，让他讲出自己的心思，而不要想方设法地去窥测他的内心，可以这么对他说：“亲爱的，我想你是遇到了一些麻烦。如果你愿意告诉我的话，我会尽力帮助你的。”

特别的地方所带来的乐趣会使他忘了害怕，而且与你的亲近也能够打消他的恐惧感。甚至当爸爸在家的时候，你也不要拒绝这样的睡眠安排。如果他外出了很长时间，那么你可以让家里的孩子都和你睡在一起，这种夜间的亲近是弥补离别时光的有效办法。

如果爸爸或者妈妈经常出门的话，与大人离别的焦虑会使孩子睡不安稳。

4岁以下的孩子无法懂得爸爸或妈妈两天后就会回来。如果我们俩或者其中的一个不得不外出，我们总是会让孩子明白我们什么时候回来，以此减轻孩子们对于离别的焦虑。我们把他们带去机场，让他们看着飞机起飞。当我们在外地的时候，每天都会打电话回家，而且会让代我们照管孩子的人把孩子们带去机场接我们，看着我们从飞机上走下来。

你的孩子可能还理解不了“两天”的概念，所以应该采用他能够理解的具体说法来告诉他：“今天我们要去商店，还要去奶奶家，然后回来睡觉。明天，我们去和小朋友们一起玩。再睡一觉，然后爸爸就会回来了。”你可以画一张图表或者图画，每件事情发生之后就在上面打个叉叉把它划掉。另外，还可以让爸爸录盘磁带，录下他讲孩子最喜欢听的故事和唱催眠曲的声音。

夜半造访者

我们3岁大的孩子时常半夜爬到我们的床上来，他冰凉的小脚靠在我的背上，把我弄醒过来。

在孩子有着高需求的时候，夜半三更跑到你的床上来是一点儿也不奇怪的，这样的事在孩子的养育中必然会碰到。

夜间对孩子的养育会给孩子传达两方面的信息：（1）夜里是睡觉的时间。（2）如果你睡不着，我会帮你的。

你应该制定出在卧室里必须遵守的规则，从而使你能对夜晚的时间进行掌控。应该教孩子学会尊重你的睡眠需求。把一个床垫放在你床边的地板上，把它作为孩子“专用的床”。如果孩子需要一个比你的床更能吸引他的铺位，可以在你的床边放上一个上面有小熊维尼或正在流行的热门图案的儿童睡袋。

要给孩子定下规矩：“爸爸妈妈需要睡觉，因为如果我们睡不好的话，明天我们就会情绪不好。如果你感到害怕，一定要到我们的房

西尔斯养育手记　爸爸，我还要听故事

就寝的时候，孩子的小脑袋处在对你的话乐意接受的状态。你躺在床上讲的故事在白天的时候孩子可能根本听不进去，而在就寝时你却可以巧妙地插进一些对孩子的教导。你自己的成长岁月就可以用来编出一些相当棒的故事。你应该用愉快的故事情节和值得敬仰的价值观念来陪伴他进入梦乡。

日复一日地这么给他讲故事，那些点点滴滴的智慧将会日积月累地充实他经验的宝藏。数年之后，这些就寝时受到的教育将在他的生活中发挥重要的影响。临睡前的祈祷自古以来就是一项传统，它能有效地抚平生活中的创伤，让孩子传承父母的价值观和信仰。

再提一点建议：尽管孩子已经合上了眼睛，但他的耳朵仍在敏锐地聆听着故事的情节。我们的一个7岁大的小朋友要求他的妈妈“继续往下讲——我就是睡着了，也还在听你讲故事”。

间里来，我们会为你留着门，但是你必须踮起脚尖像米老鼠一样轻轻地走进来，轻轻地爬上你‘专用的床’，安安静静地进入梦乡，别把我们吵醒。”

这样的阶段很快就会过去。如果他还是要吵醒你们，那你也不必大惊小怪，把他带到他的床垫上，和他躺在一起，直到他睡着为止。如果他不愿意遵守规则的话，那你就应该心平气和地把他送回他自己的房间。要不了多久，他就会要么待在自己的房间里，要么静悄悄地到你们的房间里来，不再拿他冰凉的脚来靠在你的身上（你还可以让他在夜里穿上袜子，并教他安静地躺在你的身边）。

我们认识的一对有创造性的父母采用了下面的做法来解决孩子半夜造访的问题：

在我们搬家之后，4岁大的乔西总是要和我们睡在一起。即使他已经在自己的床上睡着了，他也会在凌晨3点左右爬到我们的床上来。虽然我们很喜欢搂着他睡，特别是在我们和他都睡着了的时候。但他在半夜之后会胡乱踢腾，害得我们夜里和他睡在一起时，大半夜都要用手交叉着护住身体的敏感部位。

于是我们想出了一个办法，我们告诉乔西，我们很喜欢和他睡在一起，但是现在他已经长大了，如果他整夜睡在我们的床上，我们就会睡不好，这会让我们成为疲倦、暴躁的父母。

我们进一步向他解释说，要是每个星期只有一次睡不好，我们倒还能对付。所以我们画了一张图表，告诉乔西如果他在星期一到星期六的夜里都能整夜睡在自己的床上的话，那么星期天他就可以整夜都和我们一起睡。现在，乔西总是渴望自己一个人“好好”睡觉，以便在星期天的夜里与我们共同享受相拥在一起的快乐。

妈妈重新工作后，孩子会半夜醒来

我最近又重新去做了一份全职的工作。从这以后，我们初学走路的孩子常常会在半夜醒过来，爬到我们的床上，而且他好像根本就不愿意上床睡觉。这两者之间是不是有一定的联系？

在妈妈重新出门工作之后，孩子的这种夜间行为是常见的。你的孩子是要告诉你他在白天很想念你，在夜晚这个时候他更需要你。你应该把孩子的这种行为当作他对你养育她所表示的敬意。

你可以试着去延长就寝程序，从而给他更多的关注。你可以把一个床垫或睡袋放在你床边的地板上，也可以放在你床上的一侧。如果你的孩子已经足够大的话，那就应该为他规定一些条件，就像前面标题为“夜半的造访者”中所提到的那样。

如果孩子睡的还是婴儿床，你可以试一试类似于摩托车侧斗的做法：把你孩子的婴儿床靠在你的床边，把挨着的这一边的栏杆去掉，确保婴儿床的床垫与你的床垫在同一高度上。这种摩托车侧斗的做法既充分保证了你和孩子各自的睡眠空间，同时又为孩子提供了他夜间所需要的亲近。

如果上面的这些做法都不能给你的小宝贝带来满足，那就只好让他睡在你的床上——如果这种安排能让你们都睡得好的话。这种夜晚的亲近可以在一定程度上弥补孩子在你白天离开时对你的思念。

你可能会这样想：“可是我已经这么做了。他这不是在控制我吗？”你应该从另一个角度来考虑这个问题。一个敏感的管教者既考虑自己的需要，同时又尊重孩子的需要，采取的态度与你处理和另一个成年人的关系是一样的。这种管教是建立在爱的基础之上的，并不是采用了压制的办法。它会产生持久的影响。

这里还需要考虑另一个问题：由于父母双方都要外出工作，让孩子早早就上床睡觉是很难做到的。否则的话，孩子与父母每天就只能在晚餐前的那一段“欢乐时光”进行相互交流，而这时的孩子一般来说是相当疲倦的，行为表现处在最低潮。为了避免出现这样的情况，你可以要求照料孩子的人让孩子在午后打上一个盹。这样，当你下班回到家的时候，他就会精力充沛，比较容易与人相处。可以考虑把就寝程序的时间拉长，并且晚一点上床睡觉，这样就能够给你的孩子带来更多的与你亲近的欢乐时光。

孩子太早醒来怎么办

我们3岁大的孩子在早上5点钟就醒过来玩了，他很精神，充满活力，马上就可以开始新的一天了，而我却还没睡够。

在这里，你优先考虑的是自己睡眠的需要，而不是孩子的玩耍欲望。应该严格遵守以下的规矩：夜晚是用来睡觉的，不是用来玩耍的。父母可以这样说："你不可以吵醒爸爸妈妈，除非是你病了、感到害怕或者确实需要帮忙。我们需要睡觉，否则第二天我们就会是不开心的爸爸妈妈。"如果你的孩子早早就醒来做好了玩耍的准备，而且第二天看起来并不感到困乏，那有可能是他已经睡够了，是要醒过来了。你可以让他晚上晚点上床睡觉。

我们采用过这么一个夜间技巧，它偶尔能获得成功：当你的孩子醒过来跑进你的房间、已经可以开始玩耍的时候，你把他抱到你的床上来，然后试着重新入睡。亲密地抱着他，让他能够放松，这样你就很有可能使他重新睡着。如果他扭动着要挣脱你的怀抱，那就顺其自然好了，你尽管放宽心，这个给你们添麻烦的小家伙会让你们睡你们的、他玩他自己的，直到叫你们起床的闹钟响起来。

如果你的孩子确实已经醒过来想要玩的话，你就应该给他安排一些其他的活动让他自己去做，不要让他来打扰你们。你可以在他的房间里他容易拿到的地方放一些点心，以满足他早上的食欲，免得他在早餐前感到饥饿。你可以示范给他看："如果你醒过来了，应该像这样安静地在自己的房间里玩耍。"告诉他怎样玩那些没有声音的玩具，比如没有响声的积木和用海绵橡胶做的玩具，对他说："我们一醒来，就会到你的房间去看你弄了些什么。"

在夜间怎样做好爸爸

每天晚上我都要陪伴我们2岁大的孩子上床睡觉，到现在他依然要吃着奶才肯入睡，我也很乐意这么做，但有时我需要休息一下，可他总是不肯和爸爸一起睡。

孩子们喜欢由一个大人陪他们入

睡，而不喜欢由另一个陪，这是很正常的。但是夜复一夜地进行同样的就寝程序，即使是对于最尽心尽责的妈妈来说，也会感到筋疲力尽，而且它使孩子无法体验到父母不同的照料入睡的方式。如果爸爸能经常安抚学步期的孩子、照料孩子入睡，那么就可以避免这个问题。

婴幼儿们应该习惯于父母双方各自独特的就寝程序，这是有益的，也是必需的。妈妈们要知道，你的宝宝“必须”由你陪伴着入睡的原因是你给他喂奶能使他放松下来进入梦乡（爸爸也可以帮助他放松。可以给他讲成长的故事、为他挠背，带他去走一走或者开车兜兜风，无论具体做什么，只要能帮助你的孩子放松下来就行）。

在上床躺下来之后，你应该时不时有意地离开孩子的身边。如果妈妈在旁边的话，有些孩子就不会愿意和爸爸一起睡。可是一旦他们接受了必须和爸爸一起睡的现实，他们也就只好退而求其次，尽情地享受爸爸带来的欢乐。

你不要总是不放心地跟在丈夫的身边，也不要孩子一不愿意和爸爸在一起你就马上插进来。你应该给爸爸和孩子充分的时间和空间去建立他们俩的就寝程序。

不肯睡午觉

我们3岁的孩子总是不肯睡午觉。我知道他其实很困，到了午后的晚些时候，他都像熊一样懒得动了。我怎样才能让他午睡呢？

在4岁以前，许多孩子都需要在下午睡上一会儿（或者父母要求他们睡一下）。午睡具有恢复精神的作用，可以使孩子得到放松和休息，充电后继续一天的生活。对孩子的养育在一定程度上能帮助孩子培养起各种习惯，使他（和整个家庭）的生活进行得更加顺利。当孩子的行为表现在下午的晚些时候不再低落时，那么他就已经长大到不需要午睡了。

有时候，孩子拒绝午睡的原因是大人向孩子提出午睡的要求而大人自己不睡。为了能起到作用，你应该和他一起躺下来，闭上眼睛。妈妈通常需要和孩子一样多的休息，而且你会发现，中午休息一会儿能够起到治疗作用。忙碌的父母常常会这么想："现在我可以去做点事了。"你可千万不要屈从于这种想法。渐渐地，你的孩子就会养成在规定的时间睡午觉的习惯，不再需要你的陪伴。

为了对不肯睡午觉的孩子进行诱导，你应该允许他在家里的任何地方午睡。什么时间睡、睡在什么地方以及怎样睡，那都是孩子自己的事。你应该为孩子安排一个"午睡的角落"。这个专门的地方可以是在墙角里、在床垫上、在桌子下，也可以是在毛毯围成的小帐篷里。可以尝试用一个大的纸板箱，开个像猫洞那样的门，让孩子在困了的时候能够爬进去。孩子们自然而然地想要在花园和房间里的各个角落建立自己的藏身之处，上面的做法就是利用了孩子这种自然的欲望。

如果我们只是躺下来陪着他的话，我们那个"忙得要命"的2岁大的孩子根本就不会放松地睡午觉。于是，玛莎开始每天在适当的时候推着婴儿车带他出去兜兜风，回来后，他能在停在门厅中的婴儿车里睡上差不多一个小时。

尽管你不能强迫不肯午睡的孩子去睡午觉，但你还是可以创造出一个让睡意降临到孩子身上的环境：比如在午饭后讲个故事，睡在光线暗一些的屋子里，放上一些轻柔的音乐等。你可别指望这些环境条件每次都能让他入睡，否则的话，你会因为这个小家伙不肯闭上眼睛而感到恼怒。他可能很疲倦，但没有睡意——硬把他放到床上去会让他感到愤怒，他会把这样的做法看作是一种惩罚。如果你的孩子不想睡午觉，那么有可能他还要再玩上一个小时，然后才会真正想要睡，并且愿意去睡觉。或者，他只是需要在自己的房间里休息一会儿，躺下来静静地玩一玩。

到了3岁的时候，有些孩子就可以不用再睡午觉了，晚上可以早早地上床。这种转变将经历一个过程——起先几个月是每隔一天睡一次午觉，然后是每星期睡一到两次。在这个转变过程中，请你记住，对于在家与年幼的孩子待在一起的妈妈们来说，她们的生活与还没有孩子的日子相比有了很大的不同。当这种由于照料孩子而造成的生活差异持续着的时候，你应该对它有正确的认识，因为它很快就会过去的。当你的生活处在疲劳、缺乏睡眠的状态时，你可别再去过分地憧憬以前没有孩子时的那种生活。

最后还需要考虑一点：如果父母双方或一方很晚才下班回家，要孩子吃了午饭就睡午觉并且晚上早早地上床睡觉是不太现实的。你要是鼓励孩子在下午早早地睡午觉，指望着“这样他到了晚上就会很困，早早就会上床去睡觉，我们就可以享受一段我们自己的时间”的话，这种做法实际上会剥夺父母和孩子相处的最佳时间。

当然，和疲倦不堪的孩子待在一起也并不是一件开心的事。在我们家里，我们发现下午晚点让孩子睡午觉会起到比较好的效果。当我下班回到家的时候，我喜欢看到精神饱满、欢笑着的孩子跑上来迎接我。晚一点上床睡觉自然会让你放弃一些夫妻俩独处的时间。可是一旦有了孩子，在很长的一段时间里，你们的夜间生活无论如何都没办法和以前没孩子的时候一样了。

让孩子去哭

我想尽办法让我们18个月大的宝宝睡着了不要醒过来，但每天夜里他都会醒来，躺在他的婴儿床上大声尖叫，直到我们走过去哄他，我实在是厌倦了。我们原以为他到了这个年龄就会一觉睡到大天亮。我的朋友们建议我尽管让他去哭好了，但我觉得这样做并不合适。

这种冷漠的睡眠训练方法使你无法明确地知道导致孩子行为表现的真正原因，并且很可能在你和孩子之间造成隔膜。

随孩子去哭的做法除了对父母没什么好处之外，对孩子也只会造成伤害。它会使孩子失去对你的信任感，让孩子变得怒气冲冲。孩子哭了不用去管的建议之所以广为流行，原因就在于这个建议说说是容易的（毫无疑问，忙碌的儿科医生往往会喜欢这个建议）。到了差不多3岁，一晚上哭叫一两次是相当正常的。每个人在夜间都会醒来——如果孩子醒过来哭叫，那很有可能说明他因为父母没在身边而感到焦虑。下面，我们将给你提供一个对孩子夜间醒来更敏感、更体贴的做法：

- 应该让你的孩子在白天进行充足的身体活动，如果可能的话，最好是户外活动。在上床睡觉的时间临近的时候，孩子感到困了，你应该进行各种让孩子放松的就寝程序。睡眠心理学家们认为，如果一个孩子总是由你陪伴着入睡，那么当他醒来之后，没有你的帮助他就没办法重新睡着。

- 在把孩子哄睡着之后，当他第一次醒过来、哭喊起来的时候，你不要马上冲过去，而是要给他时间去自己重新入睡。不要给自己设定一个时间限制，等过了这么一段时间你才去照料他。相反，你应该将你敏感、细腻的感情作为衡量你对孩子作出回应的晴雨表。如果他很快又重新睡着了，那就不需要你去照料他了。如果事态越来越严重，你就应该马上高度敏感地警觉起来，实事求是地立刻跑到孩子的身边去，尽你的所能帮助他重新安然入睡（不要开灯，不要和他玩，尽量少和他讲话）。

- 你要帮助孩子学会自己重新入睡。当你到孩子身边去照料他的时候，可以让他搂着他最喜欢的泰德熊或者其他有助于他渐渐重新入睡的东西。在哄孩子睡觉的时候，你应该采用同样的东西来帮助他入睡。把泰德熊放在他的怀里，让他紧紧地抱着它入睡。这样，当他夜里醒来的时候，这只泰德熊就会成为父母的替代物。你应该明白，你这么做是在帮助他养成恋物的情感。有些孩子迷恋毛茸茸的东西，而另一些比较敏感的孩子没有一个大活人陪着是不会睡着的。有这么一位疲倦但很有想象力的妈妈，她害怕自己的孩子会养成恋物的情

任由宝宝去哭的做法存在着与宝宝失去情感敏感的危险

感、而不是依恋她，于是她把自己唱的催眠曲的声音录了下来，不断地播放，这样，当孩子夜里醒来时就能听到妈妈的声音，然后再次入睡。

- 在你逐渐地减轻孩子夜里对你依赖的同时，你应该增强白天和他的亲近程度：更多的拥抱，更多在一起玩耍的时间。在你让孩子逐渐地能够在夜晚和你分开睡觉的过程中，应该用孩子在白天的行为作为衡量孩子是否可以脱离你的晴雨表。如果一切顺利，你和孩子依然相互敏感、相互信任，那就应该把夜间分开睡觉继续下去。反之，如果你感觉到宝宝在白天的行为有了变化——紧紧地黏着大人，怒气冲冲，容易发脾气——或者你发觉你和孩子之间产生了距离，那么你应该增强夜间对孩子的回应程度，直到恢复了你和孩子之间原有的相互敏感为止。在重新尝试让孩子夜里与你分开睡之前，你应该留出两个星期的余地，好让孩子和你之间重新恢复起彼此的信赖。处理孩子夜间醒来的这种敏感做法的特别之处在于：孩子在整个过程中是你的合作者，并且你自己的敏感和孩子的敏感都被用做了判断孩子是否能与你分开睡的晴雨表。

夜间对孩子作出的回应给了孩子这样的信息：夜里我们仍然和白天一样挂念着你。如果上面的一系列睡眠训练让你们感到厌烦，那么可以考虑让孩子和你们一起睡，这样的解决办法往往能使大人和孩子一下子都得到解脱。但是，由于这种做法是在宝宝已经比较大了再来试着睡在一起，因此父母和孩子都需要花上好几个星期才能适应。

Part 

纠正孩子的不良行为

在第一部分中，我们讨论了你应该怎样与孩子建立起亲密的亲子关系，以及如何帮助孩子树立一种积极的态度，让他想主动给大家带来快乐。然而，即使是与父母感情最为亲密的孩子也会做出不良行为。你必须对孩子的不良行为加以纠正，这么做的原因有很多，其中之一就是要帮助你的孩子让别人心情愉快地与他一起生活。这也就是说，你可以阻止他去做那些让别人讨厌的事情。此外，孩子们需要学会哪些行为是可接受的；如果你不告诉他们，他们就不会明白。

在第二部分中，我们将讨论管教孩子的各种技巧，以及塑造孩子行为的各种途径，目的在于使良好的品行成为他本性的一部分。我们还将帮助你学会去容忍孩子们的一些令人讨厌的习惯和行为，这些行为和习惯是孩子成长过程中的一个正常部分。如果对孩子的不良行为纠正得不恰当，那就会在你和孩子之间造成隔阂。而恰当地纠正孩子的不良行为会使你和孩子更加亲密，并且能使他学会把你看作是他珍贵的精神支柱。你会看到，我们的着眼点并不是通过外在的力量去强行控制孩子，而是帮助孩子们建立起内在的控制力，从而使他们自己去纠正不良行为。

12 CHAPTER

打屁股：不可以？可以？还是有时可以？

尽管数以百计的研究都表明，打孩子屁股只会有损于孩子良好品行的培养，而不会带来任何好处，可父母们还是会责打他们的孩子。实际上，打屁股很少会起作用，但这种行为控制方式仍然在流行着。

父母们为自己辩解说："我们并不是殴打我们的孩子，我们只是打他们的屁股。"这两者难道有什么区别吗？当一个成年人打另一个成年人的时候，我们会称之为殴打；当一个小孩打另一个小孩时，我们也会称之为殴打；而当一个成年人打一个小孩时，父母们却轻描淡写地把它说成是"打屁股"。在那些曾在幼儿时期被打屁股的父母中间，以及在那些不知道可以通过其他更好的办法来培养孩子品行的父母中间，打屁股的办法仍然还在盛行着。

不要责打孩子的十个理由

1.责打为孩子做出了打人的榜样

有这么一个经典的故事，一位妈妈一直认为打屁股是对孩子的管教中不可或缺的一部分，直到有一天她发现，她3岁大的女儿殴打了她1岁大的儿子。她女儿在受到指责时说了这样的话："我不过是在照妈妈的样子做。"从此以后，这位妈妈再也没有打过任何一个孩子的屁股。

孩子们都喜欢模仿，特别是喜欢模仿那些受他们敬重的人。他们会认为，他们也可以做你做出的任何行为。父母们，请你们记住，你们正在养育着别人的母亲或父亲、别人的妻子或丈夫。你眼下在孩子身上所采用的养育手段，将来很可能被你的孩子们用来养育他们自己的孩子。

家庭是教会孩子如何处理争端的训练营。研究表明，从习惯于打屁股的家庭里走出来的孩子在长大成人后，会倾向于用侵害性的行为去处理各种冲突。打孩子的屁股实际上是向孩子表明，打人没有什么不妥的，尤其是，大人打小孩、强者打弱者是完全正常的。孩子们明白了，在父母遇到麻烦的时候，父母会采用痛打一顿的办法来解决它。如果一个孩子的行为是用打屁股的办法来控制的，那么他将来很可能会把这种处理人际关系的模式带到他与兄弟姐妹和同伴等其他各种关系中去，并最终把这种模式带入到与配偶和孩子的关系当中。

但是，你可能会说："我并没有那么频繁地打孩子的屁股，打得也不重。大多数时候，我都对他非常慈爱。偶尔打他一顿屁股并不会给他带来不利的影响。"这个说法实际上是一种辩解。对有些孩子来说，情况确实会是如此。而另一些孩子很少会

西尔斯养育手记

言辞上和情感上的"责打"

肉体上的责打并不是对待孩子唯一的一种超过正常限度的虐待，我们针对体罚所阐述的所有内容也同样适用于情感和言辞上对孩子的责罚。言辞上的恶语辱骂和指名道姓的激烈斥责实际上更会对孩子造成心理上的伤害。

情感上的虐待往往十分微妙，甚至会自认为是完全正当的。用威胁的办法强迫孩子听大人的话，会引发孩子在心里产生最糟糕的恐惧——担心被大人所抛弃（如果你不照我说的去做，我就不要你了）。威胁要抛弃孩子的恐吓常常是用暗示的办法来进行的（比如，在大街上自顾自地大步往前走，给了孩子这样的信息：你不愿意再和他在一起），或者带有情感上遗弃孩子的意味（比如，让他知道你不再爱他了，拒绝和他说话，或者告诉他如果他继续让你不开心的话你就不再喜欢他了）。心灵的创伤往往比肉体上的伤痕更难以愈合。

去记住大人对他们的抚育，却牢牢记住了大人打他们屁股的情形。在你的家庭里，亲密拥抱对打屁股的比例可能是100：1，但是打孩子一次屁股会比一百次亲切的拥抱在他的心里产生更深刻的记忆，给他带来更大的影响；如果一次打屁股是在愤怒和不公正的情况下进行的，则后果更为严重。

对孩子进行体罚实际上向孩子表明了这么一点，用殴打别人的办法来发泄自己的愤怒或者纠正一项错误是完全正当的。父母在打孩子屁股时的态度给孩子留下的印象与打屁股本身所产生的印象一样深刻，原因就在于此。如何控制自己愤怒的冲动（控制自己，不做出打人的行为），是你应该努力教孩子学会的东西之一，而打孩子的屁股会给这种教育带来损害。许多针对打屁股的建议都告诫父母千万不要在盛怒中去打孩子的屁股。如果这项准则能够被切实地遵守的话，那么99%的打屁股就不会发生了。因为一旦父母平静下来，他们就能够找到更为恰当的手段来对孩子进行纠正。

2.责打贬低了孩子的价值

孩子的自我形象源自于他对别人——特别是父母——如何看待自己的觉察。即使是在情感最为挚深的家庭当中，打屁股也会给孩子带来令他困惑不解的信息。对由于年龄太小而没法理解受到责打的原因的孩子来说，情况尤其如此。

父母们花了大量的时间在婴儿和儿童的内心培养起感到自己被珍视的感觉，帮助孩子感到自己“很好”。可是，一旦孩子打碎了玻璃杯，如果你打他的屁股或者尖声地斥责他，那么他就会感到“我一定是个坏孩子”。这个结论很容易得出，因为对于幼小的孩子来说，你总是正确的。孩子得出的另一个显而易见的结论是，他打碎的那个玻璃杯远比他有价值。你可能会辩解说，他需要学会小心谨慎。他确实是在学习，但学到的东西并不是你所期望的。他学习到的是他应该挨打，因为他是个坏孩子。

在打孩子屁股之后，即使是父母为了减轻内心的负疚而去拥抱孩子，也不会消除对孩子的伤害。在拥抱过去了很长时间之后，孩子依然还会感受到身心内外所受到的打击。大多数被置于这种境地的孩子都会紧紧地拥抱你、要求你的宽恕。孩子会这么想："如果我紧紧地拥抱爸爸，他以后就不会再打我了。"如果打屁股一而再、再而三地不断重复的话，那么实际上就是向孩子表明了这一点："你是弱小的，没有自卫能力。"

琼是一位慈爱的母亲，她曾经非常相信，打孩子的屁股是为人父母的权利和义务，是培养出听话的孩子所必需的。她觉得打屁股是"为孩子好"。经受了几个月的用打屁股来控制行为的管教之后，她那刚学走路的孩子斯宾莎变得孤僻、消沉起来。她注意到，他会一个人在角落里玩耍，对于玩伴没有一点兴趣，避免与她进行目光接触。他失去了往日的神采。表面上来看，他表现得像个"好孩子"。而在内心的深处，斯宾莎认为他自己是个坏小子。他感到自己是不正当的，因此他就没法作出正当的行为。挨打让他感到自己很渺小、很软弱，并且受到了比他强壮的人的压迫。

西尔斯养育手记

严禁打孩子的小手

打孩子小手的做法实在是太有诱惑力了！许多父母想都不用想就会这么做，但是请考虑一下这么做所带来的后果。玛丽亚·蒙台梭利是打孩子手心的早期反对者之一，她认为孩子的小手是用来探索世界的工具，是孩子的天赋——好奇心的延伸。打孩子的小手实际上向孩子传递了强烈的负面信息。我们采访过的所有敏感的父母都认为，应该严禁进行体罚，严禁打孩子的小手，研究也支持了这个观点。心理学家们研究了16个孩子，他们都是14个月大，与各自的妈妈在一起玩耍。当其中的一组孩子试图用手去抓一个不允许碰的东西时，他们会被打一下手；而另一些孩子则不会受到体罚。在7个月之后对这些孩子进行的跟踪研究中，心理学家们发现，受到体罚的孩子探索周围环境的技巧比较低下。比体罚更好的做法是将孩子和不允许碰的东西隔离开来，或者对孩子的探索过程进行监督指导，并且防止孩子的小手受到伤害。

3.责打贬低了父母的价值

有些父母习惯于采用打屁股的办法来控制孩子的行为，或者滥用体罚的手段来虐待孩子。这样的父母常常会感到自身的地位被贬低了，原因就在于他们在内心深处并不认为他们的这种管教手段是正确的。

他们感到自己相当地无能为力。通常，他们是由于绝望才打孩子屁股的（或者对孩子大声呵斥），因为他们不知道有什么更好的办法。过后当他们发现这种办法不能奏效时，他们会觉得更加无能为力。正如一位不再用打屁股的办法来纠正孩子的妈妈所说的那样："我那时是赢得了一场战斗，却输掉了整个战役。现在我的孩子都很怕我，我觉得自己失去了十分珍贵的东西。"

打屁股同样也贬低了父母的角色。父母对孩子来说是权威人物，这意味着你受到的是孩子的信赖和尊重，而不是孩子对你产生了畏惧心理。持久的威严不能建立在畏惧的基础上。喜欢用打屁股的办法来控制孩子的父母陷入了"双输"的境地，不仅孩子会因此而丧失对父母的敬重，而且父母也会遭受到养育的失败。因为在他们的头脑里已经形成了一套打屁股的思维习惯，除此之外，他们很少知道还有其他的办法。

这样的父母不会采用预先规划、通过实际经验进行验证的策略来把孩子潜在的错误行为引导到好的方向上去。因此，孩子会做出比较多的错误行为，从而导致父母更多地打他们的屁股。这样的孩子没有受到教导去培养起内在的自我控制力——这是孩子又一个方面的损失。

4.责打损坏了父母和孩子之间的感情

体罚使得打屁股的人和挨打者之间形成了距离。我们的社会已经在父母和孩子之间设置了太多的障碍。在一些父母和孩子之间的关系已经相当紧张的家庭环境中，比如在单亲家庭中，这样的距离所造成的麻烦尤其严重。

尽管有些孩子在性格上厚道、达观，很快就能恢复过来，似乎身心完

西尔斯经典语录

不必刻意观察，孩子就感受到我们太多的东西；不必刻意模仿，孩子就模仿了我们太多的态度。我们想怎样并不重要，孩子从我们的行为中看到了什么、学到了什么才重要！

全没有受到消极的影响，但是还有一些孩子是很难在父母的责打之下感受到父母之爱的。父母和孩子之间的亲情受到了损害，并且还会影响到家庭中的其他关系。

5.责打可能会导致虐待

体罚是会逐渐升级的。一旦你开始了在肉体上对孩子来一个“小小的”惩罚，你会就此罢休吗？刚学走路的宝宝伸手去抓一个不能碰的花瓶。你不太用力地对他的手拍一下，提醒他不能去碰花瓶。他会再次伸出手去，这次你会用更大的力气去打他的小手。在他短暂地缩回他的小手之后，他又会再次伸手去抓奶奶的宝贝花瓶。你会重重地打他的手。这样，你就开始了一场谁都不可能赢的游戏。接下来，争端的焦点就变成了看谁的力气更大，变成了是孩子的愿望更坚决还是你的手更强硬，而不再是能不能碰花瓶的问题了。现在你会怎么办呢？会不会一次打得比一次重，直到孩子手痛得没办法再继续“违抗你”？

开始进行体罚的危险首先就在于你可能会觉得自己不得不拿出更有力的武器。最后，拳头会代替巴掌，皮带会代替细软的鞭子，木头勺子会代替卷着的报纸。一开始看起来无害的责罚逐渐就升级成了对孩子的虐待。体罚实际上是虐待孩子的前奏，这为虐待孩子创造了条件。那些习惯打孩子屁股的父母会倾向于越来越严重地责罚孩子，主要是因为他们不知道还有其他更好的选择，因此在孩子犯错误时不由自主地就立刻实施起了体罚的手段。

6.责打并不能改进孩子的行为

我们屡次听到父母们说这样的话：“我们打孩子的屁股打得越多，他就越会做出错误的行为。”打屁股会使孩子的行为变得更糟，而不是变得更好。下面我们来说明原因。回忆一下我们讲述过的促进孩子良好品行的基本原则：只有孩子感觉自己是正确的，他才会做出正确的行为。打孩子的屁股破坏了这个基本原则。挨打的孩子会在内心感到自己错了，这会在他的行为中表现出来。他在行为上犯的错误越多，他挨的打就越多，于是，他的自我感觉就会越差，这个恶性循环就这样不停地延续下去了。我们要做的是让孩子知道他的行为是错误的，要让他感到自责，但是应该让他仍然相信自己是一个有价值的人。

对孩子采取管教措施的目标之一是为了立刻制止孩子的错误行为，

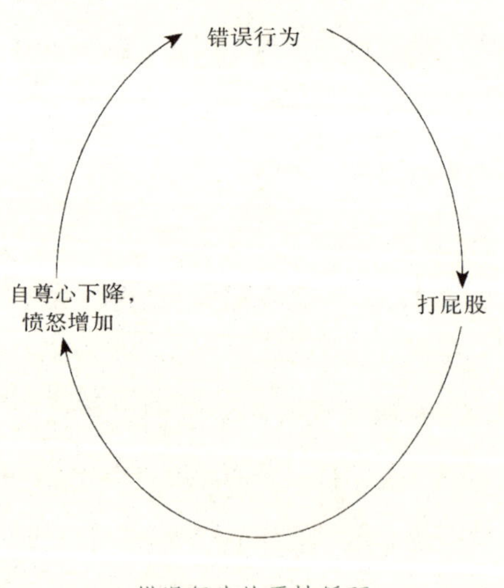

错误行为的恶性循环

而打屁股可以做到这一点。但是有一点更为重要，那就是在孩子内心建立起他自己不要再去重复错误行为的坚定信念（也就是说，要鼓励孩子形成内在的自我控制，而不是对他施加外部控制）。打屁股在形成内在控制力的过程中不能发挥作用，原因就在于，在打屁股的过程中和刚打完屁股之后，孩子过度地沉浸在体罚（以及他所受到的体罚程度）所带来的屈辱当中，以至于他“忘记了”他挨打的原因是什么。打了屁股之后，父母可以和他坐下来谈一谈，一定要让他知道，他挨打是因为他做了那些该打的行为。其实，他可以做得更好。不打屁股而采用其他的方法，能够更多地引发孩子的思考、激发孩子的良知。但是，这些做法可能需要父母付出更多的时间和精力。这也进一步说明了父母们倾向于采用打屁股这个办法的一个主要原因——这种做法比较容易。

7.责打会激起父母及孩子心中的怒火

孩子们常常会认为，体罚是不

西尔斯养育手记

收起你的棍棒

有些父母本来是不会打孩子屁股的；有些孩子也本该不会挨打。在你的经历、性情以及你与孩子的关系当中，是否存在着使你虐待孩子的危险因素？在你孩子的身上是否存在着惹你不明智地打他屁股的个性？

- 你在孩童时期曾被虐待过吗？
- 你是不是会很容易就失去控制？
- 是不是你越打孩子的屁股，收到的效果反而越差？
- 你打孩子是不是下手很重？
- 打屁股是不是根本不管用？
- 你是不是有一个高需求的孩子？或者有一个脾气很犟的孩子？
- 你的孩子是不是极其敏感？
- 你和孩子之间是不是已经有了距离？
- 是不是有一些现实的境遇，比如，财政上或婚姻上的困难或者是最近的失业，让你很恼怒？这些因素是不是降低了你的自信心？

对上面的任何一个问题，如果你的回答是肯定的，那么你就应该明智地在自己的家庭里确立起不允许打孩子屁股的思想观念，而且还要尽可能地找出各种非体罚的办法来对待孩子。如果你发现，单凭你自己难以做到这一点，那就应该找能够给予你帮助的人谈一谈。

公正的。他们对打屁股的反抗会更甚于对其他纠正措施的反抗。孩子不会像成年人那样理性地思考问题，但是他们对于公正有一种与生俱来的判断力——尽管他们的判断标准与大人的不尽相同。这就使得体罚不能如你所愿地起到作用，反而会导致孩子的心里充满怒火。

在很多时候，感受到委屈、不公正会加剧孩子心中的屈辱感。如果责罚伤害了孩子的自尊心，那么他们要么会反抗，要么会变得消沉。虽然打屁股看起来好像能够让孩子不敢再去重复错误的行为，却更有可能使孩子对打他的人产生惧怕心理。

就我们的经验而言，如果孩子在

西尔斯养育手记 引导与体罚的对比

下面有这么一个例子，它用另外的办法来代替打孩子的屁股，既纠正了孩子的错误行为，又让孩子免受肉体上的痛楚。

劳琳调皮得像猴子一样，是我们家里的捣蛋鬼，她总是喜欢爬到各种各样的东西上面去。一天，玛莎走进厨房里，只见2岁不到的劳琳正站在橱柜的顶上，摆弄着调味瓶的架子（如果没有其他人介入的话，她在冒险活动中几乎从来没有爬到过这么高的地方）。玛莎马上条件反射般地冲了过去，她一只手挥向劳琳的屁股，另一只手拦腰抱住了她的身体，坚决、迅速地把她从橱柜的顶部抱了下来。这让她们俩都吃了一惊，同时玛莎嘴里还说着“多危险！你应该待在下面！”以及诸如此类的话。劳琳当时恰巧光着小屁股，所以妈妈迅速而有力的手让她光着的屁股稍稍有了一点疼痛。劳琳紧紧地盯着玛莎，想从妈妈的身体语言中觉察出妈妈是否很愤怒，或者有没有想要打她的意思，结果她什么也没发现。因此，她把妈妈将她从橱柜顶上抱下来的举动理解为是要保护她和纠正她，而不是要责罚她，于是，她停止了反抗和叫嚷。

玛莎出手做出的行为给劳琳带来的是引导，而不是疼痛。妈妈抱她下来的坚定和迅速肯定在劳琳的脑海里留下了印象，劳琳再一次认识到玛莎是家长，而她自己是个孩子。对劳琳来说，玛莎比她高大并不是一种威胁，而是一种安全保护（“妈妈能够救助我是因为妈妈又高又大”），尽管这种救助活动限制了劳琳的自由，常常会让劳琳产生挫败感。应该让孩子们清楚地认识到，父母是处于支配地位的人，这一点相当重要。你只有采取切实的行动，才能让年幼的孩子充分地产生这种印象，单凭口头上说说是不会有用的。

整个婴儿期和孩童时代的行为都受到了以打屁股的方式所进行的控制，那么这些孩子在表面上看起来会显得很听话，但他们内心的怒火却在不断翻腾。对体罚进行过彻底研究的其他研究者也有同样的经验。这样的孩子感到自己的人格受到了侵犯，因而会把自己同让他们感受到伤害的周边世界完全地割裂开来。他们发现难以信赖别人，对于那个冷漠地对待他们的世界，他们也会变得冷漠起来。

如果父母在打完孩子的屁股之后审视一下自己的感觉，那么他们往往会发现自己唯一做了的只是发泄了自己的怒火。这种发泄的冲动常常会让人上瘾，使得对孩子进行虐待性体罚的恶性循环长久地持续下去。

我们发现，防止我们冲动地打孩子屁股的最好办法，就是向自己灌输这么两个信念：（1）我们不会打孩子的屁股；（2）我们会管教他们。由于我们已经确定了打屁股不是一种可行的办法，因而我们就必须找到其他更好的办法。

8.责打会给孩子留下痛苦的回忆

孩子脑海中对挨打的记忆会破坏掉原本对于成长经历的美好回忆。人们往往更容易回忆起痛苦的经历，而快乐的事却比较容易淡忘。

我自己成长在一个对孩子照料得无微不至的家庭里，但是在大人的眼里，我偶尔也有该用鞭子抽一顿的时候，我现在依然清楚地记得柳树枝舞动着抽在我身上的情景。小时候当我做错事情的时候，爷爷就会告诉我要挨一顿鞭子，并把我赶到自己的房间里去。我记得我会望着窗外，看着他穿过草地走到对面，从柳树上折下一根枝条，然后他会来到我的房间，用柳枝交叉着抽打我的屁股。那根柳枝看起来是一个很管用的体罚工具，它让我的屁股火辣辣地疼，给我留下了深刻的印象——既在肉体上，也在心灵上。

尽管我确实记得我是成长在一个充满爱意的家庭里，但是我根本不记得多少具体的快乐情形，而挨鞭子时的许多细节却留在了我的脑海里。我总在想，作为父母，我们的目标之一就是让孩子的记忆当中充满数以百计、乃至数以千计的愉快情景。令人感到惊讶的是，挨打的不愉快的记忆会严重排斥那些快乐的记忆。

9.打屁股存在长期的不良影响

研究已经表明，打屁股所造成的创伤比屁股上短暂的红肿要严重得多，持续时间也要长得多。有人研究了体罚所带来的长期影响后，概述如下：

● 在一项为期19年的长期研究中，研究人员发现，在体罚是家常便饭的家庭里长大的孩子，长大后会成为一个不善交际、以自我为中心的人。在他们的青少年时期和成年之后，暴力行为对他们来说是完全可以接受的正常现象。

● 如果大专院校的学生成长在一个很少受到夸奖、总是被责骂、体罚和在言辞上受到侮辱的家庭里，那么他们会在心理上有较多的困扰和不安。

● 对679名大专院校学生的调查表明，那些记得小时候被打屁股的学生都相信打屁股是一种管教方式，并且他们也打算打自己孩子的屁股。在那些孩童时代没有被打过屁股的学生中，接受打屁股这种方式的人数远比挨过打的学生要少。挨过打的学生同时还告诉调查者，他们记得在挨打时的父母是怒气冲冲的；他们既记住了屁股挨打，同时还记住了父母打他们时的态度。

● 如果打屁股取代了父母和孩子之间的积极沟通，那么看起来打屁股会给孩子留下长期的颇为严重的负面影响。如果打屁股是发生在感情深厚的家庭里，并且是发生在对孩子照料得无微不至的环境中，那么长期的消极影响会比较小一些。

● 一项关于体罚对孩子日后的侵害性行为的影响的研究表明，孩子受到的体罚越频繁，他就越有可能对家庭中的其他成员和同伴做出侵害性的举动。如果打屁股是在一个总体上对孩子呵护有加的环境中发生的，而且大人总是会向孩子理性地解释为什么要打他的屁股，那么打屁股就不太会导致孩子的侵害性行为。

● 一项确定打孩子的手心是否具有长期不良影响的研究表明，初学走路的孩子如果被轻轻地打过手，那么在7个月之后会表现出探索能力发育迟缓。

● 对于那些在少年时期经常受到体罚的孩子来说，在成年之后殴打配偶的比例比没有挨过父母打的孩子高出4倍。

● 在具有严重暴力倾向的家庭里长大的丈夫，殴打妻子的比例比在非暴力的家庭里长大的男人高出6倍。

● 在具有暴力倾向的家庭里长大的4个父母当中，就有超过1个父母会残暴到给孩子造成严重伤害的程度。

● 对监狱中的囚犯做的调查表明，大多数暴力犯罪者都是在具有暴力的家庭环境中长大的。

● 那些臭名昭著的杀人犯、抢劫犯、强奸犯以及其他的暴力犯罪者，他们的生活经历很可能反映出他们在童年时代受到了过度的体罚。

反对打屁股的证据在数量上是数不胜数的。数以百计的研究都得出同样的结论：

（1）孩子受到的体罚越多，他就会变得越具有侵害性。

（2）孩子挨打的次数越多，他们就越有可能虐待他们自己的孩子。

（3）打屁股为日后的暴力行为埋下了种子。

（4）打屁股根本起不到作用。

10.打屁股根本起不到作用

很多研究都表明，用打屁股作为管教手段是根本没用的，没有任何研究显示出打屁股的有效性。在40年的儿科实践中，我们观察了数以百计尝试过打屁股的家庭，发现这种办法根

西尔斯养育手记

有时你需要专家的帮助

只要你肯花时间去评估你和孩子之间关系的牢固程度，采用常识性的各种办法，并且一个接一个地尝试不同的方法，直到找到能起作用的方法为止，那么你所遇到的绝大多数养育问题都能够得到解决。然而，有些时候你仍然需要外界的帮助。你可以考虑去向两种不同类型的顾问提出咨询。对于那些有经验的、快乐的父母，如果你认为他们的建议具有价值，那就应该去向他们请教。他们能够为你提供一些实际的技巧，让你和孩子在一起生活得更容易一些。为了更好地管教你的孩子，你可能需要想办法让自己具有更深厚的养育能力，你可能还需要心理医生的帮助。下面的一些红色警示信号意味着你具有不明智地管教孩子的危险：

● 大吼大叫。你是否经常失去控制地大声怒吼，叫着孩子的名字（比如“臭小子”、“该死的小家伙”）大骂，让他畏缩和躲避你？这样的做法意味着你太容易让孩子触发你的怒火了，你自己控制不住内心的怒火，或者有太多的事情可以引发你的怒火。

● 将你内心的不快表现出来。你是否整天走来走去，向孩子表现出你是一个不快乐的人、一个不开心的父母？孩子们会为此而感到愤怒。如果他们给你带来的是不快乐，那他们会认为是自己做得不够好，他们会因此而变得沮丧。

● 让孩子扮演父母的角色。是不是你的孩子在照管你，而不是你在照管他们？你是不是经常哭泣和发牢骚，对意外情况和不恰当的行为表现出不成熟的过度反应？这会令孩子感到害怕。照理说你是孩子的父母，应该是你负责任地去保护他们。

● 转嫁责任。你有没有把你的错误推卸到孩子或者配偶的身上？如果是这样，你的孩子就会明白：你处理问题的方式是逃避为那些问题承担起自己的责任；或者是由于某种原因，这些问题实在大得让你难以承受；要不就是你不知道寻求别人的帮助。

● 为孩子做出苛求完美的榜样。你是不是对于你或孩子的微小过失都不能容忍？孩子们会得到这样的信息：犯错误是十分可怕的。这会给依赖性强的孩子带来相当严重的困难，因为他们会完全照搬你对待错误的态度，从而变得对自己十分严苛。

● 越来越多地打孩子的屁股。在你纠正孩子的时候，是不是常常采用打手心和用鞭子抽的办法？你和孩子之间的相互影响是不是在很大程度上具有消极的特征？

● 一个充满恐惧的家庭。你的孩子是不是很怕你？在你提高嗓门的时候，他是不是会畏缩，与你保持一段“安全”的距离？你的孩子是不是变得在感情上平淡无味，害怕将情感表达出来后所带来的各种后果？

即使是心理最为健康的父母偶尔也会遇到一种上述的红色警示信号。尽管如此，如果你发现这些红色警示信号在你生活中成了家常便饭，那么为了自己和你的孩子，你应该寻求专家的帮助。

本不起作用。我们总体的印象是，随着父母们经验的增加，他们会越来越少地打孩子的屁股。打屁股对孩子起不到作用，对父母起不到作用，对社会也没有任何好的效果。它在父母和孩子之间造成了隔阂，而且还造就了一个暴力的社会。那些把体罚孩子当作管教孩子的主要方式的父母，不会深入地了解自己的孩子。体罚使他们无法想出其他更好的、能够帮助他们了解孩子、与孩子建立起更好关系的办法。

在养育我们自己的8个孩子的过程中，我们也得出了打屁股根本不起作用的结论。我们发现，随着我们经验的不断丰富和孩子数目的增加，我们打孩子屁股的时候越来越少了。在我们家里，明确地规定自己不打孩子的屁股，并且努力地在孩子的心目中确立起了打屁股是根本没有必要的态度。我们也在家庭里营造出了打屁股是根本没有必要的氛围。由于打屁股不是我们可选的办法，因此我们就不得不想出其他更好的方法来管教孩子。这不仅让我们成为了更好的父母，而且我们相信这么做最终会培养出更加敏感、行为更加优良的孩子。

是否存在不会对孩子造成伤害的打屁股方法

到了现在，你应该认识到我们对于打屁股的立场是十分明确的：不要打。但是我们的丰富阅历也让我们认识到，有些充满爱意的、对孩子照料得无微不至的、负责任的父母相信，打屁股是他们管教孩子的方法中的一种。同时我们也注意到，有些父母根本听不进我们不主张打屁股的建议，还是会去打孩子的屁股。对于这些父母来说，我们所能期盼的是帮助他们用一种虐待程度比较小的方式去打孩子的屁股。请考虑以下建议：

| 检查一下你自己的总体养育风格 |

如果你在总体上是对孩子关爱有加的父母，并且采用了我们在第二章中所讨论的亲密育儿法，那么偶尔打孩子几次屁股未必会给你的孩子带来伤害，也不太可能损害你和孩子之间的亲密关系——但是，偶尔打几下屁股也未必有助于你和孩子之间的关系。另一方面，如果你采取的是一种压制性的养育方式，那么打孩子的屁股将会成为又一个妨碍你了解孩子的障碍。

检查一下你和孩子的关系

总体来说，你是否觉得你和孩子之间有亲密的感情？你是否觉得你能够洞察孩子以他自己的方式做出各种行为的原因，并且能够在不良行为发生之前就作出预测？你知不知道是什么引发了孩子的那些不良行为，又是什么促进了孩子的良好品行？你是否注意到孩子有感到与你亲近的迹象？他会和你进行目光接触吗？他是否会很轻松自在地接近你，用他的手臂搂着你，让你把他抱起来？他是否喜欢与你待在一起，并且能够与你沟通交流？如果对于这些问题的回答是肯定的，那么偶尔打孩子的屁股不太会伤害你们之间的关系。然而，如果你和孩子之间的关系疏远，你感到和孩子不亲近，那么体罚很可能会使你们之间的距离更加疏远。下面是我的两个小病人的妈妈为我们讲述的故事。

她是一位有直觉力的、慈爱的母亲，对孩子们有着强烈的亲密情感，并且能够采用大量的、各种各样的其他办法来代替打屁股。“曾经有那么几次，我们打了孩子们的屁股，那是在他们3～5岁的时候。那时，我们的女儿挨过三四次打，我们的儿子大概挨过一两次。我不喜欢看到孩子们发着脾气、胡作非为地失去控制，他们需要一些帮助，好让他们恢复自我控制。因此，当他们偶尔确实失去控制的时候，我们就打了他们的屁股。记得有一次，我们的儿子发起了脾气，我丈夫对他说：‘看来我必须打你一顿屁股了，好让你停下来。’这让小家伙害怕了，从而让他重新恢复了自我控制。”

其他父母可能会采取不同的办法处理这样的问题，可能会用不同的方式来对发脾气作出反应。不管具体采用什么办法，这些父母都了解他们的孩子，也了解他们自己对于“失控”行为的容忍程度。我清晰地意识到：打屁股之所以能够起作用，原因就在于它具有威吓价值，只要它是第一次（或者很少）发生的。它能够引起孩子的注意，因为这些父母轻易不打孩子的屁股，只有在他们实在容忍不了的情况下才使用这种方法。

| 确定打屁股在你的全部管教手段中的地位 |

当孩子做错事情的时候，你是否会像条件反射一样，不假思索地扬起巴掌摆出要打孩子的架势，或者顺手就操起木勺？在你靠近孩子的时候，如果你突然扬起手他都会畏怯地退缩，那就说明你会条件反射地打孩子。你不假思索地打孩子的屁股是十分有害的，原因是：你是出于愤怒才打孩子屁股的，因此你下手会比预想的重，而且你不会为自己留出时间去考虑尝试其他的管教办法。如果你决心要把打屁股从你纠正孩子的全部办法中排除出去，那就会激发你去采用其他办法，而不是想都不想地马上就采取“责打的方式”。

| 不要在盛怒之中打孩子 |

如果你总是怒气冲冲，习惯于冲动地打人，那你应该认识到你很可能会带有虐待性地、危险地打孩子的屁股。有些孩子会老是去触发大人身上的“怒气开关”，而有些大人身上有着许多非常敏感的怒气开关。在打了孩子的屁股之后，你应该检查一下自己的感受。你打孩子的屁股是为了惩罚孩子，还是为了发泄自己的怒气？到底是谁应该被打屁股？是你自己，还是孩子？

玛莎曾经这么说过：“以前，在我真的打了孩子屁股的时候，我从来都没有觉得这种做法是对的。我并不是因为孩子的行为实在不好才打他的，而是因为孩子的行为给我添了麻烦，所以我在向孩子发泄。过去，我会在盛怒之中重重地责打我们的头两个孩子，在我打他们的时候，脑海里会浮现起我小时候被怒火中烧的大人痛打的情形，正是这些回忆使我认识到我打自己的孩子实在是错误的。”

| 不要侵犯你的孩子 |

把孩子的裤子脱掉，好让你直接打在孩子的皮肉上，这种做法是对孩子个人空间和私人空间的侵犯，有伤孩子的自尊心，会让孩子感受到性的威胁和困惑。因此，对于那种让孩子光着屁股趴在你大腿上的传统形象，你应该坚决地加以拒绝。

那么，你到底是应该用巴掌打孩子的屁股，还是应该用木板或者细软的鞭子来打呢？如果你能够避免太过用力的话，那么使用上述的任何一种东西都不会在孩子的肉体上造成永久伤害。我们明确地反对使用的一种打屁股工具是木勺，因为我们已经见识过这种像棍棒一样的工具对孩子身体所造成的伤害。不管你是用一件东西还是用你的手来打孩子的屁股，只要是在孩子的屁股上留下了青紫的印记（瘀伤），那么这种打屁股就是错误的。即使真的要打孩子，你也应该张开你的巴掌——紧紧握着的拳头会用力太重，对孩子造成更大的伤害。

| 解释打屁股的原因 |

单纯地打孩子的屁股而不作任何解释，这对于管教孩子起不到任何作用。实际上，研究已经表明，在打孩子之前给他一个合理的解释，然后再平静地打他的屁股，这样的做法要好得多，而且不容易对孩子造成伤害。

对惩罚作出解释，这么做对责打者和挨打者都有治疗作用。这种办法能够帮你认清你的行为是否恰当，还能够使孩子不太可能再去重复错误的行为。这也为孩子提供了判断父母行为公正性的机会。并且，把孩子当作一个讲道理的人来对待，也维护了他的自我形象。如果他认为自己根本没有挨打的理由，那他必定会对你打他的屁股感到气愤和屈辱。

要让孩子明白他为什么被打屁股，这有助于驱散他心头愤怒情感的阴霾，促使他增强自我控制能力。在你向孩子进行解释的过程中，如果你开始意识到自己没有正确地了解实际情况，或者你的内心有个声音告诉你其实有更好的办法来处理所面临的局面，那么你就必须放弃打孩子屁股的做法，尽可能地转而采用其他纠正措施，并且在心里要提醒自己对整个情况考虑得更为周全一些。

不到3岁的孩子难以完全听懂你对他所做的解释；他所明白的只是他会挨打，而且打屁股是由于他做错了事而引起的。他太幼小了，以至于还不能把自己这个人和自己的行为相区分，因而即使你告诉他“那是一件不该做的坏事”，他也会认为是他自己这个“人”不好。

| 扪心自问：打屁股管用吗 |

每隔一两个月，你就应该对自己纠正孩子行为的各种手段作一次评估，尤其需要评价一下对孩子的体罚措施。哪种方法能起到作用？你的孩子是否比较少犯错误了呢？你和孩子之间的关系有没有得到改善？孩子的自我价值感是否得到了增强？如果所有这些问题的答案都是肯定的，那么你对孩子行为的各项纠正措施就是走在了正确的轨道上。如果你过重、过多地打孩子的屁股，那么这种手段很显然是不会起作用的，你必须考虑采用其他的办法。任何一种管教孩子的办法只要不能奏效，你就必须舍弃它。如果你发现孩子犯的错误比以前多了，那么你就必须考虑采取其他的纠正方式。如果你的做法拉开了你和孩子之间的距离，那么你的行为也应该加以改变。

西尔斯养育手记　恰当而均衡的惩罚

惩罚有着一段起伏变幻的历史。在“老式的”养育中，体罚是最为流行的。实际上，管教就等同于惩罚。在“新式的” 养育中，已经不再提倡惩罚孩子了。事实上，上述的两种极端都是不健康的。

一个孩子如果被过多地责罚（或者过重地惩罚），那么他的良好行为举止主要是出于对惩罚者或者打他的人的惧怕，而不是为了获得正确地行为举止所带来的满足感。对于这样的孩子来说，惧怕和怒气会成为他个性的一部分，孩子和打他的人之间会产生距离，父母与孩子之间的关系会变成一场力量的对抗。有时候，这种孩子看起来好像“很乖”。“他知道还是不出格比较好。否则的话，我会管教他。”其实，这种孩子根本不知道什么才是好的，他只知道如果他做错了事情就会受到惩罚。在孩子这种良好表现的下面，涌动着随时会爆发出来的怒火。一旦受到惩罚的威胁消失后，这种怒火就会发泄出来，成为难以控制的不良行为。

如果责罚在家庭的整个氛围中占据了主导地位，那么恐惧就会超越信赖，孩子就很有可能会变成怒气冲冲、具有侵害性、消沉和闷闷不乐的人。同时，他还被剥夺了去犯那些小孩子必然会犯的错误的机会，也就没有机会亲身去了解他的那些错误行为会带来哪些必然的后果。孩子一旦受到了过度的责罚，他就会对犯错误变得过分谨慎小心，从而不愿意去冒险尝试任何会使自己惹上麻烦的行为。这样，他就失去了孩子的率真——他的生活会十分的安稳，但是他会丧失通情达理的性情。

一个孩子如果太少受到惩罚，那么他对于生活会感到茫然不知所措。孩子们必须会认识到生活中存在着各种各样的限制，一旦越过了界限就会带来一系列的“后果”（这是心理学上对“惩罚”的正确表述），这就让孩子学到了一门“如果……，那么……”的课程。如果一个高尔夫球手把球击出了边界，那么他就会被加罚一杆。害怕受到惩罚，这在任何社会中都是一种正常的引导力量，即使是在社会的基础——家庭当中，也是一样。好心的父母们会由于担心给孩子造成心理上的伤害而保护他们，让他们免受惩罚。然而，一个在成长过程中从来不需要去面对自己行为所造成的后果的孩子永远都不会知道承担责任。他会缺乏对权威的尊重。

但是，惩罚并不是家庭里能够激励良好品行的唯一手段。频繁地被惩罚的孩子不会培养起内在的自我控制能力。而从来没有受到惩罚的孩子则不会培养起对外在控制的尊重。无论是过分地惩罚孩子，还是一味地让孩子免受任何惩罚，这两种方式都会将孩子和社会置于危险的境地。

根据以往的经验，我们认识到，惩罚应该是均衡的完整管教体系中的一部分。在亲密育儿法中，我们的目标是在孩子内心培养起顺从的态度，在孩子的周围营造一种环境，从而减少惩罚的必要性。然而，当确实需要进行惩罚的时候——这种情况是一定会出现的——亲密育儿法就将帮助你明智地对孩子实施惩罚，因而就能够有助于让小孩听话，同时又不使他产生愤怒和恐惧。一些倔强的孩子的内在自我控制总是在失控的边缘摇摆不定，对于这种孩子，（恰当的而不是虐待性的）惩罚能够起到作用；偶尔地进行恰当的惩罚可以为孩子带来额外的约束，这是激发出孩子的良好品行所必需的。当你需要把注意力集中到某一特定的行为时，这种做法也能够引起孩子的注意。如果父母和孩子之间的关系建立在稳固的亲密关系之上，那么这种养育方式能起到最好的效果。在家庭里面，营造一个对孩子呵护有加的环境，以及让孩子感受到父母的慈爱，要比采用惩罚手段有意义得多。

对孩子的惩罚必须是恰当的，而不是虐待性的。羞辱孩子、伤害孩子的自尊、对孩子吼叫，以及肢体上的责罚都是相当微妙的虐待形式，不易被人们清楚地认识到，所有这些做法带来的都只有坏处，而没有任何好处。请你千万要注意，不要用强制性的约束去使超过3岁的孩子屈服，也不要用愤怒、难看的表情或者语气对孩子进行情感上的压制。这些惩罚形式都会引起孩子的愤怒和怨恨，而不会带来行为上的持久转变。为了达到最佳的效果，应该事先制定好家庭规则，而且一定要让孩子们知道违反这些规则所带来的后果，这可以使你在一时的盛怒之中避免对孩子进行粗暴和不公正的责罚。蛮不讲理的惩罚（比如，“我会好好地教训你两个星期！”）常常是不公平的，特别是在孩子事先不懂得规则或者是事先没有给予孩子警告的情况下。恰当的惩罚，比如教孩子明白错误行为的后果、撤销孩子的一些特权以及采取某些形式的暂停等（见第13章“通过行为塑造进行管教：替代打屁股的各种办法”），都能够让孩子学会各种外在的规则，从而使孩子最终能够确立起自我约束的规范。

检查一下你和孩子在一起度过的时光

你和孩子待在一起的宝贵时间是不是大多用在了惩罚孩子上？如果是的话，那么你很可能会养出一个怒气冲冲的孩子，并且在你们之间会形成脆弱的亲子关系。养育孩子的快乐以及孩子成长发育的各个阶段实在是太宝贵了，一丁点儿都不应该浪费在父母和孩子之间的消极互动上。你应该考虑改变自己对待孩子的方法；花更多的时间和孩子嬉戏、玩耍。应该让孩子帮你做家务、帮你一起干一些活，让他知道有他陪在你的身边你感到很快乐。一旦你的孩子体会到与你待在一起有多么愉快，他就会把这种体验转化为良好的行为——做出良好行为本身也会带来快乐。

13 CHAPTER 通过行为塑造进行管教：替代打屁股的各种办法

人是会改变的，这是毫无疑问的。年复一年地，我们一直在以这种或那种方式改变着我们的行为。虽然有些孩子很固执，对各种变化比大人更为抵触，但是孩子们正在成长和发育，往往比成年人更具有可塑性。

借助于各种塑造行为的手段，你能够促进孩子们转变和成熟的进程。

塑造孩子的行为指的是，为孩子提供各种暗示和强化措施，引导他向着良好品行的方向发展。随着你不断地对孩子的行为进行塑造，孩子的个性将随之而发生变化和改进。

塑造孩子行为的主要方式包括正确地夸奖孩子、忽略孩子的小过错、暂停孩子的不良行为等手段，以及教育孩子明白各种行为的后果，采用各种引导、提醒和协商措施，以及取消某些特殊待遇的办法等。

正确地夸奖孩子

夸奖是一种很有用的塑造手段。孩子们通常都很想让你感到高兴，并且想要始终得到你的赞许。然而，你可能很容易就对孩子进行过分的夸奖。

应该注意的是，最重要的一点是要夸奖孩子的行为，而不要对他们的人进行夸奖。像“乖女儿”、“乖儿子”一类的夸奖很可能会引起误解，最好还是留着用来训练宠物。对于有些孩子来说，给他们贴上这样的标签实在是让他们负担太重了（孩子会这么想："如果我做得不好，是不是就意味着我是个坏人呢？"）。比较好的办法是对孩子说："你弄干净了自己的房间，干得不错！""那是一个很好的决定"或者"我喜欢你在这幅画中用了多种颜色"。孩子会看得出你的夸奖是真诚的，因为你努力地使自己对他的夸奖明确、具体，这表明你在关心他。你也可以这样简略地夸奖孩子："干得好！""就照这样干下去！"或者只是简单的"好极了！"为了不让孩子陷入"我被人重视，因为我有很好的表现"的泥潭，你应该对他的行为进行赞扬，让孩子最终能认识到值得褒奖的是他的行为。你还应该采取实事求是的态度，如果对孩子做出的一大半行为你都要进行表扬，那么他要么会沉溺于大人对他的夸奖，要么会感到疑惑，不明白你为什么会如此费尽心机地让他自我感觉良好。对于那些他仅仅是因为好玩，或者是出于他自己的目的而做的事情，你根本不必去夸奖，甚至不必加以赞许。

如果你想让孩子达到一个明确的行为目标，比如要他停止抱怨，那么通过夸奖来塑造行为能起到很好的效果。一开始，你会感到你几乎对孩子说的每一个让人感到开心的词都要加以赞许（比如，对孩子说："我喜欢你悦耳的声音。"）到了最后，随着抱怨的逐渐减少，越来越没有必要立即就夸奖孩子了（当然，为了防止孩子故伎重演，进一步的鼓励还是有必要的），在这之后你就可以着手对另一个行为进行塑造。

西尔斯经典语录

让孩子去体验他们的选择所产生的结果，这是使他们学会自律的最佳途径。这样的经验教训会让孩子记忆持久，因为它们来自于真实的生活。

孩子会根据快乐原则来做出行为：得到回报的行为会继续下去，得不到回报的行为会终止。因此，为了使孩子好的行为继续下去，你要及时给孩子奖励，并且奖励的必须是孩子喜欢和热切盼望的东西。

改变夸奖的形式

要想让你的孩子保持注意力，你必须变换着方式来对他表示赞赏。当你走过杂物间敞开着的门口时，可以对孩子说一声："干得好！"对于自己穿衣服的孩子，你可以竖起大拇指，用身体语言来赞许他。在大家庭当中，书面的表扬有特别的作用，它们显示出额外的关照。私下里的表扬也能起到作用。你可以在枕头上留一张“干得漂亮”的小纸条，在孩子的家庭作业上贴一张写着“完成”的便签，也可以给孩子各种各样的信息，向他表示你在注意他，而且你对他感到满意。

西尔斯养育手记

养育中的谈话

管教孩子的一项主要任务就是学会怎样与孩子谈话。通过你自己与孩子谈话的方式，你教会了孩子如何与别人交谈。下面列出了我们在与儿女们相处当中所学到的一些谈话技巧：

在指导孩子之前先与她亲近

在指导孩子之前首先要亲近孩子。在给你的孩子以指导之前，你应该蹲下来，视线和他的眼睛处在同一水平线上，与他进行目光的接触，从而引起他的注意。应该这样教他集中注意力：“我需要你的眼睛看着我。”在你倾听孩子诉说的时候，你自己也要采用相同的身体语言，眼睛看着他。需要注意的是，你看孩子的目光不能太尖锐，以免让孩子觉得你盯着他是要控制他而不是与他亲近。

要称呼孩子。在对孩子提出要求时，首先称呼他的名字：“斯蒂芬，请你……，好吗？”

保持扼要。我们一直坚持只说一句话的原则：头一句话就说出主要的指示。你越是啰啰嗦嗦，你的孩子就越有可能变得对父母的话置若罔闻。在与孩子谈论一个问题的时候，一个很常见的错误就是说得太多，这种做法会让你的孩子觉得你自己都不确定你想要说什么。

保持简单。你应该用单音节的词来构成简短的句子。可以去听一听孩子们是怎样相互交流的，并且记录下来。当孩子表现出目光散乱、心不在焉时，那就说明他们压根不明白你在说什么。

要求孩子向你重复你对他的要求。如果他重复不了的话，那就是你对他提出的要求太长、太复杂了。

提出孩子无法拒绝的要求。你可以和2～3岁的孩子讲道理，并尤其要避免情绪上的对抗："劳琳，穿上衣服，这样你才能到外面去玩。"你应该向孩子说明你对他的要求能给他带来什么好处，向他讲明道理，让他难以拒绝。这样做能够给他以动因，使他放弃自己原先固守的立场，让他去做你要求他去做的事。

要采用积极的方式。不要对孩子说："不许跑！"而要这么说："在屋子里的时候我们要慢慢走，到了外面你才可以跑。"

在你发出的各种指令前面加上"我想要……"。不要对孩子说："下来！" 而要这么说："我想要你下来。"也不要对孩子说："现在该轮到贝基了。" 可以这么说："我想要你现在让贝基玩一次。"对于那些想让大人高兴而又不喜欢被别人呼来喝去的孩子，这样的办法能起到很好的效果。通过对孩子说"我想要"，你就为他提供了顺从你的动机，而不仅仅是对他下命令。

"在……之后，就……"。"在你刷了牙齿之后，我们就来开始讲故事。""在你的任务完成之后，就可以去玩了。""在……之后"这种说法背后隐藏的意思是你期望孩子服从你，比对孩子说"如果……"更有效。"如果……"意味着你的孩子可以有选择，而实际上你并不打算让他选择去做别的事情。

先走到孩子身边去，然后再提出要求。不要对孩子这样大喊大叫："把电视关掉，现在该吃饭了！"你应该走进孩子看电视的房间，花几分钟时间和他一起体验他的乐趣，然后在电视里插播广告的时候让他关掉电视。走到孩子的身边去，这表明，你对孩子提出要求的态度是认真的；否则的话，孩子会认为你对他提出的要求是可听可不听的。

为孩子提供多种选择。"你想先穿上睡衣还是先刷牙？""是穿红衬衫还是穿蓝衬衫？”

要依据孩子的成长情况，正确地对孩子说话。孩子年纪越小，你对他说的话就应该越简短。你必须考虑孩子的理解程度。例如，父母们常犯的一个错误是向3岁的孩子提出这样的问题：“你为什么那样做？”就算是对于成年人来说，大多数人也无法回答这样的问题，来解释自己的行为。你可以试一试换一种说法：“我们来谈谈你做的事情。”

对孩子说话要符合社交礼貌。即使是2岁的孩子也会明白“请”字的意思。你应该希望你的孩子讲礼貌，孩子们不应该认为礼貌是可有可无的。因此，你希望孩子们用什么方式与你说话，你就必须在与他们说话时首先采用这种方式。

要采用正确的心理学方法对孩子说话。喜欢对孩子进行恐吓和批评的人往往会使孩子采取提防的态度。“你如何、如何”的说法会让孩子不愿意与你说话。而“我如何、如何”的说法就不是指责式的。不要对孩子说：“你最好这样做……”或者“你必须……”，而可以这么说：“我希望你……”或者“我很高兴你能够……”。不要说“你必须把桌子收拾干净”，而应该说“我需要你把桌子收拾干净”。如果你要向孩子提出一个引导性的问题，而答案必然会是否定的，那么你就根本别去提这样的问题。如果问他：“你可以把你的衣服捡起来吗？”不会起作用，那就只有这么对他说：“请把你的衣服捡起来。”

采用书面的形式。对孩子的提醒难免会变成唠叨，特别是对于那些十岁刚出头的孩子来说，他们会觉得你一遍又一遍的告诫简直是把他们置于了被奴役的境地。其实你不用说一个字就可以与他们交流。你可以用一个便笺本和铅笔来与孩子交谈，给孩子留下幽默的便条，然后就可以到一边歇着去，看着孩子照你的话去做。

用话语让孩子平静下来。孩子叫喊得越大声，你就要回答得越轻柔。你应该让孩子自由发表自己的意见，同时又要不时地插上几句：“我明白。”或者：“我能帮你吗？”有时候，只要旁边有一个体贴的倾听者，就能让孩子的怒气平息下来。如果你和他一般见识，那么你就要面对双倍的怒气。在他面前，你应该有成年人的表现。

安抚孩子的情绪。在你向孩子发出指令之前，你应该让孩子恢复情绪上的平静，否则的话你只会浪费时间。当孩子情绪失控的时候，他是什么都听不进去的。

重复你对孩子说的话。初学走路的孩子需要你反复地对他说上一千遍。两岁以下的孩子很难将你对他的指导转化为他自己内在的禀性。大多数3岁的孩子开始将你对他们的指导内化为自己的习惯，因此他们会开始听从你提出的要求。随着孩子的渐渐长大，你就越来越不需要对他进行重复了。10岁出头的孩子会把你的重复看作是唠叨。

让孩子有完整的思考。别对孩子说："不要把你的东西堆得乱七八糟。"可以试试对他说："马修，你想把你的足球放到哪儿去。"让孩子自己去完成填空，这很可能从此就为他开设了一门长期的课程。

采用朗朗上口的规则。比如，你可以说："如果你要打人，那就罚坐板凳。"应该让孩子重复这些规则。

为孩子提供另一种开心的选择。比如，你可以这么说："你不能自己到公园去，但是你可以到邻居家的院子里去玩一玩。"

鼓励孩子用语言而不是身体来表达自己。比如："你应该用话语来告诉妈妈你不开心。"

预先作出提醒。比如："我们就要走了，跟玩具们说再见，跟姑娘们说再见……"

让不爱说话的孩子打开话匣子。在与不爱说话的孩子交谈时，小心选择词句能够让他向你敞开他的心扉。你应该始终围绕孩子感兴趣的话题来谈，给他一些选择，而不单单是可以用"是"或"否"来回答的问题。谈话始终要具体、明确。不要这么问孩子："今天在学校过得好吗？"可以试一试问他："你今天做的最有趣的事情是什么？”

采用“当你……的时候，我感到……，因为……”的说法。比如对孩子说：“当你在商店里从妈咪身边跑开的时候，我感到很担心，因为我担心你会走丢了。”

结束与孩子的讨论。如果一件事确实不能再讨论下去，那就应该明白地告诉孩子：“对不起，在这件事上我不会改变主意。”这么做能使你自己和孩子都不至于心力交瘁。“我是认真的”，这种语气应当留在你真的想结束讨论的时候使用。

你可以做一个对孩子进行表扬的练习，记录下在过去的24小时中，你表扬了孩子多少次以及批评了孩子多少次。我们把这两种做法分别称为鼓励和羞辱。如果你对孩子的鼓励在数量上不是远远地超过对他的羞辱，那么你就是在向着一个错误的方向塑造孩子的行为。

| 真诚地表扬孩子 |

对于孩子做出的一般行为和理所当然的行为，如果你都毫不吝惜地加以表扬的话，那么表扬就会失去它的作用。然而，当棒球比赛中经常被击杀出局的孩子终于击中了球的时候，那就值得表扬。对于理所当然的行为，你只要加以肯定就行了，不要过多地进行表扬。

这里所谓的“肯定”，指的是平静地对孩子表示赞赏，它能够培养孩子为了给自己带来乐趣而完成各项任务，不是为了获得别人的称赞而去做事。不要对孩子做出虚情假意的恭维，孩子会看穿的，他们甚至还可能会对你真诚的赞扬产生怀疑。例如，在称赞孩子之前，你可以试着读一下孩子的身体语言，看他是否觉得自己做的事情值得表扬。如果他热切地走到你的身边，说：“爸爸，看看我在学校画的画。”那么你就应该去表扬这个孩子，和他一起分享他的兴奋之情。如果他把他画的画从书包里拿出来，随手扔在厨房的桌子上，那么对他进行表扬就是不合适的。

不要怀着隐藏的动机去称赞孩子

我曾经想要让我们十几岁的孩子穿得更得体一些。一天，我对她说："我喜欢你的新衣服。"她马上就看透了我的心思，认为我是在贬低她原来的那些衣服。她把我对她衣服的评论看作是想要控制她的穿着。我本来可以采取更好的做法，提出更明确的意见、更以她为中心来看问题。要是玛莎的话，大概就会这么对她说："那件长衬衫让你看起来真优雅"或者："要穿上档次的外套——你会显得就像快要成为一个大学生了。"作为她的父亲，我本应该这么说："你

西尔斯养育手记

称赞的艺术

你应该教导孩子轻松自如地赞扬别人并且接受别人的称赞。要对孩子说："你真是一个英俊的小伙子！"或者："你穿那件衣服看起来真漂亮！"在你向孩子表达的过程中，眼神和身体的接触会进一步增强称赞的真诚程度。你一定要确保自己是真诚的，受到亲密育儿法养育的孩子会一眼就看穿缺乏诚意的称赞，而且会唯恐避之不及。当你听到你的孩子们相互称赞的时候，你也应该因为自己为他们做出的榜样而自我表扬一下。

自我价值感比较低的孩子既难以对别人进行赞扬，也难以接受别人的称赞。他们揣度着别人会怎样看待他们做出的恭维，并为此而心烦意乱，因此干脆就闭上了嘴巴。他们感到自己是根本不值得称赞的，因而会对别人给予他们的赞扬不予理会。如果你自己差不多就是这样的人，那你就应该学会去赞扬别人并且接受别人的称赞，从而为孩子做出榜样。可以这样来称赞一下自己："我今天的销售情况真不错！"当孩子称赞道"你是最好的妈妈"时，你应该说："谢谢你，亲爱的，我很高兴听到这样的话。"以此来表示对他的谢意。有的父母经常听到孩子这样的称赞，但总是不愿意接受孩子真诚的称赞，他们总是通过外在的反应（长吁短叹、皱眉头、耸肩或者愁眉苦脸）以及内心的愧疚感来拒绝孩子。如果你就是这样的话，那么开始相信你孩子的直觉吧——对于这个孩子来说，你是最好的父母。父母的自我形象直接影响着孩子的自信心，影响着孩子轻松自如地做出赞扬和接受称赞的能力。

看起来真漂亮，亲爱的。”或者干脆什么都不说，只给她一个赞许的微笑。

| 赞扬时要注意的问题 |

尽管运用得当的称赞能够塑造孩子的行为，但它并不是强化良好行为的唯一途径，在一定程度上，它起的作用是相当表面的。赞扬只是一种外部激励因素。养育孩子的终极目标是培养孩子的自律——内在的激励机制。孩子得了好的分数我们就会给予表扬，而且我们总是通过给孩子灌输好分数是通向成功的门票的思想来引导他们。我们总是将自己对孩子的称赞变得更为低调，对孩子说：“你觉得自己的成绩单怎么样？我们希望你得到好的分数，主要是因为，这样的话，开心的是你自己。”在有可能的时候，应该把焦点转回到孩子的感受上：“你刚才背诵得很不错，你心里一定感到很轻松、很自豪。”为了使赞扬能够取得最好的行为塑造效果，应该创造条件来帮助孩子们懂得如何称赞自己以及在什么时候称赞自己。

> **西尔斯养育手记**
>
> **期待良好的行为**
>
> 过度的赞扬会给孩子这么一个信息：服从和良好行为并不是必需的。比较好的做法是给孩子这样一个信息：他所做的正是你所期待的，他做的事情并不出格。这样，你就能让孩子们主动地去满足你的期望。有时候，为了打破一个消极的循环，你需要做的仅仅就是去期待良好的行为。你要把孩子们看成是真的会做出正确的选择，应该采取这样的态度来对待他们。要是父母并不期望孩子们会服从，那么他们往往就会真的不听话。

忽略孩子的小过错

为了在养育孩子的过程中保持为人父母的理智，我们夫妻俩在某些情况下对孩子们抓得很严，而在另一些方面则是相当宽松的。我们俩学会了忽略那些“小过错”，而把注意力集中在一些“大错误”上。所谓小过错指的是某个行为尽管让人感到讨厌，但不会对人、动物，或对财产造成损害，或者即使不加以纠正也不会导致大错误的发生。这种孩子气的、不负责任的行为会随着时间的推移和孩子的逐渐成熟而得到自我纠正。

忽略孩子的小过错有助于孩子尊重父母对各种事情所给出的限制，比如，“我不会为小事情而争论不休”。一天，两个5岁大的孩子在我们的前院里玩耍，他们为一个玩具而发生了争吵，谁都没有受伤。他们想把玛莎拉入到他们的争吵当中，但玛莎只是简单地说：“你们都是大孩子了，怎么还像小孩子一样。”然后就走开了。两个孩子领悟到了事情的关键，自己就把问题解决了。

如果对于孩子的良好行为你会毫不犹豫地表示赞赏，那么对那些不良行为进行忽略会起到很好的效果。孩子打断了你的谈话，如果你忽略他的这种小过错，并且自己更多地使用有礼貌的称呼，那么孩子就能学会用说“对不起”的办法来插入你们的谈话。你应该忽略的是孩子微不足道的错误行为，而不是孩子本身。

如果你放宽对孩子的宽容程度，并且避免做出助长孩子不良行为的反应，那么那些无害的不良行为就会逐渐地消失。在孩子出生后的最初几年中，你应该在有选择性地对可以忽略的方面进行反复实践和练习，这将有助于你为随后将面临的挑战做好准备——这些挑战包括接受那些穿着奇装异服、发型怪异、把音乐放得震天响，并且行为喜怒无常的十几岁少年。

暂停孩子的不良行为

暂时终止孩子的行为是一个在大部分时间都能奏效的行为纠正策略。这个策略的使用需要在适当的时机、适当的场合，并采用适当的方式，以便使它能够更好地为你所用。

| 暂停与罚出场外的区别 |

暂时终止孩子的行为并非是一种惩罚方式。如果把它当作惩罚手段来使用的话，那是很少会起作用的。当我们把暂时终止孩子的行为作为一种惩罚手段时，那就应该称它为“罚出场外”，就像曲棍球运动员由于犯规而被罚出球场、到处罚区去坐冷板凳一样。而对孩子的行为叫暂停只是要求孩子中断不良行为，这种做法终止了孩子的错误行为，同时又为年纪大一点的孩子，以及父母提供了进一步思考的时间。不要让孩子把暂时的叫停看作是关禁闭式的处罚，对于那些年纪大一点的孩子，你应该教会他把这种做法看成是让他得到自我控制的一种方式：花几分钟时间好好想一想自己做错了什么，以及该如何纠正。

当我们4岁大的孩子在餐桌上捣乱的时候，我们就会把他抱起来放到一边的钢琴凳上去，让他在那儿坐几分钟。通常，只要对他发出“琴凳”的警告，就足以让他停止调皮捣蛋的行为。在那种情况下，我们把自己所采用的策略称为是一种“提醒”。在2～3岁之间，大部分的孩子都能懂得“暂停”的概念。一天，我们2岁半的劳琳在受到了她兄弟的欺负之后，对我们说：“斯蒂芬推我——应该叫他暂停。”

让孩子暂停不但有助于孩子做出正确的行为，也能够给父母带来帮助。暂停让你有时间计划下一步该做些什么，它能够防止父母出于一时的冲动而打孩子的屁股。

“我很需要暂停这种手段。”一位自己在孩童时期被大人打过屁股的母亲这么说。她意识到，当孩子“按下她的怒火按钮”时，她有着冲动地打孩子的危险。意识到了自己的弱点，她发现，对孩子叫暂停给了她一个冷静下来的机会，让她能够恢复平静，集中精力处理与孩子的冲突。

如果把对孩子叫暂停这种手段用来进行行为的塑造而不是用于惩罚，那么暂停就会起到比较好的效果。我至今还记得在学校里被叫“暂停”的情形。

我是一个老惹麻烦的孩子，尤其是在低年级的时候。在二年级，老师对我采用了她自认为的“暂停”手段。她罚我坐在角落里的凳子上，这实际上是在羞辱我，反过来让我产生了对她的愤恨。她的做法只会进一步刺激我继续做出吸引大家注意的古怪行为。这位老师根本对付不了我，所以我就被过早地升入了三年级。在那里，我受到了学校里最好的管教者玛丽·波尼菲斯修女的严格管束。她给了我很明确的信息，十分肯定地让我知道，我被期望做出什么样的行为，以及如果我达不到这样的期望会有什么样的后果。同时，她给了我大量的关心，用手搂着我的肩膀，与我进行目光的交流。每当我看起来又快要调皮的时候，她都会把手坚实地放在我的肩膀上，用力地向下压着，让我能够体会到她发出的信息。在我所有的早期管教者当中，玛丽·波尼菲斯修女是我当时最敬重、直到现在都还记得的一位。

如何才能使暂停为你所用

下面的各项指导方针只是一个初步的原则，你可以由此扩展开来，创建出你自己的、能够为你和你的孩子所用的暂停的风格。

丨给孩子大量的“上场时间”丨

当行为心理学家们引入“暂停”这个概念时，他们把它称为“通过正面的强化来进行暂停”。所谓正面的强化，指的是在用亲密育儿法养孩子的同时，给孩子以大量的时间去积极地尝试。在这样的前提下，如果孩子做出了错误的行为，只要短暂地将养育中的这种积极情感撤销掉即可。这么做的结果是，孩子会习惯于在做出正确行为的时候产生正当的感觉，而在做出错误行为的时候产生不正当的感觉。通过把良好的感觉和良好的行为联系在一起，孩子就会受到激励，去始终保持行为的一致性。为了使对他的暂停能够奏效，他首先需要大量

西尔斯养育手记

在外出时对孩子进行暂停

在任何地方你都可以对孩子使用暂停的办法，只要是让他去待着的场所不会令他感到高兴就行。如果在购物时孩子与你发生了冲突，为了能平静地待上一会儿，你可以让孩子暂停下来，坐在商场的长凳上，在超级市场的休闲区休憩片刻，或者干脆离开商场走到你的车里去。让孩子待在汽车的后座上，你可以在前座上打5分钟的瞌睡。当你在公共场合对孩子采取暂停措施时，为了安全起见，你必须时时留意，以看管好被暂停的孩子。

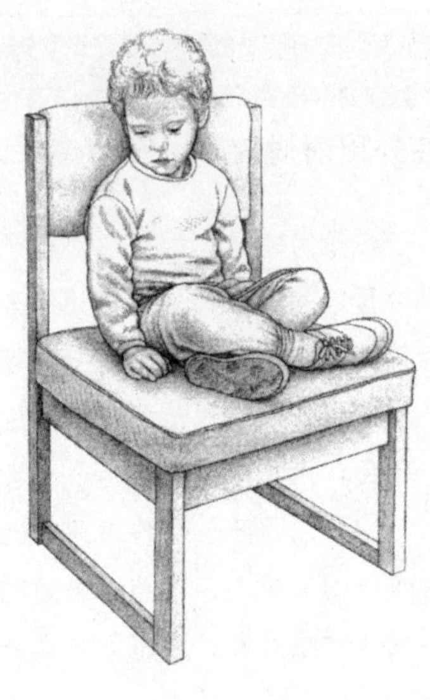

暂停

的、高质量的“上场时间”。

| 让孩子的心理有所准备 |

你应该帮助孩子把他的行为与暂停联系在一起，在孩子18个月之后，应该尽早地采用暂停的手段。在18个月大以前，你需要采用转移、分散孩子的注意力的办法来停止孩子的行为。

例如，婴儿向着落地灯爬过去，你在中途阻止了这个好奇的探险家，把他带到房间的另一边，然后坐下来，挡在婴儿和落地灯的中间。几次重复之后，婴儿就会体会到问题的核心：某些行为会立刻就被终止，因此尝试这些行为是徒劳无益的。

随着婴儿的长大，对婴儿采用分散注意力的办法渐渐就演变成了对学步期的孩子叫暂停。这时，除了简单地阻止孩子的不良行为之外，你还要增加一个让孩子坐的地方，比如一把让孩子在暂停时坐的椅子。如果学步期的幼儿很害怕一个人罚坐在用于暂停的椅子上，那么比较恰当的办法是把他抱在你的怀里暂停或者让他挨着你坐下来，但这么做会存在一个危险，那就是他有可能会认为要想被人抱起来或被人搂在怀里，就要采取做出不当行为的办法。为了避免出现这种情况，你可以在孩子表现好的时候多搂抱他一会儿——这又回到了前面所讲的给孩子以“上场时间”的概念。我们的外孙安德鲁在17个月的时候，就懂得了被人抱在怀里与暂停时搂抱的区别。对于暂停时的搂抱，他会大声、明确地提出抗议（如果你把学步期孩子搂抱着让他暂停，而他暴躁地乱踢、乱动，那就说明你得到的唯一结果是把他弄得生气了）。

语言能够使对孩子叫暂停更为容

易。到了2岁大的时候，大部分的孩子都能理解暂停意味着什么：如果他们做出了错误的行为，他们就必须停下来，坐到椅子上去。他们会认识到，暂停是他们行为活动中的一个间断，是他们行为的结果，父母对他们施加这样的结果是合理的。孩子的年龄越大，对他做的解释就可以越详细。

在劳琳18个月大的时候，我们就开始对她使用正式的暂停措施。那时，她已经看见过很多次对斯蒂芬的暂停，所以轮到她的时候她很清楚我们在做什么。从她的眼光闪动和警觉的身体语言中，我们能够看出来，暂停这种小小的仪式对她来说是一个特殊的经历，她自己也很愿意去体验这种经历。她也知道这个仪式包括一段被强制地（尽管很短暂）独坐的时间。斯蒂芬总是需要频繁的提醒来使他在暂停中坚持下去，所以劳琳知道大人希望她保持着坐在那里。当新鲜感消退了之后，很快她就不再感到有趣了。

| 保持暂停过程的简短 |

在孩子做出了错误行为之后，你应该马上把他送到暂停的地方去。迅速、冷静、务实的做法能够消解掉孩子的许多抗议。由于你在事先就已经设定了基本的规则，因此你根本不需要进行解释、道歉，也不必感到你对孩子的管教虚弱无力。如果孩子感觉到有不确定性的存在，往往就会提出抗议。千万不要这样对孩子大叫大嚷：“我已经对你说过一千遍‘不行’了。现在你回到自己的房间去，我不叫你出来你不许出来。”这种辱骂的方式会按下让孩子生气的按钮，使暂停带上了报复的性质，因而暂停所具有的改变行为的目的就丧失了。

每次暂停的时间都应该短一些——大约是每1岁年龄1分钟。对于年龄大一点的孩子，你可以根据他犯错误的程度来确定暂停的时间：“你要暂停5分钟。”当我们的孩子加入了曲棍球队时，他们很好地懂得了这样的训练模式：“现在推球5分钟。”

| 暂停时保持安静 |

在孩子暂停的时候，孩子不能大声尖叫，你也不要对他进行说教或解释。如果你想要让孩子聆听一番教训，那就留到他乐意听的时候再说。

西尔斯养育手记　不要唠叨

“你又在挖鼻孔了。”“你又要去哪里？”“又迟到了！”“你就不能做一些好事吗？”像这样消极地再三批评孩子，我们把它称为唠叨，会损害孩子的自我价值感。

研究表明，唠叨并不能改进行为，实际上只会使孩子的行为越变越坏。唠叨尤其会使孩子具有糟糕的自我形象，从而感到挫败。唠叨和一再重复的命令会让孩子感到紧张。有些孩子表现出来的负面行为比实际做出的要多，连续不断的提醒会让他们做出更多的负面行为。

比较好的办法是，有目的地挑选出一些可以挽回的东西，并且集中地关注孩子行为中积极的方面（比如，“我喜欢你走到一边给你妹妹让路的做法”）。你会看到负面行为将逐渐消失。

不停地对孩子唠叨，或者重复你先前已经提出过的建议，这么做实际上是告诉孩子，你不相信他能够完成一个简单的要求，比如“请你把要洗的衣服放到洗衣机里去”。如果你加上一连串的限定词，那么你就是在教会他，你不相信他会把事情做得正确（以你的方式）。要是你无法停止给孩子提“建议”的话，那就开始给他留便条吧。

使用计时器

对于一个不到3岁的孩子，“两分钟”是毫无意义的。一个烹调用的计时器或者闹钟会给孩子留下比较长久的印象，并且能够帮助你掌握好时间。当闹钟响起来的时候，那就是宣布时间到了。你应该让孩子自己决定接下来做什么。当时钟的蜂鸣器响起来时，他可能还在反思他的行为。没必要对他说“你可以从暂停中出来了”，这样会打断他的思考。他自己会找到问题的症结所在。

挑选合适的地方

你或许有一个为学步期孩子准备的专门用于暂停的椅子或板凳。我们在儿科实践中遇到的一位资深母亲成功地采用了“淘气台阶”的办法，这是她从戈尔登书社出版的《小懒狗淘气的一天》中学来的主意，淘气台阶使得小狗在那一天少一些活泼好动的感觉。对于年龄比较大的孩子，暂停时可以试试让他待在自己的房间。如果你们不在家里，你可以利用任何能够让孩子脱离犯错误氛围的地点来进行暂停。通常，真正给孩子留下印象的是让他从犯错误的地方离开，而不是孩子在暂停时坐在或站在什么地方、坐或站多长时间。你必须保证孩子在暂停时所待的地方不存在让他感到是奖赏的东西。要做到这一点，暂停的场所必须是一个让人感到厌烦的地方。暂停的时候可别开着电视！

| 暂停失效怎么办 |

你应该与他坐在一起，如果有必要，可以在身体上控制住他，给他以这样的信息："在这里我是大人。我们正在暂停。"如果暂停的时间足够短，而且你很平静的话，他就没有理由提出抗议。如果她大喊大叫、不愿意暂停，那就让他一直坐到冷静下来为止。如果孩子对暂停的消极意味感到十分的厌烦，你可以采用适合当时情况的正面说法："你需要一小段安静的时间。"或者："你需要一小段思考的时间。"也可以使用孩子的名字，比如采用"你需要一段劳琳自己的时间"这种说法。

为了使暂停能对年龄大一些的孩子奏效，他可能需要对暂停进行理解，而不仅仅是你命令他这么做。可以试着用诸如电视上的篮球比赛等体育比赛作为事例来讲解给他听："知道教练在球队溃败的时候会做些什么吗？他会叫暂停，这会让球员冷静下来，好好思考一下他们怎样才能打好一场比赛。这正是你现在所需要的。"

上面的这些做法看起来都相当合理、恰当，但是你必须记住，在大约6岁之前，孩子是不会合乎逻辑地思考的。如果你不能促使孩子去暂停的话，那就应该采用你作为父母的权威。应该给孩子这样的信息，无论如何他都要去暂停，所以他最好是按要求去做，把它做完，好好地表现。

对于超过5岁的孩子来说，如果他反抗，那就应该增加暂停的时间，像裁判那样宣布："你提出抗议，所以再延长5分钟。"如果孩子仍然拒绝去暂停，那就取消他的一些权利，比如在这一天或一周当中不让他看电视——过去能够奏效的一切办法你都可以采用。可以给孩子一个选择：“你要么在房间里待上10分钟，要么在今天剩下的时间里别想过得自在。”

| 为思考而暂停 |

暂停为你大一点的孩子提供了一个机会，让他去反思自己做的事情，同时也给了你一个机会，以冷静下来思考对策。当你的孩子处在暂停中的时候，你应该判断一下孩子的错误行为到底是一个已经过去了的、可以宽容的、不需要进一步管教的小过失，还是一个需要更深切地关注的大错误。如果是一个大错误（例如，他伤害了另一个人），在给他几分钟让他冷静下来后，你应该讲一些道理给他听，比如“我要你思考一下自己都干了些什么，想一想要是你的朋友伤害了你，你会有什么感觉。”有些孩子会直觉地知道，在暂停过程中自己在心里要进行一些反思，但许多孩子不会这么做。当孩子真正意识到他的行为会给自己带来什么后果时，就会让他产生持久的印象。这就是自律。

| 为了父母而暂停 |

暂停也可以使母亲清净一会儿。当我们的孩子并不是真的做出了错误的行为，而只是表现出正常的、吵闹的孩子的稚气行为时，玛莎会对他们说：“我需要暂停一下。”当她确信，孩子是在一个安全的环境里、没有人会受到伤害之后，她就会走进另一个房间，把孩子们的吵闹置之脑后，重拾她自己的那一份安宁。当你和孩子玩游戏的时候，如果他逐渐变得有点让人讨厌，那么父母暂停一会儿也是有帮助的。可以告诉他，你起先和他玩得相当开心，但现在不开心了，对他说：“我要走开一会儿，坐下来读我的书，直到你打算重新好好玩为止。准备好了就告诉我。我会回来的，我们会一起高高兴兴地玩游戏。”

有时候会遇到这样的情况，孩子乱蹦乱跳或大声叫嚷，让人感到很讨厌，或者尽管你已经最大限度地将自己的“上场时间”给了他，他还是一刻不放松地缠着你。这时，应该告诉孩子你需要一些安宁和清静。玛莎是以权威的口吻来告诉孩子这一点的："你们的做法破坏了我的宁静。"这样的信息帮助孩子们在自己的环境中尊重别人的权利。即使是已学会了如何制止孩子们吵闹的父母，能够得到的也只能是这么多了。

| 暂停结束，驱散阴霾 |

暂停时间到了之后，那就结束了。孩子已经达到了你所要求的暂停时间，现在他该自在地过日子了。你应该向他传递这样的信息：我现在希望你能够乖乖地、安静地玩耍。尽可能地让孩子开始一项新的活动。

| 父母作为裁判 |

学步期的婴儿和年龄幼小的儿童通常在玩耍的时候都十分专注。如果在一个很小的地方有许多孩子和许多玩具，他们会受到过度的刺激而异常兴奋，陷入疯狂的玩耍状态，从而失去控制。这不但是人的眼睛和耳朵所不能忍受的，而且也会使孩子的玩耍达不到预想的效果。如果你感到孩子们玩游戏正在变得失去控制，那就应该在真正失控之前或者在你感到讨厌之前对孩子的行为叫暂停。你可以拿走一些玩具，并且把孩子们分开，或者改变活动的内容。这时，你也可能需要让孩子们坐下来，给他们读上5分钟的故事——好比是一场吵闹的游戏中间的半场休息。

当好几个孩子在同一个房间里，并且他们的行为开始变坏的时候，通常很难弄清楚谁是主谋。有时候你要做的只是把每个孩子都隔离开来。你可以指导他们把各自的椅子分开，在房间里以一定的间隔排开，在他们能够重新开始比较安静的玩耍之前让他们坐上5分钟。有时候要拉大他们之间的空间距离——让一个孩子坐在厨房的暂停椅子上，而让另一个孩子待在客厅里。孩子们通常都会感激他们的照料者把他们从自我造成的困境中解脱出来，尽管他们很少明白地表达这种感激。他们会判断何时需要父母伸出手去进行援助。有一次，当孩子们玩得疯狂地吵闹起来的时候，我们的一个孩子从争斗中退了出来，走进我们的房间说："我们需要暂停。"

让孩子明白：不同的选择会有不同的结果

让孩子们去体验他们的选择所产生的结果，这是使他们学会自律的最佳途径。这样的经验教训会让孩子记忆持久，因为它们来自于真实的生活。生活中的大多数成功都有赖于作出明智的选择。能够预先考虑一个行为所产生的正面或负面的结果，并且以此为根据进行选择，这是我们希望孩子学会的一种技巧。

| 培养孩子对坏选择的自然免疫力 |

让自然产生的结果教育孩子作出正确的选择，这是一个很有效的学习工具。经验是最好的老师：他不小心，于是就跌倒了；他用手去抓烫的东西，于是被烫伤了；他把自行车放在车道上，车就被偷了。

聪明的父母将他们的孩子保护到不受严重伤害的程度，但不会过分地保护孩子以至于孩子不能从自己的愚蠢行为而导致的结果中吸取教训。在成长过程中，一定的瘀伤和擦伤是不可避免的，并且具有教育意义。

在成长为一个有责任感的成年人的过程中，孩子们会作出许多不明智的选择。在合理和安全的范围内，应该让你的婴儿去探索、去经历失败，让他跌倒，让他去学习。应该要求学龄前的孩子帮你一起清理他所造成的混乱。让到了上学年龄的孩子去体验由于在上床睡觉之前没完成作业而受到老师的处罚。经过数年体会各种各样后果的滋味之后，孩子就进入了青春期，这时，他至少会在一定程度上对坏选择产生免疫力，已经具有了一些作出决策的真实经验。与你保护性的说教比起来，孩子们能从自身的错误中学得更好。

青春期是错误选择所产生的结果相当严重的一段时期。已经学会了处理小过失的孩子似乎更能成功地应对大的错误。要明智地培养孩子对坏选择的免疫力，你就必须在过分保护孩子和随他去（“让他受伤好了，他会学会的”）之间找到平衡。在前一种情况下，孩子进入青春期时缺少处理不可避免的冲突和危险的实践。而在后一种情况下，孩子会觉得没人关心他。无论是哪一种情况，前面都还会有艰难的日子。

有时候最好的解决办法是为孩子提供指导，说明你的想法，然后就退到一边去，让结果来教育你的孩子。

应该将每一个结果都利用起来，作为教育孩子的时机，而不是当成幸灾乐祸的机会。避免这样开头对孩子说话：“我早就告诉过你了，”或者：“如果你听了我的话……”应该相信你的孩子已经从这些生活的小挫折中学到了教训，可以过后再来评述每一个情形。应该不断地重复提醒孩子，使孩子明白他的选择会起到关键的作用，他的行为会对以后发生的事情产生影响。要让孩子意识到，一旦他作出了明智的选择，尽管这样的选择可能并不那么容易，他就会过得更开心，他的生活会过得更为顺利。应该让结果自己来说明问题。孩子打翻了自己的苏打水，那就没有苏打水了——无需你作出评论。

| 用合乎逻辑的结果来纠正孩子 |

除了让自然的结果教育孩子之外，你还可以为孩子设置一些为了取得长久的学习效果而由父母专门制造出来的后果。在我们的儿科实践中，有父母尝试过这么一个合乎逻辑的结果：“我们的儿子4岁了，我们刚搬入一所新房子。他有了一套全新的卧室家具，感到很得意，觉得自己长大了，他享受着自己的隐私，在卧室里与朋友们一起玩耍。到了朋友们该离开的时候，我们的儿子开始生起气来，老是把门重重地关上。我们叫他停下来，耐心地向他解释为什么他不应该老是‘砰’地一声把门关上。（30分钟之后）我们告诉他，如果他继续这么做，他就不再享有这扇门带给他的隐私，爸爸会把门拆掉（他脸上露出一种不相信的神情，好像在说：‘是啊，当然啦，爸爸会把门拆掉。’）。在接下来的3天里，每当他有一点不顺心的时候，他都会重重地把门关上。这样到了第四天，他出去玩了，当他回来的时候，发现他卧室的门已经从门框上拆了下来。他只有在想要重重地把门摔上的时候才注意到这扇门，可是门已经不在那儿了。一个星期后，我们把门装了回去。到现在已经4年过去了，从那以后，他就再也没有摔过门了。”

年龄	孩子的选择	父母的指导	结果
1	不顾父母的警告跳到床上去。	加以指导,加上防护垫。	“重重地摔倒。”
2	把脚踏三轮车留在车道上。	反复地告诉孩子要把三轮车放到车库里去。	三轮车被撞坏了,很久都没有换一辆新的。
4	在聚会时吃太多的糖果。	告诫孩子他会感到不舒服。	长出让人讨厌的“臭肚皮”。
5	到外面打球的时候总是不肯穿毛衣。	“外面正是冬天。”	不能参加比赛,回去穿毛衣。
6	棒球练习迟到。	“你晚了15分钟。”	因为迟到,下次比赛的时候坐在场外。
7	在他的房间里把作业本扔得满地板都是。	“上床前把你的作业本收好。”	牺牲休息时间来重做作业。
10	把自行车放在人行道上。	“好好地照管你的自行车。这个地区有很多自行车被盗了。”	自行车被偷走了;下一辆自行车要他自己赚钱去买。

我们的埃琳在10岁的时候很珍惜她的自行车，但她时不时地会粗心地通宵把它留在屋前的人行道上。在那样的晚上，我们都会把自行车放到车库的椽子上去，好几天她都必须从旁边经过，看着自行车放在上面。对她来说，这是一个深刻而有力的提醒，她需要好好照管自己的自行车。从那以后，到了夜里，自行车就会被安全地放在车库里固定的车位上。

为了获得最大的学习效果，你应该在消极的结果和积极的结果之间加以平衡：经常练习钢琴的孩子，很快就会弹奏琴谱中的所有曲子，并且在独奏表演时受到由衷的喝彩，这些都会让他心情激动。一向爱护自行车的孩子，当他长大了不能再骑那辆小车子的时候，就应该奖励他一辆新的。要是他不爱护自行车的话，那他就该得到一辆旧的，或者什么都得不到。每次都把体育用品放在相同地方的孩子会得到一种很好的感觉，他总是能够找到自己心爱的球棒或足球。

在这些例子当中，任何肉体或言

辞上的惩罚都不会像自然、合乎逻辑的结果那样具有长久的教育意义。通过那些结果，孩子会把他自己的行为与后果联系在一起。你在他的心中注入了这么一个信条：要对你的行为负责。

引导孩子的行为

孩子和成年人都是根据快乐原则来做出行为的：得到回报的行为会继续下去，得不到回报的行为会终止。虽然你不必走极端，像行为科学家那样在老鼠的面前吊一块奶酪，引导它们走出迷宫，但你还是可以创造出有新意的方式，用奖励来激发孩子的良好行为。各种引导措施有助于使家庭生活进行得更为平稳：“谁第一个上床，就可以挑选故事。”

为了起到作用，给孩子的任何奖励都必须是孩子喜欢和热切渴望的东西。你可以问一些引导性的问题来帮你拿主意：

- “如果你可以和妈妈或者爸爸一起来做一些特别的事情，它们会是什么呢？”
- “如果你可以和朋友去某个地方，你打算去哪里？”
- “如果你有1块钱，你会买什么东西？”

给予孩子各种恩惠和奖励，这是为孩子设定限制、使孩子完成工作的管教工具：“如果你能抓紧干、把你的房间打扫得很干净，你就可以按时完成任务，晚饭前有时间到外面去玩一会儿。”

| 一句忠告 |

各种各样的奖赏是诱导孩子向着你为他设定的目标前进的一种方式。最终的目标是自律——孩子做出好的行为是因为他自己想要这么做，或者是因为他知道你期待他做出好的行为。他不应该每次做出好行为的时候都希望得到奖励。

一位在孩子8岁之前一直在家里教孩子读书的朋友发现，当孩子开始上学的时候，尽管他已经有了比较强的阅读能力，并且在阅读中体验到的乐趣激发着他，但是老师采用的阅读奖励体系对他来说是不适合的。于是，这位孩子的妈妈很明智地要求老师不要把她的儿子包含在那个计划里面，因为在这个体系当中儿子的表现会像个坏孩子。她知道要是这样下去的话，儿子的阅读动机会从寻求乐趣变为想要得到奖励。理想的情况是，读完一本书本身就是这个行为的奖励。有些孩子可能一开始需要奖励才会去读书，但是这存在着使这些孩子永远不会为了乐趣而去读书的危险。

能够起作用的各种奖励措施

最好的奖励是孩子们由于他们的良好行为而获得的那些奖励："你这么爱护你的玩具火车，那我们就去玩具火车商店再买一节车厢吧。"良好行为的自然结果本身并不总是能够起到激励作用，有时你必须设法制造出一种奖励来。

| 用来记录奖励的图表 |

图表是激发幼小的孩子的一种有效途径。他们会看到自己的进步，每天都一步一步地向着目标中的奖励迈进。图表可以作为良好行为的证据，呈现在所有人的面前。图表很管用，因为它们与孩子是相互作用的，而且很有趣。甚至商业界也把图表用做获取利润的激励机制。在整个生活当中，很多孩子都会被各种行为表现的图表所包围，因而他们在家里也会习惯于见到各种图表。当然，有些家庭可能会对图表感到不舒服。在我们的家庭中，图表在一定程度上是有趣和有益的。当其他办法看起来都不能奏效的时候，记录行为的图表可以激励孩子去改变行为。在你一个一个地把孩子身上的不良行为消除掉的过程中，你的孩子会逐渐地习惯于做出良好行为所带来的感觉，而这种感觉会成为一种自我激励。随着孩子的成长，对图表的需要会逐渐减弱，你需要找到新的东西来挂在厨房的墙上。在制作奖励图表的时候，可以考虑采用下面这些诀窍：

- 遵循基本的规则：图表要简单而有趣。
- 和孩子一起动手。让孩子帮助你制作图表、帮助你每天填入新的内容。
- 你制作的图表应该能够让孩子产生逐渐向着奖励靠近的直观印象。我们采用"把各个点连接起来"的图表，取得了很好的效果。让孩子把他想要的东西画成一幅图画，然后用间隔差不多2厘米的点来描出这幅图画的周边轮廓。每一天，如果孩子表现良好（比如，每次他都记得把垃圾拿到外面去），就让孩子把一个新的点连接起来。

- 把图表挂在显眼的地方（我们特意把我们的图表挂在餐桌和冰箱之间过道的墙上）。图表要有一个明显的轮廓、要高度醒目，这样可以让孩子容易看到，起到时刻提醒孩子做出良好行为的作用，并且能够让孩子得意地展示自己的进步。

- 使图表具有交互性：可以把各个点连起来，贴上各种标签或不同颜色的星星，总之要采用比单单打个钩更为有趣的东西。

- 图表中可以包括正面的条目和负面的条目，用于标明两种不同类型的行为。在我的办公室里，我会分发用于纠正5岁以上孩子尿床行为的图表。孩子每天早上醒来时，如果床是干的，就在图表上贴一个笑脸，要是早上醒来床是湿的就贴上一个苦脸。如果每个星期结束的时候笑脸比苦脸的数目多，孩子就能选择周六他想去吃午饭的地方。

- 应该准时给孩子发放奖品。经常性的、简单的奖励能使激励保持在一个相对较高的程度。对于学步期的孩子来说，你可以采取每小时都有奖励的办法；对学龄前的儿童，可以采取每天结束时给予奖励的办法；而对于学龄阶段的孩子，则要在每个星期结束时进行奖励。对每个孩子来说，1个月都是一段遥不可及的时间。对学龄前的孩子，不要采用日历上的时间来确定什么时候给他奖励，而是要使用某个事件发生的时间，比如“上完兴趣班之后”。对于孩子来说，新鲜感是很快就会消失的，因此必须经常更换新的图表。

| 富有创意的奖励 |

除了图表之外，你还可以设计出属于自己的各种巧妙的引导办法。一位妈妈6岁大的孩子最喜欢的玩具是她的玩具小屋，因此，这位妈妈就每周选一件玩具小屋的家具，作为对她保持房间整洁的奖励，她把奖励和行为关联在了一起：“如果你能保持你的房间整洁的话，我们就会给你的玩具小屋添置家具。”她会定期地提醒孩子：“让我们把你的房间保持得像你的玩具小屋那样整洁吧。”

为了在我们每月两次的男童子军会议上让7~9岁的孩子遵守秩序，我们使用了“良好行为的蜡烛”。我们的目标是让蜡烛一直亮着，使得参加会议的人能够展开讨论。会议一开始我们就把蜡烛点上，蜡烛会一直燃烧着，直到违反纪律的事情发生。破坏纪律的人要把蜡烛吹灭，直到下一次会议才会重新点燃。蜡烛越快点完（那就是说，违反纪律的事情发生得少），那些男孩们就能越快得到奖励。你可以思考一下这么做会在他们敏感的头脑中产生什么影响。每当有人把蜡烛吹熄的时候，他们就要停止向着奖励迈进的脚步。由于孩子不喜欢把自己欲望的满足推迟到将来，因此他们被引导着去克制自己破坏纪律的行为。

用于奖励的图表：当珍妮把所有的点都连起来之后，她得到了一只小猫

| 优惠券的办法 |

蒂娜和她4岁大的女儿海丽之间非常亲密。小的时候，海丽是一个高需求宝宝，长大后成了一个很固执的孩子。下面，我们来看看蒂娜是如何将海丽难以控制的行为向着正确的方向进行引导并从中获得乐趣的：

那一天，海丽和我较上了劲，看起来我们一整天都会充满不顺心的事。我过去采用过的所有办法都起不到作用，所以我尝试了被我们亲切地称为“优惠券”的办法。这种做法消除了我作为母亲的压力，在孩子的眼中我不再是个坏家伙。

在每天开始的时候，我会给她三张“免费”的优惠券。如果她不用大人叫她就自觉地帮忙，做指定的家务，或者态度比较好，那么就可以挣到另外的优惠券。如果她发牢骚、抱怨，或者不肯听大人的话，她就会被罚掉优惠券（这让我不需要再采用我当时经常使用的“到我数到3的时候”的做法）。那些优惠券变得像黄金一样，不久之后她开始变得越来越渴望让我感到高兴了。在每天或每个星期结束的时候，我都会根据海丽得到的优惠券的数目，按照事先的规定给她一项特别的奖励（一份冰冻酸乳酪、一部电影、一个汉堡包等）。

与海丽在一起，你是很难从她的行为中看到“正面的”东西的。“优惠券”的办法迫使我去捕捉她的每一个良好表现，而不只是看到她不好的地方。我发现自己对她说起了诸如此类的话：“我喜欢你今天早上醒来时的笑容。”或者：“你在等着轮到你荡秋千的时候没有大哭大叫，我很感谢你。”

海丽并不具备能够克制自己欲望的长处。因此当我们外出的时候，我都会把“优惠券”带在身上，这样她就不但能听到我对她的表扬，还可以看到她良好表现的实实在在的证据。使用“优惠券”也让我可以在她表现不好的时候马上就把“优惠券”收回来，让她知道做出了不良的行为后会有什么直接的后果。“优惠券”让她懂得了我一直爱着她，她是个好孩子。“优惠券”的办法也帮助我不再对她大喊大叫，让我感到不必再提高嗓门。我的丈夫史蒂夫在一天繁重的工作之后或在周末的时候，也能够很快地用“优惠券”的办法来管教孩子。照料孩子的保姆也用它来奖励海丽与她的合作。

对于我们来说，采用了“优惠券”后就不必要再打孩子的屁股了。对孩子叫“暂停”的做法可以留到父母和孩子之间最好要分隔开的那些真正困难的时刻再使用。

“优惠券”的办法减少了我与海丽之间自从她很小的时候就开始的相互较劲。当然，这种办法也并不容易，对父母来说是很需要花时间的。如果我们疏忽了自己的职责、没有奖给她优惠券，她会不停地提醒我们。然而，这种做法有许多乐趣，而且这些努力是十分值得的。

这种做法的效果相当好，因为它帮助这位妈妈更关注自己的孩子，并且去注意孩子的良好行为。尽管你也可以采用“优惠券”的办法，但并不一定非要这么做不可——管教孩子是很花时间的！

西尔斯养育手记　有时幽默是最好的管教办法

在对一个正在成长着的孩子进行管教的过程中，父母扮演着许多不同的角色：在危险的时候你要戴上警察的帽子，这意味着严肃和毫不妥协；在给他上道德课的时候你要带传教士的硬领；在权力冲突的时候要带上外交家的领带和辫子；在治疗轻微的创伤时又要穿上医生的白大褂；在管教遇到困难的关头，最适合你扮演角色的服装是小丑的帽子。

幽默带来的惊喜。诙谐、轻松能够让孩子放松警惕，快速引起孩子的注意，在矛盾公开爆发之前化解权利的对抗。幽默能够打开孩子闭锁的耳朵和心灵。下面我们就来讲一讲一位母亲是怎样扮成喜剧演员的角色、用幽默的方法来赢得孩子们的合作的。6岁的洛雷尔和3岁的尼古拉斯在一天傍晚的时候还在起劲地为一件玩具而争吵，这时他们的妈妈已经相当地紧张。她已经没有时间和精力像一个心理治疗师那样去仔细研究孩子们的感受了。于是她抓起一大块积木放在了头上，开始了她的表演“妈妈都快要变成一个木头脑袋了，”她说道，“我快要疯了，我没法再忍受这场争吵了。”她开始真的疯疯癫癫起来。孩子们夸奖起她的表演，每个人都开怀大笑。然后，妈妈和孩子们一起坐了下来，并对他们说：“这是一天中最艰难的时刻，妈妈累了。我要把晚餐准备好。你们也累了。你们的肚子饿了吧，请帮我一起来做晚餐吧。”

幽默能使任务得以完成。7岁的阿朗的房间一片混乱。他那滑稽的母亲没有对他说“去收拾你的床铺”，而是让床来对他说。“今天早晨我走过你的床边，”她说道，“床大叫着说，请给我盖上被子吧，我好冷。”幽默是一个能够使工作得以完成的办法。

幽默提供了保护。3岁大的艾伦总是习惯从父母的身边突然跑开去，尤其是在停车的地方。于是他父亲决定跟他玩一个盲人游戏。在他们走出商店的时候，父亲用双手把自己的眼睛蒙上，把汽车钥匙交给孩子，对他说：“请拉着我的手，把我领到汽车那里去。”当然，他时不时会偷看一下。

幽默消除了敌意。孩子能够观察你的脸色，从而意识到你将对某件事情说“不行”。他们已经产生了抗拒心理，你要戴上滑稽的面具来打破这种局面。幽默也能帮助你改变孩子的消极行为。在我们的儿科实践中，有一位妈妈是这样解决问题的：4岁大的莫妮卡坚持要穿上尿布，因为她刚出生的弟弟穿着。于是，母亲试着给莫妮卡穿上一块小号的、新生儿尺寸的尿布，以此来对付她的怪癖。由于她们母女俩都费了好大的劲去把压根穿不上的尿布给她穿上，莫妮卡终于意识到她的那个突发奇想有多么的愚蠢。

我们经常用幽默的方法给孩子第二次机会来服从我们。我们的孩子都喜欢看录像，所以我们就上演起了“倒带”风格的戏剧。“马修，请帮我清理一下桌子。”“但是爸爸……”马修提出了抗议。我马上就说：“倒带！”我向后退了几步，然后又重新开始，这次向马修做了一个很威严的手势，提示他注意这是他的第二次机会。这种办法通常都会引起马修的大笑和服从。

慎重使用幽默。有些时候，孩子的行为并没有什么好笑的。而且，孩子们对嘲笑是很在意的，有时会认为你的幽默是对他们的讽刺挖苦，即使是在你仅仅只是为了让紧张的气氛有所缓和的时候。有些时候你应该严肃，有些时候你又要滑稽有趣，这两种态度在你对孩子的管教中都占有一席之地。

对孩子进行必要的提醒

“但是我忘了。”“但是我不知道我应该这样做。”尽管这些借口在成年人看来是站不住脚的，但孩子们却真的会忘记，他们需要各种提醒措施来使他们的行为沿着正确的方向前进。

提醒措施能起到提示的作用，将一刻不闲的孩子头脑里模糊的记忆唤醒过来。提醒措施在形式上可以是一些微妙的提示，让孩子看上一眼就能发挥效果，告诉快要开始淘气的孩子：“你知道怎么做更好。”或者可以是一句很短的口头提醒，唤起孩子的记忆：“呀！那个碟子该放在哪儿？”在有些情况下，父母需要采取比较强烈的提醒措施和后续办法，从而在孩子的记忆中响亮而清晰地敲响警钟："记得我们说过在街上跑会怎么样吗！车会把你撞倒！你必须看看两边！"

提醒措施不会像直接的命令那样容易引起拒绝或较劲。你已经在孩子的头脑中描绘了一幅图景，他知道你对他有什么期望，而他也认可了。提醒措施能促使孩子自己去实现行为的平衡，这就好比是你提供了一条线索，由孩子自己去把答案填入空白的地方。看着孩子扔得满地的作业本，你脸上露出了不满的神情，他接收到了这个信息，不用你再说一个字，他会马上把作业本捡起来放好。

对于那些不喜欢感觉受到控制的孩子，书面提醒能够起到比较好的效果。你避免了直接与孩子进行面对面的交锋，而是完全由孩子自己来决定在适当的时候照着提醒的指导去做，不需要父母再进行口头指导。埃琳的门上最近有一张纸条是这么写的："在你房间里的那些盘子开始长霉之前，请把它们拿出来。"经常性地提醒孩子什么样的行为是可接受的、什么样的行为是不被允许的，能够让孩子知道你们家的规范是什么。

谈判的艺术

和你的孩子讨价还价并不会有损于你的权威，反而会使你的权威有所增强。孩子尊重那些愿意聆听他们的父母。在走出家门之前，孩子们必须接受你的权威——那是不可商量的。但这并不意味着你不可以听听他们的意见。

谈判能够形成双赢的局面，既对父母有利，也使孩子受益。通过谈判，父母们表现出他们平易近人的一面，对别人的观点有着开放的态度——随着孩子越来越接近青春期，他们会更在乎父母的这种品质。

在孩子十几岁时，你会发现，谈判成了你管理孩子行为的主要工具。因为少年们喜欢别人把他们作为智慧上的平等对象加以对待，而且希望你尊重他们的观点。如果运用得巧妙的话，谈判能够增进父母和孩子之间的交流。固执地一味坚持你自己的想法，会起到相反的效果。"我就是跟我爸爸沟通不了。"少年杰西卡曾经这么说，他父亲的态度是“不要用种种事实来迷惑我，我的脑袋好使得很”。即使是7～8岁的孩子都会对谈判持开放的态度。对你来说，孩子的这个年龄段是个热身时期，能够帮助你磨炼出在以后的岁月中管教逐渐长大的孩子所需要的谈判技巧。

谈判有助于孩子对自己的观点产生自信心，这也是在鼓励他们维护自己的权利。父母是帮助孩子来练习这些技能的理想人选。谈判能够使孩子们学会公平地对待他人并尊重他人的观点，即使他们对别人的观点并不赞同。

“为什么我非要在9点钟上床不可呢？”玛戈争辩道。

“那你认为你应该在什么时候上床睡觉？”父亲用谈判的态度问道。

“10点。”玛戈提议说。

“那多出来的1小时你可以做许多事情，是不是？在这1个小时中你会做些什么呢？”

“我可以看书。”玛戈这么辩解。

“你还记不记得那次你太晚睡觉，第二天感到睡不醒？上课时你困得睡着了。”父亲提醒她。

“但那是去年的事了，爸爸。现在我长大了。”玛戈争辩道。

“是的，我想你是长大了。那我们来试试这样的做法。”父亲建议道。“在要上学的日子，你必须9点钟上床，然后躺在床上看书到9点半。在第二天不用上学的日子，你可以到10点再上床睡觉。”

孩子认为这是可以接受的，她的抗议有效。父亲则达到了他的目的，确保他的孩子得到了足够的睡眠。他知道躺在床上看了5分钟书之后，她就可能睡着了。在这样一来一去的对话当中，父亲在孩子那儿赢得了尊重。孩子得到了这样的信息：“我和爸爸说得上话。他是讲道理的，他真的很在乎怎么做才是对我好。我爸爸会听我讲话，并且会说出许多富有智慧的想法。”

有时候你可以让孩子来引导你们之间的谈判。这并不是对孩子屈服，也不是让孩子处于支配地位；这么做只不过是你采用了聪明的谈判策略。这是在进行短暂的让步、先满足孩子的计划之后，再把孩子带回到你的议题上来的一种方法。

西尔斯养育手记 **举行一次家庭会议**

家庭会议是制定家里的规则的好时机，你会很放松，孩子们也更能听得进父母的意见。你在生气时凭一时的冲动而定下的规则（比如“我要你停下来！”）很可能是不公平的，也不会被遵守。聚在一起把养育中遇到的难题找出来，这是父母和孩子把他们所关注的问题表达出来的一种有效办法。

只涉及一个孩子的养育难题应该在私下里解决，然而有些时候会出现所有孩子在自我控制方面都有所松懈的情况，这时就需要对全家采取提醒措施。

假定你家里一直都很混乱，你应该召集一次家庭会议，要求孩子们就如何保持家庭的整洁提出建议。在开会时可以使用一块黑板，使会议开得更加井然有序。你应该把问题写下来，提出各种解决办法。为了确定目标，应该把“孩子的愿望”和“父母的愿望”合在一起构成一个条目。为了避免在做家务时发生争执，我们分配每个孩子清理一个房间，这样我们就可以知道谁很负责，谁该受到表扬。为了使家庭生活更为幸福，你应该明确、系统地规定家里的各项规则。

在家庭会议上，达成一致的意见要比投票要好得多，因为投票的话难免会有胜负。你可以尝试设立一个意见箱，让孩子们把他们的建议写在小卡片上。我从我十几岁的女儿那里得到过这么一条建议：“爸爸，要我帮忙的时候请告诉我，而不要对我下命令。”你也可以用家庭会议来帮助孩子解决某个问题。应该培养一种人人参与、人人关心的氛围，要让会议开得开心、有趣。除了在你家的客厅里开家庭会议之外，你也可以尝试一下其他会议地点，例如在公园里进行家庭野餐时。会议塑造了家庭的行为，同时又是一个促进家庭交流的论坛。

遵守家规

在谈判过程中，你应该把握主动权，并且表现出对孩子的尊重。如果孩子开始大喊大叫，或者做出不尊重你权威的举动，那就结束讨论：“你不可以用那种口气跟我讲话，苏姗。我是妈妈，你是孩子，我希望得到你的尊重。”这就规定了在以后的谈判中孩子应该采用什么样的口气。

在孩子的少年时期，你或许要经常提醒孩子注意家庭生活中的这种没有谈判余地的问题。这是因为，如果孩子与父母不断地进行讨价还价的话，你的权威很容易就会丧失掉。一定不能出现这样的局面！你需要用自己的权威来维持家里的秩序，而你的孩子则需要学会尊重权威，这才更有可能在将来的生活中取得成功。

总会有些时候你根本不想和孩子进行讨论。你知道你是对的，你的孩子是在无理取闹（即使是在孩子讲道理的时候，你也不必总是和他谈判）。在孩子变得不知所措之前，你就应该结束谈判，这是父母天生的权利。“我认为那是个讨厌的电视节目，而且我以前也告诉过你我为什么不让你看这个节目。在这个问题上我不会改变主意，所以不要和我啰嗦。”然后你就走开。应该让你说的“不行”真正地兑现。与孩子谈判当然是可以的，但永远都不要和孩子争论。孩子必须学会去了解在什么情况下父母是严肃、认真的。当然，父母也不可以每次都采用这种断然结束讨

西尔斯养育手记

神奇的倒数读秒

很多父母都成功地运用有趣的倒数读秒来赢得学步期孩子的合作。倒数读秒为孩子提供了反应的时间，使孩子认为与你合作是他自己的主意。假定你们正要外出，你想要孩子从地板上站起来，好让你给他套上夹克。你应该平静地对他说：“我数3下你就站起来。1、2、3，站起来！”这给学步期的孩子提供了一个机会去打消他的消极情绪，使他一下子就被你游戏中的乐趣所吸引。如果尝试了第一次和第二次都不能奏效，那就应该在倒数读秒演变成大人和孩子之间的愿望对抗之前采用其他的办法。

应该使你的倒数读秒保持一种积极的状态，要使用欢快、活泼的语调。一定要清楚地说出你对孩子的期望：“把盘子给妈妈。”或者：“不要抓你妹妹的头发。”1、2、3（每个数字之间要保持安静）。具有威胁意味的、消极的倒数读秒会招致孩子的反抗。“如果我数到3你还不过来，我就要你好看。”孩子会认为你这是在虚张声势，这样你就不得不真的让他“好看”。消极的办法会让孩子违背你的要求。

论的做法，否则孩子会认为父母是专制的暴君。你应该允许孩子看其他可以接受的电视节目。

如果运用得巧妙，谈判可以成为一种很有效的沟通工具，帮助孩子培养起理性判断的能力。你应该教育孩子明白这一点，当每个人都冷静、平和的时候，谈判会取得最好的效果，在情绪激动时是无法很好地进行谈判的。

“现在我们先不讨论了，但是我会和你爸爸谈一谈这个问题，晚上再来和你谈。”

“我不喜欢你和我说话的方式。过一会儿你冷静下来后，再来找我。”

在你感到没有把握或者感到压抑的时候，那就不要匆忙做出决定。

取消孩子的特殊待遇

取消孩子的特殊待遇是少数你永远都用得着的行为塑造手段之一。为了使这种纠正措施能起到防止错误行为再次发生的作用，你必须让孩子很自然地把取消孩子的特殊待遇和自身的不当行为联系在一起：“如果你把三轮脚踏车骑到街上去，那你今天就别想再用你的三轮脚踏车。”

你的孩子拖拖拉拉，早上错过了搭车去学校的时间，于是他必须走路去学校。这种纠正措施一般用于对成年人强制执行法律：你酒后开车被逮住了，于是被吊销了执照。但这不能矫正你喝酒的问题。因此你可以看到，作为一种管教措施，取消孩子的特殊待遇有着局限性。不许看电视与准时回家吃晚饭之间有什么关系呢？孩子会产生这样的疑问。

如果取消孩子的特殊待遇是一项事先得到大家同意的行为管理策略的一部分，在一次家庭会议上已经这样决定下来，那么取消孩子的特殊待遇就会起效果：父母已经申明了他们对孩子的行为有怎样的期待。但如果孩子没完没了地讨价还价，父母就不能再给予他们那些特殊待遇。因此，他准时回家吃饭，你就给他看半个小时电视的特殊待遇，看电视的时间并不是家里每一个人都不可剥夺的权利。随着孩子年龄的增长，他们必须学会人生中很宝贵的一课：特殊待遇增加了，随之而来的责任也就增加了。

14 CHAPTER 打破恼人的坏习惯

“打破习惯”（breaking habits）这种说法在一定程度上反映了与之相关的生物学事实。孩子正在成长着的大脑是由好几公里长的“电线”构成的。随着孩子不断地学习和成长，他在所有这些神经线路之间建立起了联系，从而把各种各样的联想模式存储了起来。一而再、再而三地得到重复的行为模式逐渐地就变成了各种习惯，这些习惯举动的做出根本不需要孩子进行思考。

为了打破一种习惯，你必须在存储这种习惯的神经通路上设置一个路障，阻断习惯性行为与引发它的环境因素之间的联系。

在各种不良习惯演变成固定的行为模式之前就应该尽早地把它们打破，这一点很重要。

打破坏习惯的步骤

下面列出了一些打破恼人的坏习惯的一般步骤。

一种习惯是否已经成为问题

这种习惯是否需要打破？你是否应该加以干涉，还是简单地听之任之、让孩子去乐在其中？如果你不去管的话，孩子的大部分坏习惯最终都将自己克服掉，而如果你加以干预，又要冒矫枉过正的危险。

对孩子来说，他的习惯可能是他从各种压力和期盼中放松自己、暂时地退避到他自己的世界中去的一种方式，是一次短暂的暂停、一次做他自己事情的机会。如果你将孩子用来减轻压力的、并无大碍的习惯去除掉，那么取而代之的很可能是更不好的举动。

一般的指导原则是，如果一种习惯使孩子感到苦恼（吮手指让他的大拇指受到了感染，或者使他的牙齿发生了弯曲），或者招致了别人的嘲笑或社交上的孤立，那么你就应该对这种坏习惯进行干预。下面我们将告诉你该怎么做。

去除引发因素

什么状况会导致孩子抽搐、咬指甲、用手指绕自己的头发、捶打自己的脑袋、挖鼻孔或磨牙齿？他是不是感到无聊、厌倦、生气或者紧张？你应该每天都对孩子的行为习惯进行记录，并且尽可能地调整孩子的生活环境，去除引发不良习惯的因素。

如果在你更换了日间照顾孩子的保姆之后不久，特鲁迪就抽动起了身体，那你或许就应该重新考虑保姆的人选是否合适。

如果你6岁大的孩子总是在课后一边看电视一边吮手指，也许你应该在这个时候带他去散散步。

是直接面对还是回避

这种坏习惯是不是一个很严重的问题？它在身体上或社交方面有没有对孩子造成伤害？或者它只不过是一个轻微的麻烦，最好不去管它？让孩子把注意力集中到一个轻微的坏习惯上，有可能会加重这个坏习惯。

如果一个坏习惯是轻微的，那你就应该把关注的焦点放在导致它的那些因素上，而不是去紧盯着坏习惯本身。如果一个坏习惯相当严重，那么你就应该让孩子对坏习惯进行控制。坏习惯是孩子的，只有他自己才能把它们戒掉。你应该和孩子一起讨论他的坏习惯，询问他的坏习惯是否让他感到苦恼等。

加以引导

如果你确认孩子的某个坏习惯必须加以纠正，那就应该让孩子知道这一点，让他参与到你对他的纠正中来。你应该和他探讨改掉坏习惯有什么好处，以及你们俩如何一起来纠正坏习惯。在此过程中，你应该给孩子以奖励，这会起到进一步的引导作用。

西尔斯经典语录

为了打破一种习惯，你必须在存储这种习惯的神经通路上设置一个路障，阻断习惯性行为与引发它的环境因素之间的联系。在各种不良习惯演变成固定的行为模式之前就应该尽早地把它们打破，这一点很重要。

家族的习惯

小猴子们看到什么，它们就会做什么。你应该仔细审视在孩子的生活中有着重要影响的那些人的各种习惯。你自己有没有咬指甲的坏习惯？或者你自己会不会吧嗒嘴唇、不停地颠你的脚？丹尼尔夫人带着迈克尔来作咨询，因为这孩子总是爱抽搐。通过了解家庭的历史，我们发现，迈克尔出生在一个爱抽搐的家庭：舅舅爱抽搐，外婆也是这样，甚至丹尼尔夫人自己也抽搐。这种坏习惯一直没被当成一回事，只是被简单地看作是家族的癖好而已。由于迈克尔并没有因为抽搐而感到难堪，也没有因此而受到嘲弄，所以我们认为，最明智的治疗办法就是不要去管它，除非这些坏习惯使迈克尔在社交中遭遇了难堪。

让孩子放松

对于某些人来说，怪癖可能是一种不起眼的放松自己的方式，一次暂停，或者从感受到压力的环境中一次暂时的摆脱。你应该找出孩子生活中的那些导致压力的根源，并尽可能把它们消除掉。在搬家、父母中的一个长期外出、父母离异或者孩子的生活中出现了重大变故之后，各种怪癖就很可能会出现或加剧。

为孩子提供替代行为

为了让孩子能够避开通向坏习惯的路径，一种有效的办法是为孩子提供另外一条能够使他可以绕开坏习惯的途径。如果孩子的手指正紧紧地抓着一个皮球，那他就没有办法再来吮手指了。每当他处于引发坏习惯的环境中时，或者当他开始意识到他正在做出坏习惯的时候，你就应该立刻教他迅速终止自己的举动，去做一个无害的替代行为。

举例来说，当喜欢咬指甲的孩子把手伸向嘴巴时，你应该告诉他马上就把手握起来，然后伸进口袋，用手指捻弄装在口袋里的弹珠。也可以让他抚弄手指上的戒指，或者紧紧地握一下拳头，然后再张开手指，以此来释放情绪上的紧张。

你应该让孩子练习这些替代行为，反复地练习、练习、再练习：一旦有了咬指甲的冲动，马上就去抓住弹珠或者抚弄戒指。为了帮助孩子能够记住，最好给替代行为取个名字，比如“替代方法”或“迂回方法”。可以平静地提醒他：“记住你的替代方法。”

吮吸手指

婴儿会很自然地把大拇指塞进嘴巴里，这种坏习惯会持续好几年。吮吸手指对婴儿来说是件他们喜欢做的事情，但这会让旁观者和牙医感到讨厌。那么，爱吮吸手指的孩子该怎么办呢？宝宝和他的大拇指能不能愉快地相处并避免受到大家的指责呢？

| 吮手指有时是有益的 |

有些婴儿天生就喜欢吮手指。超声波图像显示，一些婴儿在子宫里的时候就已经开始吸吮手指了。对许多婴儿来说，吮吸的需要单单通过奶瓶喂养是没法得到满足的，有时甚至通过母乳喂养也得不到满足，因此他们就学会了吮吸与自己时刻不离的大拇指来获得快慰。即使是刚出生几个月的婴儿也会发现，生活中的一个小小乐趣就在他们的手里，就在他们的鼻子底下。我们认为，婴儿利用他们自己身体的某些部分来获得快慰的能力是心理健康的一种表现，并不是心理上的疾病。事实上，有些哄孩子的老手还会让婴儿吮吸手指来安静下来。

有些婴儿在用奶瓶喂了奶之后似乎还不满足。他们已经吃饱了奶，但还是觉得吮吸得还不够。乳房的一个好处在于，喂完了奶之后还可以继续吮吸它，婴儿可以继续进行他所需要的吮吸，又不至于撑坏肚皮。但是，有时喂奶的妈妈觉得已经够了，而宝宝仍然要求得到抚慰。这时，如果你认为你不能够再让宝宝继续在你的乳房上获得快慰，那就让他吸吮他的手指好了。要是最终他没有发现可以吮他自己的手指头，你还可以引导他把大拇指或手指放进嘴里去。

吮吸能给烦躁的孩子带来抚慰，

使新生儿有可能失调的生物节律得到调整。有些婴儿比其他婴儿需要更多的抚慰。我们的高需求宝宝是我们全部孩子中唯一吸吮大拇指的孩子。那时候，看着他含着大拇指睡着了，我们感到很温馨。他在3个月大的时候就开始有了这种习惯，到5个月大的时候就自己改掉了——这个“拇指断奶”的过程进行得相当顺利、平静。

当吮吸手指造成伤害时

尽管大多数妈妈都会基于实际情况对婴儿吮吸手指采取赞许的态度，但有些妈妈却持相反意见。有些孩子会提高吸吮手指的频率和程度，以至于吸吮手指带来了社交和牙齿方面的问题。

吸吮手指会使牙齿向外突出

在孩子出生后最初的2～4年中，不必担心拇指和牙齿之间会产生问题。在4岁之前，孩子偶尔吸吮手指一般很少会伤到牙齿，而且这种坏习惯通常在那个年龄段就慢慢消失了。但是，如果孩子在更大一些的时候还是习惯性地吮吸手指，特别是，如果孩子已经患有遗传性的上前牙外露或者上齿突出，那你就得准备好钱带他去看牙齿矫形医生了。或者，你还可以开始想办法让他把不守规矩的拇指从嘴里拿出来，放到他的衣袋里去。由于拇指会在上前牙的内面造成反向的作用力，因而吮吸手指会引起上前牙外露（獠牙）以及其他牙齿的咬合不正现象。

西尔斯养育手记

大拇指与橡皮奶嘴的比较

拇指和橡皮奶嘴哪个更好？婴儿都会选择大拇指。大拇指是随时可用的，味道亲切可人，晚上不会丢失，更加不会掉到地板上去。而牙医们会选择橡皮奶嘴，婴儿不会用它像撬棒那样来撬自己的上齿，而且它是可以被永久地“丢弃”的。即使是对于那些认为“这类东西”使得孩子的面孔看起来不好看的人来说，这种硅胶做成的塞子能起到的使孩子安静下来的效果也很难让人去讨厌它。橡皮奶嘴起到的是抚慰的作用，这就意味着它能带来平和、宁静。作为白天和黑夜都围着婴儿转的人，我们赞成所有能使婴儿保持宁静的东西。要是有活生生的照料者来抚慰孩子，那当然好，但给孩子以抚慰的人总需要休息。

如同一切代替人来照料孩子的设施一样，这里有一个平衡的问题。如果这种抚慰用具被用来取代你对孩子的照料，那它就成了一种拉开你和孩子之间距离的东西。在你的宝宝啼哭的时候，如果你发现自己的手是伸向橡皮奶嘴而不是伸向孩子，或者发现孩子把手伸向玩具娃娃而不是伸向妈妈，那你就需要重新评估自己对孩子的养育了。你要让你的宝宝与你亲近，而不是去亲近一个没有生命的替代品。

如果你的宝宝总是与他的橡皮奶嘴形影不离，那么到了6个月大的时候就应该不再给他橡皮奶嘴了。这时他还小，还可以学着去使用他的大拇指（或者你的乳房）。因此当橡皮奶嘴不再出现时，他不会觉得难分难舍。

如果一个3岁大的孩子沉溺于他的橡皮奶嘴，那该怎么办呢？可以考虑采用下面这些办法：

- 和孩子交换他的奶嘴。你可以带他到商店去，和玩具售货员做一次交换。让孩子挑选他喜欢的玩具，再让他把橡皮奶嘴交给玩具售货员，然后让售货员反过来把孩子挑选的玩具给他。
- 鼓励孩子在私下里使用橡皮奶嘴。应该告诉他，已经长大的孩子要是再做出婴儿的举动，会让人感到讨厌。“如果你真的必须用你的橡皮奶嘴，请回到你自己的房间里去使用。”通过用这种方式来和孩子交涉，并且使橡皮奶嘴用起来不那么方便，用不了多久孩子就会自己戒掉了。
- 采用其他具有放松作用的方式。可以教孩子去放上一盘他喜欢听的磁带，或者教他再有伸手去拿橡皮奶嘴的念头时马上就开始唱歌，他总不能一边吮吸橡皮奶嘴一边唱歌吧。你自己应该保持放松和平静，要安安静静地和他一起来做许多事情，比如一起看书，一起吹泡泡，或者就是简单地待在一起，等等。
- 直接对孩子说“够了”，并且把橡皮奶嘴拿走，向他解释说橡皮奶嘴对于他成长为一个大孩子是不会有帮助的。

过度的吮吸会造成拇指疼痛

习惯性的吮吸会让拇指的皮肤受到伤害。被过度吮吸的拇指长时间地处于舌头的潮湿和牙齿的压力之下，会看起来像一条长长的硬块，甚至开裂、流血，受到感染（在指甲和皮肤的连接处出现一个红肿、一碰就痛的区域）。

吮吸手指在社交中变得不可接受

学步期的孩子不会去嘲笑他们喜欢吮吸手指的同伴，因为对于不到2岁的孩子来说，吮吸指头的举动是标准的行为过程。但是，爱吮吸手指的孩子年龄越大，他就越有可能因为这种把拇指放在嘴巴里的“毛病”而受到别人的讥笑。有些吮吸手指的小孩在吮指头时吸入了大量的空气，造成了打嗝，由于打嗝的古怪声音而受到嘲弄。如果孩子是合群的，并且有着良好的自我形象，那你就不要为这个吸吮手指的快乐的小家伙而烦恼——他的大拇指很快就会离开他的嘴巴。但是有些吮吸指头的孩子不会表现出自然的微笑，他们的鼻子好像已经长成了一只拳头。与和同伴们一起玩耍相比，他们更喜欢吮吸自己的手指。这种情况就造成了社交上的困难，吮吸手指的孩子会一直被别人嘲笑为“婴儿”。

该怎么办

像大部分正常而又让人烦恼的坏习惯一样，如果你对孩子吮吸手指不采取任何措施，而是接受和忽略它，孩子的大拇指最终会不再放进嘴里去。但如果这种坏习惯一直改不掉，并且造成了伤害，父母就必须介入，对孩子进行果断的管束。

满足孩子吮吸的需求

吮吸可以满足孩子情感依恋的需要。一种需求，如果得到了满足，那就会消失；如果得不到满足，那就会保留下来成为一种习惯。如果你有一个“爱吮吸手指”的孩子，那么在他早期的婴儿阶段，你应该让他吸个够。应该尽可能长地给他哺乳（这取决于孩子的依恋程度）。在宝宝的食欲得到满足之后，允许他进行非进食性的吮吸（吮吸“空的”乳房、手指、橡

习惯	引导和分散注意力的办法	放松的办法
吮吸手指	指出拇指的疼痛。把疼痛的拇指与其他手指相比较。在镜子里观察变形的"獠牙"。让他用手指去感触外露的牙齿。让无所事事的小手忙碌起来。	放一些柔和的音乐，拥抱孩子，与孩子一起读书(让他拿着书)。
咬指甲	让他的小手没有空闲。要他两只手拿书。看电视时把双手放进口袋。和没有咬过的指甲进行比较。	把手垂下来，让手指放松。躺在浴盆里，让手浮在水里。按摩双手和手指。
磨牙（或咬紧牙齿）	在上床之前要让孩子放松。减少孩子与你分开睡觉时的不安——你应该睡在靠近孩子的地方。在镜子里观察牙齿的损伤。让他用手指摸一摸损伤的牙齿。	放松下巴——让嘴巴自然张开。按摩面部肌肉。做睡前按摩。张开嘴巴做深呼吸。
抽搐和痉挛（不停地眨眼睛，面部抽搐，耸肩，头部晃动，老是清理嗓子，鼻子哼哼，脖子紧绷）	去除各种诱发因素和造成压力的因素。在镜子里观察自己的抽搐。当抽搐发生时，尽量不去注意它，分散注意力。	用触摸来进行放松，按摩引起抽搐的肌肉。做深呼吸，让肌肉松弛下来。
咬嘴唇（舔嘴唇，或者吧嗒嘴巴）	让孩子观察受伤的嘴巴边缘和裂开的嘴唇。在孩子的口袋里装上唇膏，让孩子涂唇膏，而不是咬嘴唇。	做深呼吸，张开嘴巴，不要把舌头伸出来（叹气般的呼吸本身也会成为一种坏习惯）。
砰砰地撞脑袋	把孩子带离碰撞的区域。在婴儿床上垫上护垫。把床从墙边挪开。	播放轻松的音乐。在摇椅上摇孩子。用吊带把孩子挂在身上。
挖鼻孔	让孩子观察鼻孔中受伤的地方。让孩子知道挖鼻孔会造成鼻孔流血。指导孩子在有别人在场时用纸巾代替手指来清理鼻孔。	深呼吸；教孩子一遍一遍地、慢慢地从鼻梁到鼻尖抚摸鼻子。
拔头发（摘睫毛）	让孩子观察漂亮的头发和头上的秃斑。	减少紧张的刺激。深呼吸；教孩子抚摸头发或睫毛。
喉咙发出噪音（咋舌头，清理嗓子）	录下声音或影像，放给孩子看和听。	教孩子如何做缓慢的深呼吸。

替代的办法	特殊的帮助措施
通过握紧拳头来“隐藏拇指”，用力握住拇指，吮吸舌头。	牙科器具，各种令人讨厌的提示——用来涂抹伤口的产品，绷带，创可贴，用压舌板做成的夹板，或者带上手套。
通过握紧拳头来“藏起指甲”，双手握紧，抓住袖子，紧握椅子的扶手。把指甲刀放在衣服的口袋里，一有咬指甲的想法就拿出指甲刀来剪。	带上手套，修剪指甲，保持指甲和指甲根部皮肤的整洁。向儿科医生咨询指甲根部皮肤受伤或感染的迹象。
白天，用微笑来代替磨牙。想磨牙时张开嘴巴。把舌头放在上下牙齿之间。	咨询牙医；使用护牙器具。咨询过敏症专科医生；治疗鼻子过敏、环境（比如卧室）过敏。
转动头部，眼睛平视。绷紧另一侧的肌肉，比如肩膀上的肌肉。喝点水。双肩一起耸动。	咨询医生以排除医学上的原因。
吮吸果汁冰棍，喝水，交谈，做一次深呼吸。	用唇膏来柔润嘴唇。如果皮肤发生了感染，那就要咨询医生。
随着音乐起舞，表现出“高雅的”风度，与孩子进行身体接触。	告诉孩子不要造成伤害，并且要自我约束，不过应建议孩子们学会比较健康的情感释放方式。
用手摩擦鼻子；用挖鼻孔的手指来摩擦手掌；把手放在口袋里。	咨询医生，看看鼻子是否受到刺激，空气是否潮湿；用湿润的软膏涂在鼻孔里。去除致敏物质。
拉手、手指或者其他任何安全的东西。	如果孩子吞食他拔下的头发，应该咨询医生。
在想要发出噪音的时候，讲话或唱歌。	如果不去管他，孩子会自然地进行自我控制。如果一直持续下去，那就应该咨询医生。

皮奶嘴，或者可以挤压的奶瓶）。

一项有趣的研究证实，如果孩子的吮吸欲望在早期得到了满足，那么他就不太会养成吮吸手指的习惯。1977年，研究者们对50个年龄在1～7岁之间的习惯吮吸手指的孩子进行了研究，将他们与不吮吸手指的孩子进行了比较。

研究表明，吮吸手指的孩子往往是奶瓶喂养的，而不是母乳哺育的。孩子断奶的时间越晚，他们就越不会吮吸手指。吮吸手指的孩子往往是按固定的时间表来进行喂养的，而不是根据他的需要。吮吸手指的孩子中有96%在吃饱后是独自进入睡眠的。而不吮吸手指的孩子中没有一个是父母让他独自进入睡眠的。

研究者总结出这样的理论：在熟睡的时候，人们又回复到原始的反射活动状态，会做出吸吮以及把手指送入嘴里的举动。在睡熟了之后，孩子原始的吸吮反射活动大概就被激发了起来，吸吮的欲望得到了加强。

在我们的儿科实践中，我们注意到，被大人照料着进入睡眠、并且在他们愿意的时候才被断奶的孩子很少会养成吮吸手指的习惯。你应该把母乳哺育看作是一种“预防性的吸吮”，可以防止孩子习惯性地吸吮手指。

| 尽早地提供吮吸的替代办法 |

如果上帝给了你一个具有强烈吮吸欲望的孩子，那么在差不多4个月大的时候，就不要再机械地用吮吸的办法来抚慰他了，可以试一试其他的替代办法：轻轻地摇晃、按摩、玩活泼的游戏，还可以唱歌。被父母用三角吊带挂在身上的孩子一般不太需要用吮吸来抚慰自己，因为把他挂在大人的身上已经满足了他与大人相亲密的需求。孩子越早学会用除了妈妈的乳房、奶瓶、大拇指和橡皮奶嘴之外的其他方式来得到快慰，他就越能够在将来找到满足吮吸需求的替代办法。

| 让孩子的手指忙个不停 |

在无所事事的时候，孩子闲极无聊的大拇指总是要去亲近它的朋友——嘴巴。当你看到孩子要把大拇指伸向嘴巴的时候，你应该分散孩子的注意力，引导孩子做一些活动，让他的双手忙个不停。

| 保持生活的宁静 |

随着学步期孩子年龄的增长，他会用吮吸手指来放松自己。这时你要尽可能地保持自己内心的平和，你的这种平和会在家里形成祥和的气氛。你应该向孩子示范放松的方式，孩子会从你的身上学到许多东西：安静地度过时间、进行长距离的散步、听听音乐、在你感到焦虑时慢慢地深呼吸。

| 选择干预的时机 |

在孩子吮吸手指时，你应该耐心等待，到了孩子愿意接受你的帮助时再进行干预。在孩子处于消极状态时，你要是试图不让他把拇指塞进嘴巴，那就很有可能会导致他与你对着干。你的干预会被孩子看作是对他独立性的威胁。

| 给予提醒 |

如果孩子过了4岁还喜欢吮吸拇指，可以在他的拇指上缠上胶布或者绷带。对于那些喜欢在夜里吮吸拇指的孩子，给他带上手套可以起到提醒和打消他吮吸拇指的念头的作用。有的让孩子用他的食指在外突的上齿上摸一遍，再让他把手指放在上下齿咬合时产生的缝隙中，模仿伸出獠牙的样子，告诉孩子这就是吮吸手指的后果。还可以向孩子指出，他吮吸的那个大拇指没有另一个大拇指好看。

| 向孩子建议一种替代性的习惯 |

对于4岁以上的孩子，你可以采用替代习惯的办法。示范给孩子看如何用另外的几个手指去抓住拇指或者做其他让他感兴趣的动作，从而使他不再吮吸拇指。

我在自己的诊所里运用得很成功的一个小把戏是和孩子玩把拇指藏起来的游戏："每当你感到自己想要吮拇指时，赶紧用其他的手指握住拇指，握成一个拳头。"

如果孩子习惯在上床后吮吸拇指，那你可以建议他把拇指藏在枕头下面，并且缓慢地做深呼吸。这样，孩子在躺在床上的时候就有事可做，这就比只是简单地告诉他不要吮拇指好得多。你还可以示范给他看怎样吮吸舌头，而不要把拇指伸到嘴里去。

| 要和孩子协商他进步的标志 |

如果你的孩子看起来很热切地想达到各种目标，你可以给他定一个实现目标的期限——“在你过4岁生日的时候，你就可以对吮吸拇指说再见了！”然而，你无需紧张地屏息等待孩子到了那一天真的会戒掉坏习惯。到了他过生日的时候，他会笑着对你说：“我改变主意了。”请记住，你应该微笑着回应他。

| 咨询孩子的牙医 |

如果你习惯性地吮吸手指的孩子已经到了4岁，而且这种坏习惯已经给他的牙齿带来了明显的损害，那就应该去看牙医，牙医可以在孩子的上颚装上一种器具，使孩子不再用拇指去向外推上面的牙齿。

| 让孩子与人亲近而不是与拇指亲近 |

如果你看到你的孩子离开一起玩的小朋友们，摆弄起了自己的拇指，而不是与其他孩子一起玩，那你就应该考虑这么一种可能性：孩子在社交方面需要提高。你不要硬是去纠正他吮吸拇指的坏习惯，而是要深入地研究妨碍他进行社会交流的这个根本问题。你还可以去咨询专业人士。

| 吮吸一次拇指，就记录一次 |

一旦开始感受到来自同伴的压力，6～7岁以上的孩子会主动要求停止吮吸拇指。你可以帮他设计一张图表，让他能够自己用这张图表来记录每天吮吸拇指的次数。他会被激励、引导，想要看到图表中的数字越来越小。你没有必要去管他、提醒他，也不必查看他记录在图表中的数字。

15 CHAPTER 管教令人讨厌的行为

小孩子们都会做出种种令人讨厌的事情，因此你在心里必须有所计划，准备好花时间和精力去纠正孩子们的这些行为，至少应该使这些行为得到缓和及减轻。在处理孩子的任何不良行为时，可以考虑采用下面的一般性策略：

| 追踪触发不良行为的原因 |

你应该走入孩子的内心世界，去理解孩子为什么会做出那些行为。是什么让他调皮捣蛋？是不是他的周围有人为他作出了不良行为的榜样？他是不是感到疲劳、厌倦、饥饿，或者是承受了过大的压力（比如，学步期的孩子在晚饭时间去了百货商场）？通过发现孩子不良行为背后的原因，你就有办法去避免它。

| 加强正面的行为 |

年幼的孩子们不知道一个行为到底是“好的”还是“坏的”，除非你告诉他们。当他们得到了正面的回应时，他们就会被引导着继续做出良好的行为。而如果他们反复地得到负面的回应，他们就会放弃自己所做的行为（除非负面的反应在他们看来是正面的；也就是说，他们感到自己受到了别人的关注），这就是为什么要尽早地强化孩子的良好行为、对不良行为尽早地加以纠正的原因所在。否则的话，不良行为会成为孩子行为方式的一部分，会变得很难纠正。

| 要培育鲜花，除去杂草 |

一个成长中的孩子的一举一动中充满了不良的行为以及良好的行

为——杂草和鲜花。只要你进行精心地培育，鲜花就会长得茁壮、茂盛，以至于你很难发现杂草的存在。但是这些鲜花通常会在一定的季节里枯萎、凋谢，而那些杂草则变得比较引人注目起来。如果你什么都不做，只是等待着这样的季节过去，那么杂草会渐渐地凋零，鲜花又会茂盛起来——有时会鲜艳美丽得让你甚至忘掉了杂草的存在。有时杂草长得比鲜花要快，你必须在杂草长成气候之前就把它们拔掉。管教孩子在很大程度上就像拔掉杂草一样消除孩子身上让人感到讨厌的不良行为，从而让孩子身上的良好行为繁荣茂盛起来。

咬人、打人、推人和踢人

孩子正在成长发育的牙齿、小手和小脚常常会制造出一些麻烦。学步期的孩子往往会做出攻击性的行为，很少会注意到自己的行为可能带来的后果。

| 婴儿为什么会咬人和打人 |

婴儿咬人和打人时，你千万不要为此而感到愤怒。婴儿们确实会咬大人给他们喂食的手（以及妈妈的乳头）。每一样东西，婴儿都会用手来抓一抓、用嘴来咬一咬，手和嘴是他们最原始的社交工具，他们在练习使用这些工具。一旦长出了牙齿并且手掌能拍打之后，婴儿们会用这些工具对不同的物体进行实验，看看会有什么样的感觉。对宝宝来说，难道还有比父母的肌肤更为熟悉、更能到手的实验对象？宝宝的任务就是去使用他的那些工具；而你的任务是教会他如何使用。这些早期的抓咬和拍打，尽管看起来是令人不快的行为，但实际上是嬉戏式的交流，最不济也只不过是心理挫败的表达方式而已，并非是攻击性的、无礼的行为。

攻击性的抓咬和拍打是18个月～2岁的孩子最常见的行为。那时孩子还不会用口头上的语言来表达自

西尔斯经典语录

榜样的力量是无穷的。在孩子面前，我们不应该不假思索地生活和做事，我们必须小心，必须考虑自己这样做对孩子会意味着什么。

己的各种需求，因此他只能通过动作来进行交流。在孩子的口头表达能力形成之后，抓咬行为通常就会终止，但打人却不会马上就停下来。

| 学步期孩子为何会咬人、打人、推人和踢人 |

如果不加以阻止，那么婴儿期的那些没什么大不了的举动就会演变成童年时期的攻击性行为。学步期的孩子变得具有攻击性，目的在于释放被压抑的愤怒、控制住某个局面、展示自己的力量、或者在为争夺玩具而发生的争吵中保护自己的领地。有些孩子甚至会做出令人讨厌的举动，借此来孤注一掷地接近关系疏远的父母。

该怎么办

一旦宝宝长大到能够用语言代替动作来很好地进行交流，大部分学步期的攻击性行为都会逐渐地消退。父母必须坚决地纠正孩子的攻击性行为，下面给出了一些让你的孩子避免伤害别人的方法。

| 考察根源 |

是什么触发了孩子的攻击性行为？你应该做一个日志（至少要在心里做一系列的记录），从而确定孩子的行为与引发此行为的环境之间的相关性。举例来说，“凯特在和小朋友们一起玩的时候咬了苏西。苏西抢了凯特最喜欢的皮球。那时差不多到了午休的时间，太多的孩子挤在一个狭小的地方。苏西是十分专横的。”

| 孩子伤害了父母 |

用手打别人的脸是婴儿们尝试进行的一种举动，它在社交上是不正确的。你应该引导重重地拍打别人脸庞的孩子做出另外的、在社交上可接受的行为：“我们一起来猜拳。”同样，对抓咬的行为也要加以引导，不要让孩子咬人。“唉哟！好疼啊！你伤着妈妈了！”（你要做出不愉快的表情）然后再引导孩子：“来抱抱妈妈。这样就很好。”（向他微笑，并且也拥抱他）一旦孩子打别人耳光的行为成为表达内心挫败感的一种方式（比如，你正抱着的孩子生起气来，用手打你，因为你不让他吃糖），你就必须向他展示他的这种举动会带来的自然后果。你应该坚定而平静地告诉他“不可以打人”，并且把他放下来。他会仍然因为糖果而生气，因此你应该好好地解释给他听为什么不能再吃糖。孩子对父母进行撕咬、踢打或者推搡时，你应该立即坚决地制止他——让他停下来。千万不能允许你的孩子把你当成是出气用的拳击沙袋。你应该让他知道你不会允许他来伤害你。如果你在孩子很小的时候就不允许他来伤害你的话，那么当他长大了之后他就不太可能允许别人来伤害他。你可以为他作出如何对别人打自己说“不”的榜样。比如，挡住别人的拳头、阻止别人对自己的殴打，但不要还手打别人。

| 学步期的孩子动手打人 |

如果你1岁半大的孩子用玩具锤子重重地敲打一起玩的别的孩子的脑袋，那你就应该拿走所有他可以用来打人的东西，告诉他不能打人，并且告诉他怎么做，可以为他提供一种另外的做法（“对小宝宝要友好，要轻轻地拍他”），同时你应该温和地引导孩子用小手轻轻地拍打。

| 不要还嘴去咬孩子 |

你可能并不同意这么做，“孩子需要懂得咬人会造成伤害”，你会提出这样的理由。是的，你的想法有一定的道理，但是你还嘴去咬孩子的话，你的孩子就没办法明白他不应该咬人。你可以尝试另一种“以牙还牙”的做法：把孩子带到你的身旁，把孩子的上臂压向他的上齿，就好像他在咬自己一样，你这么做的时候千万不要采取一种愤怒的、报复性的方式，而应该像科学家那样指出问题的关键所在（“瞧，咬人会造成伤害！”）。在他咬了你或者其他人之后，你应该立即就给他上这么一课。你应该要求孩子学会感受别人的感觉。

| 不要还手打孩子 |

凯蒂动手打了汤姆。凯蒂的妈妈（她感到不好意思，并且被激怒了）赶紧走上前去用巴掌掴向凯蒂的手臂，并且说道：“不许打人。”在这么一个情况下，你是否会像凯蒂一样感到困惑不解呢？因此你事先就应该在头脑中盘算好当孩子打别人时你应该怎么办。

| 当孩子伤害了另一个孩子 |

你注意到一个孩子为了得到一件玩具而打了（或推了、踢了）另一个孩子。你应该告诉孩子采用另一种办法来得到这件玩具，并且要做给他看。“我们不能打人。如果你想要得到那个玩具，应该等到别的小朋友玩好了之后，或者告诉妈妈，我会定好时间让你们轮流玩。我想从你那儿得到一样东西的时候，我不会打你，我会好好地向你提出请求。”如果打人的孩子不与你合作，应该要求挨打的孩子这么说：“我不再与你一起玩了，除非你向我道歉并且停止打人。”2岁大的孩子还不能说出所有的这些话，但他们懂得这些话的意思，因此你可以替他们说出这些话，让打人的孩子去承受自己行为的后果。

| 将侵害别人的孩子暂时罚出场外 |

“咬人会伤着别人，伤害别人是错误的。你来坐在我的旁边。”一般到了2岁的时候，孩子就能够在侵害别人和由此带来的后果之间建立起联系。你应该鼓励孩子说“对不起”。如果他打别人时一点儿也不生气，那么他很可能本来是想亲吻或拥抱别人的。

| 为孩子做出不侵害别人的榜样 |

生活在好斗环境中的孩子会变得具有攻击性。你是怎样来表达失望情绪的？你又是如何处理各种各样的冲突，向别人传达你的观点的？好斗的行为具有传染性，学步期的宝宝和年幼的孩童会从年长的兄弟姐妹那里学会好斗的行为。如果年纪幼小的孩子看到大人之间殴打，那么他们就会得出这样的结论：殴打别人是你对待别人的方式。你应该要求年长的孩子起到榜样带头作用，向他们指出他们是小宝宝们的榜样，并且告诉他们要净化自己的行为，既为了他们自己，也为了比他们年纪小的孩子们。

抢夺别人的东西是学步期的孩子以及学龄前儿童中常见的侵害性行为。（请注意，你不要从孩子的小手中把东西夺过来，从而在无意中给孩子做出了抢夺东西的榜样。）要平静地向孩子解释为什么他不能拿那件被他抢过去的东西，并且要求他把抢到手的东西还给别的孩子或者交给你。你可以用另一个东西来交换他交出来的东西。如果你的孩子即将损害某个珍贵的东西，或者很可能会用某件东西伤害到他自己时，那你就应该采用严肃的口气和身体语言来告诉他你希望他立刻放下那件东西。

避免引发孩子的攻击性行为

在一次生日聚会上，一位母亲向一群男孩发起了一场狩猎搜索活动——在她家里的所有地方进行搜寻。为了调动狂热的情绪，她还提供了一份优胜者的奖品。你可以想象得到接下来发生了什么。不仅屋子里被搞得乱七八糟，孩子们也受到了伤害。他们相互打斗、推撞，把屋子翻了个底朝天，想要找出隐藏着的珍宝。结果他们的皮肤被伤着了，他们的感情也受到了伤害。这个故事给我们的教训是：一定要避免导致孩子做出糟糕行为的局面发生。

使顽劣的性格柔顺起来

对用力敲打玩具、猛击洋娃娃、踢打小猫、捶打墙壁的孩子，你要多加照管。尽管孩子做出这样的行为在一定程度上是正常的，但这些行为也可能是心理紧张和愤怒的红色警示信号。做出这些行为的孩子很可能会以这样的方式来对待别人。你除了要深入探究问题的根源之外，还应该鼓励孩子玩比较温和的游戏："要拥抱小熊。""要轻轻地爱抚小猫。""要用心去爱洋娃娃。"

给予奖励

3岁以上的孩子会对奖励作出很好的回应，比如你可以制作一张"没有打人"的图表："如果你每天都很友好地对待小朋友的话，我们就在图表上贴一张笑脸。如果你有了3个笑脸，我们就去吃冰淇淋。"

使孩子养成自我控制的习惯

有些冲动的孩子不思考就做出打人的举动。你应该向孩子提出一些建议，让他一出现打人的念头就马上想起另外一些替代行为，从而帮助3岁以上的孩子克服打人的冲动："每当你感到自己快要打人的时候，就马上抓过一个枕头来重重地捶打，或者绕着院子跑上几圈。”你可以为孩子示范如何控制自己的冲动。比如，下次你想要打人时，让孩子看着你怎样摆脱打人的念头，抓着你自己的手并对它说：“听着，我的手，你不应该打人。”他会认真听的，尤其是他就是你想要打的人时。

| 加以双倍的管教 |

如果孩子变得常常无礼地打人，并且从根本上动摇了你的权威，那么父母必须加以双倍的纠正。6岁大的蒂米发起了脾气，并且打他的妈妈。她立刻让他坐下来，直盯着他的眼睛，让他牢牢地记住在任何情况下他都不能打自己的父母；打父母这种行为是不能容忍的，必须坚决地加以纠正。她让他回自己的房间去。在这次让他暂时罚出场外之后，妈妈和他讨论了他的愤怒。在这一天的晚些时候，她把这件事告诉了丈夫，而他已经和蒂米谈过此事了。爸爸进一步加强了事态的严重性，告诉蒂米说这种行为是不能允许的：“我不会允许你打我所爱的女人。”这个聪明的爸爸通过表达自己对于妻子的情感，将他对孩子的管教向前推进了一大步。

| 进行监督 |

让好斗的学步期孩子在没有家长监管的情况下与邻家小孩一起玩耍，这样的做法既不公平，也不安全。如果你的孩子性情好斗，那么在他和别的孩子一起玩的时候，你应该让其他孩子的父母和老师一起来分担你对他的担忧，请求他们帮助你缓和孩子的侵害性行为。如果不这么做的话，那么孩子的侵害性行为，尤其是咬人的举动，会损害你们和别的家庭的友谊。咬人的孩子的父母会感到窘迫，而被咬的孩子的家长会因为孩子受到了伤害而愤怒。咬人的孩子的父母会由于孩子的行为而遭受指责（他们是“坏孩子的坏家长”），因而大人之间的友谊会变得冷淡起来。

老师们和托儿所的保姆们也必须留心地监管性情好斗的孩子，以免让这种好斗的态度影响到全体孩子。当一群孩子在一起玩的时候，应该让他们学习什么才是为社会所接受的行为。如果孩子们看到或感觉到侵害性的行为受到了纵容——特别是如果咬人的孩子成了大家注目的焦点的话（“留神，他是咬人的孩子”）——他们就会为自己贴上好斗的标签，并且可能使好斗的行为成为自己行为举止的一部分。尽管侵害性的行为需要大人立即加以关注，但应该千万小心，不要让别的孩子认为这种不良的做法是获得关注的途径。你应该寻找机会去表扬别的孩子的良好行为。

穿衣的训练

你会花许多时间去为你的孩子穿衣、打扮。下面我们给出了一些更有效率地给孩子穿衣服的方法，能够让你和孩子都喜欢上这件事情。

| 预先做好计划 |

在为孩子购买衣服之前，你首先要在自己的想象中把孩子打扮起来。要选择容易穿上的衣服，至少要选大一号的，纽扣和暗钮要尽量少。要去寻找那些脖领宽松方便、有弹性的衣服，以免夹痛了孩子娇嫩的耳朵。应该选择在移动的交通工具上能够方便地穿上、脱下的套装。

| 在孩子的头脑中培养起良好的穿衣记忆 |

从孩子换尿布时的举动，你就可以看出他将来对穿衣的接受方式。到了1岁的时候，大多数喜欢穿衣服的孩子都会在大人给他们穿衣时采取配合的态度，有些孩子到2岁半的时候就会自己穿衣，到了4岁的时候他们就会完全自己来穿衣服了。

| 教孩子穿衣服 |

为了使孩子与你合作，你首先应该使自己的眼睛和孩子的眼睛处于同一高度，要么在床上给孩子穿衣服，要么在更衣桌上，或者采取更安全的做法——跪在地板上。你应该看着他，与他讲话，唱歌给他听。为了营造气氛，你还可以和孩子玩一个穿衣的游戏：“把右脚伸进去，把左脚伸进去，两只脚一起动起来。”

用身体的某些部分来做游戏是一种古老的替代方式，能够让孩子一有空就与你作对的小手忙碌起来：“爸爸的鼻子在哪里？”在你轻快地给孩子穿衣的过程中，应该采用戏剧性的手段来保持他的兴致。有时候，分散孩子注意力的办法能够使不安地扭动的孩子安静下来；对那些2岁大的孩子，你应该准备好专门在穿衣的时候给他玩的特殊玩具。大一点的孩子应该让他站在窗前，让他在你为他穿衣服的时候能够欣赏外面的风景。

你可以用歌声来唱出穿衣服的正确顺序（采用“我们正在桑树丛边游戏”的曲调）：“首先我们穿上我们的内衣、内裤，内衣内裤，内衣内裤。”告诉孩子你在做什么：“你的内衣、内裤在哪里？”“然后我们来套上你的袜子……”你要说出每件衣物的名称，让孩子看着它们是怎样被穿上的。如果你3岁大的孩子抗拒你为他穿衣服，那你就应该充分利用孩子在这个成长阶段的特点——对想象的热爱。挑选你们都喜欢的角色。一位妈妈是这样扮演角色、引导她3岁大的孩子把衣服穿上的：“我们扮演

西尔斯养育手记

生病的孩子会做出令人讨厌的行为

当孩子的身体有病的时候，他的行为也会变得很糟糕。尽管有些生病的孩子会表现出模范的行为，会把他们的精力从制造麻烦中转移到治疗康复上来，但另一些生病的孩子会变得不听话、好斗。生病可能是孩子做出不良行为的一个潜在原因，特别是当原先乖巧听话的孩子的嘴里吐出了一连串令人讨厌的“不”的时候。未被检查出来的各种上呼吸道感染（鼻窦、扁桃腺以及耳朵的炎症）是居于榜首的改变行为的病症。得了这些病症的年幼的孩子不会告诉你这些病症何时对他们造成了伤害，他们只会使周围的每一个人感到他们很可怜，就像他们做出的行为一样。鼻窦的难受、听力的减弱、疼痛以及由这些炎症引起的睡眠困难都是造成不良行为的原因。贫血（血红细胞数量低）是孩子们易怒的另一个潜在原因。有些孩子在医院检查时，血红素水平处于边缘值，而实际上他们患有铁缺乏症，这虽然在血液指标上反映不明显，却通过行为表现了出来。为了检查出这一类的问题，需要进行特殊的化验，以判明孩子是否患有非贫血性的铁缺乏症。许多其他健康问题也会引起行为的变化。如果你的小天使变成了一个“小恶魔”，那就应该把孩子带到医生那里去看一看。

起了彼德潘，像彼德·潘那样讲话。我们谈论起彼德·潘为了进行一次刺激的冒险是如何穿着打扮的，这样孩子就不得不把他的内裤穿上。”

当学步期的孩子知道你要给他穿衣服的时候，对他来说这正是让你去追逐他、和他玩耍的绝好机会。如果你有时间，那就去和他玩追逐的游戏好了，去满足他的要求，在抓住他的时候挠他的痒痒、逗他、让他咯咯笑。如果你没有时间或者心情不好，那么可以和他玩另一个游戏——躲猫猫。把衬衫的领子拉起来，遮住你的脸，并且透过衬衫的领子偷偷地看他。然后，他会走近你的身边，也要像你一样来“偷看”。在你把衣服套到他的头上时，像玩躲猫猫那样大叫一声“Peek-a-boo”。然后，要求他的手和脚也来做躲猫猫。到了2岁的时候，他会要求“我自己来玩躲猫猫，把衣服穿上”。

| 为孩子示范穿衣服 |

你应该把孩子的衣服放在你自己的衣服旁边，并且要把他的所有衣服一件一件整齐地放在一起，这可以使穿衣时拖拖拉拉的孩子加快速度。你可以宣布进行一场“竞赛”，看谁能够第一个穿好全部衣服。用不了多久，刚学穿衣服的孩子就会变得老练起来。对于刚开始自己穿衣服的孩子，你应该帮他一起来穿：“你把衬衫穿上，我给你扣上纽扣。”

| 对错误的搭配要采取接受的态度 |

请你记住，年龄在2~5岁之间的孩子在头脑里抱有确定的想法，会抗拒任何的变化。他并不是顽固不化，而是在形成强烈的个性。如果你的孩子想穿一件橙色的衬衫和一条紫色的紧身裤，让他去好了，即使这样的穿法违背了你的品味。或者你也可以摆上几套衣服，让孩子自己挑选。衣服的颜色搭配不好，这只不过是一个小问题，根本不值得与孩子进行争吵。正如一位母亲所说的：“如果他自己穿衣服的话，那他高兴穿什么就穿什么。”当然，她必须保证她儿子抽屉里的衣服是适合那个季节的。另一个母亲只为孩子挑选在聚会上以及去教堂时穿的衣服。你就等着吧，到了孩子差不多10岁的时候，他会穿得比你还要时尚。

总会有那么一些时候，父母关于

衣服搭配的意见是正确的。下面我们来看看一位聪明的妈妈是怎样让她的儿子穿着得体的，她既尊重了孩子的意愿，又没有动摇她自己的权威：

我们3岁大的儿子开始有了自己的主意。我的任务就是确保他自己做决定的权利，我从内心也希望他有自己的主意。当我们的孩子遵循他自己的意愿而做出了与我们不同的选择时，我丈夫和我都不会把这看成是对我们权威的一种威胁。他只不过是想做与我们不同的事而已。我们的任务是引导他。举例来说，我丈夫正在给奥斯汀穿衣服，奥斯汀想要穿上崭新的厚毛衣，那是准备在圣诞节时穿的。当时外面大概有40℃，而且我们正要带他去一个阳光明媚的公园去。我丈夫向他解释说会很热，但奥斯汀坚持要穿他的新毛衣。在与他商量了一阵之后，我丈夫对他说："我有个主意。我们把这件毛衣带上，要是天气变冷了，你就可以把它穿上。"奥斯汀觉得这真是个好主意。他自己做决定的权利得到了认可。这样，我们和孩子之间就达成了一致意见，这为我们和孩子都带来了好处。

| 在买衣服时让孩子自己挑选 |

到了4岁左右，孩子通常就会开始在意自己的穿着打扮了。你应该带孩子一起去买衣服，让孩子帮你一起挑选要买的衣服。比如，五件衣服中挑选两件，三条裤子中挑一条等。

超级市场里的管教

有时候，你不得不带着孩子去商店购物，这是有一定的冒险性的。我们认识的一位年轻妈妈在大多数时候都带着她3岁和1岁大的两个孩子去商场购物，她说她把这当成是一项体育运动。指望一个2岁大的孩子在超级市场里规规矩矩地听大人的话、避免让大人做出冲动的行为，这是不现实的，但是你可以创造条件来帮助孩子做出比较好的行为。可以尝试一下下面这些明智的购物技巧：

| 独自购物，或者缩短购物的时间 |

除非你喜欢带着孩子一起去购物，否则，当你有许多东西要买的时候，应该尽可能把孩子留在家里。与年纪幼小的孩子一起去商场购买少量的东西，这是一件有趣的事情，但是在商场里逛得太久会让每个人都失去耐心。

| 事先做好计划 |

应该在白天孩子具有最好的行为表现（而且你也有比较好的心情）时带他去商场购物，这样的时间一般是在上午。应该让孩子吃饱了肚子才去超级市场。可以带上一个能够吸引孩子注意的玩具，把它系在购物车上。还要根据所采购的物品在商场中的位置来列出购物清单。

| 让孩子始终与你在一起 |

你可以把年纪幼小的婴儿包在三角背带中挂在胸前，他们会很快乐地待在那里，大多数年龄大一些的孩子也是这样；不然的话，你也可以让孩子坐在购物车的座椅上，别忘了系上安全带，它能防止小家伙站起来，还能防止他爬出座椅、掉下购物车。

| 别让帮你购物的孩子闲着 |

要让孩子觉得自己能够帮得上你的忙。应该根据孩子的年龄来让他帮你一起采购。即使是年纪非常幼小的孩子，也能够辨认出你在家里经常使用的商品。你可以让孩子帮你一起来找意大利通心粉或者柑橘，还可以让他坐在购物车的椅子上把想要的（不会打破的）东西从货架上拿下来。如果他的行为开始变得糟糕起来，可以提醒他在拐角那儿有更好玩的东西，或者给他饼干吃。

| 和孩子谈论你要做的事情 |

“首先我们要买一些莴苣来做沙拉……然后要买些香蕉……谁喜欢吃香蕉？是你吗？还是爸爸？……我们应该买哪一种饼干呢？”购物时的交谈能够帮助你的孩子练习各种各样的思维技巧。在你排队等候付款的时候，应该和孩子玩一些手指游戏，从而让孩子不会觉得无聊。

| 给孩子吃一些零食 |

打开一盒饼干给孩子吃，或者从面包柜台买一个面包卷给他，这会让你在购物时节省许多时间。在逛商场的时候，如果你每次都能同样地给孩子一两次吃东西的机会，那么孩子就会知道应该有什么样的期待，就不会吵闹着要吃其他糖果了。

下面，我们来看一位妈妈是怎样处理孩子在超级市场发脾气的：

我们5岁的儿子贾森在超级市场把他的食物洒得满地都是，并且大发雷霆："我还要！回去给我再多买一些！"他的要求不断地加剧："你给我买一件玩具，好么？""你真小气。"最后，他说起了我当时的口头禅："你混蛋！"我们把购物车推到商场中一个安静的角落，我试着和他讲道理，但这一点儿用也没有。最后让他安静下来的是与他谈论他的感受。我对他说："孩子，要是那样的事发生在我身上，我真的会很生气，那会让我想要用脚来踢东西。"我深有同感地对他说："我明白你的感受。"这让贾森马上就变得理智了起来，并且向我表达他的感受："我对这些点心感到很恼火，我真想把这辆购物车扔到窗户外面去。""你不给我再多买一些，我很不开心，我要把这些东西都扔到你的身上！"我们一起大笑了起来，然后回去继续我们的采购。在我们离开商场的时候，已经完全忘记了那件不愉快的事。

几天之后，贾森生病了，不得不到医生那儿去打针，在等着轮到他的时候，他过于紧张地想象着打针会是什么样的感觉，因而开始哭了起来。我就把在超级市场中起作用的那套办法拿了出来，让贾森说出他的感受："当医生给我打针的时候，我也想给她打一针！我要把所有的针筒都拿走，把它们扔到外面去，这样他们就不能给我打针了。"用大人的标准来看，这样的说法是很可笑的。然而，通过表达出这些想法，贾森感到自己对于正在发生的事有了一定的控制力。他并没有选择按照他的感受来采取行动，而是把他的感受表达了出来。这让我们都或多或少松了一口气。

在超级市场的收银处，大多数孩子的行为通常都会变坏。在收银处，应该让孩子帮你一起把购买的物品放到柜台上去，也可以让他点一下物品的数目或者报出每件东西的名字。一定不要让他闲着，要让他参与所有的活动，直到购物结束为止。

不要把年纪较小的孩子带到糖果和口香糖等他喜欢的东西那里去，这样你就可以避免为了这些东西和他发生争执。在把采购的物品拿出购物车的时候，你要把购物车停在孩子伸手够不到货架上那些诱惑着他的东西的地方。当队伍前面的人走了之后，你应该马上把车子推到比较安全的区域。一旦你的孩子懂得了什么是棒棒糖，你就不得不想办法来对付他了。每次他提出要求的时候，你不要总是顺着他。他可以自己存钱来买零食，应该事先就和他商量好，看看是不是到了买零食的日子。你应该往好的方面想，但是，如果孩子在收银处发起了脾气，你也不必感到有压力。重要的是，不要让孩子使你感到难堪。如果孩子知道你不会总是同意他在超级市场里对你提出的要求，那么他过后就不会再这么做了，他可以在其他时候得到零食。我们是养育了6个孩子才明白这个道理的，后面的两个孩子不会在商场里央求我们买这买那，因为玛莎一开始就不允许他们这么做。

教孩子学会刷牙

每天至少要让孩子刷一次牙齿。下面的这些办法能使刷牙这件麻烦事变成一种日常习惯。

| 及早开始 |

当你的宝宝在6个月～1岁之间的时候，你可以把纱布缠在你的手指上，用它来擦拭孩子的牙龈以及新长出来的牙齿。应该每天都这么做，好让他长大了之后对这种每天都要做的事感到熟悉。如果开始得太晚的话，有些学步期的孩子会对刷牙感到害怕。

| 为孩子示范好的刷牙习惯 |

让孩子靠近你坐在洗脸台上，演示给他看刷牙是多么有趣，可以露出满嘴的牙膏沫向他笑一笑。一旦孩子明白了其中的奥妙并且伸手来抓你的牙刷，这时就可以把他自己的软毛牙刷给他了。他还不需要用牙膏，小家伙们通常都会对味道强烈的牙膏心生畏惧。有些孩子会迷恋于刷牙时吐泡沫的动作——他们要模仿的就是这个，而不是刷牙。

| 你可别指望不到3岁的孩子会自己好好地把牙齿刷干净 |

你需要用手握着牙刷指导他们。

开始先刷前面的牙齿，然后再慢慢地移向两边的臼齿。如果你的孩子喜欢刷牙、在你教他时特别地配合，那你就可以握住他的手，引导他把所有的牙齿缝都里里外外地刷一遍。

| 使刷牙变成一种游戏 |

应该对孩子宣布“我们要把牙齿里的病菌刷掉”或者“我们要把牙齿里的鸡肉、马铃薯和面包屑刷掉”。可以唱一首歌给他听，我们唱的是一首老的（已经是非常老的了）广告歌曲：“刷呀，刷呀，刷呀刷”或者“刷，刷，刷你的牙，向着上下牙床来回刷……”（用的是歌曲“划呀，划呀，划你的船”的调子）。儿童节目表演者拉菲就有一首很棒的关于刷牙的歌曲。或者你也可以和孩子一起来数牙齿——听着你生动有趣地从一数到十，这会有助于孩子放松起来（顺便提一下，这种办法在牙齿诊所里对那些做早期检查的孩子也很管用）。

要督促不肯刷牙的孩子。你可以试一试爸爸和妈妈两个人一起来帮孩子刷牙的做法，你们俩面对面坐在椅子上，膝盖顶在一起，让孩子横着躺在你们的大腿上。孩子脸朝上看着天花板，坐在孩子脑袋后面给他刷牙的大人就可以清清楚楚地看到他的牙齿。你们把孩子抱住，最初的时候他会反抗，但是一旦他明白了这是必须完成的任务，而且没有商量的余地，他就会与你们合作。要小心，不要戳到他的嘴巴，也不要把牙刷用力地塞到他的嘴巴里去。如果他抗拒着不让你把牙刷伸进去，那就还是采用手指包着纱布给他清洁牙齿的做法。在给孩子刷牙的这个过程中，你应该始终采取积极、正面的态度——当孩子拼命地扭动着，并且不肯停下来的时候，你会很容易生起气来，失去耐心。如果我们提醒2岁大的劳琳她的牙齿不刷干净就没有故事听，她就会配合我们。

给孩子洗脸变得更为容易

在训练孩子的过程中，我们的目标之一就是要避免出现麻烦。在学步期孩子的生活中，一件最为麻烦的事情就是给他洗脸。我们发现，有一个方法能使这种“麻烦”变成一段对妈妈和孩子来说都十分有趣的时光。有一首儿歌是这么唱的："这里坐着市长大人，这里坐着他的两个仆人。这里是那只公鸡，这里是那只母鸡。这里是那些小鸡们坐的地方，这里是它们跑来跑去的地方。下巴像斧头，下巴像斧头，下巴像斧头，下巴……"我们采用这首简短的歌谣在孩子脸上做一个手指游戏，从孩子的额头开始，把它当作是市长大人坐的地方，往下移向两只眼睛，那是两名仆人的地方。两边的脸颊分别有一只公鸡、一只母鸡。所有的小鸡们都住在孩子的鼻子上，当然它们都跑进孩子的嘴巴里去了。然后，当你唱完"下巴像斧头"时，你的手指正好移到孩子的下巴上。伴着这首儿歌，用你的手指在孩子的脸上做过几次游戏之后，你的孩子会十分喜欢这个游戏。这样，当你下一次给他洗脸时，你就开始唱这首儿歌，在儿歌中唱到一个地方就给他擦洗脸上的这块地方，你和孩子都会一边唱一边咯咯地笑着，孩子的脸也就洗干净了。

实际上，有很多父母由于没法做到"像孩子那样思考"，因而出现了各种各样的养育问题。如果你的唯一目的只是把孩子的脸洗干净而不管花费多少代价，那么最终的结果就会是孩子大声叫嚷，母亲怒气冲冲、感到挫败，甚至有的孩子还会因为他的愤怒行为而受到惩罚，其实你原本可以将孩子的愤怒举动化解为开心的欢笑。

安抚尖声哭叫

这么可爱的小宝贝怎么会发出让人如此心烦的尖声哭叫呢？这种尖声的哭叫夹杂着抽泣和哽咽，吵闹不休，既向人提出了恳请和要求，又使人感到苦恼。它在程度上不断地加剧着，直到哭叫的孩子精疲力竭（这需要很长的时间），或者大人听得实在受不了为止（这只需要很短的时间）。大部分的孩子在2岁半~4岁之间都会在某些时候发出这种尖声哭叫，因为他们想看一看不同的声音会对大人产生什么样的效果。他们长时间地尖声哭叫、不肯停下来，原因就在于他们发现这种做法常常像咒语那样会起到作用。根据听众的反应，他们要么会继续制造出更加恼人的声音，要么会改变自己的调门、说出比较讨人喜欢的话来。

现在我们来看看怎样让尖声哭叫的孩子闭上嘴巴。你应该把什么情况会引起孩子的尖声哭叫记录下来，在孩子尖声哭叫之前就阻止这种情况的出现。如果每当你拿起电话，你的孩子就会尖声哭叫起来，那么在你要打电话之前就不能让他闲着。如果当孩子累了或无聊的时候他就会尖声哭闹，那么纠正这种情形就能够制止他哭闹。在通常情况下，迅速地给孩子以回应往往就能避免孩子的哭闹，因为这种做法使得孩子无需采用发出恼人声音的办法就能得到你的关注。

你千万不要允许孩子的尖声哭闹不断地加剧。当你听到第一个音节，隐约觉得孩子就要尖声哭闹起来时，就应该对他说："停下来！我不要听见你哭闹的声音。"并且马上走开。过一会儿你再回来，看着你的孩子，跟他说："我要听你亲切悦耳的声音。"或者可以试一试这么对他说："这里不是尖声哭闹的房间。如果你要哭闹，那就到别的房间里去。"一旦孩子意识到尖声哭闹不会给他带来任何好处，那么他就会停止这么做。只要他停止尖声哭闹，重新用悦耳的声音好好讲话，并且平和、有礼貌地把他的愿望告诉你，那么你就真的会把他想要的东西给他。对付尖声哭闹的孩子的另一个办法是转移话题。你应该不停地与孩子交谈，把尖声哭闹着的孩子的注意力转移到别的有趣的事情上来："噢，瞧这朵花多漂亮。让我们来闻一闻它的香味怎样？"这么做，你就让孩子明白了他的尖声哭闹没有使你感到厌烦。

如果孩子持续不断地尖声哭叫，你可以同样对他尖声叫喊，让他听一听这样的声音有多么讨厌，但是你要注意，别去嘲笑他。你千万不要在你和孩子都感情激动的时候这么做，应该在你们都平静的时候才这么来开导他。你可以用哭叫的方式对他说："你喜欢哪种声音，是妈妈的尖叫（'我不想做晚饭'），还是妈妈甜美的声音（'哎呀，我累了。我本来应该要你们帮忙的'）？"一旦孩子明白了尖声哭叫不会起作用（而且他的语言技能也已经有了提高），那他就不会再哭闹了。

清除肮脏的字眼

你是否还记得4岁大的孩子第一次说脏话时你的反应？你是不是瞠目结舌、一句话都说不出来？你有没有把手里的叉子掉到餐桌上？你是不是连耳朵都涨红了？对于正在成长的孩子来说，他们对脏话以及脏话的作用都感到十分好奇。在孩子们看来，各种各样的字眼是无所谓“脏”的。在孩子差不多4岁的时候，肮脏的字眼就会从孩子的嘴里迸出来。

如果孩子们常常听到某些词汇，而且看到这些词汇对听众产生了影响，那么他们就会记住这些词汇，并且使用它们。小孩子们可能并不明白他们所听到的一些词汇到底是什么意思，因此对待孩子说脏话的明智的办法是不要反应过度，这个说脏话的阶段会过去的。下面我们来谈谈如何面对孩子说脏话的情况。

| 探究根源 |

一个5岁大的孩子正在一群年长的女性亲戚旁边天真无邪地玩耍。突然他嘴里迸出的一个字眼让大家都沉默不语起来。正当尴尬的母亲赶忙过去让孩子闭嘴的时候，孩子的姑婆在一旁作出解释：“他讲话就像他爸爸。”要让你的孩子少接触下流的言辞，要让你自己的语言干净起来，你应该监督孩子的小伙伴们嘴里说出来的是什么样的话，还必须小心地选择孩子能接触到的电视节目。

| 向你的孩子作解释 |

“有些话听起来是很不好的。我们有许多听起来很舒服的字眼，我们还是来听这样的话吧。”在教堂里如果你要去大便，应该走过来凑近妈妈的耳朵轻轻地说：“请带我去洗手间。”

| 为孩子提供其他选择 |

如果你的孩子在发脾气的时候会不由自主地说下流话，应该让他学会采用别的方式来作出反应：“唉哟！好疼！我弄伤了手指。”语言能够释放紧张的情绪，因此你应该为孩子示范怎样不说下流话，用别的语言来缓解自己的压力。可以采用这些传统的词汇：“该死”、“哎唷”、“糟糕”、“好痛”、“见鬼”或者“胡扯”等。

| 置之不理 |

孩子们明白什么样的话语具有令人震惊的效果；听众的反应越强烈，孩子就越有可能再来一遍。在你确保孩子懂得你们家的家规并且知道有些话是不允许在公共场合说之后，如果他偶尔说了一两句脏话，你完全不必去管他。对于他采用的别的得体的话语，你应该着重表扬他。

| 判定语言标准 |

对于年龄大一些的孩子，你应该为他们制定一套允许在家里使用的语言标准，并且要严格地执行这个标准。如果你7岁大的孩子说着下流话走进家门，你就应该和他一起坐下来，明确地解释给他听为什么他说的下流话让人感到讨厌。

弄脏了内裤

你和6岁大的儿子一起坐在一群朋友中间，突然空气变得不那么清新起来。你的眼睛和鼻子转向自己的孩子，原来这儿就是这种不知不觉地泄露出来的气味的来源。你感到很不好意思，既为你的孩子，也为你的朋友和你自己。你的孩子一点都没有觉察到，他也根本不在意，或者他知道自己弄出了这种难闻的气味，但他要装作不知道来掩饰自己。

弄脏了内裤，这在医学上被称为“大便失禁”，并非是罕见的或不正常的。在孩子接受了上厕所训练之后的某个阶段，弄脏内裤的情况偶尔会发生。这种现象在男孩中比较普遍，而在女孩中则相对少见。在有着强烈的隐私意识的孩子中间，以及在那些对一项活动十分专注以至于不愿意停下来花时间去上厕所的孩子中间，这种弄脏内裤的情况是比较多见的。但是，发生这种情况对别人来说是一种冒犯。通过了解这种令人不快的问题发生的原因，你就能够帮助孩子来控制好自己的排便习惯。

| 当大脑和肠子之间不配合的时候 |

我是这样来向孩子解释弄脏内裤的现象的。肠子就像膀胱一样，会向大脑发出一个信号：“我要清空。”（你可以为孩子画一幅图画，肠子在下面，大脑在上面，用一个箭头把这两者连接起来，指着这张图解释给孩子听）当你的肠子塞满了的时候，它会告诉大脑它需要清空，这时大脑就会对你说："到最近的厕所去。"这种排便反射，或者称为清空大肠的强烈愿望，在具有健康的排便习惯的人身上是无意识地产生的。如果你听从大脑向你发出的指令，那么大肠和脑子就会继续相互对话；你在必需的时候去厕所，你的内裤会保持干净。

但是假定你不听从大脑的指挥，这或许是因为你太忙、太懒，或许只是因为你笨得连大肠和脑子之间的对话都觉察不到。在这种情况下，大肠和脑子之间就会停止相互对话。大肠在它自己想清空的时候就清空，因此你的内裤上就有了粪便。在大肠的开口处有一圈肌肉，它通常紧紧地收缩着，闭合着，帮助你把粪便留在肠子里面，直到你可以上厕所为止。有的时候，这圈肌肉变懒了，因而打开了。有时候拉在了裤子上，自己都没有感觉，而臭气已经飘了出来。

如果你不听从大肠发出的信号，里面的粪便就会变大、变硬，不能排出来。这会削弱大肠周围那一圈肌肉的功能，当大肠塞满的时候它会"感觉不到"，这样所有的粪便就堵塞在了里面。这种现象被称为"便秘"，会让人感觉很不舒服。在这样的时候，你的大肠就会有两种形式的运动，一种是"硬便"，另一种是"软便"。硬便堵塞在你的大肠里，而软便——有时甚至会是水样的——会从硬便的周围漏出来，你甚至都还没感觉到，它就已经拉到了你的内裤上。这种状况持续时间越长，粪便就会变得越硬，大肠开口处的那圈肌肉的功能就会越弱，大肠和大脑之间的相互对话就会越少。

你会问这样的问题："那么我们怎样才能防止这种情况发生呢？"（你应该鼓励孩子来回答这个问题）。首先，你可以总是听从大肠给你发出的指令。在你的大肠对你说"我已经满了"的时候，马上就跑到厕所去，而不要忙着做别的事情。其次，你可以不让粪便在大肠里变硬，要多喝水和果汁（西梅汁和梨子汁），应该吃含纤维的食物——西梅、全麦面包和谷类食物。

孩子频繁地弄脏内裤

你应该在孩子的帮助下记一个日记，记下孩子在什么时候弄脏了他的内裤。是什么因素导致了大肠运动的停止？又是哪些因素导致粪便拉在了裤子里？在和小朋友们一起玩耍的时候，他是否会紧张得拉出粪便？他是不是太热衷于玩耍了，因而忽略了自己大肠发出的信号？小男孩们的肠子容量不大，而且相当健忘。如果你的日记表明，玩耍和弄脏内裤之间存在相互关联，那就应该提醒孩子注意这两者之间的关系。要对他说：“你一感到大肠中有了压力，就应该马上坐到便盆上去，千万不要憋着。”

孩子不好意思上厕所

有些孩子对上厕所感到不好意思，他们宁愿不去管肠子发出的信号，也不让小朋友们知道他们必须去厕所，或者不愿意告诉老师他们要去洗手间。他们有意识地或下意识地使自己和塞满的大肠相信他们实际上根本不要去厕所。你应该让孩子牢牢记住，上厕所就像人要吃饭一样是正常的，是人之常情。每个人都要做这样的事。也许有些孩子无法想象他们的老师也有必须上洗手间的时候。

孩子懒惰不愿上厕所

有些孩子不愿意“浪费时间”去上厕所。他们宁愿不去理睬自己身体发出的信号，也不愿意中断正在玩的游戏、耗费精力跑到厕所去、褪下裤子、再拉上裤子，然后再重新回到游戏中去。为了帮助你的孩子快速地自己上厕所，可以在孩子的内裤或短裤上采用简单的松紧带。

孩子的肠子被堵塞了

在我自己的诊所里，我看到的弄脏内裤的最常见的医学原因是便秘，这乍一看来似乎不合常理。这种诊断结果让父母们很是吃惊（“可是大便拉出来了……”）。弄脏裤子的是像水一样的软便，是从硬便旁边漏出来的。通过对孩子进行检查，医生能够诊断出便秘是不是真正的病因。一些能够对大便起到软化作用的食物，比如天然的纤维（在食品店里可以买到的车前草种子的外壳、带皮的玉米片或者完整的亚麻子，你都可以用来撒在孩子早餐吃的谷类食品上）、西梅汁和李子汁、西梅酱（如果你的孩子不吃西梅子的话），以及每天额外多喝两杯水，都能对大便起到软化作用。切记对孩子堵塞的大肠要有耐心，因为至少要一个月才会发生明显的好转。

| 孩子的肠子十分敏感 |

孩子弄脏内裤后，你必须跟他解释一下发生了什么——他需要知道为什么他会弄脏内裤。他的小朋友中间有一些可能也会弄脏内裤。你应该向他说明他已经长大了，但他的肠子还没有长大，你会帮助他不再弄脏内裤的。他必须学会对自己的身体负责。当他的大肠和脑子向他发出信号时，他必须听从这些信号。你要向孩子解释有时如果他的大脑感到不舒服，他的大肠也会不舒服起来，因而不能再正常工作了。如果他感到紧张，他的大肠也会紧张起来。孩子弄脏了内裤，你不应该去羞辱和批评他，孩子从同伴和兄弟姐妹那里受到的不那么和善的提醒已经够多的了。大便失禁是很难为情的。孩子们需要大人帮助他们了解自己的身体。

| 孩子故意弄脏内裤 |

如果年龄已经比较大（超过了6岁）的孩子故意选择弄脏自己的内裤，而不是出于意外，以他们的年龄来说，已经大到应该学会自己把弄脏的内裤清洗干净了，应该让他们负起这样的责任，这是引导他们养成良好排便习惯的强有力的方法。如果这样的方法不能奏效，或者只能起到一时的效果，那你就应该进一步引导孩子，可以平静地对他说（不要带有一丁点儿惩罚的口气）：“下次你要是再弄脏内裤，那你这一天就必须待在自己的房间里，而且吃饭的时候只能吃粗面包和水。”这么做，肯定能引起他的注意；同时又向他表明你的态度是十分认真的，一定要纠正这个问题。你可一点儿也不是要让他感到羞愧！一位曾经这样来进一步引导自己8岁大的孩子的母亲写信告诉我们说：“当我告诉儿子我的打算时，从他瞪大的眼睛和认真的眼神中我可以看出，我们确实是引起了他的关注。他只说了这么一句话：‘但是那就像坐牢一样。’从下午4点钟开始他就一直待在自己的房间里，中间只吃过一顿饭。这个小家伙对他自己的事情十分的专注。我看到，他在这之前一直双腿交叉站着，用力憋住，不去理会肠子发出的要大便的信号，因为他不想输掉正在玩的电子游戏！”在这之后，当孩子又一次弄脏了内裤（实际上她的孩子选择了“一星期不玩电子游戏”，而不愿再接受“坐牢处罚”）时，他回忆起了上次在自己房间里“坐牢”的经历。诸如此类的不良习惯是不可能在一夜之间就得到纠正的。坏习惯被容忍的时间越长，就要花越长的时间去纠正它。

| 弄脏内裤后孩子发起了脾气 |

对于大多数孩子来说，弄脏内裤就像尿床一样，是成长中出现的正常的麻烦，而不是心理问题。对于有些孩子，这种麻烦会持续几个月甚至几年；弄脏内裤反映出孩子内心深处存在着情感困扰，比如与父母之间长期得不到解决的、愤怒的情绪对抗。环境中出现的混乱（比如迁居、父母离婚或者疾病）也会打乱孩子的排便习惯。如果孩子出现了这样的问题，你应该寻求专家的帮助。但是，在去向专家咨询之前，你应该首先和孩子的医生商量，给孩子做一次全面的身体检查。虽然食用前面提到过的那些对大便起软化作用的天然食物是安全的，但你不应该在没有得到医生建议的情况下采用各种具有通便作用的非处方药或处方药。有时，过分强调对孩子的排便问题进行“治疗”，反而会让孩子过度关注自己的排便习惯，从而导致问题加剧。而且你应该详细地列出你们的家庭状况，像侦探一样去探明有哪些令人不安的因素会引发孩子弄脏内裤。家庭治疗保证了所有的家庭成员都对孩子施以援手，而且确保了孩子会采用健康的方式来回应大家的努力。

用不礼貌的方式称呼别人

14岁大的玛丽对她7岁大的、烦人的弟弟比利大吼道：“你这个蠢货！”比利还不懂得“蠢货”到底是什么意思，但他从姐姐的语气中听得出他不应该做一个“蠢货”。

在不礼貌的称呼当中包含有什么东西呢？问题的关键并不在于那个姐

姐用了什么样的词来称呼弟弟——在许多时候，孩子们并不知道什么是侮辱。更深一层的问题是，对别人感受的冷漠和无视。养育孩子在一定程度上就是帮助你的孩子学会设身处地地为别人着想。你应该帮助她想象一下别人听到她叫他“蠢货”时会有什么感受。作为改变她这种无礼举动的第一步，你应该唤起她对自己的感受以及别人的感受的敏感。应该让她牢牢记住：嘲笑的口吻——就像嘲弄式地说“我爱你”会让别人感觉受到了贬低一样——只会给人带来伤害。

为孩子示范向别人道歉

即使是成年人有时也会采用不礼貌的方式来称呼别人，以此表示自己的不快。我们会发现，自己在孩子任性的时候会由于失望而大叫“你这个臭小子”。如果你的孩子总是接连不断地听到“你很懒”或者“你真笨”，那他就会真的养成“很懒”或者“很笨”的习惯，因为这种习惯看起来可以被父母用来发泄他们的情绪。用不礼貌的方式称呼别人会使人感到羞辱。为了挽回孩子的情绪，你应该向孩子道歉。当我们听到“臭小子”这样的字眼从自己的嘴里迸出来的时候，我们必须就此打住，给孩子一个拥抱，向他道歉，使他重新相信我们认为他很好。然后我们再来和他谈论我们是如何地不喜欢他的所作所为，接着去纠正他的行为。

停止羞辱孩子

为了维护孩子们的自尊，你作为家庭管教者的任务之一就是在你的领地里进行巡查，消除对孩子的各种羞辱。“这真蠢！”“你是个糊涂虫！”——如果你对这些伤人的话听之任之，那么它们就会继续下去。你一听到羞辱的话就应该马上指出来（可以说：“这是对人的羞辱。”）。这样，这些羞辱的话就能被大家所认识。如果你的孩子们已经清楚地知道你们家里不允许说这些羞辱的话，那么他们只需要你简单地加以提醒，而不需要你的说教和长篇大论的训斥。

一位母亲叫伊莱恩，她曾经告诉自己的孩子们那些羞辱性的话会造成多么大的伤害，尤其是对于年幼的孩子来说。她向孩子们解释说，用不礼貌的名称来称呼一个人会让他感到生气，因而他根本不会情愿去改变自己的不良行为。她告诉孩子们："不要对你的小弟弟叫嚷'你这个笨蛋'，而应该俯下身来，平视他的眼睛，坚定地对他说'那是件愚蠢的事情，我知道你其实要聪明得多。现在让我来帮你一起清理这些脏东西。'"这么做，不仅可以阻止争吵，而且也为小弟弟做出了榜样，避免了用不礼貌的方式去称呼别人。

| 恶声恶气的输入必然导致恶声恶气的输出 |

为了不让孩子的嘴里吐出不好听的话，你首先应该不让这样的话进入他们的耳朵。有些话会进入孩子的记忆深处，而且好像永远都不会忘掉。尽管我们很仔细地对家里的电视机进行了监管，但我们的孩子还是设法接触到了"瘪四和大头蛋"（一种流行的电子游戏和卡通片的名称——译者注），这部片子在我们看来是曾经进入孩子们头脑的最为玷污人格、最具有潜在危险性的节目之一——是对人类智慧的严重污辱。在此后的几个星期里，我们频频听到"大头蛋"这个词，就好像它是为社会所认可的一个直接称呼形式。我们本来已经打算要禁止在我们家说"大头蛋"这个词，因为我们打心眼里不喜欢这部片子。但是，一旦我们不再对这个词作出过度的反应，并且认识到这个词对于十多岁的少年和更小一些的孩子来说不过是像"蠢货"或者"傻瓜"一样的意思之后，这个词就不再让我们感到刺耳了，我们不再关注它（但仍然不允许孩子们看这部片子）。最后，"大头蛋"这个词就在我们家慢慢地销声匿迹了，至少在我们家里已经听不到这个词了，孩子们现在已经采用另一种新的、（对他们来说）更有趣的说法。过去，对孩子们用不礼貌的方式称呼别人进行惩罚的一种办法就是让他们写上一百遍"我不再说'大头蛋'"。但是，我们不鼓励采用这种方式，因为这么做实际上是把这个词更深刻地注入了孩子的记忆。纠正孩子的一种更好的办法是让孩子们写一个纸条向别人道歉，并避免再用不礼貌的称呼。

发牢骚

你一遍又一遍地要求孩子做某件事情，而你得到的却是孩子的抱怨，你对此是否感到厌烦？或者你的孩子尽管听从了你的话，但是很不情愿，提出了抗议。无论是孩子还是成年人，都不可能总是高高兴兴地去做事情，但是我们仍然有办法帮助孩子养成好的态度，使我们能够比较容易地与他们一起生活。

为孩子作出心情愉快的榜样

当你的孩子向你提出一个合理的请求时，应该给孩子这样的信息："当然，玛丽，我很乐意让你感到高兴！"——即使她的请求让你很不方便。你对孩子作出"很乐意做这件事"的回应，使孩子对自己提出的要求感到很开心，因而就为孩子作出了榜样，下次你要孩子帮忙的时候，孩子也会乐意帮助你。

对抱怨的孩子还以抱怨

如果孩子对做某件事发起了牢骚，那就应该帮助他明白你听到了他的抱怨后会有什么样的感受。"在接下来的几个钟头里我会变成一个小怨妇。"在孩子听到了你的抱怨之后，他就会明白与一个牢骚满腹的人待在一起是多么无趣。

把发牢骚的孩子暂时罚出场

"约翰尼，我希望你在我要你帮忙时能够欣然同意。到隔壁房间去坐5分钟，好好想想你发牢骚会让每一个人产生什么样的感受。当你想好了不再抱怨时，就来告诉我。如果每个人都发牢骚的话，那么在我们的家庭里生活就一点儿乐趣也没有了。"

尽量减少抱怨的次数

在孩子发牢骚的习惯还处于萌芽阶段时就应该阻止它的发展，免得发牢骚成为孩子个性的一部分。"比利，请帮妈妈来收拾桌子。"比利抗议道："为什么总是叫我做事呢？"他马上就拿腔拿调地抱怨起来。在他的抱怨刚出现苗头的时候，就应该明白地告诉他："那是发牢骚。我不想听到这样的抱怨。"我们采用了鼓励性的图表，从而在孩子童年的花园中除去抱怨的杂草。

| 让抱怨的孩子快乐起来 |

每个人都有偶尔发脾气的权利。但是要是孩子总是一次又一次不停地发脾气，那父母就该及时地介入了。下面我们就来看看该如何让牢骚满腹的孩子快乐起来。

首先要弄清楚孩子为什么总是牢骚满腹。有些小孩会在一天中某些特定的时候发牢骚。在早上发牢骚的孩子可能是需要时间、空间和早餐，以便在睡了一个晚上之后重新进入这个世界；也可能是需要一些细心的幽默，好让他仍然处在疲倦中的精神能够振奋起来。在晌午时发牢骚的孩子可能是困了或者饿了，表明他需要打个瞌睡或者早点吃午餐。在放学后牢骚满腹的孩子可能是同样需要恢复一下精神，需要吃一点补充能量的点心、简短地打个瞌睡，以便从诸如乘校车引起的头疼、紧张程度的增加、甚至是在课堂里受到激励之后随之而来的厌倦等放学症状中恢复过来。晚上脾气乖戾的孩子可能仅仅是因为疲倦了，需要在傍晚的时候小憩片刻，或者需要在晚上早点上床睡觉。孩子出现了上述的各种情况，你需要做的就是让他一个人去发一会儿牢骚好了，仅此而已，其他什么都不用做。应该对孩子的抱怨采取尊重的态度，你对他的唯一要求只是不要使家庭的和谐受到干扰。

如果你们原先讨人喜欢的孩子突然变得满腹牢骚，那就应该怀疑他生病了，或者在他的生活中最近出现了压力。如果有什么事让他感到苦恼，那么内在的怒火会影响到他外在的情绪。你应该抽时间听听孩子的倾诉，从而去找出你们可爱的孩子变得性情乖戾的原因。直接向他发问可能不如等他愿意说的时候再去倾听效果好。与父母感情亲密的孩子通常不会等太长的时间，他会很快就去寻找愿意听他倾诉的人。请你记住，与父母感情亲密的孩子内心是非常敏感的。

| 让抱怨的孩子忙碌起来 |

一位睿智的幼儿园园长有一句她最喜欢的座右铭：“厌倦无聊是一种选择。”在5岁大的彼特开始经常说“我很无聊”时，我们采用她的座右铭。我们让彼特明白，他要为自己的情绪负责。如果他不听取我们这种微妙的暗示，那么我们就会更加明白地告诉他："彼特，你有许多选择——帮我洗碟子，把你刚从图书馆借来的书拿出来看，或者出去看看你的小朋友是不是在外面玩。"如果他不愿意选择一件事情去做，我们就让他到隔壁的房间里去，让他一个人去无聊。无论如何，应该让他做他喜欢的事情，使他忙碌起来。

| 对发牢骚的孩子采取幽默的态度 |

可以尝试下面的这些策略："萨莉满脸都是牢骚。我敢肯定她那张快乐的脸已经不见了，让我们看看能不能给她画一张上去。"然后拍打孩子的脸，假装要给她化妆、抹去她紧锁的眉头。孩子们很喜欢这种特别的触摸，而且欢笑能放松脸上绷紧的微笑肌肉，这会反过来缓解气氛，使孩子愿意和你谈谈发牢骚的原因（这种做法对早上发牢骚的孩子可能不会奏效）。

对孩子的每一次发牢骚，你都不应该加以压制。孩子的情绪是他内心情感的油量表。就像你不可能在没有油量表的情况下安全地驾驶汽车一样，你也不可能照料好不把感情表达出来的孩子。应该让你的孩子懂得："感到厌烦是正常的。告诉我们是什么事情让你感到烦恼，因为把它讲出来会让你感觉好一些。""如果你真的不想去做什么事的话，有时感到苦恼是正常的，但是你应该用比较好听的声音来让我知道你的感受。""即使你发牢骚，我也还是爱你，我愿意看到一张真实的抱怨的脸，不情愿看到一副虚伪的开心的面孔。"

孩子与你顶嘴

你的孩子是不是总是要和你顶嘴？"玛丽，请把那些碟子洗掉。""妈妈，我干不了这件事，我有作业要做。""洗碟子是你的任务，不是吗？""是的，但是明天我有个测验。""洗碟子只需要10分钟。在我回来之前请把它们洗好。""要是明天我考砸了，那可是你的错。"有些父母和孩子会像打乒乓球那样一来一去地用话语相互刺激。如果双方都不能停下来了解对方的观点，这样的对话就会升级为面对面的对抗。孩子们被推到了对父母进行防御的境地；而父母们觉得他们的权威受到了挑战。双方都不会取得胜利。父母和孩子之间的讨论本不应该变得如此缺乏礼貌。如果孩子能用礼貌的态度对待你们之间的意见分歧，那么就表明孩子愿意与你交流，而且他能够轻松地与你交流。面对总是和你顶撞的孩子，你可以试一试下面这些建议。

| 孩子应该尊重你 |

父母的耳朵对孩子不尊重的话语是十分敏感的；你自己应该始终保持使用对人尊重的语气，这不是容易做到的，然而这么做能起到十分重要的榜样作用。如果你不想要你的孩子对你说“闭嘴”，那你就不应该对他说“闭嘴”。在孩子的独立性迅猛地涌现出来的各个成长阶段，孩子往往会和你顶嘴。你说一句，他一定要还一句，这有助于他巩固自己的立场，进一步肯定自己的独立性。如果孩子和你顶嘴的情况不是十分严重，不是对你很不尊重、明显地辱骂你的话，那你完全应该把他的这种表现看作是成长过程中出现的正常问题。孩子需要去学习怎样不用粗鲁的办法来表达自己的观点。在不尊重和显示勇气之间有一条泾渭分明的界线。

在7～10岁之间，孩子正常的成长在一定程度上就是保护他自己的兴趣。他逐渐形成了公平意识。你对他作出的任何评论或提出的任何要求如果被他认为是不公正的，那么很自然地就会导致他对你采取防御的态度。有一天，我错误地责备马修在全家人都在汽车里等他的时候还在外面闲逛。他马上就为自己争辩起来，他必须回到屋子里去的原因是去拿他的鞋子。这与其说是顶嘴，倒不如说是正处于学习社会公正意识阶段的孩子在他的成长过程中作出的一个适当的解释。你应该对孩子的辩解敞开你的心扉（只要他的辩解是有礼貌的），从而让孩子知道你很乐意听取和尊重他的观点，这就架设起了与十多岁的孩子进行沟通、交流的桥梁。

如果孩子的顶嘴升级成了你们相互之间大叫大嚷的争吵，那么你就必须纠正他的顶嘴。一天，我在不经意间听到了玛莎与正在和她顶嘴的、当时8岁大的埃琳之间的一段对话："埃琳，坐下来，我有话跟你说。"玛莎平静地说，通过改变自己的语气，她终止了和埃琳之间的争吵。这两个争吵的对手一起坐了下来。"我是妈妈，你是孩子。这并不意味着我比你强，但我的年龄比你大，我懂得的东西比你多。所以我相对来说聪明一些——将来你自己做妈妈的时候也会是这样的。我明白你为什么不想打扫你的房间，但我还是希望你能听取我的意见。"说完，她把埃琳抱在了怀里。最后，玛莎告诉埃琳："我会帮你开个头。"

如果孩子变得经常没有礼貌地和你顶嘴，那你就应该对你们之间的亲子关系作一个整体的评价。你的孩子是不是对某件事情感到生气？在你和孩子之间是不是已经有了距离？近来你的心思是不是只顾着别的事情，以至于你的孩子不得不大声叫嚷、使自己变成一个讨厌鬼，从而让你去倾听他？

| 应该让顶嘴的孩子暂停 |

如果你和孩子正在互相大叫大嚷、你们之间形成了一道隔膜，你就应该让孩子暂停，或者你也可以让自己暂停。如果再继续下去的话，你们是无论如何也没办法进行真正的沟通的。应该对孩子宣布"我需要歇一会儿"，或者要你的孩子坐下来，直到他能够采用尊敬的态度对你说话为止。等你们都冷静下来以后，你要坦率地向孩子道歉，如果必要的话，还要打破坚冰，并且消除隔膜。然后再次要求孩子讲出自己的想法（有时候，让孩子重复他的观点会有助于降低这种观点在孩子心目中的重要性）。你也应该摆出你的观点，并且和孩子一起达成共识，要用拥抱来结束整个过程。这样，用这种谈话来代替你长篇大论的训斥，孩子就会明白，相互之间的不尊重只会起到适得其反的效果，而且是不明智的。

让缺乏活力的孩子兴奋起来

你的孩子是不是变成了一个老是躺在沙发里的懒虫？他是不是对任何体育运动都没有兴趣？是不是很难让

他出去走一走？他是不是拒绝练习弹钢琴？如何才能让一个提不起兴致的孩子一跃而起、发动起来呢？这是大多数父母时常都会面临的一个挑战。

| 从内在和外在两方面来激励孩子 |

孩子们既会受到自己内在的各种因素的激励（自我激励），也可以通过别人或奖励来进行激励。能够起到自我激励作用的最好办法是允许孩子根据他自己的兴趣去做事。为了鼓励孩子将自己激发起来，你在给予他适当的赞扬和鼓励的同时，可能还不得不依靠奖励甚至是贿赂的手段。

萨莉的父母认为她可能喜欢音乐，因此鼓励她演奏一样乐器。萨莉拒绝道：“我不想演奏乐器。我不喜欢练习，我喜欢在外面玩耍。”最终，萨莉还是选了一样乐器（钢琴），并且答应去上课，但仍然拒绝练习。上了几个月的课之后，她的父母认识到，他们的女儿在钢琴方面有天赋；但萨莉还是对钢琴提不起兴趣。他们应该为了不做硬逼孩子的父母而放弃让孩子学钢琴呢，还是应该坚持下去呢？她的父母明智地选择了坚持，他们认识到，技能的培养对于孩子自尊心的培养非常重要，而且他们希望她能掌握各种各样的技能走入成年，从而给她带来成年后的自我满足。他们鼓励道：“萨莉，我们爱听你的演奏。”在她演奏的时候，他们真正地去听，对喜欢听的曲子还会常常请求她再重复几遍。每次她完成了独奏之后，他们就奖励她一件新衣服。他们制定了一条家规——不练琴的话就不能看电视。经过6个月的课程学习，萨莉掌握了好几首长的曲子，而且经常演奏它们，喜欢这些曲子给她的听众带来的快乐。最重要的是，她喜欢她自己的感受。她陶醉在钢琴演奏之中，很愿意进行练习。现在，孩子自我激发的动力已经培养起来了，于是父母就退到了一边。

| “是妈妈逼着我学的。” |

每个孩子都是一个天才智慧的宝库，根本性的问题在于，如何将孩子的这些天才智慧发展成各种技能，这就是父母的任务。你应该培养孩子走向成功的能力。有时，你不得不在运转缓慢的汽缸中注入汽油，好让它能够自己运转起来。许多成年人的技艺往往成了他们的生计，他们都很高兴小时候有父母“逼着”他们学习各种技艺。

| 必须及时奖励孩子 |

我尝试过这么来教训孩子：“等你长大之后，你就会为学会了弹钢琴而感到高兴了。”但是对于他们来说，“长大”是一个很遥远的梦，远在天边，他们似乎永远也到不了那里。这根吊在前面的胡萝卜离他们的鼻子太远了，根本不起作用。孩子们只生活在眼前这段时间，而且他们也只为了现在而生活。真正能让我们的两个孩子克服困难的有效办法，就是在放学回家的路上到冰淇淋店去买一个蛋筒给他们吃。如果孩子在某一个星期里的练习次数超过了4次，我们就买给他一个双份的蛋筒。一年之后，冰淇淋已经刺激不了他们了，我们就提高了价码，他们每多练习一个小时就多给他们一块零用钱。

当奖励不再管用时，就可以让你的孩子转而去学习别的技艺了。9岁的埃琳明确表示弹钢琴不是她的兴趣所在，我们接受了她的想法。她仍然保持着一定的弹奏水平，然后我们让她停止学钢琴，支持她去学骑马。3年后，她成了一名非常敬业、负责的女骑师。她有时仍会出于高兴而弹奏钢琴，或者为她的朋友们表演一下。

你的孩子会做一件事来取悦你，或者是要让她自己感到高兴。她想要、并且也确实需要得到你的赞许；那或许是将没有动力的孩子激发起来的一种方式。父母绝对不应该让他们的孩子觉得父母的关爱是以他们的表现为条件的。一旦你将懒散的孩子激发了起来，要让自己感到高兴的欲望就会给他带来动力，使他继续做下去。你千万不要因为孩子没有练习或做得不好而惩罚他。

| 要警惕突然发生的变化 |

孩子的兴趣突然发生了锐减，这是一个红色信号，意味着孩子心里装着什么事情，或者他周围的环境有什么不对劲的地方，比如：他的自尊心受到了威胁，失去了一个朋友，对学校或家庭抱有极大的担忧，或者是吸了毒。这样的信号表明孩子需要得到父母、甚至是专家的忠告。

| 让孩子有事可做 |

认为自己正在做的事情是值得的，并且因此觉得自己有价值，这种感觉是很有用的自我激励手段。贾尼斯是一位很有创意的母亲，她把她那懒惰的、5岁大的女儿称为“妈妈的好帮手”，用这个办法来激励她，并且让她做各种有报酬的家务活。在做少儿棒球联盟教练的过程中，以及在做童子军团长的时候，我也采用了这种方法。在刚开始的时候，我会对孩子们叫道：“跑起来！”这一点儿也没有起到激励作用。如果我看到孩子对比赛或者活动的兴趣在减少（从他不断退步的表现中就可以看出这一点），我就会让他在队伍中承担一项任务，这种做法会让我比较轻松，对孩子也会起到比较好的效果。孩子任务完成得好、表现得好，就应该给他一些奖赏——这不仅对管教孩子有效，而且现实生活中也是如此。

| 无论如何也提不起兴趣 |

“可是我的孩子就是对做任何事都不感兴趣。”一位失望的母亲在咨询过程中把这个情况告诉了我们。如果是那样的话，就应该考虑根本的问题可能是孩子缺乏自尊心，并且应该把注意力放在帮助你的孩子塑造自我形象上。健康的自尊意识是一种内在的刺激因素，激发孩子去让他自己和让别人感到满意。你必须问问自己，是否由于过多地看电视而使你的孩子变得更加沉默起来，并且应该记住，孩子要到8～9岁或者10岁才会认真、努力地学习一门实在的技能。

| 不必把孩子从无聊的情绪中解救出来 |

孩子们必须经历从感到无聊到变得充满活力的过程。如果你从来不让孩子感到无聊、从来不让他自己从无聊中摆脱出来，那么他很可能就无法学会进行内在的自我激励。

16 CHAPTER 兄弟姐妹间的争斗与对抗

3岁大的莫利生活得相当美好。在妈妈、爸爸和孩子组成的完美的亲情三角当中，她处于被关注的中心。她的整个生活都得到了父母无微不至的关怀；她确切地知道父母会怎样照料她；她从来不必与任何人分享她父母的爱。

后来，有一个人闯进了她的生活，取代了她作为家庭中心的位置。一个小宝宝出生了！到家里来的客人们对这个刚刚出生的竞争对手发出了一声声“噢”、“啊”的赞叹，给他带来了各式各样的礼物。莫利不再是家里最重要的成员了。当她要求爸爸、妈妈给她与小宝宝一样多的时间时，她听到的是“现在可不行，我得照顾小宝宝”。当家里来客人的时候，他们完全忽略了她，而是去赞叹：“呀，多么漂亮的小宝宝。”她对自己的降级感到失望透顶，终于，她对这个夺走了她的位子、突然发迹的小家伙生起气来；她被激怒了，因为每个人都对她说她有这么一个可爱的小弟弟是多么的幸运。

许多父母在面对这种情况的时候，都会试图采用成年人的逻辑来缓解出现的问题。但他们实际上需要换个角度来看问题，看看所发生的情况在孩子的眼里是怎么一回事。大人们会说：“你要往好的方面想一想。你有了一个一起玩的伙伴。”（而孩子的逻辑是：“我的小伙伴已经够多了。我向你们要求过再多一个吗？而且这个小家伙根本都不会玩——他成天就是睡觉。”）大人们说：“妈妈和爸爸还是一样爱你。”（孩子会说："那为什么你们总是把那个小东西抱在手上，而不是总抱着我呢？"）妈妈说："我必须多和你的小弟弟待在一起，因为婴儿更需要妈妈的照料，就像你小时候那样。"（"我情愿现在还是婴儿。我也需要妈妈。而且，我不记得自己小时候的事情了。"）"妈妈很忙，你可以和爸爸一起去做些什么。"（"你为什么需要一个婴儿呢？难道我还不够好吗？"）"你会对他感到习惯的，而且将来和他玩一定十分有趣。"（"我恨那个小家伙。这个婴儿毁掉了我的欢乐。什么时候你能把这个小东西送回去，妈妈？"）

在几个月充满期盼的想象之后，你的孩子只好接受了现实。这个小家伙并没有被送回去，实际上，他在一天天长大，到处乱爬，并且进入了大孩子宝贵的领地。大孩子开始采取措施防止敌人侵入她的地盘，这个对手现在已经会推倒她搭起来的积木、"勾引"走她的玩伴了。这个姐姐在她接下来的成长岁月中会和她的弟弟争夺家庭中最珍贵的奖赏——父母对孩子的关爱。

让孩子接受新生婴儿

兄弟姐妹之间的争斗与对抗在一定程度上是不可避免的，但是对抗的程度取决于竞争双方的年龄，而不是他们在个性上是否合得来，而且对抗的程度还取决于你对他们之间的冲突有多大的容忍度。与父母感情亲密的孩子会相当容易地进行自我调整、适应，因为他能够在需要的时候得到他所需要的关爱。看到另一个人的需要也能够得到满足，他不会十分嫉妒。

超过了3岁或3岁半的孩子们通常对家里新生儿的降临抱有由衷欢迎的态度，他们把这看成是一件很新奇的事情，有时，这些孩子至少在表面上来看并不妒忌新生婴儿。他们会把小宝宝看成是"我"的，与你争夺和小宝宝一起玩耍的时间，而不是与小宝宝竞争你的关爱。他们已经具备了口头表达能力，这有助于他们面对发生的情况。

但是，年幼的孩子有时仍然会对发生的变化感到烦恼，这种情况并不罕见。即使你想方设法地"把所有方面都安排得十分妥当"，并且非常谨慎小心、在最初的几个月里避免伤害你的大孩子，然而一旦新生婴儿到了8个月大、能够在地上爬了之后，你的大孩子还是会不得不去对付小家伙对他领地的入侵。

下面我们将告诉你一些让大孩子接受新生婴儿的方法。

该怎么做

你如何处理新添了小宝宝这件喜事，你如何与你的大孩子进行交流，以及在小宝宝出生后你如何对孩子们进行日常的管理，这些方面决定了两个孩子之间是和平相处还是相互争斗。作为大人，你必须对潜在的以及爆发出来的冲突具有敏感的觉察，这是你的责任。大孩子会怎样与新生儿相处，这在很大程度上取决于你和两个孩子之间的关系有多亲密。

| 在婴儿出生前就让大孩子和他交朋友 |

在婴儿出生前，你就应该告诉大孩子有关宝宝将要出生的事，可以在妈妈刚怀孕时就告诉大孩子，也可以在怀孕的后期告诉他，这取决于他的理解能力。应该给他看一些婴儿在妈妈子宫里的图片。对一个年幼的孩童来说，眼睛看不到的东西在他的头脑里是不存在的，因此尽管一个2岁大的孩子可能会觉察到妈妈的心思都被她隆起的肚子里的小宝宝占据了，但还没有出生的婴儿不会威胁到他的领地。应该让你的大孩子轻轻地抚摸妈妈的肚子，让他和小宝宝说说话，让他去感觉宝宝在妈妈肚子里的踢腾。你们应该开心地谈论肚子里的小宝宝，开心地为这个小家伙的出生做各种各样的准备。

| 让大孩子看他自己婴儿时的照片 |

你应该和大孩子一起坐下来，一页一页地翻看相册里他婴儿时的照片，让他看看他刚出生时、从医院回到家里时以及给他喂奶、给他换尿布时他是什么样子。通过让孩子去回想他小时候发生的事情，你就能够让他对将要发生的事有所准备。

| 预先告诉孩子宝宝将要诞生 |

“当小宝宝从妈妈的肚子里生出

来之后，妈妈会一直抱着他。小宝宝成天就是睡觉、吃奶，总是需要抱在妈妈的手上，因为小宝宝实在是离不开妈妈。”

| 让孩子参与准备庆祝宝宝诞生的庆典 |

除了要鼓励大孩子在宝宝出生后要与妈妈和宝宝多待在一起之外，你还应该让他帮着大人一起准备宝宝的“生日聚会”。他会精心挑选生日蛋糕和装饰品，为宝宝和客人准备特殊的礼物。

西尔斯经典语录

父母一视同仁、孩子的亲身参与、引导孩子明白兄弟姐妹与自己的终身制关系是解决兄弟姐妹间争斗与对抗的良药。

| 应该同时为大孩子准备一份礼物 |

在拜访有了新生婴儿的家庭时，明智的客人会给那家的大孩子也带上一份礼物，这些客人自己家里也曾经历过兄弟姐妹间的争斗与对抗。当到你家里来看新生儿的朋友们把他们的礼物和关爱一股脑地都给予小宝宝的时候，你应该为大孩子准备一点小礼物，并且让他来打开客人们送给宝宝的礼物，让他来试一试送给宝宝的玩具会不会发出咔哒咔哒的声音。

| 在不同的时间分享妈妈的关爱 |

大孩子们在新的家庭生活中寻找着适合自己的位置，这时他们的内心是不安的，伴随着这种不安，最让大孩子们感到苦恼的是要和新出生的宝宝一起来分享妈妈的关爱。

由于3岁以下的孩子还完全不具备与别人分享一样东西的观念，而且对于这样的孩子来说，妈妈是他拥有的最为重要的“东西”，因此一般来说你很难让这个孩子接受与宝宝一起在不同的时间“分享”妈妈的观念。你可能会说你会给大孩子和小宝宝一样多的时间，这听起来很有道理，但实际上是行不通的。新生婴儿需要比较多的照料，而你自己不可能有百分之两百的时间和精力去奉献给孩子们（我们之所以强烈地主张新手妈妈们应该允许自己别去操心家务琐事，以便有更多的时间与婴儿和学步期的宝宝在一起，原因就在于此）。

你可以和大孩子一起来分享你用于照料婴儿的时间。你可以用三角背带把婴儿包起来、挂在你的怀里，这样，你的双手就可以腾出来和大孩子玩游戏了。在给婴儿喂奶的时候，可以读书给大孩子听，或者只是和他紧紧地挨在一起。在婴儿还相当小的时候，他需要你抱着他，或者用三角背带背着他，你应该坐在地板上给他以照料，这样的话你学步期的大孩子就能够看到你是否有空和他玩。在婴儿大了一点之后，你就应该把他放在婴儿椅里，或者放在地板上的一块地毯上，让他看着你和他的哥哥或姐姐一对一地玩耍。这个办法让一个大人可以同时给两个孩子带来欢乐。你应该试试看让他们俩一起玩：当婴儿大一点之后，要鼓励大孩子去逗婴儿玩。做鬼脸、发出滑稽的声音是三四岁的孩子很在行的事情，而且婴儿们也十分喜欢这些举动。还没长出牙齿的婴儿张大嘴巴欢笑起来，这会对大孩子的自我意识起到难以置信的增强作用——“瞧，他喜欢我。”你应该告诉你的大孩子，如果他喜欢他的小弟弟的话，那么用不了多久小弟弟也会喜欢上他。

你应该记住，尽管你的大孩子会更固执、更吵闹地要求你关注他的需要，但婴儿的需求总是第一位的（除非有了生死攸关的重大情况）。妈妈常常会犯这么一个错误，由于担心伤害大孩子的感情而不去密切地关怀刚出生的小宝宝。如果大孩子在婴儿期的各项需求都得到了满足，那么他是有能力排遣心里的挫败感的，而婴儿还没有能力这么做。

| 让大孩子觉得他自己很重要 |

你应该让大孩子在家里承担起一项任务。为了让大孩子摆脱“我也想做个小宝宝”的忧郁心情，你应该在自己的思想上和行动上尽力提升大孩子的重要性。告诉他你需要他的帮助，在家里给他一个职位。可以逗趣地对他说：“你可以做妈妈的帮手。请你把尿布拿过来。”“替妈妈把衣服拿过来。”“请你把这些玩具拿过去。”应该让他给宝宝换尿布、穿衣服和洗澡（所有这些当然要在大人的监管下进行）。他给你帮了忙，你应该表扬他。

下面，我们来看看一位母亲在她的第二个孩子出生之后，是如何处理4岁的大孩子在性情上的改变的。

在本杰明出生后不久，埃米似乎经历着一次幼儿期的危机，她又像以前那样尿床和大发脾气。埃米过去是个欢快的孩子，现在变得忧郁起来。她和大人顶嘴、和大人对着干，开始会在夜里醒过来，这使她变成了一个人见人烦的讨厌鬼。妈妈给了她一项任务，让她做“妈妈的帮手”，甚至还为她的帮助支付给她报酬。几个星期之后，与埃米在一起不仅让人感到很愉快，而且她还学会了如何照料婴儿，对此她很得意。

要乐于倾听大孩子的感受

新手父母们往往会对新生的宝宝怀有矛盾的情感，这会让他们自己产生烦恼。孩子们也是这样，他们并不喜欢自己对小弟弟或小妹妹的愤怒情感，会想要把这种情感隐藏起来。作为父母，你应该鼓励你的大孩子把他对小弟弟或小妹妹的负面情感连同正面的情感都表达出来。你可以坦诚地对他表示理解和同情，比如，你可以对他说：“我猜想你有时候很喜欢你的小弟弟，有时候不喜欢他。”你要鼓励大孩子把他对小宝宝的各种情感都说出来。让孩子们把自己的感受说出来，这常常会让他们感到轻松一些。如果他确实把他对于小弟弟的负面感受告诉了你，比如他对你说：“我恨那个小东西。”你可千万要克制住自己，如果他听到你说他的情感是正常的、可以理解的，那么他的情感就不会再像一开始时那么强烈了，而且他会对你更加坦诚。每个人其实都需要别人的理解和接受。

“那件事对我有什么好处呢？”

这就是孩子的思维方式。用大人的眼光来看，家里多了一个可以总是在一起玩的小朋友，孩子应该感到高兴才是，但是处于这种境遇的孩子的内心完全被他所失去的那些东西占据了，他看不到正面的东西。他们在家庭的舞台上失去了中心的位置，而且小宝宝还太小，还不能与他们一起嬉戏、玩耍。妈妈也一点儿都不能给他们带来乐趣了，因为她总是很疲倦。（兄弟姐妹之间的争斗与对抗往往发生在父母穷于应付的时候，就在你们为适应新生的宝宝而精疲力竭的当口，你还不得不去面对大孩子个性上正在发生的变化）。你应该重新给大孩子一些“特殊时间”，尤其是，要让他和爸爸一起外出到公园去走一走，或者去雪糕店，甚至可以一起到便利店去买面包和牛奶。应该把这种与爸爸单独外出的机会专门留给大孩子。这样，他在妈妈那里表面上看来已经失去的关心又从爸爸这里得了回来。你可能会说：“但是我们已经告诉了他我们爱他。难道这还不行吗？”这么做确实是有一定作用的，但是，真正重要的是，要让孩子体验到父母对他的爱。行动远比语言更有说服力。可以采用“随意地待上一段时间”的办法：在你抱着宝宝的时候，可以让大孩子挨着你坐在旁边（不必把宝宝从手里放下来，也不必从小宝宝的身上分心去关照大孩子），只要去体验相互陪伴、身体紧挨在一起的乐趣就行了。每天只要花上15分钟与大孩子这样紧靠着坐在一起，就能带来明显的变化。

| 两个孩子的需求都应该给予满足 |

“我正在四处查看，正好看见我们4岁大的孩子用玩具去打新生宝宝的头。”一位受了惊吓的妈妈对我们这样哭诉道。大孩子做出了伤害婴儿的举动，你就应该马上加以纠正；安全上的需要远远超过心理学上的考虑。你应该尽可能地教训大孩子不能再去做这样的事。你应该采用各种办法来让孩子停止伤害宝宝：罚孩子暂停（并且暂时不让他再去碰那个用来打人的玩具）。你还必须克制住自己想要把大孩子打一顿的冲动，但是你又必须给予他坚决而明确的引导。要向他解释初生的婴儿是多么的娇嫩，以及尽管你理解他的愤怒，但是你不会允许他伤害小宝宝。如果他愿意的话，你应该帮助他在适当的时候向小宝宝道歉：“轻轻地抚摸宝宝的头，对他说你很抱歉刚才伤害了他。”

现在，孩子将他的情感表达了出来，这样，你就能够直接对他的这些情感提出你自己的看法了；他想要你理解他的抗争。你可以试着替他把心中的感受讲出来：“看到妈妈把那么多时间都花在了小宝宝的身上，你感到很难过。”然后可以演示给他看在愤怒的时候如何把气出在柔软的、没有生命的东西（比如一个枕头）上，因为打这样的东西不会使它受到伤害。还应该演示给他看如何和善地对待小宝宝。鼓励他一定要轻轻地碰小宝宝；为他作出轻轻地拍打小宝宝、和气地对宝宝说话的榜样。应该采用将三方拥抱在一起的办法来结束这段难忘的经历：你、大孩子和宝宝紧紧相拥在一起。你应该确保让大孩子记住他永远也不会再伤害小宝宝了。

有时候，小宝宝的哥哥、姐姐会要求尝试一下宝宝的行为，比如想要妈妈用奶瓶给他喂奶或者想要妈妈给他哺乳。对于孩子的这种愿望，最容易的处理办法就是让孩子去尝试。彼得在17个月大的时候，玛莎就给他断了奶，海登出生时他已经快3岁了。当玛莎第一天给海登喂奶的时候，他在旁边仔细地看着，然后向妈妈要求也给他喂奶。他站在摇椅的旁边，凑到妈妈的胸前吸上一两口，为的只是体验一下哺乳的感受，并且感到十分好奇，不知道吃妈妈的奶到底有什么特别的地方。为了不让新生的小妹妹占上风，他立刻就要求给他两个奶瓶，因为他可以吃妈妈的两个乳房。我们不得不出去给他买奶瓶。有差不多几个星期的时间，他总是随身带着那两个奶瓶，后来就没了兴趣。他要玛莎给他喂奶，玛莎并没有不耐烦地把他推开，这种做法帮助他消除了“我恨那个小家伙”的想法和感受。

新生婴儿主导了家里的局面。在新生的宝宝长得比较大一点之前，他的哥哥、姐姐通常都能够很好地适应他。当宝宝学会了在地上爬之后，情况往往就会发生变化。这时候，大孩子会发现没有一样东西是安全的——他搭起来的积木被推倒了，他最喜欢的玩具被咬上了牙齿印，他的游戏被搅乱了。你可以考虑事先做一些预防，这是很有益处的。要事先告诉大孩子这样的事情将开始出现，并且要向他解释为什么婴儿们会做出这样的举动（他们需要通过探索来进行学习，而且他们还太小，还不懂得应该如何小心谨慎），这样，婴儿那些令人厌烦的举动就不会触怒大孩子了。你要教会大孩子如何培养自己的耐心和事先做好打算的能力。他可以把玩具放在婴儿够不到的桌子上去，他还可以用积木为宝宝搭一座宝塔，要知道，看着宝宝用力把这座塔推倒是一件很好玩的事。应该让大孩子知道，不管宝宝搞了多少破坏，他毕竟是在变得越来越有趣。

｜用幽默来减轻负担｜

6岁大的蒂娜手里拿着一个发卡，奔跑着来到妈妈的身边，告她2岁大的小弟弟的状：“彼得拉掉了我几根头发。”让蒂娜感到吃惊的是，妈妈这样建议她：“把你的发卡带到学校里去，让大家看看，告诉他们发生了什么。”蒂娜想了一想，觉得这个主意很好玩，于是她就不再去想拉她头发的那个小家伙了。

要促进兄弟姐妹间的融洽

尽管专家们已经声称兄弟姐妹之间的争斗和对抗是家庭生活的正常组成部分，但是在你的家庭中，情况并非一定是这样。兄弟姐妹之间爆发出来的、失去控制的争斗和对抗并不是无法避免的必然结果。学会与兄弟姐妹一起生活是孩子学会与别的孩子们相处的第一课。下面的这些方法可以帮助你在孩子们之间建立起和谐、融洽的关系。

｜培养与父母感情亲密的孩子｜

防止大孩子过分地嫉妒新生宝宝的最佳方法就是要充实孩子的情感世界。我们注意到，在用亲密育儿法养育的孩子们中间，兄弟姐妹间的争斗和对抗发生得相当少。在这些孩子的身上，有着一些很好的品质，这些品质伴随着他们走入学步期和学龄前阶段，使他们在一定程度上具有了免疫力，可以去抵抗破坏兄弟姐妹之间关系的“病菌”：内心的愤怒，对别人的漠不关心，以及根深蒂固的嫉妒心理。由于这些孩子有着强烈的自我意识和内心的平和，他们会比较关心别人、乐于为别人作出奉献——特别是对于他们新生的弟弟或妹妹。到了新生婴儿降临的时候，与母亲感情亲密的孩子已经能够与妈妈之外的其他人（特别是爸爸）发展起相互之间的紧密关系，因而并不介意去和小宝宝分享妈妈的关爱。

但是，不管孩子与父母怎么亲密，孩子毕竟是孩子。下面我们来看一下4岁大的迈克尔和他1岁大的妹妹凯蒂之间产生的对抗。

迈克尔是一个与父母感情非常亲密的孩子，他受到了最好的亲密养育。在凯蒂出生的时候，她患有一系列的疾病，需要她的妈妈在医院的重症监护室里花费许多的时间，还要在家里花上更多的时间对她进行后续的照料。

迈克尔看起来似乎毫无困难地度过了凯蒂出生后的第一个年头，但最后愤怒在他的心里占了上风。“这星期你为什么会这么调皮捣蛋？”妈妈问他，“有什么不对劲的地方？”迈克尔反问说：“我们什么时候才能让凯蒂离开我们家？”听到这话，妈妈感到十分吃惊，她回答说：“我们不会要她离开我们！”迈克尔重复道：“要她走！我恨她！”妈妈问迈克尔不喜欢他的小妹妹哪些地方。他说：“她把我所有的玩具都拿去玩了。”于是，妈妈进一步向他解释我们所有人都必须学会与别人一起分享各种东西：“妈妈和爸爸必须把自己的东西与你和凯蒂分享。”她还对迈克尔表示了同情：“有时候，小妹妹待在旁边真让你受不了。你必须让她玩你的玩具，用你的房间，甚至还要和她一起分享你的爸爸和妈妈。”

如果你感觉到孩子的情绪需要发泄出来，那就应该采用直率地表示同情的办法来引导他把心中的不快讲出来，尝试着释放他内心里逐渐累积起来的压力。

| 努力增进兄弟姐妹间的感情 |

对于一个你很关心、同时又很关心你的人，你是很难恨他、打他的。我不相信兄弟姐妹生来就是竞争的对手——如果他们拥有明智的父母的话。在你的家庭中，有四个因素决定了兄弟姐妹间争斗和对抗的程度：孩子们天生的性情——有的孩子容易和人相处，有的却总是和人冲突；你对每一个孩子有什么样的看法，以及你与他们之间的关系；你所营造的用以促进孩子们之间和谐的家庭氛围；你可以容忍在家里发生多少纠纷。第一个因素就像抓阄一样，是要靠运气的；而后三个因素是你可以努力创造的。

你可以有意无意地向大孩子指出有了一个小弟弟或小妹妹的好处——既有经济方面的，又有社交方面的。“我们可以给你买一辆很好的脚踏车，因为等你长大到骑不了这辆脚踏车的时候，可以给你弟弟骑。”“我们可以要一盒大点的积木玩具，这样你就可以和你弟弟一起玩。”“等你弟弟再长大一点，你就可以教他接球和投球了。”

| 构建兄弟姐妹间关系的框架 |

这种策略可以解决兄弟姐妹之间时不时就会发生的各种问题，并且可以建立起他们之间终身的关系模式。你应该帮助孩子们找到各种建设性的方法来形成彼此间的关系，这会进一步促进孩子们的良好行为。你应该让他们在与兄弟姐妹的相互关系中尝试扮演多种不同的角色。

你可以尝试一下让大孩子来照管小宝宝的做法。如果孩子们之间年龄相差好几岁，你可以让大孩子承担起一定的照管小宝宝的责任。让一个孩子负责照管另一个孩子，这能够激发起大孩子对小宝宝的关心，同时又能让小宝宝去体会哥哥、姐姐给予的关心和照料。

你应该让大孩子明白，他的特殊职责就是保护自己的弟弟、妹妹，给他们做出正确行为的榜样。然而，在你让大孩子这么做的时候，你不能放手不管，还应该加以小心照看。如果大孩子没有受到亲密养育，他们会对弟弟、妹妹做出许多欺负和恐吓的举动。尽管他们已经能够给你帮忙，但你也不应该动不动就要他们承担起照料弟弟、妹妹的职责。

你可以尝试一下让兄弟姐妹来安抚孩子的做法。当一个孩子受到了伤害时，可以要另一个孩子帮着你一起来照料受伤的孩子。可以给你的帮手专门分配一项任务，比如：“亲爱的玛丽，在我给约翰尼包扎腿的时候，你抱着他的腿。”“请你把这个创可贴贴到约翰尼的伤口上去。”由于你给她分配了任务，这个小“医生”因而对病人表现出了同情心，而那个受伤的病人刚才还在大叫着：“玛丽，我恨你。”这一会儿却乖乖地接受了玛丽对他的照料。抚慰你、照料你的人，你是很难去恨他的。

你还可以尝试一下让兄弟姐妹扮演牧师角色的办法。这就是我们家经常采用的习惯做法。如果一个孩子的情感或身体受到了伤害，我们就鼓励每一个孩子为这个受伤的孩子作一句祈祷，从而来减轻这个孩子的痛苦。我们采用了一种我们称之为“伸出大家的援手”的做法：承受着压力的孩子（无论这种压力是来自一次即将到来的考试、一个重大的期望，还是来自身心受到的创伤）坐在家庭成员们的中间，每个人围在他的周围，都伸出一只手放在他的胳膊上、头上或者受到伤害的地方，并且为他祈祷。通常，在这样的仪式结束的时候，每个孩子都会对受伤的兄弟姐妹表现出亲切和仁爱，并且会为他提供帮助。

你也可以尝试一下让兄弟姐妹扮演老师角色的做法。比如，“约翰尼，你到现在已经打了3年棒球了，你可以带比利到外面去教他怎么击球和接球吗？”妈妈也可这么问道：“特里西娅，请你教埃伦做家庭作业，好让我把你的衣服补完。好吗?”

你应该鼓励兄弟姐妹们在游戏和家务劳动中相互合作，从小就培养起他们的合作精神。让孩子们彼此之间互相帮助，这个办法可以减少他们之间的争吵。可以给他们分配需要合作才能完成的任务，引导他们彼此合作：“吉米，你能和约翰尼一起把车房打扫干净吗？如果你们俩能做这件事的话，我们很快就能把今天的活都干完，可以赶上下午的那场电影。”布置节日的装饰、洗汽车、跑到外面的货摊上去买柠檬汽水，这些都是可以让孩子们一起合作来做的事情。

如果孩子们能够彼此合作、共同分担工作任务，那么任务就能够很快完成，并且很少会发生争吵，合作的双方都不会允许另一方偷懒、少干活。在很多时候，孩子们都会发现在一起干活是很有趣的。负责照管孩子的大人在孩子们成长的过程中应该与他们保持一种“发号施令——听话服从”的关系。

你可以试着让孩子们一起睡觉。相互在一起挨着睡能够增强彼此之间的联系。在夜里能够平静地睡在一起的孩子，往往能够在白天平和地一起玩耍。有许多父母都告诉过我们他们的观察结果：睡在一起的孩子比较少发生争吵。

你应该努力让孩子们成为朋友。我们对这么一个现象感到很有趣，孩子们常常和朋友们相处得比兄弟姐妹们还要好。这大概是因为他们能够选择自己的朋友，而且他们也不用和朋友朝夕相处，他们不必和朋友们在得到父母的关爱方面进行竞争。在童年中期（从6岁到十几岁）的某个时候，你应该让孩子在心灵上牢牢地铭记有兄弟姐妹的好处。尽管有些孩子，特别是那些对他们的兄弟姐妹具有负面情感的孩子，要么一点也不喜欢他们的兄弟姐妹，要么对他们兄弟姐妹的情感相当淡漠，但是其他孩子们都会深深地感受到“血肉亲情”的含义，即使是孩子也能体会到“血浓于水”。你可以去观察一下两个或多个兄弟姐妹紧紧地靠在一起、相互保护着抵抗一个外来者的情形。兄弟姐妹们形成了一种家庭成员之间的支撑体系。

我们将这么一个道理告诉了自己的孩子们：“你的兄弟姐妹最终能成为你最好的朋友。当你的大多数别的朋友搬了家或者到其他地方去了之后，你在这个家庭里的朋友在你需要他们的时候会始终与你在一起。”而且如果你的孩子看到叔伯、姑姑、舅舅、阿姨们对父母来说有多么的重要，那么他就会相信你告诉他的这个道理。你应该从自己所经历过的家庭苦难历史中仔细地吸取经验教训。你甚至可能需要咨询专家的意见，以确保你不会在自己的家庭中再重复那些苦难的经历。朋友们来到你的身边，又会离去；兄弟姐妹却是永恒的。

| 平息孩子们的争斗 |

你应该给孩子们明确的信息，尽早告诉他们你对他们的行为举止有什么样的期望，以及你希望他们怎样对待你们和兄弟姐妹。如果一个孩子开始怠慢另一个兄弟姐妹，你就应该时常提醒他，或者可以看他一眼，向他表示：“你连想都不应该这么想。”当孩子初次发生争吵的时候，你应该在他们拔拳头动手之前就制止他们的争斗，否则的话，你和你的孩子们将需要花费好几年的功夫才能消除内心里那些本来可以避免的不良感受。你应该想出一个办法来监控当你不在家的时候家里所发生的一切。你应该始终把握住孩子们中是谁在扮演侵害者的角色，又是谁总是成为受害者。你的任务是保护你的孩子们，甚至是保护他们不受兄弟姐妹的伤害。

海登是我们有了3个男孩之后的第一个女孩，他们总是去欺负她，尽管他们大多数时候并非出于恶意，但海登却不这么认为。在她5岁的时候，有一天她跑到我的身边对我说："在这个家里没人爱我。"那天晚上我们召开了一次家庭会议，提升了孩子们的道德观念。现在，那些男孩子们和海登成了最要好的朋友。

有时候你会很疲倦，难以考虑孩子们的心理需要，没办法耐心地引导他们。这时候你应该马上就拿出警察的手段来制止孩子们的冲突。你必须这么做，不必担心会对孩子的心灵造成永久的伤害，有时你也需要顾及自己的心灵。"马上停止你们的争斗。不要再多说了。结束你们的争吵。我不会允许你们再这样下去。"或许还可以加上一点幽默。"如果你们俩再像野兽一样打来打去的话，那么我就到后院去给你们建一个笼子。我会把你们一个叫做猫，一个叫做狗，然后给你们中的一个一点狗食，给另一个一点猫食……"

帮助兄弟姐妹友好地在一起玩耍

阻止兄弟姐妹间出现不和谐

除了要营造良好的家庭氛围来促进兄弟姐妹之间的和谐情感之外，你还可以减少引发孩子们互相反目、争斗的因素。

| 每个孩子都是你最喜欢的 |

要父母们做到从来都不偏爱哪个孩子，这是不现实的。对于一些父母来说，孩子中有一些的个性是与他们不一致、相互冲突的；而另一些孩子的个性却与他们很合得来。有些孩子能使父母发挥出最善良的本性、最好的表现，而另一些孩子总是按错父母身上的按钮，让父母做出错误的表现。

对于家长来说，关键是不要让孩子误以为这种个性上的和谐与否是由于偏爱所造成的。比较好的做法是，让孩子们全都觉得自己是特殊的一个。如果你的孩子问你这样的问题："我和比利你更爱哪一个？"你应该用这么一种正确的策略来回答他："我用不同的方式爱你们两个。"可以给孩子打这么一个比方，爱就好比是阳光，你与别人一起分享太阳的光芒并不意味着你失去了一些阳光，我们给予孩子们的爱就像阳光一样。你可以对孩子们提及他们各自不同的特点，比如："你是我的头一个孩子——再也没有别的人是我的头一个孩子（或者"第二个孩子"、"第一个女儿"等）。千万不要陷入"谁最好"这样的陷阱，孩子们并不希望你说谁比另一个更好，他们不过是想要让你说出你对他们的感受，从而打消自己思想上的疑虑。

父母们往往会不由自主地落入偏爱某个或某几个孩子的俗套；避免出现这个问题的诀窍在于平等地关爱每一个孩子。我自己总是在谈论马修，原因可能是由于我和他在一起做了许多事情——打棒球、参加童子军的活动，或者只是简单地在某个地方待着——当然，还包括当他还是婴儿时我们待在一起的那些所有时光。我觉得，自己对他的了解超过了对别的孩子的了解。有些孩子能够比较好地回应父母，而且有些孩子在天性上也会比别的孩子更让人感到生活在一起的快乐。因此，"不要偏爱哪个孩子"的建议是一个不切实际的幻想，更为现实的做法是，要平等地给每一个孩子以关爱。为了能够做到这一点，你首先应该认识到，你是有可能会表现出偏爱的。要试着把每个孩子身上你最喜欢的那些特点，以及你最不喜欢的那些特点都一一列举出来。孩子身上我们最不喜欢的东西往往就是我们身上的那些自己最不愿意接受的东西。

如果这样列出来的单子明显地偏向某一边，那么你就很可能存在着偏

西尔斯养育手记

父母当着孩子的面发生争执

场景一：8岁大的马修和11岁大的埃琳一起走进厨房，目睹了他们的父母正在向对方发泄自己的怨气；也就是说，一场争斗正在上演。他们争吵着、冲突着。两个孩子在一边踌躇、徘徊了很长时间，最后耐不住了，从食品柜里一把抓过零食，然后跑向车库，把一些篮子用力地扔到车道上。

场景二：10分钟之后，马修和埃琳再次来到了厨房，他们警觉地观察着，结果发现爸爸妈妈在一起有说有笑。两个孩子感到松了一口气，他们又在旁边徘徊了一会儿。这次，他们是竖着耳朵在听爸爸妈妈的交谈，以便弄明白刚才的冲突是如何烟消云散的。正如你可能已经猜到的那样，这是取材于我们关于家庭争斗的那本书的一个场景。确实，本书的两个作者发生了争执，就像所有的夫妻那样。这样的争执经常发生在孩子们听得见、看得见的地方。可是你完全可以把这些现实生活中的场景转变成让孩子受教育的机会。

在我们为人父母生涯的早期，我们总是试图不让孩子们听见、看见我们的情绪爆发。我们认为，他们从中会产生出对爱情和婚姻的错误看法，因而我们总是努力地在他们面前装出最好的表现。现在，我们懂得了那种做法是不切实际的，并且是彻头彻尾的虚伪。

父母面对面的冲突可以教会孩子们生活中十分重要的一课：彼此爱恋的人们完全可以相互表达反对的意见，而又不损害相互之间的关系。在稳固的家庭中，爸爸妈妈总是会把分歧解决好的。从这些观察当中，孩子们得到了这样的信息：恰如其分地表达自己的情感不会有什么危险，而且完全可以采取不动拳头、不侮辱对方的方式来争执一番，最后相互间的友谊仍然维持得很好。我们都不赞成虚伪地束缚自己、规定自己在一些时候必须以某种方式来做事和说话。怎么做事、怎么说话应该是完全出于自然的。

父母们，你们可以为孩子们做出公平地进行争执的榜样，示范给他们看如何以不对彼此间的关系造成伤害的方式来向对方表明自己的感受。当然，你不应该在语言和行动上恶意地攻击对方。在表达方式上应该采用“我”的说法（比如，“我认为是这样”），而不要采用“你”的说法（比如，“你对人根本就漠不关心”）。在争执的时候，不要把过去的陈谷子烂芝麻都翻出来，也千万不要把孩子们拖入到你们的争执当中。要努力地把出现的问题化解掉，而不应该让这些问题闷在心里，给双方都造成痛苦。应该让孩子们看到你们互相道歉，看到你们如何化解彼此间的争端。

只有当父母首先用语言和行动来让孩子们明白他们的婚姻幸福美满、他们的爱情终身不渝时，才能有效地把消极的争执场景转变成积极的、让孩子受教育的机会。离开了上述这种促进家庭稳定的措施，孩子的行为在父母之间起了争端之后就会变坏。

有一次，我曾经为一个8岁的孩子作过咨询，他在一场家庭矛盾发生后变得满心愤怒、情绪低落。他担心父母间的这次冲突预示着他们会离婚，他班上一个同学的家庭最近就发生了这样的事。我提供过咨询的另一个孩子患上了学校恐惧症，他拒绝去上学，担心他相互争斗的父母在他离开家门之后会彼此伤害，或者父母中的一方会离家出走。一个处于青少年期的女孩曾经悄悄地告诉我说，她一辈子都不会结婚，因为她的父母总是在互相打架。

你应该记住生活中的这么一条经验：如果你们彼此之间的终身承诺建立在爱情和尊重的基础上，那么把自己的情绪表达出来不会对你们之间的关系造成伤害。如果你们之间的争执给孩子们带来了不安，那么尽量不要让孩子们听到、看到你们发生争执，直到你们在得到了建议和忠告之后学会了以建设性的方式来进行你们之间的争执为止。

爱的问题。你应该在内心深处好好地做一下反思，看看你的这些好恶是否影响到了自己对于孩子的行为举动。你有可能需要辨别每个孩子独特的天赋，对那些特殊的禀性要加以精心培养。还应该仔细地发现每个孩子的特殊需求，判断一下你所不喜欢的态度和行为到底是大问题还是小过失。如果只是小过失，那就必须改变自己所作出的反应。

避免相互比较

请你记住，孩子们总是在不停地被相互比较着。在他们的生活中，大部分的时间他们都被大人们用他们表现的好坏来进行着评价——评价的标准包括学校里的成绩、在棒球队中的击球排行、在竞赛和游戏中的名次等。家庭大概是尊重孩子的自我价值、不采用与别人的比较来评判孩子的价值的唯一场所。因此，你应该避免对孩子作出这样的评论："你为什么不像你哥哥那样准时？""你姐姐取得了那么好的成绩。难道你根本就学不进去？"下面的说法更为不妥："你就和你的姐姐一样糟糕。"所有的这些说法都无助于孩子欣赏、喜欢自己的兄弟姐妹，只会导致他憎恶他们。

在评价一个孩子时，你应该着眼于他自己的行为表现，而不要以兄弟姐妹来作为评判标准。否则的话，孩子会感到他再怎么努力也无法达到标准，或者他会故意不按标准来改进自己的行为。这两种情况都意味着你的失败。你应该根据孩子自己的天赋和能力来为他确立标准，并且要教会他喜欢自己、对自己感到满意。

不要让孩子在你面前自我吹嘘和夸耀，比如："我的成绩可比你好多了"或者"哈哈，我有一辆新的脚踏车"。我们明确地让自己的孩子们知道，贬低别人在我们家是绝对不允许的。

| 并不一定要平等地对待每一个孩子 |

尽管所有的孩子都是生来平等的，但你不可能时时刻刻都平等地对待他们。为了防止兄弟姐妹间发生争吵，父母们往往力图以同样的方式来为所有的孩子做每一件事情，不论是买睡衣还是挑选学校，都尽可能做到对所有的孩子都一视同仁。许多父母都提心吊胆地试图完完全全地做到平等地对待每一个孩子。

孩子们并不是一模一样的；你也不应该把他们看作是一模一样的。你应该根据不同时候的具体情况来决定如何对待每一个孩子，而不必担心如果你给了一个孩子比另一个孩子更多的爱抚之后会产生什么样的长期后果。你可以寻求在一个星期中比较均衡地对待每一个孩子，而不必在每一天里都来实现这种均衡。"为什么吉米得到了一双新鞋，而我却没有？"汤米不满地问道。你可以回答他："因为他的鞋子穿坏了，你上个月已经有了一双新鞋了。"千万不要让吉米在汤米的面前炫耀他的新鞋子。孩子需要的是你有针对性地一一区别对待他们，而不需要你完全平等地加以对待。

孩子们对于公平或者在他们眼里看来是公平的东西有着一种与生俱来的感觉。我们的头两个孩子吉姆和鲍勃有两岁的年龄差距。作为弟弟的鲍勃在长大到可以把自己和哥哥进行比较之后，就总是要求我们给他平等的机会。差不多对于每一件事情，他的看法都是“不公平”。当吉姆在孩子们当中第一个结婚的时候，鲍勃看到婚礼录像后的第一反应就是恼怒地说：“不公平！”（鲍勃后来成了我们第一个孙子的父亲——至少他有了一次成为第一个的机会！）

有些孩子天生就是记分员，把他们的得失一点一滴地都要记录下来。如果你试着去加入他们的游戏，那简直会让你发疯。一天晚上，在吃晚饭的时候，两个孩子像记分员那样仔细地数着他们各自盘子里的豌豆，以确保他们分到的豌豆一样多。在那之后，我们就让他俩在吃饭时自己动手添饭、夹菜。如果他们要继续进行这种可笑的做法，那是他们自己的选择，与我们无关。在需要分享一份蛋糕的时候，我们总是让一个孩子来把蛋糕分成两块，然后让另一个孩子先挑。在每次能够这么做的时候，你都应该尽量根据孩子的年龄和能力来让孩子们公平地承担家务杂活。在可能的时候，父母一定要做到平等，但也不要让你自己陷入热衷于斤斤计较的境地。请你一定要记住，你是在让孩子们为将来的生活做好准备，而生活并不会总是公平或平等地对待每一个人。

你应该准备好向孩子们解释为什么平等并不意味着事事都要完全一样。孩子可能会问：“爸爸，为什么我必须9点钟就上床，而埃琳可以一直等到10点钟才上床？”你应该这么回答：“因为你比她需要更多的睡眠。”对于年幼的孩子来说，如果哥哥、姐姐们拥有的特权能给他们带来乐趣，那么他们一般都不会对这些特权抱有怨言。我们12岁大的埃琳对16岁大的海登能够开车并没有什么抱怨，因为海登现在可以做她的专职司机了。你应该向他们解释在孩子长大了之后就会有不同的特权，并且要承担更多的责任。这样，他们就会盼望着快快长大。

| 顺着孩子，把孩子引导到现实中来 |

“我也想做个小宝宝。”4岁大的特里西娅说道。“好吧。”妈妈假装答应她的要求。“今天你可以做一天小宝宝。你想做些什么呢？”“我想要个奶瓶。”妈妈给了她一个奶瓶（里面装的可是婴儿配方的牛奶，而不是果汁）。“呸，这牛奶真难吃。”“你想玩什么？”“我想骑三轮脚踏车。”“小宝宝是不能骑三轮脚踏车的。”“那我能吃花生酱和果冻三明治吗？”“小宝宝可不能吃花生酱和果冻三明治，他们只吃婴儿食品。”最后，特里西娅打定主意不想再做小宝宝了，她大声说道：“我想我还是到外面去骑三轮脚踏车吧。”

| 把一个孩子的特殊时间变为所有孩子的特殊时间 |

我们把特殊的日子称为“特殊时间”，而不是“最喜欢的时间”。“特殊”并不像“最喜欢”那样以各种明确的比较为基础。只要心怀敏感，并且动脑筋、想办法，你就能使表现出众的孩子得到鼓励，而又不让别的孩子受到怠慢；然而你又无须拘泥于平等和公平等问题，不必处心积虑地让所有的孩子都不感到特殊。如果某个孩子由于一项成就确实应该受到特殊的表扬，那你就必须事先让别的孩子做好心理准备：“今天晚上吃晚饭的时候我们要祝贺安娜在学校里赢得了比赛。如果你们和我们一起来祝贺她的话，她会非常高兴的。因此，我希望你们一起来祝贺她。”当然，当安娜的兄弟应该受到表扬时，你也应该让安娜回过来赞扬他。

生日聚会是另一个你可以让每一个孩子都感到开心的场合。有些时候，父母们会十分专注于一个孩子即将到来的生日聚会，而无意间忽视了其他孩子们的需要。为了防止为一个孩子举办的生日庆祝活动引起别的孩子感到妒忌和沮丧，你应该让不过生日的孩子与你一起来准备生日庆典：比如帮你一起做生日蛋糕、包装礼物、布置各种各样的装饰，甚至还可以让他来考虑在聚会上大家玩什么游戏。到了生日聚会举行的时候，你可别忘了对孩子们的帮助表示感谢："这个游戏是鲍勃的妹妹埃米莉想出来的。"

| 当父母该出手调停孩子们之间的争端时 |

什么时候你该像裁判那样介入孩子们的争端，什么时候你只需要在一边袖手旁观，这需要你在每次孩子发生争执的时候根据具体情况进行判断。有时候，孩子们只不过是闹着玩，这时你就让他们去好了，孩子毕竟还是孩子，你给他们一些善意的提醒就足够了。有时候，当你介入了孩子们的争端之后，你会发现很难弄清楚到底是谁的错。父母们往往会不由自主地倾向于责怪大孩子、保护年龄比较幼小的孩子。但是，有时候甚至只有1岁的孩子也会去弄坏大孩子的玩具，从而惹恼大孩子。

你还需要考虑的是，孩子们的争吵是否让你感到厌烦。玛莎阻止孩子们争吵的直接办法就是对孩子们说："你们搅乱了我的安宁。"这很管用，因为我们已经向孩子们灌输了在集体中（我们的家庭够得上一个大集体的标准）每个人都应该尊重别人的安宁的思想。如果孩子具有殴打别人或者损坏财物的危险，那你就应该立刻介入，去制止他们的争端。

如果危险迫在眉睫，那么请你记住安全是第一位的，心理学上的要求倒在其次。首先，你应该把相互争执的孩子分开；然后要让他们每个人都安静下来，而不是让他们扯着嗓子相互对骂。在利用你的权威做完了这些之后，你再来扮演家庭心理医生的角色，耐心地开导他们。此外，如果你感觉到一个孩子欺负了另一个，也应该让他们暂停下来。言辞上的侮辱也应该看作是发生了争执，对此你必须加以特别的警惕，以防止孩子在心灵上受到伤害。心理上的伤口往往比身体上的伤口更难愈合。

你制止了孩子们之间的争斗，在达到了这个首要目标之后，你就可以着手来实现你的第二个、第三个目标：教育孩子们要彼此尊重、要注意倾听别人的意见，示范给他们看如何采取打架以外的办法来处理彼此之间的不一致——这是人生十分重要的一课。两边的说法你都应该听取：“他打我。”“不是，是他先打我！”“我恨你！”“我更恨你！”在你开始对孩子进行心理上的“治疗”之前，应该给孩子们时间和空间，让他们把心中的愤怒和压抑都释放出来。他们的情绪十分激动，以至于根本不听对方说的是什么。因此，你应该表现出对孩子双方立场的理解，通过对他们各自的感受作出共鸣来帮助他们相互听取对方的意见：“鲍勃，你认为吉姆错怪了你，还有吉米，你认为鲍勃不公平……这件事听起来完全是你们两个可以平心静气来解决的。你们都是大孩子了，我希望你们走出这间卧室时还能像好朋友一样。”

| 如果父母对调停孩子们的争端感到无能为力 |

自己在成长过程中与兄弟姐妹之间有着不健康关系的父母会发现，调停孩子们之间的争斗十分困难，他们甚至会完全撒手不管，让孩子们去打个你死我活。这是又一个父母小时候的旧伤口重新发炎、溃烂的地方，而下一代最终又会遭受家庭内部仇恨和暴力的不幸痛苦。如果你发现自己身上存在这样的问题，而且你认识到自己没办法引导孩子们建立起相互之间的良好关系，那你就应该向专家进行咨询，首先治愈你自己内心的创伤，这样你才能够帮助你的孩子们摆脱你小时候遭受过的兄弟姐妹之间失去控制地相互争斗的恶性循环。

| 尊重每个孩子的天赋 |

这是一项十分困难的任务。一个孩子可能具有相当了得的音乐天赋，却有点懒，父母把他们所有在音乐方面的投资都投在了这个孩子的身上。另一个孩子可能看起来没有天生的音乐细胞，但总是要去弹钢琴，因为她十分喜欢这么做。尽管两个孩子的天赋不一样，但是他们应该得到平等的机会。另一方面，给他们平等的机会也有助于判断孩子的天赋到底在哪个方面，并且有助于创造条件来使孩子能够充分发挥各自的天赋。但是，这时存在两个不同的问题：一个是孩子的天赋，另一个是孩子的愿望。事实上，内心有着强烈的愿望但技能不那么高超的孩子能够比天赋很好却懒散的孩子学得更好。而且你得警惕，不要陷入赞扬一个孩子却不经意地贬低另一个孩子的陷阱。

在一次亲戚的聚会上，妈妈对大家宣布："安妮是我们家的钢琴家。"安妮兴奋得脸上放光，但是她那内心十分想要弹钢琴的弟弟却可能得到了这么一个信息：在这个家庭里，弹钢琴是安妮的事，因而他就有可能再也不去弹钢琴了，甚至连碰都不去碰一下。

你应该寻找各种各样的方法来鼓励孩子们在不同的领域做出上乘的表现。要是雷切尔钢琴弹得不错的话，没准丽贝卡会想要学拉小提琴。每个孩子都有大放异彩的机会。她们俩可以合作，一起来二重奏。你应该注意，要让家里具有音乐天分的孩子拥有和具有运动天分的孩子一样多的机会去发挥他们的才能。如果每个孩子都有机会、都受到鼓励去发挥自己的长处，那么他们就没有必要再去和兄弟姐妹们进行争斗了。

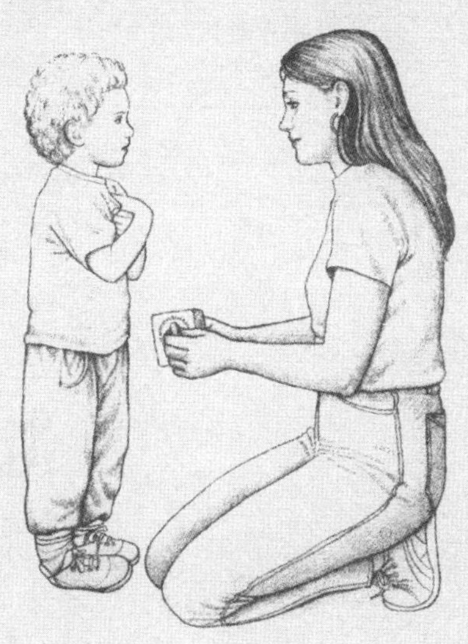

Part III

为了孩子的一生而进行管教

所谓管教孩子，指的是让他们掌握在将来的一生中获得成功的本领。这些本领当中最重要的一点就是做出正确选择的能力。为了做出正确的选择，孩子们需要培养起对社会的敏感，也就是说，要培养起考虑自己的行为会给别人带来什么影响的能力。你可以把这种管教称为价值观的灌输，也可以称为道德观念的培养，但是无论你把它称为什么，你作为管教者的任务之一就是要帮助孩子建立起一种内在的引导体系，使他在没有你在他身边帮助他做出最佳选择的时候，也能够沿着正确的方向前进。这是为了孩子的一生而进行的管教。

在本书的这一部分中，我们将为你提供一些方法，让你能够帮助孩子成长为有道德修养的人。我们将探究为什么要向孩子灌输价值观，以及如何向孩子灌输价值观；探究教孩子学会尊重自己的性别并且尊重异性的原因和方法；探究为什么要采用特殊的手段来管教有着特殊需求的孩子，以便让他们能够掌握好帮助他们应对所面临的特殊挑战的本领，以及你如何来做到这一点。我们想要在孩子们的内心培养起来的这种引导体系，一方面让孩子们能够着眼于当前，另一方面又要求他同时着眼于未来。这种引导体系已经被证实能够帮助你的孩子成长为一个对自己、对配偶、对所从事的工作感到满意的成年人。

17 CHAPTER 道德品质和礼貌

航海是我们的家庭爱好，和孩子们一起乘风破浪给我们提供了教育他们的机会。一天，在每周一次的航海课上，我正在教8岁大的马修学习正确地调整风帆位置的重要性。我利用这个机会和他谈论起拥有健康的价值观有多么重要。我大致是这么和他说的："马修，驾驭你的人生就像驾驶一艘帆船一样，我们改变不了风浪，但我们可以决定我们的方向，我们必须调整好风帆，这样才能到达我们的目的地。如果遇到了暴风雨，那么我们就抛下锚，等待雨过天晴。你要是不按这些简单的规则来做的话，航船就会受到风浪的摆布、漫无目的地随处漂流。我们有可能很幸运，安全地顺着正确的方向漂流；但是，更大的可能却是撞上礁石。在你的内心有着一些内在的规则，它们能够让你朝着正确的方向航行，在困难的时候能够帮助你抛锚停下来，等待风雨的平息。我们把这些内在的规则称为道德品质。如果你遵循了这些规则，你就有很大的机会获得幸福。如果我们完全正确地调整好了风帆的方向，帆船就会在风浪中平稳地前行。我们把这种情况叫做'顺应潮流'。当你正确地调整好了你内心的引导系统，你就会感到自己很平稳、很和谐。马修，只要你能够做出正确的选择，你在人生的海洋中就会航行得一帆风顺。"

培养有道德的孩子

在你的孩子学会"希望别人怎样对待自己，自己也要怎样对待别人"

之前，他必须首先学会设身处地地为别人着想，学会在采取一项行为之前从头到尾地把这项行为仔细地考虑一遍，并且要学会判断自己的行为将给自己和别人带来什么样的后果。这是成为一个有道德的人的根本所在。

| 培养关心别人的孩子 |

对孩子进行亲密的养育，这是你为孩子进行道德教育的第一课。父母是孩子的第一位德育老师。我们自己的观察及大量的研究都表明：受到了亲密养育的婴儿更有可能成长为有道德的孩子和成年人。这样的孩子与在缺乏亲情的家庭氛围中长大的孩子的一个重要区别是：是否拥有“敏感”这种品质。我们把敏感看作是最根本的美德。你应该在孩子的心中播下敏感的种子，看着它生长出自我克制能力、同情心以及正直诚实等其他的美德。下面我们就来谈谈怎样培养一个敏感的孩子。

在孩子出生后的最初几年里，如果他受到了十分细致入微的、敏感的照料，那么这个小人儿的内心就会形成一种良好的自我感觉、一种幸福的体验。简而言之，他感觉很好。接受着这种体贴入微的照料，信任感也就在婴儿的心中生根、发芽了。最后，敏感就在孩子的心中培养起来了。他有了关心别人的能力，这种能力使他能够去体验别人的感受。在做出各种行为之前，他将有能力去考虑自己的这些行为会给他人带来什么影响。

在与父母感情亲密的孩子们的心中，这种内在的行为规则深深地扎下了根。结果，他们就培养起了一种健康的负疚意识。当他一不小心做错事的时候，他内心的幸福感被搅乱了，因而他会努力地保持和重建自己的道德平衡感。一个与父母感情亲密的孩子会真诚地做一些有益于别人的事，因为别人做的事总是有益于他。

与父母感情疏远的孩子就不是这样。在冷漠的环境中长大的孩子会变得麻木、冷漠。他缺少一个从他的照顾者或自己身上学习如何正确行事的参考体系。由于缺乏内在的引导体系，他的价值观总是受到自己每一次心血来潮的摆布，因而变化无常。在道德方面，他成了随风摇摆的墙头草，没有确定的方向。关心别人的孩子与对别人漠不关心的孩子之间的一个重要区别，就在于他们是否能够感到自责，也就是说，是否会因为自己的行为给别人带来的影响而感到内心不安。犯罪学家们注意到，与父母感情疏远的孩子们以及患有精神病的成年人有一个最显著的共同特征，那就是他们没有能力感到自责、不会设身处地地为别人着想，因此他们也就没有能力对自己的行为负责。

一群5岁的孩子正在玩耍，其中一个摔倒了，擦破了膝盖，他开始大哭起来。与父母感情亲密的孩子会去安慰他，对他说“你受伤了，我很难过”，表现出想要抚慰他的愿望。而与父母感情疏远的孩子则可能说：“瞧，真是爱哭鼻子的孩子。”

| 建立一种讲道德的亲子关系 |

在敏感和信赖这两种最基本品质的基础上，与父母感情亲密的孩子开始了他的道德培养。这两种“最初步的美德”能够使父母比较容易地教学步期的孩子以及学龄前的儿童学会在生活中该做什么、不该做什么。感觉敏锐、与孩子感情亲密的父母会恰当地向孩子指出什么是对的、什么是错的，以及什么是大人所期望的。于是，不论父母说什么，孩子都会深信不疑。如果爸爸说打架是不对的，那就是不对的。妈妈说安慰一个受伤的小伙伴是件好事，那就一定是件好事。对于这样的孩子来说，父母是值得信赖的道德权威。

孩子生命中最初的6年是他毫不怀疑地接受父母言传身教的那些美德的最佳时机。你可以想象一下在最初的几年里，即使孩子一天只接受一堂“德育课程”，那会对他产生什么样的影响。举例来说，阿希丽弄伤了自己的手指，你可以作出这样的反应：“让我们来帮她高兴起来吧。”你的儿子拿了小朋友的皮球，你可以作出这样的反应：“克里斯感到很伤心，因为你拿走了他心爱的皮球。”或者这么问他：“如果克里斯拿走了你的皮球，你会怎么想呢？”

在最初的时候，孩子是根据你告诉他的标准来判断一种行为是不是正确的，或者他会根据行为产生的后果来判断行为的正确性。到了5岁的时候，你的孩子会开始把你的价值观转化为他自己内在的观念：你认为是正确的东西，对他来说也是正确的。你的价值观，无论高尚与否，都将成为孩子思想观念的一部分。

在7～10岁之间，孩子进入了自己进行道德判断的年龄。这时，孩子按照自己认为是正确的选择来做出正确的行为。到了7岁的时候，大多数的孩子已经形成了有关“正当行为”的概念。如果在孩子的家庭中，待人处事的标准是对人体贴敏感、关心别人、讲究礼貌、为别人着想，那么这些标准也会成为孩子的行为规范，他也会按照这些规范来待人处事。父母认真对待的东西，孩子也会认真地对待。一直到这个阶段为止，他都相信父母是绝对正确的，因而他把他们的价值观内化为自身价值观的一部分，在这样的状态下进入少年时代的中期。

也有另外一些孩子具有完全不同的“行为规范”，这些孩子成长在冷漠、并且可能带有暴力倾向的家庭中，父母和孩子之间的关系相当疏远。因此，相比较起来，道德品质良好的孩子会特别引人注目。由于良好的道德品质已经成为他本性的一部分，因而别的价值观对他来说都是不可思议的，它们会搅乱他内心的安宁。他根据道德规范来对价值观进行选择，选择那些能给他带来内心安宁的价值观，而对那些破坏他内心安宁的价值观则坚决地加以舍弃。

在道德方面根基不牢的孩子就不是这样。这样的孩子成长在不讨论美德、不教育下一代学习良好品德的家庭里，他就像一艘既没有舵也没有锚的航船，驶进了他少年时代的中期，他在不确定的道德的海洋中漂流，受到命运中各种因素的摆布。由于缺乏一个可以用来作为标准的参考体系，他只能接受别人的价值观，或者随时朝着最便利地解决当时所遇到的问题的方向改变自己的价值观。这个孩子随着风浪漂泊进了道德相对主义的

西尔斯经典语录

有个天天向前走的孩子，他只要第一眼看见某一个东西，他就变成了那个东西，在当天或当天某个时候那个东西就成了他的一部分，或者持续许多年或一个个世纪连绵不绝。

西尔斯养育手记

各个成长阶段的道德培养

孩子的道德水平要经历多个发展阶段，然而，和生理发育不同的是，如果父母没有给予一定的帮助，孩子们的道德水平就不可能得到发展。为了使孩子成长为一个道德立场坚定的人，父母必须在孩子的每一个成长阶段都为他打下坚实的道德基础。

阶段一——婴儿期。婴儿还不具备道德判断的能力，然而，他们能够根据自身的感觉来判断是非。在妈妈的子宫里孕育了9个月之后，来到这个世界上的宝宝渴望原先在妈妈肚子里时得到的孕育、照料能够依然持续下去。由于从来没有饿过肚子，因此宝宝就认为饥饿是不好的，饥饿让他感到痛苦。由于从来没有被人忽视过，因此宝宝觉得独自一人是不好的，孤独让他感到害怕。由于从来没有离开过妈妈的身边，因此宝宝知道没人理睬他是不好的。被妈妈抱在怀中，吮吸着妈妈的乳房，得到妈妈的照料，这样的感觉才是正常的！宝宝觉得自己是世界的中心，而且培养起了一种对于“正常”的感受，这种感受成为了他的“规范”。

阶段二——学步期。到了18个月大的时候，孩子开始有了“异己”的意识。这时的孩子懂得了别人和他们一起分享着这个世界；别人也一样有自己的需要和权利。他生活于其间的家庭有着他必须学会的规则，不学会这些规则他就不能生存，这让他感到很沮丧。孩子在这时候还不具备分辨“是”与“非”的能力；他只是受到别人告诉他的原则的指引，而这些外在的原则与他要做自己想做的事的内在欲望构成了冲突。这时候的孩子要是打了人，他还没有能力认识到这会对别人造成伤害。打人是不对的，因为父母是这样对他说的，或者是因为他打人之后挨过惩罚。由于父母向孩子表达过他们期望孩子做出什么样的行为，因而孩子就认识到听父母的话是他应该遵循的行为规范。

阶段三——学龄前（3～7岁）。道德发展过程中的一个重要转折点发生在这一阶段：孩子开始将家庭的价值观转化为他自己的价值观，父母所重视的东西孩子也开始重视起来。一个6岁的孩子会这样对朋友说：“在我们的家庭里，我们是这样做的……”这些就是孩子的规范，一旦这些规范与孩子的本性融为了一体，孩子的行为就会受到这些内在规则的指导——当然，孩子内心的这些规则还需要父母经常性的提醒和强化。在这个阶段的后期，孩子们开始考虑自己的行为会对别人产生什么影响，开始懂得别人也有自己的权利和观点，开始体谅别人。3岁到7岁的孩子们期望比他们更聪明的人来监督、管理他们，他们懂得了“孩子”和“大人”这两种角色的不同，并希望从大人那里学会“成熟”。他们已经能够认识到行为可能产生的后果，已经能够把握行为和后果之间的关系：如果我做了坏事，那么就会导致……的后果。与父母感情亲密的孩子会具有良好的行为表现，因为他已经受到过父母几年的正面引导。而与父母感情疏远的孩子会根据这样的原则来行为处事：“只要不被抓到，我干什么都行。”

阶段四——7～10岁。孩子们开始怀疑父母和老师是否就是绝对正确的。也许孩子的这些监管者并不完全知道这一点。孩子们对那些处事公平、并且善于监管他们的大人会十分的尊敬。权威对孩子来说并不是一种威胁，而是孩子社会生活的必要条件。孩子们相信自己必须听父母的话，而且学龄阶段的孩子认为，如果自己的行为违反了规则的话，那么就应该被加以纠正。这种对“该做什么”、“不该做什么”的强烈意识甚至会让一些孩子打别的孩子的小报告。

7～10岁的孩子有着强烈的公平意识，他们懂得规则的必要性，并且愿意参与规则的制订。他们开始认为孩子也应该有自己的想法，开始去挑选出那些能给自己带来最大利益的价值观——这个阶段的孩子凡事往往会想“那对我有什么好处”。父母可利用孩子的这种公平意识来促使孩子做到公平，从而给自己带来便利：“如果你答应帮我做家务的话，我就开车带你的小朋友们到公园去。”这种交易孩子是能够明白的。也正是在这个阶段，孩子们开始能够从内心里接受宗教的价值观，有些宗教观念对他们来说具有实际的意义，而有些则没有。

阶段五——13～14岁和青少年时期。这么大的孩子会努力地使自己讨人喜欢，他们很容易受到同伴的压力和价值观的影响。他们继续挑选哪些价值观是自己要接受的、哪些价值观是自己要舍弃的，在这个过程中，他们会摇摆不定，会尝试多种不同的价值体系，看看哪一种最适合自己。这样的孩子更有能力进行道德价值观的抽象推理，会逐渐地热衷于那些对社会有益的东西。这个阶段的孩子更多地把父母看作是提供意见的顾问，而不是强有力的权威人物。

从婴儿期一直到成年期，一个人所经历的道德发展首先是从自我（“这件事是对的，因为我感觉不错”）到他人（“这件事是对的，因为我们家里就是这么做的”），然后再到抽象的道德推理（“这件事是对的，因为它确实是对的”）。

境地：是非不分，黑白难辨，对他来说，大多数解决问题的办法都笼罩着灰色的阴影，这个孩子会选择走一条阻力最小或者最为时髦的道路。由于缺乏道德根基稳固的父母进行引导和帮助，这样的孩子在成长的道路上面临着重重危险。

| 为孩子起到道德表率作用 |

不论是好的榜样还是坏的榜样，都会被孩子模仿。在最初的几年中，孩子们完全依靠他们的照料者向他们展示世界是什么样的。他们对周围的一切都毫无保留地加以吸收，因而你的各种准则会变成他们的准则。对于各种行为的对与错，他们无法作出独立的判断，即使你做了一件你告诉过他是错误的事情，比如你殴打了别人，孩子们也会认为你做得对，挨打的那个人该打。只要他们耳闻目睹父母做出了某个行为，那么这个行为肯定就是正确的，他们把这个行为当作值得模仿的东西存储在了具有很强感受能力的大脑中。

在6～7岁以后，孩子开始判断哪些榜样是值得模仿并可以融入到自己的个性中去的，哪些是对他有害、应该加以抛弃的。这就要求父母在孩子的学前阶段让他们充分浸润在各种健康的榜样当中，从而使他们能够辨别以后所碰到的各种各样的榜样。

为孩子做出健康的表率并不意味着你要成为完美的父母；每个人都有吹胡子瞪眼睛发脾气的时候。将成为孩子本性的一部分的，是你的整体行为模式，而不是偶尔的失误。当孩子看见你做了错事的时候，你完全可以把这种情形转变为对孩子有益的教育机会。如果你大发雷霆、破口大骂，你的配偶和孩子会受到惊吓和伤害。

与其这么愤怒地暴跳如雷，不如坐下来，做个深呼吸，然后对他们说你那样发火、骂人是不对的。你要让孩子学会的是：是的，人人都会犯错误，但是人在犯了错误之后有责任去纠正错误。

你通过自己的生活方式来为孩子作出生活的榜样。孩子所看到的父母的一举一动都会给孩子传递一个信息：究竟父母对他们自己所说的东西在多大程度上是认真的。孩子们对于虚伪是十分敏感的。如果你言行不一，孩子就会知道用不着认真地对待你。即使是那些微不足道的小事情也会在孩子的幼小心灵中留下印象。例如，孩子看到了一个88公里/小时的限速标志，却瞥见你的速度表上显示着95公里/小时。这让孩子困惑不解，不知道到底哪个是正确的、哪个是错误的。这里涉及的是情境伦理，判断的根据并不是对和错，而是怎么做方便、有利。你的孩子看到你日常在家里是怎样生活的，他就会养成与你一样的生活方式。不论你为孩子做出的榜样有没有价值，孩子都会受到你的影响，照着你的样子去做。

除了要在家里为孩子作出健康的表率之外，你还应该去除那些会在孩子的头脑中留下不健康榜样的各种外部因素，这些外部影响可能来自于临时代替你照料孩子的人、邻居、幼儿园教师、年龄比较大的孩子以及电视。在过去，孩子生活中有着重要影响的人大都来自同一个大家族，但是在当今这个流动性很大的社会中，孩子往往会有相当多的、形式各异的榜样。你应该使这些榜样能够为你带来便利，让孩子浸润在那些对孩子具有重要意义的、能为孩子提供健康榜样的人们所营造的环境当中，从而让不健康的信息在孩子的头脑中没有容身之地。

| 教育孩子进行道德思考 |

家庭生活的各种家常琐事都为你提供了向孩子讲述如何进行道德推理的良机，你应该充分利用这些时机对孩子进行教育。

一天，我看见邻居两个8岁大的男孩躲在一座小山的半山腰上，准备把装了水的气球扔到下面经过的汽车上去。在他们的恶作剧开始之前，我

西尔斯养育手记 **为孩子树立正面的行为榜样**

我们强调榜样是影响孩子行为的主要因素之一。父母必须意识到从电视上看到的负面行为（比如愤怒和暴力）比起正面行为（比如，待人和善）来，更容易为孩子所模仿。正面的行为模仿起来往往比较困难，因为这样的行为做起来需要有一定的成熟度和自我控制能力。这种正面的榜样需要重复多次才能进入孩子们的心灵。父母不要因为孩子只看过“一点点”电视里的谋杀镜头、或只看过“很少的”暴力电影而产生一种错误的安全感。即使你十分谨慎小心，你也控制不了进入孩子头脑中的所有东西。为了防止各种各样的消极印象溜进孩子们的头脑，你应该用正面的行为榜样来充实他们。

此外，你还应该十分警惕防止出现我们所谓的“立即回放”。孩子正在发育的头脑就像一个巨大的影像资料库，为了以后用得着的时候能检索出来，他把他所看到的一切都储存起来。如果孩子反复看到暴力场面的镜头，那么在他的“头脑资料库”中，暴力主题就占据了大量的存放空间。于是，多年以后，当他遇到了类似的情境时，比如与别人争夺一个女朋友时，这个十多岁或者已经长大成人的孩子就会在头脑里“回放”起他大脑影像资料库中存放着的类似场面：他开枪打死了那个抢走自己女朋友的人。我们倾向于认为，罪犯突然间失去理智（或者可以说是“暂时地精神失常”）、犯下令人发指的罪行，只不过是条件反射地重演了他们潜意识里已经预演过的行为而已。

逮住了他们，和其中的一个男孩进行了下面的交谈：

“贾森，如果装了水的气球打到了汽车，你觉得会发生什么情况呢？”

“水会溅满整个汽车。”贾森回答道。

“你可以想象一下你是那个司机。你认为他会有什么感觉呢？”

“我不知道。”贾森嘟囔着说。

“你觉得他会受到惊吓吗？”我继续问他。

“是的，我想会的。”贾森承认了。

“他会由于受到惊吓而使汽车失去控制，他会把汽车开上人行道，撞倒一个小孩。这难道不可能吗？”我对他说。

"我想是有可能的。"他承认道。

"如果真的发生了那样的事，你会感到非常伤心的，是吧？"我继续追问。

"是的，我肯定会这样的。"贾森同意了我的说法。

你们也可以对电视里的人物进行同样的讨论。比如，你注意到10岁大的孩子正在看一个有问题的电视节目。你可以坐到他的旁边，用一种不让他感受到威胁、不作任何评判的口气询问他："你认为电视里那些人的做法对吗？"你还应该鼓励孩子们与你讨论各种时事：比如有争议的公众人物、报纸上的新闻头条以及社会问题等。应该让孩子表达自己的意见，鼓励在家里进行活泼生动的家庭辩论。即使你并不赞同，你也应该尊重孩子们的观点。

研究表明，在这种提倡开放式讨论的家庭中长大的孩子会在道德上做到更成熟地思考。加利福尼亚州对一千名大专院校学生做了一项研究，调查了他们的道德推理能力和早年受到的家庭教育之间的关系。研究发现，那些在道德推理方面得分较高的学生都来自鼓励对有争议的话题进行开放式讨论的家庭。另一些研究也表明，并不期望孩子听话的、给予孩子不恰当的赞扬的家长往往是过于纵容了孩子，只会培养出自私自利的孩子，这样的孩子处处只考虑满足自己的需要。另一个极端是，父母对孩子控制得过于严苛，培养出的孩子只会谨小慎微地服从别人，而不会为自己着想。

所有这些研究都证实，让孩子在做决定时享有发言权的家庭会培养出有能力进行道德推理的少年。使孩子学会进行自我教育、自我劝导，这是最能产生长期效果的德育课程。

你应该让孩子聆听你判断一项行为是正确还是错误的整个思考过程。比如，你与孩子正在一个商店里购物，收银员多找了钱给你。你发现了这个差错，并且把它告诉孩子："呀，收银员多找了钱给我们。"然后你就来作一次道德评论，把自己的想法大声地说出来："多找给我们的钱可不属于我们，留着它是不对的。那个收银员在今天商店关门的时候会由于工作差错而受到处罚，而且我留着这些钱会感到很不自在……”孩子可能会为你辩解：“可是，爸爸，每个人都会把钱留下来。”你回答道：“每个人都这么做就能说明这是对的吗？你认为怎么做才对呢？你觉得把不属于自己的钱留下来，自己会有什么感受呢？”然后再补充道：“把多出的钱还回去，我就做了一件好事，我会感到很开心。”

| 了解你的孩子 |

你必须了解孩子在成长的每个阶段是怎样进行道德思考的。在你自己需要做出道德判断的时候，应该让你的孩子也参与进来。一天，我和10岁大的埃琳看到一个无家可归的人，埃琳说：“爸爸，我们停下来给他一点钱好吗？”她的话提醒了我，这正是一个让她受教育的好机会，于是我停下了车。为了测试她达到了怎样的道德水准，我建议她说：“也许他该去找份工作。”埃琳回答道：“也许他是找不到。”她的回答让我了解了她当时的道德发展水平。我们在附近的一家商店停下车，给那个贫困的人买了一些吃的。

道德品质对孩子来说十分重要，因为孩子们所作的全部选择都受到他们内心道德的左右。如果一个孩子是以自我为中心、十分功利的，并且缺乏同情心，那么他会处处把自己的便利放在首位，会选择最为容易的方式去处理事情。如果同情心已经在孩子心中深深地扎下了根，那么他就会想要使自己成为一个更好相处的人、使社会具有更多的关爱，且会为了达到这个目的而作出各种各样的选择。

| 了解孩子的朋友 |

父母们，你们必须去了解孩子朋友们的价值观，因为其中的一些会使你的孩子受到影响。一天，我们目睹了孩子制造的一个要挟事件的最后一幕。9岁大的马修正在和8岁大的比利一起玩耍，比利试图要挟马修去做某件事情，他威胁说，如果马修不这样做的话，就不邀请马修参加他的生日聚会。马修是一个非常敏感和讲原则的孩子，他明显感到很为难。我们利用这个机会对两个孩子进行了教育。我们让比利牢牢地记住，他的做法是不对的，孩子们不应该用这种办法来对待别人。同时，我们又询问了处于被要挟境地的马修有什么样的感受。通过感受被别人如此对待的滋味，马修的原则性得到了增强。从这种消极的场合中，你往往能够得到一些积极的东西。现实生活才是真正的课堂。

作为父母，我们都热切地想要使自己的孩子相信，在生活中讲究道德是一种明智的生活态度，在这个过程中我们都必须进行一些说教。然而，随着孩子年龄的增长，你的说教听得多了，他们就会不想再听。这就是为什么诸如上面我们提到过的那些对孩子进行教育的机会能够起到比你的任何说教都更为持久的教育效果。

| 在孩子上学之前就培养起他的道德修养 |

你应该日复一日地用你的道德观念和价值观念来教育孩子，只要你还能对孩子有所影响，你就要继续在他的头脑中强化这些观念。你期望孩子去做那些正确的事情，而不只是学会针对某个特定的场合采取权宜之计。为了做到这一点，他的所作所为必须建立在多年培养起来的内在信念的基础之上。如果在孩子走出家门的最后一刻才像布置节日装饰那样，匆匆忙忙地来让他接受价值观的教育，或者你总是根据流行的时尚，像换衣服那样来改变孩子的价值观，那么孩子是不会将你教给他的价值观坚持多久的。

一旦孩子进入了童年的中期（6～10岁），他们就会受到周围同伴的巨大压力，如果孩子缺乏内在的引导体系告诉他应该作出什么样的选择，那么他就很有可能成为同伴造成的压力的牺牲者。孩子们正在寻找着原则。如果在家庭里和孩子自己的内心里有一种强有力的引导体系占据着主导地位，那么孩子们就会遵循父母以及他们自己的内在道德准则。他们会在伙伴们中间成为领导者，而不是追随者；他们会确定自己的前进方向，沿着它走下去；当流行的时尚与他们的道德取向相反时，他们会逆流而上。

要从错误当中教会孩子懂得怎样做才是正确的，这需要耐心和细致。采用高压和恐吓的办法灌输的道德观念是难以持久的，因为它不会成为孩子内心的自发愿望。比如，一位父亲试图用高压和恐吓的办法来教育孩子分辨是非，他对着孩子大吼："下次我再抓到你偷东西，我会把你捆得更紧！"结果，这个孩子很可能把精力花在了想方设法地避免被抓上，而不是把心思用在对自己的偷窃行为的正确与否进行道德判断上。

培养有道德的孩子的目的之一是为社会造就道德品质高尚的公民。家庭是一个小社会，在这里，孩子学会如何与周围的人相处，并且学会尊重权威。根据自我约束来行为处事的孩子会将良好的道德培养成自己的内在品质，那些出于对惩罚的恐惧而做出良好表现的孩子就不会是这样。

内在道德品质高尚的孩子对于权威有着一种适中的看法：他们尊重权威人物，但不会不加怀疑地轻易接受别人的价值观念。这样的孩子在长大之后，如果发现制定出来的法律不能为公众谋利益，他们会担负起废黜原来的立法者、重新选出新的立法者的职责。培养出懂得关心别人、心系社会的孩子，这是一个道德社会得以持续发展的首要基础。

孩子为什么会撒谎，父母该怎么做

孩子们撒谎是出于和大人同样的理由：希望为社会所接受，希望中伤别人，或者是由于对真实情况的后果心怀恐惧。年龄比较幼小的孩子并不理解真实情况这个概念，让我们走进孩子的头脑中，去了解他们为什么会十分轻易地扭曲真相。

| 并非是在撒谎，而只是在幻想 |

孩子们幼稚的幻想的一种形式，就是内心里充满渴望地进行想象。你可能看见过5岁大的孩子对小朋友津津乐道地讲述他到迪斯尼乐园去游玩的经历——实际上他从来没有去过那里。"他为什么要说谎呢？"你不禁会这么想。"他到底怎么了？"其实，他并不是在撒谎（至少以儿童的标准来看），而只是在满怀期望地想象——幻想他的梦想真的变成了现实。这种满怀期望的想象不仅能让孩子生活在梦境般的喜悦之中，而且还会给他的小朋友们留下深刻的印象，从而提高了他的社交地位。羡慕不已的小伙伴们会这样问："你真的和米老鼠一起玩吗？"孩子们知道总会有一群相信自己的听众，因此他们都喜欢为别的孩子编造出一些夸张的故事来。

假如你听到两个孩子在编造虚构的故事，那不过是在讲故事，并没有什么罪过——并非是说谎。随着虚幻想象的逐渐消退，以及小伙伴们变得不再那么容易轻信，孩子在7～9岁左右就会过了这个喜欢编故事的年龄段（如果这个阶段一直持续到9岁之后，这种性格特点不会再为孩子赢得朋友，并且这可能反映出孩子的内心存在着需要引起关注的问题）。

你可以在孩子编造故事的时候，利用时机对他进行教育。比如，你无意中听到孩子在描述他虚构出来的游玩迪斯尼乐园的经历："我的生日我们去了迪斯尼乐园……"这时，你可千万不要骂孩子喜欢说谎，那是对孩子的羞辱。你应该尊重他满怀期待的想象："你希望自己去过迪斯尼乐园，那当然会很有趣。现在，跟我们说说生日那天你实际上做了些什么。"这样，孩子就会知道你理解他，而且会看到你并没有生气。同时，他还能敏感地知道没有必要撒谎。孩子满怀期望的想象揭示出了他心中的渴望。"你想去迪斯尼乐园。也许我可以帮你实现这个愿望，让我们来计划一下行程……"让孩子知道

西尔斯养育手记

纯真的年龄

学龄前的儿童往往不能（或者是根本不愿意）把事实与虚构的故事区分开来。对于一个4～5岁的孩子来说，白雪公主和七个小矮人确实就住在某一个地方。一直要到7岁——这是孩子开始推理的年龄，大多数的孩子才会开始明白事实和虚构的区别。到了八九岁的时候，大多数的孩子有了或者应该有了道德意识。在他们没有说真话的时候，他们会有负疚感；而说了真话，他们就会感觉到自己很正当。他们懂得了"撒谎"的含义，并且认为"说真话是一件正当的事情"。

奇妙的想象

他的有些梦想是能够成真的，这会让他感到欣慰。

| 幻想与现实 |

“那不是我干的，是托比干的。”托比是谁？托比是孩子想象中的老虎朋友，是它打碎了杯子。学龄前的儿童往往把现实与幻想混淆在一起，这是很正常的。孩子们常常虚构出一些想象中的角色，并且喜欢生活在他们幻想出来的世界里。你应该去欣赏学龄前的孩子的创造性思维能力，在孩子这个充满幻想的阶段去体会个中的乐趣。在孩子幻想的时候，你应该和他一起乐在其中。有时候，孩子们会把他们幻想中的朋友带到我的诊所来做检查。我会为那个幻想中的、看不见的伙伴也安排一把椅子，甚至假装也为这个看不见的伙伴做一下简单的检查，我们会因此而一起大笑起来。

大人们相信，以现实作为生活的坚实基础是十分重要的，并且明白现实与虚构的区别。但是，这些都是成年人的标准。对于孩子们来说，世界并不仅仅就是那个现实的世界，同时还是他们需要和期望中的那个世界。充满想象的思维实际上可以帮助孩子与现实世界打交道。孩子们会周期性地躲避到他们想象中的那个世界中去，这个虚幻的世界是他们可以控制的。这种躲避是孩子们应对成年人世界的一种方式，这个世界是他们无法控制的。如果你的孩子说谎是为了在做错事的时候让幻想中的朋友做他的替罪羔羊（比如，“小老虎托比打碎了杯子”），那你就应该走进孩子的幻想中去：“告诉我托比是怎样把杯子打碎的。”在你的孩子努力地构思着托比打碎杯子的细节、从而使自己摆脱窘境的时候，他会很容易就讲出来他在这件事中扮演了什么角色。

与此同时，你还应该问问自己，为什么孩子想要让你认为那件事不是他做的。你是不是对孩子偶尔的过失或者孩子进行的尝试过于严厉了呢？

你应该告诉孩子你能理解他的想法，从而向他表示你尊重他的创造性思维。“我能理解，假定是托比打碎了杯子，你就会比较轻松一点。现在，告诉我到底发生了什么，我不会生气的。”你要帮助孩子认识到说真话并不会给人带来伤害——没有必要编造谎话来掩盖真相，因为不论他告诉你什么，你都会爱他、并且接受他。

有时候，在孩子编造的故事中反复出现的主题会表露出在他的现实世界中真正缺失的东西。一个6岁孩子的母亲向我咨询她小孩说谎的问题。她的女儿对小朋友们讲述了她和父亲一起做的许多有趣的事情，这些故事根本就是不着边际的：幻想和爸爸一起去玩具店、一起乘飞机、一起去骑马等。而事实是她很少见到她的爸爸。他经常出差，而且总是把工作带回家来做，人是在家了，可心思却不在家里。这个孩子构造了一个自我保护的虚幻世界，以此保护自己，使自己的成长不会受到缺少爸爸关爱的影响。

| 为了方便地取悦父母而撒谎 |

孩子们总是想要父母感到高兴。如果他们觉得说谎能使父母感到高兴的话，那么他们就会对父母撒谎，并且认为做这样的事是正确的。

妈妈可能会这样问她5岁大的孩子：“你把地板上的那些拼图捡起来了吗？”她会得到一个肯定的回答，因为孩子想要妈妈对他微笑、向他表示感谢。过后，如果妈妈发现那些拼图（或者大部分拼图）仍然在地板上摊得到处都是，那她就必须让孩子知道，撒谎比把房间弄得乱七八糟更让她感到不高兴。

7岁大的孩子往往会对有没有把玩具收拾好这样的问题作出肯定的回答，因为他不想给自己添麻烦去收拾那些玩具。最终，他会意识到，妈妈是要去检查的。你必须让孩了意识到他的鬼把戏是无法奏效的。在每天晚上上床睡觉前，他必须负责把他的那些玩具整理好放起来。这是家里的一条规矩。

西尔斯养育手记

怎样知道你的孩子是在撒谎

大多数时候，通过孩子的身体语言你就能知道孩子是在撒谎。面部表情常常会表明他说的话到底是真实的还是虚假的。但是，有些孩子会有一张毫无表情的面孔，使得那些感觉十分敏锐的父母都难以读懂他们的心思。

你可以试一试下面的这些探察技巧：孩子在对你讲述一件事情的时候，他是不是有意地避免直接看着你的眼睛（如果孩子在平时总是寻求与别人进行目光接触的话，那么这种迹象就特别具有意义）？注意阅读孩子的身体语言。如果他很放松，很平静、坦然，那么他说的可能是事实。孩子们需要我们的信任。如果你总是怀疑他在说谎，那么他就会渐渐地变得真的撒起谎来。如果他并没有撒谎而你怀疑他，他会变得沮丧和愤怒。

你应该深入地探察详情。如果你探究得越深入，孩子说的就越含糊，那么就得要怀疑他撒谎了。如果对于一件事情，他每次讲起来的主要情节都不一样，那么这件事情就值得怀疑。是不是他做的这件事与他平时的行为不一样？你的孩子是不是有比较充分的动机对你撒谎而不告诉你真相？如果孩子平常总是怕你，那他就会总是想要对你撒谎。

探察孩子是否撒谎的那些办法同样也可以用来探察孩子是否偷了别人的东西。你的孩子是不是支支吾吾地说不清楚那些玩具为什么会到他的手里来？孩子的脸上是否出现了直觉敏锐的父母立马就能觉察出来的可疑神色？一旦孩子的说法不能自圆其说，或者玩具的价值超出了孩子的财力，那就应该怀疑是他偷来的。如果你的孩子出于对妈妈的爱而送给了你一条价值不菲的项链，但对项链的来源又做不出可信的解释，那就得怀疑这是偷来的东西。在大多数情况下，如果父母和孩子之间的感情十分亲密，孩子撒了谎你就会知道——你的孩子也会觉察出你知道。

| 为了自己的便利而撒谎 |

这是在年龄比较大一点的孩子们中间常见的一种撒谎形式，谎报自己的成绩就是一个典型的例子。9岁大的沙伦的父母给她施加压力，要她取得好的成绩。沙伦认为，他们对她的爱和赞许取决于她的成绩，因此她不敢把真实的情况告诉他们。她的C等成绩会让父母感到不高兴，于是她告诉他们她门门功课都是A和B。她觉得撒这样的谎是没什么错的，因为让父母感到高兴比说出真相更为重要。沙伦感到她受的压力迫使她撒了谎。然而，她的欺骗并没起到什么作用。她那开明的、关爱孩子的父母认识到了孩子为什么要在成绩上撒谎，他们不再给她施加压力。你可以让孩子知道的一条很重要信息是：父母对她的爱和认可是没有条件的。

| 害怕说出实情会带来伤害 |

由于害怕受到虐待性的惩罚，孩子们会为了自我保护而撒起谎来，对于惩罚的恐惧胜过了说谎所带来的负疚感。受到大量惩罚的孩子往往会养成说谎的习惯，以此来保护自己。如果孩子认为打破了花瓶会被大人打一顿屁股的话，那他就会由此而推断撒个谎所带来的痛苦会小一些。在那些因为一些微不足道的小过失而受到严厉责罚的孩子们中间，也有着同样的情况。这种过分的、不恰当的纠正措施会妨碍孩子道德观念的发展。害怕遭受惩罚的孩子为了逃避惩罚，会想尽办法来说谎。

我们采用了与自己的孩子们做下面这种交易的办法，来帮助他们克服对说出真话后会受到责罚的担心：“我们保证不会生气（大人生气对孩子来说就意味着惩罚），只要你对我们说实话，不管你做了什么，我们都不会生气，尽管你必须去面对自己造成的后果。但是，如果我们发现你对我们说了谎，那么你会受到严厉的惩罚。”

一天，埃琳的脚踏车被丢在车房前面的车道上，她告诉我说是马修最后一个骑它的。为了查出这到底是谁干的，我不得不向马修保证我知道了实情后一定不会发脾气，让他安心地对我说实话：“马修，你说实话，我保证不生气。但如果你说谎我就会生气。”

如果孩子对说了实话所带来的后果感到担忧的话，那么他就会成为一个习惯性的说谎者。只要孩子能够相信你不会失去控制地大发脾气，他就会向你敞开心扉、老老实实地把发生的事情告诉你。你应该平静地听他讲，要公正地对待他的过失，并且要帮助他纠正错误的行为。鼓励孩子不撒谎的最好办法，就是在他们说实话的时候给他们以支持。

| 谎话连篇的孩子 |

在一定程度上，童年时期正常的喜欢幻想和说大话会渐渐地演变成有目的地撒谎，而且很容易养成这种坏习惯。这样的孩子会刻意地欺瞒别人，他的许多社交活动都充满着欺骗，而不是真实。根本原因就在于，这个孩子有着愤怒的内心世界，他对自己的现实生活感到不满意，并且惧怕父母对他作出的反应。他从未体验过父母对他那些正常的笨拙行为以及差劲的判断能力的宽容和接受。大人总是教育他说他是个坏孩子，因而，他也学会了这么看待自己。

7岁大的查利的父亲在他6岁的时候就从他的生活中消失了。为了摆脱这个让人感到痛心的现实，查利想象出了一个虚幻的世界，那里面有着许多父亲和儿子在一起的美好故事。渐渐地，他觉得那个虚幻的世界比起现实世界来，更能让他感到轻松愉快。到了8岁的时候，他总是习惯性地在一些事情上撒谎。查利说他门门考试都得了A，而实际情况是他只是勉强及格。他放学后去了哪儿，哪里来的新东西，这些他都不对妈妈说实话。撒谎成了他的一种生活方式，是他用来抵抗自己内心愤怒的一种保护措施，是用来掩饰糟糕的自我形象的一种手段。要治愈查利的说谎毛病，就必须帮助他接受现实、学会和现实打交道。通过治疗，查利接受了父亲再也不会回来的现实，治疗也使他明白，并不是他导致了父亲的离去，这不是他的错。从建设性的咨询意见中，他的妈妈学会了花更多的时间与查利在一起，和他一起玩耍，听他讲述自己的心里话。查利参加了足球队，教练对他表现出特别的兴趣。不久之后，就再也看不到他说谎了。

培养诚实的孩子

在了解了孩子们为什么有时会撒谎之后，你就会明白该如何去应对孩子们的撒谎行为。深入到欺骗言行的背后去，走进孩子们的内心世界，这会有助于你进行预防性的管教。下面，我们列出了塑造诚实孩子的一些方法。

| 实行亲密育儿法 |

与父母感情亲密的孩子不会成为习惯性的说谎者。他们信任照顾他们的人，并且具有良好的自我形象，因此他们根本没有说谎的必要。但是，即使是与父母感情最为亲密的孩子，在4岁的年龄段也会编造出一些不着边际的离奇故事，在差不多7岁的时候也会偶尔尝试说谎，并且在10岁的时候也会别出心裁地编造谎言。尽管你已经发现他偶尔说了谎，并且已经纠正过他，但是在过后遇到类似的情形时，你千万不能不分青红皂白地认定他又是在撒谎。你应该给予他向你澄清事实的权利，否则的话，他会因为你不信任他而受到伤害。

| 为孩子做出诚实的榜样 |

你应该建立一种诚实的家庭氛围。就像孩子撒谎时你能觉察出来一样，孩子们也能发觉父母没有说真话。如果孩子看到你的生活中到处都是一些并无恶意的谎言，虽然这些谎言并不算什么大问题，他都可能从中学会撒谎是一种逃避后果的可行方式。你的孩子是目睹了你在日常生活中的欺骗行为而学会撒谎的，这一点也许让你感到很惊讶。你可以来想一想自己是怎样经常歪曲事实的。当你不想受到电话的打扰时，你会说："告诉他们我不在。"你认为这样的做法是有道理的，并不是在说谎，或者只是一个没有恶意的小谎言，这个谎话并没有什么不对的地方，因为它能让你摆脱尴尬的境地。可是，你千万不要让孩子帮着你来撒这个谎，不要让他去说你不在家（你可以让他这样说："她现在没法来听电话。要我带个口信给她吗？"）。对于一样东西，当孩子向你要求多得到一些的时候，明明这样东西还有，你可千万不要为了能方便地拒绝他的要求而对他说"没有了"。孩子敏锐的眼睛能洞察一切，你根本愚弄不了他。一旦你对他撒了谎，他马上就会知道，因为他太了解你了。你应该对他说"现在你不可以再多要了"，一般来说，他会接受你的这种说法。

同时，在孩子撒谎的时候你也不要帮着他来撒谎。如果孩子由于太疲惫或者太烦乱而没有完成家庭作业，你可不要被他说服而帮他给老师写条子说计算机的打印机坏了。如果你这么帮着孩子撒谎，就等于是认可了孩子的欺骗行为，并且教会了孩子这么一种错误的认识：逃避因为自己的错误决定而带来的后果是一件相当容易的事。

丨鼓励孩子做一个诚实的自己丨

你应该让孩子明白，你喜欢他的本色。如果你的孩子虚报了考试成绩，你可以教育他说："我喜欢一个实实在在的C，而不要不真实的A。"如果孩子知道，自己在家庭里得到的认同并不以他的表现为条件，那么他就不大会产生想要撒谎的动机。

丨不要给说了谎的孩子贴上坏孩子的标签丨

你应该努力避免这样去评判孩子："你是个骗人的家伙！"或者"难道你就不能说点真话吗？"孩子们往往会用父母给他们贴上的标签来给自己下定义，对他们来说，身上贴上了一个坏的标签总要比没有标签好，"骗人的家伙"至少是一种身份。你给孩子贴上了一个标签，这个标签就会成为他自己要去实现的目标。比较好的办法是对孩子这么说："这可不像你，你对我一直是诚实的。"不要问孩子："你是在撒谎吗？"但可以这么问："你说的确实是真的吗？"

丨避免引发孩子说谎丨

如果你的孩子想要撒谎，你就应该让他直接地面对他所犯的错误，而不要给他撒谎的机会。如果你不想听到他的谎话，那你就不要问他问题。如果你发现他站在打碎了的饼干瓶前面，手上还明显地粘着饼干屑，那么问他是否打碎了瓶子就是多此一举，当然是他干的。你应该让他直接去面对这件事。

丨要期待孩子说实话丨

应该给你的孩子这样的信息："我期待你对我说实话。"在这个问题上，不能让孩子们感到他们有选择的余地。孩子们的智力还没有发展到可以采用情境伦理来处理问题的程度，情境伦理教导人们：“在合适的时候你应该讲真话，而在不方便的时候你要选择说假话。”孩子们在高中和大学里会大量地受到这种观念的影响。如果孩子知道你希望他说实话，他就会按照你的希望去做。

| 如果孩子撒了谎 |

一旦孩子撒了谎，你就必须去纠正他，别让他以为他可以靠谎话混过去。应该与他面对面地对质，让他知道你感到很失望。说了谎之后，有是非观念的孩子会感到良心不安，从而让自己受到良心的责罚。任何进一步的惩罚都必须根据具体的情况来决定。孩子说了谎，必然会导致一些后果，你应该允许这样的后果自然而然地发生，从而让他看到撒谎的坏处。偶尔的撒谎不是什么大问题，但是，如果孩子习惯性地撒谎，你就必须向专家求教，以弄清孩子撒谎背后的原因。

鼓励孩子诚实

一旦你有机会，就应该和孩子谈一谈诚实的重要性。不要等到事情发生了之后，你中途再来教育他要诚实，如果是那样的话，你对他的教育会被他当作是讨厌的说教。你可以和他谈论广泛的话题，比如印刷品和广告的诚信，诚实如何使生活保持一种纯真的状态，真相最后总会水落石出等。你们也可以站在诚实的立场上来分析各种各样的时事以及家里发生的事情。你应该和孩子谈论诚实的人是如何受到尊重的。你也可以去关注一下文学作品中有关诚实的主题，比如“狼来了”等。

| 让孩子明白有时候沉默并不意味着说谎 |

孩子总是诚实得可爱，然而有时会诚实得不是时候，比如：“南希阿姨，你有一股难闻的味道”或者“你看起来真丑”。你应该教育孩子，如果说真话会使别人的感情受到伤害，那就什么都不要说。“有时，最好的做法是把自己的想法留在心里。”尽管你不应该去破坏孩子的直率和诚实，但你确实应该去教会他们考虑他人的感受。要让孩子们记住《小鹿斑比》中的巨人所奉行的原则："你要是说不出什么中听的话，那就什么也别说。"（《小鹿斑比》是迪斯尼公司于1942年出品的第五部经典动画剧。——译者注）

| 要用孩子的眼光来看问题 |

"也许你是太想要那个玩具了，所以你想象安德鲁把它送给了你。我们是不是要打个电话给他，再向他确认一下？"你这样对孩子说，就给了他一个自己坦白的机会。也可能是安德鲁真的把玩具给了他。为了他，也为了你，你应该扮演起侦探的角色，帮助孩子去揭示真相。年幼的孩子们会说服自己相信一个虚构的故事，如果这个故事能使他们的愿望得到满足的话。一旦孩子长到了7岁，他就能够明白幻想、虚构与意图欺骗地编造不真实的故事之间的区别。

| 给予孩子宽恕 |

有些时候你知道孩子对你撒谎了，并且你想要把这种消极的经历转变成一次进行道德教育的机会。你应该尝试去宽恕孩子。

在我们的儿子鲍勃15岁的时候，他提出要去听一场摇滚音乐会，这场音乐会在我们的教堂举行，因此，鲍勃就觉得它应该是很好的。我们对他说不行，并且告诉他我们认为这个流行音乐乐队所倡导的价值观与我们家的价值观格格不入。凑巧，鲍勃那天也应该按照足球队的规定在家休息，因为第二天有一场足球比赛。他不情愿地同意放弃那场音乐会。

我听说过那支乐队，但是我需要第一手的观察来确定我的判断到底是否正确，于是我参加了这场摇滚音乐会。几个星期之后，我们从别的途径知道鲍勃也去了这场音乐会。在震惊和愤怒之后我们努力地克制住了自己（对鲍勃发火是根本没有用的），我们开了一次家庭会议，对孩子们的所有过错都"不予追究"，"不管你们做的事情有多么糟糕"。这让孩子们卸下了犯了错误的沉重包袱。鲍勃向我们承认去了音乐会，然后他觉得如释重负。（我们花费许多精力培养起了孩子们的是非观念，当他们做错了事的时候，这种是非观念会让他们感到不安——这就是健康的负疚感）。

我们向他解释说早就知道他去了音乐会，从而让他明白撒谎是不明智的。

如果对孩子的宽恕起不了作用，我们就会和鲍勃面对面地对质，还会让他面临一系列的严重后果。在这种情况下，我们要的是让他自愿地承认错误，这样，他就能够体会到招认的好处。现在，鲍勃自己也做了父亲，总是真情地回忆起这件往事。

回忆往昔，我们认识到，我们对待那些在鲍勃看来十分重要的事情的态度，实际上把他推向了与我们对着干，而他的本性并非如此。鲍勃从很小的时候开始就是一个原则性非常强的孩子，他解释说，他认为我们利用足球队禁止外出的规定作为借口，不让他去参加音乐会。他是对的，我们起先还讨论了是否要让他去参加音乐会，是后来才不让他去的。我们本来可以向教练请假，或者可以要鲍勃早点回来。鲍勃过后告诉我们，整个足球队都去参加了音乐会，根本没人去理会当天晚上不得外出的队规。事后想来，我本来可以和教练讲清楚，然后再做一个安排，让我们父子俩一起去参加音乐会，一起去享受外出的乐趣。

由于出现了这么一段小插曲，我们发现，十几岁的少年在选择自己的娱乐方面已经有了健全的识别能力，这使我们更加放宽了对孩子的容忍度。事实上，玛莎还喜欢上了孩子们听的一些摇滚音乐，从而找到了一扇进入他们世界的窗户。

如果你能在家庭里创造一种诚实的氛围，能使你的孩子相信，诚实是最佳的生活策略，他诚实的本性能让他成为最受欢迎的人，那么你就是在成功地构建着你们相互之间的信赖、成功地避免着孩子的不诚实行为。

偷东西

孩子的小手往往会去拿别人的东西，使得不属于他们的东西不可思议地出现在他们的口袋里。在悔恨自己在家里藏匿了一个小偷之前，你应该花点时间来想一想，孩子们为什么会偷东西，以及如何去处理这个常见的问题。

| 孩子们偷东西的原因 |

就像撒谎一样，“偷窃”是一

个成年人的词汇，对年幼的孩子来说毫无意义。在走出了超级市场的付款线之后，你可能会发现，孩子的小手中抓着糖果；在到朋友家里去拜访之后，你会发现在4岁大的孩子口袋里多了一辆玩具汽车。这些都不能说明你的孩子已经成了一个问题少年。对于学龄前的儿童来说，他想要一样东西就意味着要拥有它。在孩子的道德观念中，手伸出去可以够得着的范围内的一切，他们都有权拥有。不到4岁的孩子还难以区分“我的”和“你的”。在他的潜意识中，所有东西都是“我的”。在你告诉他们之前，他们根本不懂得在杂货店中把一块糖果藏在手心里就是偷东西。在孩子头脑里，他自己做的事情都不会是错的，除非父母把是非判断告诉了他们。

许多学龄前的儿童还不能控制自己的冲动。他们看见了一件玩具，就觉得自己应该拥有它，会把它拿过来，根本不去判断这样的行为到底是正当的还是错误的。他们的愿望得到了满足，因而感到很轻松，而不是愧疚。孩子的本能冲动越强烈，他就越有可能擅自拿走别人的东西。

年龄在5～7岁左右的孩子对偷窃的错误性有了朦胧的观念。他们已经能够理解对某件东西的拥有，以及财产所有权的概念。他们渐渐地习惯于这样一个事实：并非整个世界都属于他们，并且开始懂得拿走不属于自己的东西是不正当的、是偷窃。同时，到了这个年龄段，孩子已经具备了做一个更高明的小偷的能力。阻止他偷窃行为的，是对于大人责罚的畏惧以及对于不得不放弃一样“心爱的东西”的担忧，而不是懂得了偷窃是不道德的这个道理。比如，吉米可能会认识到贾森把借来的棒球扑克牌据为己有是不对的，然而到了第二天，吉米可能会对杰夫心爱的牛仔手枪爱不释手，在游戏结束之后把它带回了家。

你该怎么办

即使是小偷小摸的行为你也应该加以制止，在一些看来是微不足道的小过失上，你也应该教育孩子明白这些过失的错误性。只有在小问题上学会诚实，才能够为将来处理大是大非问题铺平道路。孩子必须学会控制自己的欲念、克制欲望的满足，并且要学会尊重别人的权利和财物。

| 实行亲密育儿法 |

由于与父母感情亲密的孩子们比较敏感，因而，他们更能理解和尊重别人的权利，这种观念在他们很小的时候就已经深深地扎根于他们的内心。这些与父母感情亲密的孩子在做错了事之后会感到良心不安，因为他们早已培养起了正确的是非观念。对于受到亲密养育的孩子，你能够比较容易地进行价值观教育。这些孩子具有同情别人的能力，并且懂得自己的行为会对别人造成什么影响。与父母感情亲密的孩子对在人与人之间保持信任关系有一种与生俱来的重视，撒谎、欺骗、偷窃都违背了这种人与人之间的信任。

实行亲密育儿法的父母对孩子有很好的了解，从孩子的面部表情和身体语言中，他们可以发现孩子的不良行为的线索。由于父母和孩子之间关系密切，孩子会比较容易接受父母的忠告和价值观。在受到面对面的对质时，出于对父母的信赖，与父母感情亲密的孩子往往会坦白自己的过错，他们发现很难就自己的行为撒谎，因为在做了错事的时候他们的感觉会很不好。他们知道父母能觉察出自己的“可疑神色”。

| 引导孩子远离诱惑 |

孩子会拿家庭成员的钱，就好像那是公共财产一样。他们甚至会这样为自己找理由：“当我有了能力之后，我会还回去。”你应该教育孩子要始终把金钱方面的事务作为自己的隐私，自己的钱应该锁在盒子里，放到一个隐秘的地方去。一旦要把钱借出去时，每次都应该留下借条，以帮助孩子们记住谁借了钱、借了多少钱。除了钱包中放一些零钱以备不时之需之外，你应该把自己的钱放在孩子拿不到的地方。当然，家庭成员之间是相互信赖的，但还是应该给予孩子们做人的信用，并且不要让他们随时受到诱惑。

在我们家，如果有一个孩子跑来向我们抱怨：“有人拿了我5块钱。”我们就会问他：“你把钱藏在了哪里？”我们并不想烦心去调查是谁干了错事——就如我们前面所说的，我们知道孩子们内心的是非观念会起作用。而且，这样也能使我们不必承担起为那些年龄比较大的孩子看管钱财的职责，那些孩子已经完全可以自己保管钱财了。毕竟兄弟姐妹并不是唯一要被怀疑的人。通过这样的挫折，孩子们懂得了对任何人都不能完全相信。这样的经历给他上了一堂很好的人生课程。

| 教孩子懂得所有权的概念 |

学步期的孩子还没有所有权的概念，在一个2岁大的孩子看来，所有东西都是属于他的。在2～4岁之间，孩子懂得了什么是所有权（比如，那个玩具是别人的），但可能还不能完全相信那个玩具并不同时属于他。即使孩子只有2岁，你也应该开始教他什么是“我的”、什么是“你的”。

在学步期的孩子为争夺玩具而发生争吵时，充当裁判的父母可以把玩具判给那个具有拥有权的孩子。但是，在孩子4岁之前，你不要奢望所有权的概念能够在孩子的头脑中深深地扎下根。你还应该寻找别的机会来加强孩子关于所有权的观念：“这个玩具是怀亚特的。”“这是萨拉的泰德熊。”“这双鞋是谁的？”在孩子领悟到所有权的观念以及随之而来的其他权利之后，你就应该教他们学会这么一个合乎逻辑的结论：无视那些权利是不对的。

| 纠正孩子想要占有别人东西的欲望 |

当马德琳说“这是我的”时，她妈妈对她说：“那是雷切尔的。你愿意和她轮流玩这个玩具吗？”或者这样说：“这是贝思的。你也想玩吗？”让她理解“所有权”和“分享”这两个不同的概念。

如果一个4岁大的孩子把小朋友的玩具带回了家，你应该抓住这个机会对他进行教育：“如果约翰尼拿了你的玩具，特别是你十分喜欢的玩具，你会因为玩具不见了而十分伤心的。你希望他怎么做呢？”向孩子传授持久的价值观的最好办法是让孩子自己去得出经验教训，而不是把价值观强加给他。如果有可能的话，应该让孩子自己产生“把它还回去”的想法。

| 纠正偷窃行为 |

让偷东西的孩子把东西还回去有时需要高超的谈判技巧。你应该鼓励并且帮助孩子把偷来的东西还回去，这不仅可以让他认识到偷东西是不对的，而且还教育了他做错事后必须改正过来。如果走出商店后你发现孩子扔下了一张空的糖纸，你就应该让这个犯了错误的小家伙赶紧回到商店去付钱并且道歉。

| 弄清楚诱发孩子偷东西的原因 |

你要找出是哪些因素促使孩子去偷东西的。尽管你一再教育孩子要诚实，但是，习惯性地偷东西的孩子身上往往存在着急需解决的根深蒂固的问题。孩子的内心是否充满着愤懑？他是不是用偷窃来发泄心中的愤怒？这个孩子是不是需要用钱，而且觉得偷窃是得到他认为他必需的那些钱的唯一途径？如果是这样的话，你应该给他一些零用钱。可以让他做些临时的工作，付给他报酬。帮助他学习通过劳动获得所需要的东西的道德规范，从而使他能够通过挣钱来买玩具，而不用再去偷钱。

有时，习惯性地偷东西的孩子由于自我形象不佳而备受煎熬，他需要通过偷窃来提高自己的价值感或者引起大家的注意。你的孩子是否需要更多的监管？重新调整一下你优先考虑的事项，把孩子放在重要的位置，并且重新和他建立起亲密关系，这可能会起到一定的作用。

| 辨别出具有偷窃倾向的孩子 |

你应该充分留意下面的这些危险因素：

- 低下的自尊意识
- 冲动的个性：欲望强烈，但自我控制力较弱
- 对别人漠不关心
- 缺乏亲密感情
- 内心愤懑
- 家庭环境发生变化，比如父母离婚
- 经常感到无聊
- 许多时候是独自一人

如果你下力气来帮助孩子克服这些危险因素，那么你就可以避免他做出撒谎和偷窃的行为。

你应该深入地去挖掘孩子偷东西

的根本原因，这一点很重要。如果长期持续的偷窃和撒谎背后的问题没有被纠正，那么这些问题就会像滚雪球一样越滚越大。随着错误行为的多次重复，孩子会让自己相信偷东西并不是什么过错。他对自己内心的良知和你的教诲都已经麻木不仁。没有了良心不安的孩子很有可能成长为缺乏控制能力的成年人。

| 表扬孩子的诚实 |

5岁大的孩子捡到一个钱包，并把它交给了你。你好好地去表扬他吧！但是要注意，该受表扬的仅仅是他的这个行为。“谢谢你把捡到的钱包交给妈妈。现在，让我们看看能不能找到它的主人。我敢打赌那个人一定很高兴你捡到了他的钱包，就像你丢了很重要的东西、别人捡到了还给你后你的高兴劲儿那样。”不要对孩子说：“谢谢你说了实话。”有些孩子对把捡到的钱包留下来连想都没有想过，所以你不应该让他们知道还存在着做出不诚实行为的选择。不论你给了孩子什么样的表扬，你都应该让他知道他做到的正是你所期望的。

欺骗

孩子们都会有骗人的时候。但是，就像“撒谎”和“偷窃”一样，“欺骗”是成年人的概念，不到7岁的孩子还不能很好地懂得“欺骗”到底是什么意思。对于成年人来说，欺骗和撒谎或者偷窃是类似的，但是对于一个在成长过程中建立自己的规则的孩子来说，他还无法理解为什么规则是不可变通的。你最好能够用一种积极的价值观——公平——来向孩子解释什么是欺骗。即便是一个6岁大的孩子也能理解“公平地玩耍”的概念。

你要教育孩子欺骗是不对的，因为这对于一起玩游戏的小朋友们来说不公平。问问他如果在游戏时他公平地玩耍而小朋友们却欺骗他，他会有什么感受。在你和6～9岁的孩子们一起玩耍的时候，你应该去留意观察这么一种现象：即使这些孩子在一开始就已经明白了游戏规则，他们还是会为了自己的利益而经常性地对游戏规则作出各种各样的改变。只要所有参加游戏的人都同意，在游戏开始之前改变规则是毫无问题的，这种规则的改变会增加棋类游戏（或者单调的游戏）的创造性。

对于在学校里骗人的年龄比较大的孩子，需要父母很好地扮演起侦探的角色。孩子是不是毫无良心不安地骗人？（如果是这样的话，请参见下面“健康的负疚感”的有关内容。）许多时候，孩子是由于受到父母的压力或者受到学校里竞争意识的影响才被迫去骗人的。一心想要取悦满怀期望的父母，这种欲望会强烈得甚至盖过孩子心中最为坚实的是非观念。在自我形象比较薄弱的孩子看来，自身的价值等同于取得的成绩，因此对于他们来说，欺骗的诱惑尤其强烈。如果他赢了，他就是胜利者；反之，如果输了，他就是失败者。所以他必须赢，即使是不得不用欺骗来达到这个目的。如果你总是和自己的孩子竞争，或者在与别的成年人一起玩耍（或工作）时给孩子们作出了胜过别人才有意义的榜样，那么这种不管采用什么手段都要赢过别人的不健康意识就会在孩子的头脑里培养起来。

西尔斯养育手记　健康的负疚感

我从教师和执法官员们那里听到这么一个抱怨：“孩子从来不认为自己做错了事情。”对一切都毫不在乎的孩子总是做错事情，这是由于他们缺乏健康的负疚感。他们也不太在乎自己，因此做错了事情他们也不会感到难过。这就是为什么我们在本书中花了许多篇幅来告诉父母们要培养敏感的孩子的原因。当孩子们的行为出现错误时，他们应该感到悲伤才是。对于错误的行为他们应该感到良心的不安。这是一种健康的负疚感，能帮助孩子在行为上做出正确的选择，并且纠正那些错误的行为。

一天，我们听见家里的一扇窗户被打破了。当我们走出房间到前院去看是谁闯的祸时，8岁大的马修走向我们。他听到我们叫了邻居家小孩的名字，因为当时我们只看见这个孩子。我们看得出马修进行着激烈的思想斗争，不知该不该告诉我们他应该为不小心砸碎了窗户负责。马修好不容易才让自己把实情讲了出来，他与我们之间的相互信赖不允许他对我们隐瞒真相。

你可以帮助孩子在学校里避免受到骗人的诱惑。要留神、小心，只给孩子施加适当的学业压力，压力太小他会变得懒惰、无聊，而压力过大又会使他放弃、或者以欺骗来达到目的。你应该努力去找到一个适合你孩子的平衡点。我们会让自己的孩子们明白这么一个道理，在学校里取得了好成绩能让你感觉良好，好成绩只是走向成功的一种途径（但不是唯一的途径）。我们告诉他们，取得好成绩首先是为了让他们自己感到高兴，其次才是取悦父母。他们能否实现自己的目标，取决于他们愿意付出多大的努力。只要孩子们诚实地尽了自己的最大努力，我们就会感到很高兴——他们已经尽了全力，我们不能再苛求他们。

教你的孩子学会道歉

向别人道歉能帮助你的孩子承担起错误的责任，并且能为他提供一种改正错误的手段。它能够帮助孩子从错误的泥潭中摆脱出来。道歉可以缓和气氛，有助于修复和别人的关系，为人际关系带来一个新的开端。为了教育你的孩子学会道歉的艺术，你可以尝试以下这些方法：

| 为孩子做出道歉的榜样 |

一旦你自己做错了事，那就应该承认错误。在你对别人作出了过度反应时，应该这么道歉："真对不起，我对你大吼大叫。我不该对你这样发脾气。主要是因为我今天过得很不顺利。"我已经多次这样向孩子们道歉。每个人都会犯错误，生活本来就是这样。每个人都应该学会道歉，这样才能使生活更为美好。这是孩子需要学习的十分重要的课程。

对自己的孩子说"抱歉"并不意味着你懦弱、退缩，而是表现出了你的勇气和力量。在工作中，即使是"老板"做出了不近人情的行为，他也得道歉。如果一个孩子从未接受过别人的道歉，那么当你要求他向别人道歉时，他会觉得只要求他对别人说"抱歉"是很不公平的，他将无法理解道歉的过程，很可能会拒绝道歉。这样，一次本来可以让孩子受到教育的机会就这样错过了，感情受到了伤害的孩子会躲得你远远的。

| 要从小就开始教育孩子 |

学步期的孩子在伤害了别人时，很快就可以学会用一个拥抱来“让事情变得好起来”。如果你在家里为学步期的孩子们做出了榜样、用拥抱去抚慰受到你伤害的人，那么孩子就会明白自己该怎么做。在孩子伤害了别人后，一旦他平静下来准备去拥抱对方时，你可以简单地帮他说一句道歉的话，这或许会帮助他学会在拥抱的同时作出口头道歉。

| 道歉之后的原谅 |

在一个人受到了伤害或冒犯之后，道歉和原谅都是必需的。对于大多数的日常争吵，我们告诉孩子们不管是与谁发生了争执，我们都希望他们能够“息事宁人”。要做到这一点，并不需要正式的道歉场面。我们让他们自己去弄清什么是“息事宁

西尔斯养育手记　“对不起，请原谅！”

孩子们会打嗝、会狼吞虎咽、会放屁——对不起，应该说是排出气体。男孩们对展示自己身体发出的声音尤其会感到兴高采烈（而且在长大了一点之后，会很高兴地故意用这种不雅的声音来冒犯女性听众）。如果一次并非出于故意的打嗝声引起了哄堂大笑，你可以想象得到接下来会发生什么。但是，如果这样的声音引起的反应只是大家的沉默，或者是你和善地表示出不满，那么这些难听的声音很快就会销声匿迹。

你应该教会孩子们懂得在大庭广众之下，发出呼吸的声音（比如打喷嚏和咳嗽）是可以的，但是发出消化道的声音就是不礼貌的。当你的孩子在你面前发出上消化道的声音时，你应该不满地看着他，对于年龄较大的孩子，你应该要求他说“对不起”。当他和一群孩子在一起争相打嗝时，你可以不必去管他，那是他自己的事。排出气体是特别不礼貌的，因为除了声音之外还有难闻的臭味。在孩子大一点之后，他会明白自己在大多数情况下可以对这种机能进行控制，在私下里排出气体。在孩子们更成熟了一些之后，你就不会再听到他们的消化道发出声音，那些不雅的声音将成为过去。

人”，让他们自己想办法去做到这一点。他们有时候采用口头的方式，有时候则不需要说什么。但是不论他们是否说了道歉的话，我们都知道。为了生活在同一个屋檐下，兄弟姐妹们必须和睦相处。没有得到宽恕的道歉过程是不完整的。为了能够真正地修复双方的关系，受冒犯的一方必须“撤销指控”。

| 不要去操纵孩子的情感，也不要去要求孩子装出诚心的样子 |

为了避免父母的数落，或者为了在父母强迫他们作出道歉时能迅速地摆脱困境，有些孩子在做了错事之后会马上脑筋都不用动地脱口而出“请原谅”或“对不起”。父母强迫不了孩子内心的感受；只有孩子自己才知道内心的感受是什么样的。

父母强迫孩子向别人道歉会使孩子学会敷衍了事地假装道歉，或者学会了不真诚是没什么不对的，又或者会认为别人必须马上原谅他们，别人对他们的原谅也只不过是做做样子罢了。在孩子向别人道歉之前，需要有一段使他冷静下来的过程，这个过程的长短取决于孩子的年龄、性情、当时的气氛以及正在发作的情绪有多强烈。

一个刚刚踢了他姐姐的2岁大的孩子可能需要在椅子上暂停两分钟，并且还需要有人在一旁提醒他踢人会伤着别人的，然后他才会准备好去拥抱他的姐姐。一个10岁大的孩子由于受到了姐姐的恶意嘲弄而狠狠地打了姐姐一巴掌，他必须首先包扎好自己受了伤的自尊心，然后才会想起打人是不对的。

作为父母，你的任务就是确保犯了错误的孩子做出道歉，从而使两个孩子能以彼此间良好的情感来和好如初。但是，你不能去强迫这样的局面发生。你所能做的仅仅是为孩子们做出榜样，并且引导他们：当人们互相之间和睦相处时，内心会有比较好的感受。

当孩子打断别人谈话时

高需求的孩子往往会打断大人们的谈话。比如，你去拜访一个朋友，和她进行着热烈的交谈，一个刺耳的声音突然响了起来：“妈妈！妈妈！”你们继续着大人间的谈话，但是那个小家伙就是不肯走开。他用力地拉着你的裙子，你越是不理睬他，他越是再三地拉着。你希望自己的孩子们长大后有教养、能体谅人，希望他们不要时时都想着成为众人关注的中心。但是，打断大人们的谈话是孩子们的游戏，大多数的父母都会在这样的游戏中败下阵来。下面我们给出了一些阻止孩子打断你谈话的方法。

| 事先做好计划 |

一天下午，我们邀请了几个电视制作人到家里来策划一部有关养育孩子的电视片。我们不想被打断，所以那天上午我们让孩子们得到了充分的关照。

在我们的客人到来之前，孩子们已经准备好自己去玩耍，好让我们夫妇单独待一会儿。我们让年龄比较大的孩子们（他们已经懂得“不要打断大人的谈话”是什么意思）管好2岁和4岁的弟弟、妹妹，带他们到外面去玩。我们还将一盘新的录像带给了他们，好让他们在玩厌了的时候去看录像消遣。

小宝宝们并不喜欢妈妈的注意力被电话吸引过去，此外，学步期的孩子也会很快就意识到在妈妈打电话的时候，他可以去做那些妈妈不允许他做的事情。或者，5岁大的孩子会认为，这时他有了机会去责骂他的弟弟、妹妹。对于忙碌的父母来说，无绳电话带来了便利。你可以一边进行电话交谈，一边在四处走动、去照料各种各样的事情。

如果你计划要进行一次比较长时间的电话交谈，那么最好把它安排在孩子午睡或者夜里熟睡后你不需要一步不离地照看他的时间。我在书桌的一个抽屉里装满了能够吸引孩子注意力的玩具（包括一部玩具电话），可以使孩子在我听电话的时候安安静静地坐在我的膝上。

如果你不能够被打断或者不想被打断的话，你应该蹲下来和孩子处于同一个高度，轻声对他说：“嘘，我和南茜阿姨谈完话后再来和你讲话。”玛莎就经常一边抱着那个离不开她的孩子，一边继续她的谈话。孩子一开始很高兴被这样抱着，最后，他会局促不安地离开妈妈的怀抱，跑到别处去玩。此外，你可别忘了表扬你的孩子：“谢谢你没有打断我的谈话。”

尽管你去参加各种成年人的活动

时应该带上你的孩子，但是让他学会耐心地等待你腾出时间来关心、照料他也是十分重要的，这是一项重要的生活技巧。到了7岁的时候，孩子就能够培养出一种讲礼貌的方式，在要打断你的时候会对你说“我有一个问题”。你也应该来规划好如何使孩子在必须打断别人时采用有礼貌的态度，使他的做法能够与你的家庭风格相一致。在你需要打断孩子们、得到他们的关注时，应该努力地为他们做出通过有礼貌的方式来打断别人的榜样。

教孩子学会讲礼貌

每个父母都盼望着自己的孩子讲礼貌，会对人说“请”和“谢谢”。毕竟，孩子的行为反映出了父母的养育水平。有些孩子很容易就能培养起良好的礼貌习惯，而另一些孩子却在社交方面屡屡失败。

| 要期望孩子尊重别人 |

无论你是否相信，从孩子出生的那一刻起，你实际上就开始了对他的礼貌教育。良好礼貌的根源，在于对别人的尊重；而对别人的尊重又来自于情感上的敏感。

正如我们在本书的前面各章当中所强调的那样，感情上的敏感是你可以为孩子培养起来的最重要的品行之一，这个培养过程开始于孩子的婴儿时期。敏感的婴儿自然而然地就会成长为一个懂得尊重别人的孩子，因为他会考虑别人的感受。这样的孩子如果由拥有良好礼貌习惯的家长抚养长大，那么长大成人之后，他也就会有良好的礼貌习惯。比起可以从有关礼仪的书籍中学到的那些东西来，他的这种教养和礼貌更有创造性、更为由衷地发自内心。近年来，社会上普遍认可教育孩子“刚毅、自信”的做法。个性上的刚毅、自信是有益的，只要是它不凌驾于良好的教养和礼貌之上。

| 要尽早教孩子学会使用礼貌用语 |

即使是2岁大的孩子也能够学着说“请”和“谢谢”。尽管学步期的孩子们还不明白这些用语在社交礼貌方面的意义，但他们能意识到“请”是你在向别人提出要求，“谢谢”是你在结束一次与别人的行为互动。至少你已经

西尔斯养育手记

打小报告

“妈妈，安德拉昨天拿你的新衣服去玩……”父母们经常会遇到这种搬弄是非的陷阱。孩子打小报告的动机当中有着一些不安分的、甚至是狡猾的因素。但是，在有些孩子的意识中，他们认为打别人的小报告是正确的，因为他们觉得任何不正当的行为都必须向父母报告。

那么，父母在听到孩子打小报告后该怎么办呢？下面的一些方法能帮助你详细地调查孩子提出的指控，并且有助于你决定什么时候该采取行动、什么时候根本不用去管它。

孩子告发的问题究竟是小过失还是大错误？为了使你自己做到不偏不倚、并且使孩子们在社交能力上有比较好的发展，你应该尽量不要卷入到孩子们鸡毛蒜皮的口角中去。

“爸爸，爸爸，苏西用她的零用钱去买饼干给她的朋友们吃。”这不是什么大不了的事情（这或许还是件好事）。你不必去追究这件事，但也不要反过来责备打小报告的孩子。有时候，正是打小报告的孩子让父母得以知道一些秘密，而这些秘密又是父母必须掌握的；你确实应该随时掌握那些大的问题。

如果孩子告发的只不过是小过失，那就让孩子们自己去解决好了。如果你把一个小问题当成个大错误，特别是孩子提出的指控存在着许多疑点时，那么往往会在打小报告的孩子和被指控的孩子之间引发憎恨的情绪。打小报告的孩子提出的指控可能一点儿都不准确。要当心打小报告的孩子用编造的谎话来报复或者贬低兄弟姐妹。一旦他发现有人在听他讲故事，他就会按照自己的想法去添油加醋地歪曲事实。

要考虑小报告的来源。打小报告的孩子是不是诚实可信？他过去有没有歪曲过事实？马修是我们家里的“正派人”，看到任何不正当的行为他都会向我们报告，我们一直都很尊重他的诚实和正直，仔细地听他讲。同时，我们也注意到，他的这个禀性让他在兄弟姐妹和同伴中留下了不良印象，尽管他们暂时还不会给他带来什么麻烦。我们正在帮助马修放随和一些，不要过分热衷于在家里充当司法部长的角色。从我们的反应当中他也渐渐明白，他所报告的事情我们根本就不会去管。对于家里出现的那些过失，他逐渐地变得宽容了起来。当他（或者其他孩子）确实有重大的事情要报告时，我们会对打小报告的人的身份给予保密。

如果5～8岁的孩子总是打兄弟姐妹或者伙伴们的小报告，那么你可以采用这么一条有效的准则：除非有人将受到伤害，否则我不愿听到“我要告诉妈妈”这样的话。

一旦习惯于打小报告的孩子长大到了会写字，那你就可以设立一个检举箱，让他们把小报告写下来。你应该让对打小报告上瘾的孩子变得随和一些，不要让他把这种嗜好带到学校里去。他的老师会为此而感谢你的。

在孩子的词汇当中撒下了这些社交礼仪的种子；在这之后，他们就会懂得使用这些礼貌用语来让别人感到高兴。

如果你要求学步期的孩子给你一样东西，应该用“请”来开始你的要求，用“谢谢”来结束。这样他就会明白这些礼貌用语是很重要的，因为爸爸妈妈经常使用它们，而且在使用这些用语的时候，他们的脸上总是露出和善、亲切的表情。

| 为孩子做出讲礼貌的榜样 |

从2岁到4岁，约翰尼听见什么，他就会说什么。在你每天与别人的交流当中，应该让你的孩子多听到些“请”、“谢谢”、“别客气”、“对不起”等礼貌用语，并且要同对待成年人一样的礼貌态度来对待你的孩子，让他从中把握有礼貌的谈话的特征与风格。

| 教孩子学会称呼别人的名字 |

每当我们向孩子们提出要求的时候，我们总是先称呼他们的名字：“吉米，你可以帮我干这件事吗？”于是，我们的孩子就从中学会了这种社交规范，孩子们和我们说话时会首先加上称呼：“爸爸，我是不是可以……”或者说：“妈妈，请你帮我……”

我们的儿子马修现在9岁了，他已经完全掌握了所有这些语言工具，能够本能地应用它们。马修认识到，如果他选择适当的时机走到我的身边，看着我的眼睛或者拉着我

西尔斯养育手记

勿把过错转嫁到孩子头上

你是不是经常会责怪你的孩子，从而使自己摆脱困境？几年前，在一次外出购物期间，玛莎丢了钱包，于是她对当时只有6岁的海登发起了脾气，责备她说："海登，要不是你让我分散了注意力，我就不会丢失我的钱包。"玛莎把过错转嫁到了海登的头上，从而来减轻自己的负担。

一个比较有理性的朋友那时正好与她们在一起，她对海登伸出了援手，问孩子道："海登，你觉得这是你的错吗？"海登并没有错，这位朋友的介入帮助玛莎认识到自己是在转嫁责任。

作为父母，我们俩都有这种倾向，我们经常听到孩子对我们这么说："为什么你们总是要抱怨别人呢？"（这个问题的答案在于每当犯错误的时候我们会对自己过于严厉，你能够猜想到这种态度是如何形成的）大人往往会把过错转嫁到孩子身上，孩子们很容易成为父母的替罪羊。但是，这副担子实在是太重了，他们承担不起。此外，这种做法还为孩子树立了不好的榜样。

有些父母教孩子学会遇到问题时去抱怨环境。在孩子奔跑到桌子边上、撞到了头之后，父母会说"你这个坏桌子！"，以此来分散孩子的注意力、让他停止啼哭。转嫁过错会使孩子学会不用为自己的行为承担责任。大人如果这么做的话，只会使孩子更加不负责任。

的手臂，叫我"爸爸"，并且加上"请"、"我是不是可以"之类的礼貌用语，那么他几乎就能得到他想要的任何东西。

即使是在我知道自己受了他哄骗的时候，我也极容易为他彬彬有礼的态度所诱导。虽然对于马修有礼貌地提出的那些愿望，我并没有总是让他如愿以偿，但我每次都会表扬他是个讲礼貌的好孩子。

| 不要强迫孩子讲礼貌 |

语言是一种用来享受的技巧，它的使用不应该受到强迫。尽管在答应孩子提出的要求之前，偶尔地先要他说"请"并没有什么不妥，但是你不应该像训练宠物一样、严格地一定要孩子先说出那个“具有魔力的字眼”才去满足他的愿望。孩子可能还没到明白这些礼貌用语的意思，就已经对它们感到厌烦了。

当你提醒孩子要说“请”字的时候，你应该把这个礼貌用语作为良好语言表达的一部分，而不要把它当作孩子得到他想要的东西的交换条件。你应该让孩子从你这儿听到许多有礼貌的语言表达。在你教孩子学会使用礼貌语言的时候，你可以将这些礼貌用语用得比平常更多一些。这样，孩子很快就能领会你的意图。孩子咧开小嘴，一边笑着，一边说出了“请”字，尽管他还不能做到口齿十分清楚，但是这表明，他觉得自己已经有了足够的能力来与人进行交流。

| 有礼貌地纠正孩子 |

作为少儿棒球联盟的教练，我学会了如何去骂孩子——采用有礼貌的方式。如果一个孩子在比赛中表现得很糟糕（这样的情况经常会发生），

西尔斯养育手记　向孩子打招呼，表示你注意到了他

有这么一句古老的谚语：“孩子们应该待在父母看得到的地方，但必须保持安静。”这句话大概是没有孩子的人想出来的。你应该让孩子参与你们大人的活动，在现场没有别的孩子的情况下尤其需要如此。当你和你的孩子处于成年人占大多数的场合时，把孩子排除在你们大人的活动之外会使你惹上麻烦。即使是平时十分乖巧的孩子，这时也会想要做出令人讨厌的举动，从而来引起你对他的注意。让孩子参与进你们的活动，这能够教会他许多的社交技巧；向他打招呼、表示你注意到了他，这能够向他表明他受到了重视。

在你的孩子可能会做出不良行为的场合，你应该始终和他保持亲密的联系。在拜访其他成年人的时候，你应该让你的孩子待在你的身边（或者你始终与他在一起），经常与他进行语言交流和目光接触。在与别人交谈的时候，你应该帮助你年龄比较大的孩子觉得自己也加入到了你们的谈话之中，这样，他就不会感到那么无聊，给你惹麻烦的可能性就会小一些。

我不会像电视里那些过于激动的教练那样对他大吼大叫，我会保持自己语调的平和，在我为他进行讲解的时候直接看着他的眼睛，并且把手放在他的肩膀上。这样的姿态反映出我是在纠正这个孩子，因为我关心他而不是失控地责骂他。我的礼貌态度向他表明我器重他，并且希望他能从错误中吸取教训，成为一个更好的球员。

你是否曾经感到过不可思议，为什么有的孩子会这样温文有礼？主要原因在于，他们是在一个要求讲礼貌的环境中抚养长大的。

一天，我注意到一个英国家庭进入了一家旅馆，那位父亲看着他的两个儿子，一个5岁、一个7岁，对他们说道："小家伙们，去给那位女士开门。"他们俩果真去为那位女士开了门。我问这位父亲为什么他的孩子会如此有礼貌，他回答说："因为我们希望他们这样。"

教孩子学会分享

孩子们很难和别人分享一样东西，尤其是年纪比较小的孩子，这是成长过程中的一个正常组成部分。了解和接受孩子的这一特性是帮助孩子成长为一个慷慨大方的人的第一步。下面，我们来概述一下孩子占有欲很强的头脑当中有着一些什么样的想法。

I 在学会分享之前就已经具有了利己的思想 I

在孩子成长着的意识当中，占有欲自然而然地占有一席之地。在孩子出生后的第二年和第三年，随着孩子从与母亲同为一体发展到成为一个独立个体，这个小人儿一直在努力地确立自己独立于母亲的身份。学步期的孩子在说话的时候常常会首先这样大声叫嚷："这件事我自己做！"或者"这是我的！"实际上，"我的"这个词是学步期孩子嘴里最早说出来的词语之一。

成长中的孩子在对人产生感情的同时，也对各种各样的东西产生了感情。对于一个具有健康情感的人来说，这种形成强烈感情的能力是非常重要的。1岁大的孩子不能和别人分享自己的妈妈，2岁大的孩子也还不能和别人分享自己的泰德熊。有的孩子会对一件玩具十分依恋，以至于和破破烂烂的旧洋娃娃难舍难分。

当我们要4岁大的海登给自己画一张自画像时，她总是喜欢把她心爱的洋娃娃也画进去——就好像它是她身体的一部分。如果劝说她和一个小伙伴一起玩这个洋娃娃，你能想象得到会发生什么情况吗？这个洋娃娃对于她实在是太重要了，如果洋娃娃拿在了另一个孩子的手里，她会感到十分不安、不放心。

| 应该在什么时候开始希望孩子学会分享 |

真正的分享意味着同情和理解，这是一种走进别人的心灵、用别人的眼光来看问题的一种能力。

不到6岁的孩子还难以同情、理解别人，他们之所以能够和别人分享某样东西，在很大程度上是因为，是你教他们这么做的。你不要指望还不到2岁或2岁半的孩子会情愿与别人分享东西。

2岁以下的孩子会和别的孩子在一起自顾自地玩耍——在一旁自己玩自己的，而不是与大家一起玩。他们只关心自己和自己拥有的东西，不会考虑别的孩子有什么样的需要和感受。但是，只要大人给予他指导、教育他要做到慷慨大方，那么2岁时自私的孩子在3～4岁的时候就会变得慷慨起来。由于孩子们在3～4岁时已经开始在一起玩耍、并且开始在玩耍中相互合作，因此他们开始认识到了分享的重要性。

受到亲密养育的孩子对别人的需求有着高度敏感，他们对于物质没有太多的依恋，因此他们会比较乐于和别人分享东西，并且对于自己的需求有着更为明确的认识，会通过不与别人分享来保护自己的自我意识。

对于孩子们来说，与那些比自己弱小、威胁性不大的孩子在一起分享东西是比较容易的。比如说，孩子们比较乐意去和年纪比较小的孩子分享；与兄弟姐妹相比，更乐意和一个客人一起分享；与一个总是提出各种要求的孩子相比，更愿意和安静的孩子一起分享。孩子什么时候能学会与别人分享，这主要取决于孩子的天性。你应该根据孩子表现出来的迹象去判断在什么时候他已经具备了与人分享的能力。

即使孩子到了4～5岁，你也别指望他会把他所有的东西都拿出来与人分享。孩子或许会把几件珍贵的东西留起来，只让自己玩。你可能会把你的结婚戒指或者你母亲给你的祖传披肩拿出来和别人一起分享，但是孩子一般来说不可能像你那样，把他的泰德熊甚至是他的毛毯拿出来和别人分享。

你要尊重并且保护孩子对于他自己东西的权利。在4岁的时候，马修在估量着要不要和他的小朋友约翰尼一起分享自己的玩具，约翰尼是个冲动、好奇的孩子，对于玩具制造商来说，他是个天生的玩具耐用性测试员。约翰尼对玩具的每个活动部件都要仔细地摆弄一番，把它们又拉又拧；只有最坚固的玩具才能免遭他的毁坏。马修认清了他的这个朋友是个天生的破坏者，每当看见约翰尼来了的时候，他就会把自己那些珍贵的、易损坏的玩具藏起来。我们相当支持马修的这种聪明的做法。

你能做些什么

不要强迫孩子与别人分享东西。你应该营造出一种氛围和环境，促使你的孩子自己想要和别人分享。孩子的心中存在着占有的欲望。对你来说，不过是些玩具；而对孩子来说，那是属于自己的、珍贵的财产。因此，在鼓励孩子与别人分享玩具的同时，你应该尊重他们正常的占有欲。

此外，你还应该注意观察你的孩子在与小朋友们一起玩耍时有什么表现，这能使你很好地了解孩子，从而让你知道他需要什么样的引导。如果你的孩子是个见东西就要抢到自己手里的小家伙，那么他将发现其他小朋友都不愿意和他一起玩。如果他的东西总是被别人抢了去，那他就需要学会对别人说“不”的能力。

在学前阶段，你的孩子首先会自然地经历一个凡事都先考虑“这件事

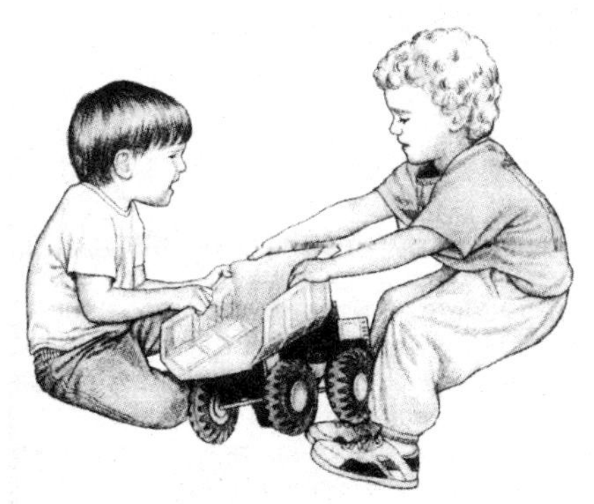

教育孩子与别人一起分享

对我有什么好处”的阶段，然后才会进入到一个具有更多的社会意识的阶段中去，遇到事情的时候会考虑“这件事对我们有什么好处”。无需父母多少帮助，孩子们就会渐渐懂得，如果他们和别人分享自己的东西的话，生活就能过得更加顺利。

| 与孩子建立起密切的关系 |

只有别人给予了孩子一些东西，他才会乐于把自己的东西给别人。我们发现，在最初两年中受到了亲密养育的婴儿更有可能在未来的岁月中成长为乐意与别人分享的孩子，这有两个原因。

首先，受到了大人慷慨给予的孩子会照着大人为他们树立的榜样去做，长大后将成为慷慨、大方的人。内心有着良好感觉的孩子更愿意与别人一起分享。

其次，受到了亲密养育的孩子往往具有坚实、可靠的自我形象，在他的内心中，不需要太多外界的东西来证明自己。

通过在儿科实践中对受到亲密养育的孩子的研究，我们发现，他们内心所需要的依恋对象比较少。他们更愿意伸手去牵着妈妈的手，而不会紧紧地抓着一条毛毯不放。

| 为孩子做出慷慨大方的榜样 |

小孩子们看到什么，他们就会做什么。如果大人经常与别人分享东西，那么孩子们也会这么做。当有人向你提出要借你的“玩具”时，你应该借此将它变成一个教育孩子的机会：“妈妈把她的烹调书借给了她的朋友。”你应该显眼地把东西借给别人，以便让孩子能注意到。你还应该和孩子一起分享东西：“想吃我的爆米花吗？”“来和我们坐在一起——我们会挪出些地方给你坐。”

如果你有好几个孩子，尤其是如果他们年龄相近，那么很多时候你会忙得分身乏术，不能很好地照顾到每一个孩子。两个孩子不可能都百分之一百地完全占有母亲或父亲。你应该尽量公平地把自己的时间分配给每一个孩子。“不公平”是孩子们最频繁地重复的唯一抱怨。你应该尽量做到为孩子们提供均等的机会，同时又要教孩子懂得，在日常生活中是不可能完全做

教孩子学会分享

到公平的，其他因素也会带来影响。

| 和孩子们一起玩游戏 |

和他们玩“分享爸爸”的游戏，让2岁大的孩子坐在你的一条腿上，4岁大的孩子坐在另一条腿上，教他们学会分享对自己有特殊意义的人。即使是2岁大的孩子也会玩“分享财富”的游戏。给你2岁大的孩子一些鲜花、一些饼干、一些积木或者玩具，要求他“把这些东西和房间里的每一个人分享，分一个给大哥，分一个给爸爸”。

你要让孩子明白，与别人分享东西是一种正常的生活方式，它能够传播快乐。玛莎说过这么一件事：“一天，劳琳在我的钱包里发现一块巧克力，她高兴地把它吃了，然后又让我看她发现的第二块巧克力。我告诉她，那块巧克力是留给斯蒂芬和马修分着吃的，并且要她给他们送去，我心里想着她一准会在半路上把这块巧克力吃掉，因此并没有费事地跟着她去看这件‘意料之中的事情’发生。比尔后来告诉我说她简直是可爱极了，她走近那两个孩子，把那块巧克力一半分

西尔斯养育手记

通过游戏教孩子学会生活的原则

为孩子示范各种生活原则的一个好办法就是和孩子一起玩耍。游戏能够吸引孩子的注意力，使孩子能够心情愉快地接受你教给他的东西。孩子们比较容易记住在玩耍的过程中学到的东西，而你对他们的说教他们是很难记得住的。你应该注意通过简单的游戏来培养孩子的个性：幽默、公平、诚实、慷慨、专心、能变通、遵守纪律、敏感以及美国式的竞争意识。同时，很遗憾，你必须知道在游戏中孩子们也会体验到一些不健康的性格特点，比如自私、妒忌、说谎以及欺骗等。你要在游戏中让孩子们明白应该怎样进行生活，并且只允许孩子们按照规则去玩耍。

给了斯蒂芬，另一半分给了马修。”

| 该在什么时候介入 |

尽管我们并不指望学步期的孩子会和别人分享玩具，但是我们会利用每一个可以利用的机会来鼓励孩子们轮流玩玩具。要教孩子学会把自己的需要向小朋友表达出来，可以这么对孩子说：“当凯瑟琳玩够了这部汽车时，你可以去玩它。你去问问她什么时候能玩好？”或者“把你的手拿开，再等一等，她玩好了之后就会把那个洋娃娃给你”。

当孩子们为了抢玩具而发生争吵时，有些时候比较明智的做法是不要马上就冲过去进行干预，你应该给孩子们时间和空间，让他们自己去解决他们之间的问题，你只管待在一边看着他们争执就是了。如果事态是向着好的方向发展，并且孩子们看上去正在自己解决彼此间的争端，那你就待在一边做个旁观者。如果情况发生了恶化，那就该介入进去进行干预。不论有没有得到照料者的帮助，孩子们自主进行的学习，都会具有最为持久的价值。

| 为孩子们分配不同的时间来进行分享 |

采用计时器可以帮助你调停孩

子们为争夺玩具而发生的争端。约翰尼和吉米为一起玩玩具而闹起了别扭。这时你可以介入进去，要他们两个各自挑选一个数字，谁的数字和你心里想的数字接近就谁先得到玩具。然后你就调整好计时器，对于年幼的孩子们来说，两分钟大体上是合适的选择。你可以要求大一点的孩子等得久一些。在时间到了之后，就把玩具给第二个孩子，让他玩上同样长的时间（尽管他可能都已经忘了自己想要玩这个玩具）。也许你应该用一种简单、生动的办法来向小一点的孩子解释你的做法。可以让孩子们围成一个圈，使他们可以挨个轮流玩玩具，先从大一点的孩子或者更愿意配合的孩子开始。例如，斯蒂芬拿着这个玩具已经两分钟了，计时器的铃声响了起来，你应该一边对斯蒂芬说些鼓励的话、一边把玩具从他那里拿过来，把它递给劳琳，要让斯蒂芬放心，铃声再次响起来的时候玩具又会回到他的手上。在几个来回之后，孩子们或许就能够做到在铃声响起来的时候自己微笑着把玩具传递出去，因为他们知道玩具会再次回来的。

我们在儿科实践中遇到过一个采用这种计时器的办法来为孩子分配时间的家庭，他们告诉我们这种办法起到了很好的效果，大一点的孩子会跑到妈妈的身边说：“妈妈，把计时器调整好。苏西不肯和我一起玩玩具。”不论是采用计时器，还是让孩子自己在心里计算时间，都能让他们学会在将来的生活中十分有益的本领：和别人轮流分享各种东西，暂时克制住自己的欲望。

如果分配时间的办法不能奏效，那你就干脆把玩具收起来，放到书架的顶上去，向孩子们说明玩具会一直待在那儿，直到他们学会分享它。看着玩具在那儿却不能玩，孩子们也许会撅上一会儿小嘴，但用不了多久他们就会明白，与其完全失去这个玩具，倒不如和兄弟姐妹们一起来分享。于是，他们将学会彼此合作、共同分享；每个人最后都是赢家。

| 预先作好计划 |

如果你的孩子还不太愿意与别人分享他的玩具，而他的一个小伙伴又来你家找他玩，你可以要求那个小

西尔斯养育手记 防治犯罪的处方

“1983年到1992年期间，因暴力犯罪而被逮捕的青少年数量增长了50%”这是联邦调查局最近的一份关于青少年犯罪问题报告的标题。政客们对此问题的回答是把更多的警察派到街上去；犯罪心理学家们则认为，更有效的解决办法是让更多的父母待在家里。

在美国的大多数城市中，在大街上行走是不安全的，其主要原因可以归纳为一个词——“冷漠”，或者称之为“不敏感”。许多孩子都不关心别人。当然，你可以把这个问题归咎于社会环境，要求多建造一些廉价的住房和学校，但是建筑物并不能造就有教养的公民；防止犯罪的着眼点必须落实在家庭内部的结构上。

在家庭中学习到的价值观念会转变成内在的控制力，这种自我控制能力是孩子成长为快乐的、对社会有贡献的公民所必需的。许多犯罪分子都缺乏同情心和对别人的理解——他们不具备体会受害者的感受并感到苦恼的能力。他们心中的愤怒以及性格上的侵害性源自于小时候没有受到亲密养育，这是幼年时期与缺乏关怀、不善于教育的照料者在一起的必然结果。他们从来没有学习过如何以一种健康的方式与那些在自己生活中有着重要地位的人们建立起亲密的关系，因而也就不懂得如何去与其他人建立起良好的人际关系。

在写作本书的时候，美国国会批准了300亿美元的预算，用来对付犯罪问题。联邦政府已经在预防犯罪方面花费了大量的资金，这300亿美元是追加的预算。这些资金将主要用于在城市地区增加警察的数量。和以往一样，政府这一次又把钱花在了根本解决不了问题的措施上。

如果把这300亿美元拿来用于对父母们实施援助的话，你可以想一想会带来什么样的效果。经济上的援助使那些单身母亲以及低收入的双亲家庭中的母亲能够在孩子幼年的时候留在家中，她们可以专心地养育、管教自己的孩子，而不仅仅是把心思都用在生计上。没有养育经验的母亲们可以在哺乳、“把孩子穿在身上”（参见第二章——译者注）、孩子的成长发育以及养育孩子方面受到专业的指导。本身在童年时受到过虐待的父母可以得到专家的咨询，从而防止类似的问题又重新出现在他们的孩子身上。父母们会得到帮助，从而能与孩子们建立起亲密的关系；一旦在家庭里大家都有了亲密的关系，同情、理解、自尊以及良好的教养也就随之而来了。目前，这样的一项示范性计划已经在夏威夷付诸实施，它被称为“健康的起点”，在减少虐待孩子方面已经显示出令人鼓舞的前景。

不论采取什么方式，我们都必须防止街头充斥着与父母感情疏远的孩子的现象继续发生。如果我们不能形成一套防止青少年犯罪的预防性养育方法，那么无论是对于孩子还是大人，我们的城市就永远都不会是一个安全的地方。

朋友的父母让他带上玩具来你家。对于那些新鲜的玩具，孩子们是抵抗不住诱惑的。很快，你的孩子就会意识到，如果要得到那个小伙伴的玩具，他就必须和小伙伴分享自己的玩具。如果你要带着你那愿意与别人分享的孩子去一个不愿与人分享的孩子家，那么你也应该让你的孩子带上自己的玩具。

有些孩子在很小的年龄就已经培养起了一种公平意识。我们的一个孩子曾经再也不愿意到他的一个朋友家里去，因为“他不把玩具拿出来一起玩”。为了把这件事作为一次对他进行教育的机会，我们这样表扬他：“你愿意与别人分享自己的玩具，这不是很值得高兴吗？我敢肯定，孩子们都会喜欢到我们家来玩。”

保护孩子喜欢的东西

如果你的孩子十分依恋他的那些宝贵的东西，那你就应该尊重他的这种感情，同时还应该教育他要做到慷慨、大方。对于有些玩具，孩子会表现得很自私，而对于另一些玩具他又会表现得相当大方，这是正常的。你要保护好孩子看重的玩具，当别的孩子要把它抢过去时，你应该把它拿走，对于这些玩具，你应该为孩子担负起不愿和别人分享的责任。

要让孩子慢慢地学会与小朋友们分享玩具。在游戏开始之前，你应该帮助孩子区分哪些玩具是他想要和小伙伴们一起分享的，哪些是他要放起来、留着自己玩的。你可能还需要充当裁判的角色：“这个特殊的玩具是苏西的生日礼物；在她愿意和你一起玩这个玩具之前，你可以先玩别的玩具。”

尊重孩子的所有权。家庭越大，就越有必要平衡好尊重个人的所有权和教孩子学会分享之间的关系。应该向孩子指出“那是科林的玩具……这个玩具是属于整个家庭的”。

当然，你还应该鼓励孩子交换玩具。孩子们很容易掌握家庭玩具的概念，比如立体声录音机，是家里每个人都可以用的。有一个大家庭，四个孩子的年龄相当接近，那位妈妈在家里采取了这么一种策略：孩子得到的礼物先由拥有者享用一天，然后就必须贡献出来、放到大家都可以玩的玩具箱里去。需要单独保管的那些特殊玩具被分开放在各自拥有者的房间里。

为孩子创造与别人分享的机会

为了鼓励孩子与别人分享玩具，珍妮特把一整块饼干都给了4岁大的本杰明，并向他提出了要求：“请你把饼干分一些给罗宾。”他掰下了一块饼干，递给了罗宾。本杰明做得很好，而且，从他做出的榜样当中，2岁大的罗宾也明白了什么是分享。通过让年龄比较大的孩子做出榜样，你能够教那些比较小的孩子学会分享。在这种情况下，无论是做出了榜样的小老师还是学习榜样的学生，都上了一堂学习慷慨大方的课程。

西尔斯养育手记

培养孩子的是非观念

传统看法认为，在“懂道理的年龄”（通常认为是7岁左右）之前，孩子还不具有是非观念。然而，从孩子出生的那天起，你就开始了对他是非观念的培养。

在出生后的最初几年中，由于看到了身边的那些榜样们是如何生活的，并且处理过千百次的是非选择，孩子就收集、存储起了大量的有关“正常行为”的资料，作为他行为处事的准则。一旦孩子将内心中的这些准则（他的行为规范）和成长中的自我融为了一体，那么他偏离这些规范之后就会感到内心不安。

在7～10岁之间，孩子发生了一个在道德推理上的主要进步——形成了判断一个行为正确与否的能力，并不是因为父母告诉他是对还是错，也不是出于担心受到惩罚，而是因为孩子已经懂得了对错。这是真正的是非观念的雏形。孩子已经把你的价值观转化成了他自己内心的准则，这时，他还会开始主动去吸收别的价值观念。构建孩子是非观念体系的关键，在于尽早地让孩子处于各种正确选择的包围之中，从而使这些正确的选择成为孩子自身的一部分，当他不可避免地面临错误选择的时候，这些已经在他心中扎下了根的正确选择会让他感到内心的不安。

在9～10岁之前，孩子的是非观念还没有成熟，但是，它是从出生开始就在逐步地培养的。如果孩子在进入应该具备是非观念的年龄段时还缺乏内在的参考体系，那就会造成不利的局面。就好比园丁耽误了播种的时机，父母们会发现，如果过迟地让孩子接受价值观教育的话，尽管你教授的价值观念也会在孩子的心中生下根，但是这些根须不会像你在正确的季节播种那样来得深。

你应该在孩子差不多6～7岁的时候就开始教他是非观念，或者在你认为孩子已经有能力理解是非的时候来进行这样的教育。你可以采用我们所谓的“匹诺曹原则”来教育你的孩子：“在你的心里有两个声音，一个是‘做正确事情’的声音，另一个是‘做错误事情’的声音。有时候，你更容易受到‘做错误事情’的声音的诱惑，它看起来好像会给你带来更多的一时之乐。但是，如果你选择听从它的摆布的话，那么你终将知道那是一个错误的选择，因为你的内心不会感到幸福、安宁。你应该听从自己心里那个要你做正确事情的声音，这个声音才会给你带来幸福和快乐。”

在6岁的时候，马修已经表现出开始具备了是非观念。如果我发现他在开始编造谎话，他的目光会和我的碰在一起，然后又会因为做错了事而避开我的目光。随着我们的日光交流，他会开始做出微笑（我也会这样），就好像是在说：“爸爸，那不是真的。”从马修看着我的眼神当中，我知道他已经感觉到了撒谎会破坏我们之间的彼此信赖和亲密关系。对马修来说，“我不能说谎”这个道理有着一定的心理学基础。他从小就被培养起了诚实、守信的态度。任何违背他内在准则的行为偏差都会搅乱他内心的幸福感。

18 CHAPTER 培养健康的性别意识

学会如何对待异性，以及如何认识自己的性别特征，这是孩子们自我形象的重要组成部分，因而也是养育孩子的内容之一。对于这个问题，我们更愿意采用“培养健康的性别意识”这种说法，而不愿意称之为“性教育”。在学校里，不论是好是坏，多少都会教授一些性知识；而家庭为孩子提供了性别的榜样。这也就是说，不仅要教育孩子学会“生活中的那些事实”，还应该让他们培养起对待性别的正确态度。

为了帮助你的孩子建立起健康的个人性别意识，你需要让他（或她）对自己生理上的变化预先做好准备，同时还要对伴随着这些生理变化而产生的情感做好准备。你的孩子需要对健康的男女关系中的性别问题有所认识。

向孩子传授性知识的念头常常让许多父母感到局促不安，他们可能对谈论性问题感到很不自在，对孩子们怎么会想到性问题感到十分担忧。最重要的性知识教育不是通过课堂讲座或者回答问题来进行的，而是要用事例来给孩子作出示范。你当然可以为孩子们讲解一些事实；但是，这样的讲解仍然难以让孩子们建立起正确的性态度。

抚摸是性意识的开端

父母们会问这样的问题：“我应该在什么时候开始向孩子传授性知识呢？”我的回答是：“从出生开始。”在你和孩子之间的大多数相互交流当中，你都会给孩子一些肉体感觉上的信息，而这种信息最早就是抚摸。

从出生的那一刻起，你的孩子就会知道你们是不是一个喜欢抚摸的家庭。婴儿在抚摸别人和受到别人抚摸时，会产生良好的感觉。爱抚孩子的小脸、轻揉他的肌肤、专注地和他进行相互的目光凝视，以及将你的宝宝抱在怀里，所有这些都在婴儿幼小的心灵中灌输了这样的态度：身体是令人快乐的、高尚的。

抚摸别人以及被别人抚摸都将带来快乐。如果孩子在成长过程中得到了父母充满爱抚的亲密养育，孩子就会接收到这样的感官信息——应该轻松愉快地给予别人抚摸、并接受别人的抚摸。孩子懂得了抚摸是人们相互之间表达爱意的一种方式。如果父母对孩子被抚摸的需求表示出尊重，那么孩子就会对他自身感到很满意。这是学会认同自己性别的开端。

| 差异万岁 |

在过去，妇女们往往在家里照顾孩子，男人们外出工作。而在最近的20年中，在养育孩子方面发生了一个最为显著的变化，那就是父亲和母亲共同承担起了对孩子的照料，这个变化的出现并不是因为父母双方要较量一下“谁对孩子照料得更好”，而是因为人们越来越认识到男性和女性在照料孩子方面所具有的差异能使婴儿茁壮地成长（关于这种有益的差异的进一步解释，请参见第六章“父亲的管教者角色”）。

父亲和母亲怀抱孩子的方式是不一样的，凝视孩子和抚摸孩子的方式也不一样。宝宝们会轻拍妈妈的胸脯，会摩挲爸爸的胡须。宝宝们对男性的声音和女性的声音也会作出不同的反应。在宝宝出生后，你就应该尽早让他知道男性和女性都能够和婴儿建立起密切的联系，这样，小宝宝们就能学会从父母双方那里去获得最好的照料和抚育。

在出生后的头几年里，婴儿会知道，妈妈对待他的方式与爸爸的方式是有所不同的。如果父母双方都对宝宝有着高度的敏感，那么这种差异会使宝宝受益。当然，婴儿最需要的是母亲，但父亲可以是仅次于母亲的最亲近者。如果父亲粗鲁、暴躁、与孩子感情疏远，那么在婴儿幼小的心灵中就留下了所有的男子都是这样的印象。如果宝宝受到了父母双方的关爱，那么他就会认为父母的抚育和体贴是理所当然的。

| 有差异并不意味着缺少什么 |

正在成长着的两性个体，尤其是男孩子，往往会贬低异性，因为他们会认为异性不能和他们一样来完成某些任务，因而会忽略每个人的技巧是不同的这一事实。这种“谁更好”的冲突通常会在童年的中期明显地表现出来，在这个阶段，男孩和女孩都只和同性的伙伴们在一起。他们之间的这种竞争是青少年时期的一种自然的自我调整。尽管如此，父母们还是有必要对孩子歧视异性的言论加以关注。

一天，我看着一群孩子在校园里奔跑，我评论道：“女孩子们跑起来真是很滑稽。”我们14岁大的女儿马上反驳说：“男孩们跑得也很滑稽。”她的话让我认识到，我的评论是一种性别歧视，是片面的、完全没必要的。我跟她道了歉。

在学校的体育运动中，男孩子和女孩子都有平等的机会，这有助于促进男孩和女孩之间的彼此尊重。在我们自己的成长过程中，往往是男孩子们在表演，而女孩们只是在旁边观

西尔斯养育手记　性别和自尊

一个人如何看待自己的性别，反映出了他的自尊，同时也影响着他的自尊。自尊程度比较低下往往就会导致不健康的性别意识；而性别意识出了问题又会反过来影响自尊。

女孩子应该为自己是女孩感到高兴，男孩子也应该为自己是男孩而高兴。你要让孩子们知道，你对他们的性别很满意。在童年的时候，孩子们如果对自己的性别感到困惑和不满意，那么他们在长大成人之后就会具有不健康的性别认同，对于得知父母对自己的性别感到失望的孩子来说，情况尤其是这样。

有些绰号可能会微妙地向孩子传达这种失望，对这样的绰号你可千万要加以小心。我们认识一位女士，她一直弄不明白她爸爸在她小时候是否对她是个女孩感到失望，她爸爸老是叫她“假小子”，而叫她的妹妹“小母鸡”。

看和加油。现在，我们看到，我们的大女儿担任了拉拉队队长——这是一项需要高度技巧性和竞争性的体育运动，这项运动使她身体强壮，同时又让她学会了团队活动。所有那些年的足球、垒球和体操训练已经使她养成了尽力而为的好习惯。她带领的拉拉队还参加了国家比赛（要知道，许多拉拉队当中都有男孩子的身影）。

应该让孩子们认识到，两种不同的性别是同样有价值的，这一点很重要。在正确的意义上，性别上的平等不应该是指两性完全地等同，而是指在价值上的平等、在机会上的公平。如果两性完全一样的话，那么这个世界就会单调乏味，也持续不了多久。

一天，有一对夫妇和他们4岁的孩子来我的诊所进行养育方面的咨询，那位爸爸一直主宰着整个谈话，每当妈妈提出一个想法的时候，他都会去压制她、反驳她。我渐渐地看明白，这个家庭存在着两性之间的权力斗争。那个孩子明显地感到烦乱，并且受到了一种不良性别意识的影响：男人应该贬低女人。

父母们应该为孩子做出尊重异性的榜样，在孩子的面前应该相互赞美，并且要告诉孩子们他们拥有多么出色的父亲和母亲，这是十分重要的。对父母双方都珍视和敬重有加的孩子在长大成人后一般都不会去骚扰异性。

| 强化个性特点比强化性别特征更重要 |

父母们鼓励孩子培养起性别差异，这种做法是正常的，也是健康的。传统观点认为，不同性别的孩子应该具有与性别相称的行为举止，但是，这种传统观点已经不再流行了。

过去，相对于母亲来说，父亲往往会更注重于强化孩子具有性别特点的行为。父亲们会和男孩子一起大吵大闹，和女孩子却会玩一些安静的游戏。他们同女儿玩耍时会比较温和，这就向女儿表明了大人期望她敏感、文雅。而和儿子一起大吵大闹则会鼓励他具有攻击性。这样的做法忽视了什么？不论是女儿还是儿子都没有学会既敏感又刚毅自信。

过分地强调性别特征的融合与强调两性泾渭分明的模式化形象一样，

都是不健康的。你应该努力按照孩子的天性来确定和孩子玩耍的方式，而不应该以孩子的性别来作为依据。

你应该首先把孩子看作是一个人，其次才把孩子看成是某一性别的一员，在这个基础上去发现孩子身上的天性。如果正在成长中的孩子们对于自己是人类的一员感到满意的话，那么他们就很可能会轻松自在地对待自己的性别。

在我的儿科实践中，过去我常常会掉进性别的陷阱中去。在诊所里，我会不自觉地采用热情的划拳游戏来欢迎小男孩；而对于小女孩，却会用和蔼可亲的拥抱来迎接她。

现在，我已经认识到更妥当的办法是从孩子的身上去发现线索，以此来随机应变地确定对一个孩子来说，到底是要用划拳游戏还是用拥抱来表示欢迎更为合适。

从我自己的孩子们那里以及我的那些小病人那里，我懂得了有必要在男孩子的身上培养起敏感的行为。同时，无论是对于男孩子还是女孩子，又都应该鼓励他们培养起刚毅、自信的品质。对两种不同的性别都表现出温柔的一面，同时又都表现出坚毅的一面，这是取得两性之间均衡、和谐的一种好办法。

培养健康的性别认同

到了2岁半，孩子们会逐渐地觉察到性别之间的差异，他们开始辨别“女孩”和“男孩”。他们开始懂得，女孩子们的头发留得比较长，有时候会穿上连衣裙；而男孩子们的头发留得比较短，并且常常穿着短裤。他们会注意到，他们的生殖器看起来是不一样的，而且他们“尿尿”的方式也不一样（4岁大的哥哥们已经知道这么去嘲笑小妹妹：“我有小鸡鸡，可你没有。”）。

你应该正确地引导他们去对待这种外部生殖器官的差别，这将有助于消除他们关于“谁的更好”的疑问。你可以对他们说：“女孩有阴户，而男孩有阴茎。”在这个问题上对孩子们进行比较理性的教育，能使男孩和女孩都对自己的性别感到满意。

从出生开始，男孩们总体来说比女孩们更具有攻击性、更粗野，对肢体运动有着比对于人际交流更大的兴趣。我想，性别上的行为差异是遗传和环境共同作用的结果。有些男孩子对那些自古以来就是男性从事的活动（比如驾驶车辆、格斗）十分的痴迷，有些女孩子则痴迷于那些自古以来就是女性所从事的活动（比如玩洋娃娃、做饭）。而大多数的孩子表现出的是十分个性化的爱好，性别取向不明显。在玩扮家家时，男孩们的想象力完全能够与女孩们的想象力相媲美，而在闹着玩的冒险游戏中，女孩子们也会像男孩子们一样乱吵乱闹。

在穿着方面，女孩子们具有更多有趣的选择，正是从这一点上，父母可以看出孩子完全不同于妈妈为她做出的榜样的个人风格。妈妈总是穿牛仔裤，而女儿却坚持只穿连衣裙，让妈妈感到吃惊；妈妈喜欢穿连衣裙，而女儿却对连衣裙唯恐避之不及、怎么都不肯穿，即使是在只不过3岁的年纪。当然，这种对妈妈的穿着习惯的逆反既与她是否能够接连几个小时别出心裁地玩洋娃娃无关，也不取决于她是否像男孩子那样喜欢一天到晚爬上爬下地做一些危险动作。

此外，性别上的行为差异还有赖于父母允许孩子做什么样的活动。一个6岁大的男孩和他的小朋友在打架，他的奶奶在一旁建议说："让他们去好了。男孩就是这样的。"而妈妈并不同意这种说法，她的想法是："我可不愿意我的孩子由于是个男孩而成长为一个粗野的坏小子。"

西尔斯经典语录

最重要的性知识教育不是通过课堂讲座或者回答问题来进行的，而是要用事例来给孩子作出示范。

父母们应该为孩子做出尊重异性的榜样，在孩子的面前应该相互赞美，并且要告诉孩子们他们拥有多么出色的父亲和母亲，这是十分重要的。

为孩子树立健康的性别榜样

如果孩子们在家里拥有健康的性别榜样，那么他们就能够培养起健康的性别认同。你应该尽可能地采取以下的态度，为孩子们做出榜样：

- 妈妈和爸爸都是关爱孩子的照料者。
- 妈妈和爸爸都是公正的管教者。

- 爸爸和妈妈之间互相尊重。
- 爸爸和妈妈都表现得很喜欢他们各自的性别，以及他们在生活中所扮演的角色。

有一位新手爸爸，他对自己小时候没能和父亲有足够的时间待在一起而感到伤心，他向我们透露说：“他很少拥抱我们。我对他的全部记忆就是看着他背影匆匆地提着公文包去上班。”有些父亲从事的工作确实有着比较高的紧迫性，因而使他们十分忙碌。然而，如果这样的父亲从自己的工作中能够获得乐趣的话，那么他会让孩子们知道他对自己“为了生计”所做的一切感到很满意，而且他会很愉快地度过在家里仅有的那些时光。

如果妈妈对爸爸的工作不是牢骚满腹的话，孩子们往往也不会对爸爸的工作心怀不满。母亲越是觉得被遗弃了、越是对事事都得不到丈夫的帮助感到愤恨，那么孩子们也就越有可能有同样的感受。

如果能看到父母双方都对他们的工作感到满意，并且又都认为“家庭”比工作更为重要，那么孩子们就能从中受益匪浅。

在工作方面存在着一个让人十分痛心的危险，那就是，有时候爸爸的工作与妈妈的比较起来，被认为是更重要、更有价值的，因为他的工作价值可以用金钱来衡量，而如果妈妈选择待在家里照料孩子的话，那么她的工作是“什么都得不到的”。受到这种肤浅的观念的诱惑，妇女们往往会违背自己内心的意愿，而重新回到劳动力市场上去。

婴儿们不但会感受到父母各自用怎样的方式去照料他们，而且也会留意到父母之间是如何相互照顾的。在孩子面前，你必须表现出对配偶的爱意，这么做不仅有利于孩子的心理健康，而且十分重要。

如果孩子看到父母相互拥抱、亲吻，而且感受到他们之间的彼此体贴，那么孩子吸收能力很强的头脑就会明白，人们相互之间表达爱意是很有益处的，因而孩子就会乐于亲吻和拥抱他所爱的人，也会从他所爱的人给予他的拥抱和亲吻中得到快乐。

如果孩子们看到父母一方总是贬低另一方，对另一方一点儿也不体谅，甚至还进行肉体上的虐待，那么孩子们就会将这一幕幕的情景储藏在自己的头脑中，作为将来待人接物的依据。他们要么会认为，爸爸这样对待妈妈（或者反过来）是不对的，并且不喜欢“爸爸的那种样子”（换句话说，就是不喜欢男人们待人的方式）；要么会认为，两性相处的正常形式就是彼此间的不和、争斗，而不是相互体贴。上面的这两种认识都会在孩子的内心播种下不健康性别意识的种子，使孩子对将来的生活产生不健康的想法。夫妻双方如何对待对方，在很大程度上将影响着孩子们将来如何去选择和对待自己的配偶。

孩子对自己身体的好奇

一些忧心如焚的父母曾经打电话告诉我们，他们打开卧室的房门，发现两个小家伙光着身子在玩“医生检查身体”的游戏，这让他们气得简直要失去理智。这种对所有的家庭来说都不稀奇的场景引起了父母们的恐慌，他们不知道自己哪些地方做得不对。有些家长会做出十分强烈的反应，重重地惩罚孩子，从而给孩子留下一生都磨灭不掉的伤害。为了能够正确地面对这种难以避免的场景，父母们有必要了解一下孩子行为中的哪些行为是正常的、哪些是不正常的，以及应该如何去加以处理。

| 孩子的行为哪些是正常的 |

孩子们对一切都充满着好奇，对于相互之间的差异尤其想要刨根问底，有什么比生殖器的差异更使他们着迷呢?

对孩子的这种想要弄明白到底是怎么一回事的心理，你应该充分地理解，这只不过是童年时期正常的好奇心在起作用。你应该用孩子的眼光来看问题。他想要知道异性长得是什么样子、摸起来是什么感觉。孩子关注的是好奇心的满足，而不是要唤起性欲。

根据下面的这些特征，你可以将纯洁的性好奇与越轨的性行为相区别。在下面的情形中，孩子们的行为只是纯洁的性好奇：

- 孩子们的年龄都比较幼小（还不到10岁），并且年龄相仿、彼此熟悉。
- 他们之间是商量好的，并不存

在一个孩子强迫另一个孩子的情况。

- 他们探究对方身体时的气氛往往像是在闹着玩，比如在玩“扮演医生检查身体”的游戏，或者“要是你把你的给我看，我就把我的给你看”。

- 他们的这种游戏在一定程度上是秘密的。孩子们似乎隐约地感觉到父母不会同意他们这么做，因而总是躲到卧室、车库，或者比较隐秘的地方去（越轨的性行为也有这个特点）。

| 你该怎么做 |

你首先要保持平静，克制住自己，不要冲动地对他们说他们做的事情是“肮脏的”或者“坏的”。你应该平静地引导他们去做另一项活动，比如，“我们一起出去吃点心吧。我来帮你们穿上衣服”。

一旦你有了和孩子私下里交谈的机会，你就应该和你的孩子谈一谈（如果两个都是你的孩子，那你可以立刻和他们做一次交谈）。要让孩子知道，你并没有生气。如果孩子们感觉到他们做的事情是错误的，或者是你生气了，那么他们就不会愿意和你交谈。

你应该告诉你的孩子，对别人身体各个部分感到好奇是很正常的，你理解他的好奇心。但是，“抚摸别人身体的隐私部分，或者让别人抚摸你身体的隐私部分，都是不对的。我要你答应妈妈，不要让别人来碰你身体的隐私部分，你也不要去碰别人的隐私部分”。应该告诉另外那个孩子的家长你是如何处理这种情形的，从而让他们也可以这么做。

在孩子认识身体其他部分的过程中，他们就会开始懂得什么是身体的“隐私部分”。所谓“隐私部分”就是游泳衣遮住的那些位置。在你和孩子谈论有关性的问题时，你一定要注意自己的身体语言。如果你的孩子觉察到你对涉及性的各种问题感到不自在，那他就会由此认为有关性的话题是“不好的”，或者会认为身体的这些隐私部分是一些“不好的部分”。其实，这些隐私部分是很好的，但它们只属于个人私有；在教育孩子懂得避免“性骚扰”的过程中，你尤其要让孩子知道这一点。

你要使孩子懂得，这些特殊部分除了在洗澡、穿衣的时候可以给爸爸妈妈看到、碰到，或者在检查身体的时候可以被医生看到、碰到之外，不能让其他任何人碰、不能给其他任何人看。“如果有人触摸了你的隐私部分，你一定要告诉爸爸妈妈。要是有人抚摸了你的隐私部分，即使别人要你保守这个秘密，你也应该告诉爸爸妈妈。”你应该教孩子学会什么秘密是好的、什么秘密是坏的。“涉及到触摸一个人的隐私部分的秘密绝对不是好秘密。”“如果有人要你别告诉爸爸妈妈，那么这样的秘密就是坏秘密。你永远都不应该有什么秘密瞒着爸爸妈妈。”你应该在孩子3岁的时候就尽早教会他懂得什么是“身体的隐私部分”，从而使得性别意识正在成长中的孩子能够拥有一份庄重的品质。

为了防止孩子再次好奇地去探究异性孩子的生殖器，你应该尽量减少这种情况重复发生的机会。要随时注意孩子在做些什么，不要让他们脱离你的监管、躲到房间里去。

在我们家里，我们定下了这样一条规矩，不论是在哪个年龄段，如果有朋友在卧室里，孩子们就必须把卧室的门开着。我们的孩子大部分已经十几岁了，他们在成长过程中一直遵守着这条规矩，直到现在仍然尊重我们要求这条家规得到遵守的愿望。

在培养孩子健康的性意识方面，你应该采取与对孩子进行其他方面的管教同样的原则：父母制定下规则，然后去创造各种各样的条件，从而使这些规则能够比较容易地得到遵守。

如果你发觉你的孩子对异性的生殖器仍然感到好奇，那就应该利用这种好奇心来对他进行教育：“身体是美好的，我们来多了解一些有关身体的知识吧。我们先来看一本关于身体的图画书。”要是你的4～6岁大的孩子想知道婴儿是从哪里来的，我们推荐你去读安德瑞和谢普（Andry和Schepp）所著的书《婴儿是怎样制造出来的》（Little，Brown公司1984年出版）。

只要孩子们提出了问题，你就应该很高兴地给他们解答。你要记住，对于孩子提出的问题，你所作出的与他年龄相称的回答对你们任何人来说都没有什么好尴尬的。如果你在孩子2岁的时候就开始坦然地、与他年龄相称地和他谈论性问题，并且在他的

西尔斯养育手记　**养育与性别意识**

大人对孩子进行的教育和培养，无论是好是坏，都对孩子将来对待性问题的态度有着重要的影响。受到了亲密养育的孩子将学会爱别人、信赖别人，因为他们一直都得到了父母的热爱和信赖。每天都要在母亲的怀抱里度过好几个小时的婴儿将学会轻松自在地抚摸别人和接受别人的抚摸，这样的孩子将学会与别人相互亲近。在父母彼此尊重、并且尊重孩子的家庭里成长起来的孩子们往往对于各自的性别角色具有健康和满意的认识。

在粗暴、虐待性的管束当中长大的孩子很可能从父母那里学会施虐的性格特点，或者会不知不觉地去寻找具有这种性格特点的伴侣。受到了父母过分压制而不能充分地表达自己情感的孩子在成年之后可能在表达性意识方面面临困难，或者会将性作为控制别人的手段，也可能在性方面受到别人的控制。从来没有学会说“不”的孩子很可能不会具有克制自己的性要求的能力，往往会为所欲为而不考虑将要付出的代价。

对于父母来说，最为重要的品质是敏感和体贴，这种品质会在很大程度上对孩子的性别意识产生影响。我们养育孩子的目的之一，就是要帮助孩子学会思考自己的行为对他人将产生什么样的影响。

归根结底，满意的性行为是建立在行为双方相互关爱、照顾的基础上的，这种彼此的关爱和照顾实际上是对自己和对方的需要都能得到满足的一种渴望，以及使这种渴望得以实现的能力。

成长过程中始终这么做，那么即使到了他16岁的时候，这样和他谈论性问题也不会有任何尴尬。

如果发生了你的孩子和别人家的孩子一起探究彼此性器官的事情，那么你必须把这件事告诉对方的家长，让他们也可以利用这个机会来对他们的孩子进行性意识的教育。你要告诉他们，你明白孩子的这种天真无邪的好奇心是正常的，但是你不希望这样的事情再次发生。在和对方的家长谈这些问题的时候，你要采取开明、诚恳和实事求是的态度。不要去怪罪和指责对方的孩子，同时你也不必担心自己的做法会妨碍大人之间的友谊。

I 如果孩子们进行了不正常的性游戏 I

你如何来辨别孩子们的性游戏是否已经越过天真无邪的好奇心的界线，而变成了不正常的行为呢？对于前一种情况，你需要给予充分的理解和耐心的解释，而对于后一种情况，你则需要十分严肃地加以关注。对于父母来说，相当重要的一点是要学会判断是不是一个孩子欺负了另一个孩子。下面的这些迹象应该引起父母的警觉和怀疑：

- 一个孩子引诱或者强迫另一个孩子进行性游戏。
- 在孩子们之间存在着4岁以上的年龄差异。
- 孩子们之间的性游戏与他们的年龄不相称：比如，6岁大的孩子和3岁大的孩子相互之间用嘴巴去接触生殖器。
- 尽管你进行了谨慎、细致的干预和监管，但是事情仍然重复发生了多次。这时，你就有理由为了保护你的孩子而断绝孩子们之间的友谊。如果这样的性游戏发生在兄弟姐妹之间，那你就应该去寻求专业人士的帮助。
- 相当隐秘。

I 你该怎么做 I

应该将在性游戏中欺负人的孩子带到专家那儿去进行咨询，通常有必要对孩子的自我意识、家庭以及学校环境作一次全面的调查。如果你的孩子是受欺负的一方，你就应该再次告诉他“隐私部分”不能让别人看、不能让别人碰。你必须让你的孩子懂得他并不是坏人、他的身体也并没有什么不好，但是一个人去触摸另一个人身体的隐私部分是不对的。受欺负的一方可能同样需要到专家那里去接受咨询。

I 孩子不接受自己的性别、总是穿异性的服装，怎么办 I

如果你4岁大的儿子涂着妈妈的口红、穿上了妈妈的高跟鞋，或者你的女儿穿上了爸爸的裤子和吊带裤，你不必大惊小怪。如果孩子的性别扭曲仅仅是想要穿异性的服装，那你就随它去好了，你可以用大笑和欣赏来对待这种举动。这种好奇地装扮成异性的阶段很快就会过去的，一旦孩子到了入学的年龄，他就会懂得什么是与他的性别相称的穿着。

有这么一个家庭，他们3岁半大的女儿突然间对做一个男孩子非常感兴趣，她在各个方面都尽力模仿男孩的样子，在穿着打扮上像个男孩，在游戏中扮演男孩的角色，并且告诉别人说，她长大后要做一个爸爸。所有这一切都是在她的小弟弟出生后开始的。为了弄清楚她的这些行为是否正常，她的妈妈去找了她的儿科医生，看看是不是要对她采取什么措施。实际上，这位妈妈已经采取措施了，她拿走了女儿的那些充满阳刚之气的洋娃娃。不幸的是，那个儿科医生仅仅替这位妈妈感到担心，并给了她一些关于儿童性官能失调的文章，让她去读。其实，根本就没有这个必要。这位妈妈需要做的，只是花点时间与她的女儿待在一起，从而使这个小姑娘对于自己在家里的地位感到放心。

手淫*

如果你看到自己的女儿坐在三轮脚踏车的车凳上扭摆着身体，或者你的儿子老是把手伸到自己的裤子里面去，你可不要马上跑去打电话向附近的心理医生求助。你应该停下来，考虑一下为什么孩子的这些举动会让你感到坐立不安。

“手淫”这个词使许多成年人在心里都感到很不舒服，并且伴随着严重的罪恶感。如果孩子只是拉了一下自己的耳朵，或者抚弄了一下自己的胳膊，根本没有人会加以注意。因

*有些人用“手淫”这个词来表述刺激生殖器从而达到性高潮。但是，你会产生这样的疑问，童年时期的性高潮由哪些因素组成呢？到了3岁的时候，孩子已经能够通过刺激生殖器来唤起性欲。因此，严格地说，3岁大的孩子已经具有了手淫的能力。有些人认为，把“手淫”这个词用在年幼的孩子身上实在是太过分了，应该把这个字眼专门用于描述已经有能力达到性高潮的青春期的孩子。因此，如果你认为采用“玩弄生殖器”的说法比采用“手淫”这个词感觉更为舒服的话，那么你完全可以将孩子的行为称为“玩弄生殖器”，或者采用任何你自己认为妥当的说法。我们发现，这些词汇在使用上存在着程度的差异：“玩弄生殖器”指的是短时间的、使自己心情愉快的抚摸；而“手淫”指的是刺激生殖器以达到性兴奋点。

此，为什么父母们对小男孩拉一下自己的耳朵根本不会在意，而对他拉一下自己的阴茎会十分担心、并且要严厉地斥责他呢？这要么是因为父母们认为生殖器是邪恶的、神秘的，是孩子们的禁区，或者是因为他们认为抚弄生殖器一定就是心理障碍的迹象。这两种看法实际上都是错误的。

大多数孩子都会玩弄自己的生殖器，对于2~6岁之间的孩子来说，这是很常见的现象。孩子抚弄自己的生殖器之所以会让我们成年人感到不安，原因就在于，我们往往采用成年人的眼光去看待孩子们的行为。对于孩子来说，手淫只是探究身体的这些部分、发现这些部分带给自己的快感的一种正常行为。

在探索自己身体的过程中，以及在换尿布、洗澡的时候，婴儿们会发觉身体的某些部位所产生的快感比其他部位要强烈得多。一旦他们发现了这些区域，他们的小手就会常常被吸引到那里去。对于孩子来说，抚摸自己的生殖器是一种快乐，这么做既不“邪恶”，也不“肮脏”。孩子只有从大人嘴巴里听到了“邪恶”和“肮脏”等字眼之后（或者是感受到了大人的焦虑之后）才会感到困惑和不安。

有些宗教宣扬说，手淫是不正当的。在此，我们并不打算质疑这样的信仰和价值观。一些成年人出于宗教的原因而自己选择不进行手淫，但是在处理自己的婴儿或年幼孩子的手淫问题上，他们必须开明一点。对于孩子来说，在他以后的成长过程中有的是机会去学会在宗教理念上尊重自己的生殖器。

如果孩子们探究或刺激了自己的生殖器，他们并不是在做“不正当”的事情，因此，你没必要去对他们进行斥骂和羞辱，没必要去让他们感到丢脸、尴尬，也不必去惩罚他们。

尤为重要的是，千万不能向孩子灌输身体的这些部分是邪恶的这种观念。长大成人之后的许多性困扰往往是由于早年在性问题上受到了大人并无恶意的、但又过于热心的错误干预而引起的。那些对孩子的手淫进行错误干预的父母常常是由于他们自己在小时候因为手淫而受到过羞辱、威吓和惩罚。因此，他们很可能永远都无法做到顺其自然地听从自己内心的性意识。

| 当孩子进行正常的手淫时 |

你应该明白，用自己身体的某些部分来获得快感的欲望是正常的性发育的一部分。尽管手淫并不是孩子形成正面的自我形象所必需的，但是，从自己身体的某些部分中获得快乐对培养健康的性别意识是有所助益的，并且有助于孩子喜爱自己的身体。

因此，偶尔抚弄自己的生殖器并不是肮脏的、有害的，也并不表明孩子存在着根本的情感躁动、或者家长对孩子的养育存在着问题。对于大多数的孩子来说，偶尔的手淫只是对自己身体的一种持续的探索和发现，它带来的是良好的感觉。事情就这么简单，仅此而已。

| 当孩子的手淫变得有害的时候 |

玩弄自己的生殖器有时会变得不仅只是用来满足一下内心的好奇。如果孩子频繁而且热切地玩弄生殖器，那么孩子就会一门心思地想着通过这种方式来自我获得快感，而对与别人进行交流、沟通会采取消极的态度。

就像任何其他的自我满足行为一样，如果孩子的手淫习惯只是偶尔地偏离了正常的行为规范，只是排遣无聊的一种便捷的手段，只是为了得到慰藉，或者只是内心压抑着的焦虑的一种偶尔释放，那么这样的手淫就是正常的，是达到某种目的的一个手段而已。但是，如果孩子变得对这种自我获得快感的方式产生了高度的依赖，以至于不能通过其他方式来得到快乐感觉的话，那么这样的手淫就是不正常的。

刺激生殖器而引发医学上的并发症的现象是并不多见的。然而，对于女孩子来说，过度的、强烈的摩擦（比如，在诸如玩具木马的马鞍等坚硬的东西上摩擦生殖器）会对尿道口造成损伤，从而引起尿道感染（男孩子们很少出现这样的问题，因为他们的尿道比较长）。孩子们相互之间刺激生殖器一般不会对生理组织造成伤害，除非是为了追求刺激的强度而使自己产生了疼痛。一旦出现了这种疼痛，那就表明需要父母进行一定程度的干预。

你该怎么做

尽管孩子刺激生殖器是一种正常

西尔斯养育手记 **碰见父母在家里赤裸身体**

你要求你的孩子最早学会的性观念之一，就是身体的每一个部分都是美好的。与孩子一起洗澡是为孩子进行性别示范的一种健康方式。如果在你刚洗完淋浴、还赤裸着身体的时候，你学步期的孩子闯进了浴室，你没必要急急忙忙地遮掩自己。假如你把身体遮掩起来的话，实际上是向孩子表明赤裸身体是羞耻的。

然而，你可能感到疑惑，要到孩子什么年龄的时候才应该在孩子面前把自己的身体遮掩起来呢？如同养育孩子的其他许多方面一样，你应该从孩子的身上去发现线索。你应该留意孩子身上有没有产生羞怯的迹象。当孩子开始在你的面前遮掩自己的身体时，那就到了你也应该遮掩自己身体的时候。如果你的孩子在你走进他的房间时迅速地交叉起双手遮住自己的生殖器，或者在他上厕所、穿衣服的时候小心地关上了房门，这些都是他感到羞怯的迹象：幼年时期赤裸身体的阶段已经过去了。到了差不多5岁的时候，大多数孩子都会开始把自己的身体遮掩起来、不再让别人看，因此父母也应该这么做。

的行为，但是这种行为会使父母产生焦虑。而且如果过分了的话，同样也会使孩子感到不安。下面的这些办法可以防止刺激生殖器这种常见的行为演变成有害的坏习惯。

Ⅰ请不要在大庭广众之下这么做Ⅰ

亲爱的玛丽阿姨正坐在你们家的客厅里，一点不漏地目睹了4岁大的苏西爬上沙发的扶手，在上面扭动着身体，脸上很快就露出了愉快的表情。客厅里其他所有人的脸都红了起来。亲眼目睹别人手淫会使成年人感到尴尬。面对这种情况，你根本不必去对她的行为进行评判，而是应该平静地、务实地告诉她，任何与“隐私部分”有关的行为都应该在私下里做，就像洗澡那样。

你应该利用这个机会来对孩子进行教育，态度温和地向她说明你要她“到我看不见你的地方去做这种事，否则的话会让别人感到不舒服”。一般来说，孩子会停止这种行为，以便能够待在你的身边。正常的社交生活常常要求人们为了尊重他人的情感而克制自己的欲望（或者抑制自己的情感）。

建立起均衡的自尊

在许多方面（比如家庭、朋友、学校以及课外活动）都对自己有着良好感觉的孩子往往不会沉溺于习惯性地刺激自己的生殖器。

6岁大的汤米正经历着一个自我形象糟糕的阶段。他不能和父母以及小朋友们和睦相处，而且似乎在学校里也不怎么适应。妈妈注意到，汤米越来越多地把自己锁在房间里。

一天，妈妈并不知道他在房间里，她打开了房门，发现汤米正在手淫。她很明智地立刻把门关上，走下楼去，并没有火急火燎地给孩子的爸爸打电话、告诉他"我逮住了他正在做那种事"。妈妈没有去为难汤米，她尊重汤米的自尊。过后，爸爸、妈妈一起与汤米进行了一次谈话。

在他们的讨论（而不是对质）过程中，妈妈把汤米的阴茎称为"你的小鸡鸡"，爸爸平静地用"阴茎"来代替"小鸡鸡"这种说法。妈妈和汤米都必须学会轻松、坦然地使用"阴茎"这个词。在讨论中，他们很少提到汤米的那个行为，而是把注意力集中在汤米的整体情况上，更多地关注汤米为什么会孤僻地避开整个家庭，将此作为急需解决的问题，而不是去过多地关心他把手放在哪里。

在此后的几个星期里，他们帮助汤米更加轻松自在地参与户外活动，并且帮助他更快乐地与家人在一起。于是，汤米很少再躲到自己的房间里把门关上了。

长期持续地感到无聊的孩子常常会转而从自己的身体当中寻求刺激。你不要让孩子的心思和身体闲着。如果男孩子把手伸进了自己的裤子，或者女孩子开始扭动自己的身体，你应该在不经意间将孩子的注意力从他们自己的身上转移开去，引导他们去进行别的活动。

避免采用威吓的办法

过去，对于手淫，大人们的嘴巴里往往会说出下面的这些令人害怕的荒诞说法：

"如果你继续那么做，你的手上就会长出肉瘤。"

西尔斯养育手记

正确地称呼孩子的生殖器官

为了促使孩子养成健康的性别认同，并且帮助孩子对自己正在成长发育的身体感到骄傲，你应该用正确的名称来称呼各种生殖器，应该从在给孩子换尿布时向他指出身体各个部分的名称来着手。当你的儿子抓着他自己的阴茎时，告诉他“那是你的阴茎”（而不是“那玩意儿”）。告诉你的女儿“那是你的阴部”（而不是“下面”）。

关于性的方面，存在着一整套的俗语词汇，这些不正确的俗语只会增加孩子的性神秘感以及“肮脏”的色彩。如果不论是对于男孩还是女孩，你都不加区别地将两腿之间尿液喷射出来的神秘部位称为“尿尿”，那么会使孩子感到困惑。女孩子们有外阴和阴道；而男孩子们有阴茎和阴囊。大多数的孩子在2岁半的时候就能理解并且使用这些词汇。当孩子们开始讨论他们的阴茎或阴部时，父母们往往会采用俗语或者隐晦的说法来称呼这些生殖器官，为的是避免在大庭广众之下感到尴尬，或者是因为这些父母从来都没有学会去对自己身体的各个部位产生良好的感觉。

“你的眼睛会变瞎的。”

“你可不能再做那样的事，那会让你得病的。”

这些说法也许会使孩子感到害怕，从而不敢再继续那种坏习惯。但是，这些说法也会同时让他们毫无根据地产生罪恶感，并且会损害他们的自尊，导致各种不健康的性态度。一旦孩子发现这些威胁的话都是假的，那么他们就会对你在其他性问题上为他们提供的建议产生怀疑。

| 给予明智的劝告 |

如果你要对孩子的手淫行为进行干预，你必须同时给孩子一些明智的建议。

如果孩子的年龄已经足够大，你可以尝试一下和他进行如下的交谈：“约翰尼，你自己的阴茎玩起来感觉很好，它是你身体的一个很好的部分。我像你这么大的时候也干过这种事。但是，过多地玩弄自己的阴茎会妨碍你去做那些同样能让你感觉良好的其他活动。你愿意做哪些其他的事情呢？我们可以一起来做些什么？”

尽管父母们很可能会感到不自在，但是这样的交谈是对孩子进行教育的良机，对培养孩子健康的性意识大有裨益，而且还可以强化你们之间的亲子关系。

| 请老师来代替你教育孩子 |

如果你像许多父母一样，觉得和自己的孩子讨论性问题很不自在，那么你的孩子很可能从你的身体语言以及不自然的措辞当中感受到性是一个猥亵的话题。如果你的孩子已经具有了手淫的习惯，你可以请求孩子的医生把讨论这个话题作为身体检查的一部分。

多年以来，数以百计害羞的父母曾经请我来承担这项任务，我答应了他们，但又有所保留。因为那些父母把这么重要的任务委托给别人去完成，这种做法使他们自己失去了在孩子面前树立起权威和顾问形象的良机。孩子会认为，父母把他的秘密透露给了别人。当然，如果医生或者其他的指导者通过正常的关于性问题的交谈来展开这个话题，而不是对孩子进行责备和非难的话，那么这种情形就不大可能发生。对于养成了手淫习惯的孩子，进行如下的提醒是很有好处的：“你应该记住西尔斯医生对你那么用力地摩擦阴部是怎样说的。”

| 为孩子提供其他手段来释放紧张情绪 |

我曾经给一个6岁大的小女孩莱拉做过诊断，她在上床睡觉的时候总是习惯性地进行过度的手淫，以至于引起了生殖器炎症。她那直觉敏锐的父亲很准确地判断出她的这个坏习惯是为了释放紧张的情绪。

我们通过解决引起莱拉感到紧张的那些因素来帮助她，并且示范给她看另一些缓解焦虑的手段。在这个孩子的生活当中，最近存在着相当多的压力：刚搬了家、学校是新的、朋友们也是陌生的。她的父母帮着她一起来适应这些变化，在她慢慢地进入梦乡的过程中，他们轻轻地给她挠背，为她哼一首歌曲，或者放上一些柔和的音乐。她不仅从手淫的坏习惯中摆脱了出来，而且还认识到，在有困难的时候父母会给她提供宝贵的支持。

19 CHAPTER 在特殊阶段对特殊孩子的管教

父母和孩子如何开始相处，这对他们之间的养育关系有重要的影响。有些父母能够轻松自如地管教孩子，有些孩子也容易被管教。而另一些父母却缺乏引导和纠正孩子的信心，部分原因在于，他们自己年幼的时候受到了不适当的养育。如果你是这样的父母，本书的前几章能够帮助你树立起做父母的自信，为你的孩子带来一个你自己不曾有过的良好的人生开端。

在本书中，我们首先讨论了亲密育儿法，这里所谓的“亲密”，指的是你与孩子之间的感情联系方式。我们关于养育孩子的教程首先为你提供了在孩子幼年时就与他建立起感情联系的方法，这时候的小家伙还处在培养、塑造的过程中。

我们帮助你建立起对自己孩子的敏感；帮助你了解什么是与年龄相称的行为；帮助你的孩子做到充分、自如地表达自己，克制自己的愤怒，并且培养起自信心。从这样的基本关系当中，自然而然地就产生出了充满挚爱亲情的引导。

采用亲密育儿法养育孩子给父母和孩子都带来了好处。在养育孩子的过程中，一开始多投入一些努力能够让你在以后节省许多时间和精力，可以让你无需去做我们在本书第二部分中讨论的那些补救工作。

对多动症孩子的管教

当5岁大的瑞恩来到我的诊所进行咨询时，他的行为简直是乱七八糟，他的父母鲍勃和特里被他弄得疲惫不堪。早在娘胎里的时候，瑞恩就已经让特里知道他将来会是一个麻烦。他总是在妈妈的子宫里胡乱踢腾，重重地捶打着妈妈的肚子。从出生开始，瑞恩就不停地给别人制造着麻烦，甚至育婴室里的护士都认为，他“很难伺候”。

在出生后的最初几个月，襁褓中的瑞恩非要大人抱在手里不可，一把他放下来他就哭个不停。在那些日子里，特里说起瑞恩总是牢骚满腹地给他贴上一大堆负面的标签：“哇哇地哭个不停”、“总是大惊小怪地哭闹”、“太难伺候”、“真是让人费劲”、“容易激动”、“过于敏感”、“真让人筋疲力尽”，而且她还总是不停地念叨，“我根本没办法把他从手里放下来”。

父母对瑞恩照顾得尽心尽力、无微不至，但是他们对瑞恩的行为感到十分失望。令人遗憾的是，他们遇到了一群所谓的育儿专家，这些人向他们错误地建议“随他去哭”、“你们抱他抱得太多了”、“他会学着自己安静下来的”、“你们太溺爱他了”。这些建议让鲍勃和特里相信，孩子的行为如此，完全是他们的过错；他们那些朋友们的宝宝看起来都是那么知足、快乐。于是，“为了他自己好”，鲍勃和特里对瑞恩的哭闹越来越不去理睬了。

一位朋友这样建议他们：“别担心，当他会走路、并且会一个人玩之后，他的行为会好起来的。”可是，当瑞恩开始会走路的时候，家里就像刮起了旋风。他把每个房间都破坏得乱七八糟，把玩具扔来扔去，使他周围的环境和他自己总是不断地面临着危险。打他屁股是根本不管用的。瑞恩的奶奶护着他，为他的行为辩解说：“他爸爸小时候就是这样。他只是个孩子。”埃玛阿姨这样劝解他的父母：“他会慢慢变好的。”但是，瑞恩并没有慢慢好起来，反而越来越糟糕。

他妈妈回忆说：“我每天都要对他说上一百遍‘不行’”，“每天早上看到瑞恩起床，我都感到心惊胆战，因为又要开始去追在他的屁股后面照料他了，而且不到晚上10点这场追逐游戏就不会罢休，我们俩中总有一个被他弄得筋疲力尽”。

到了3岁的时候，每天例行的那些简单事务，比如给他穿衣服、刷牙，以及整理他的玩具，都成了父母的巨大负担。瑞恩会在屋里飞快地跑来跑去，停下来待不上一会儿工夫就又起身去乱跑了。在马路边上，瑞恩的父母再三要求他停下来，等一辆正在驶近的汽车开过去，可他根本不听，反而一路跑着去追那辆汽车。与他同龄的其他孩子能够围坐在一起听大人的教导，可瑞恩压根坐不住，总是要站起来去做自己的事情。他推搡、殴打小伙伴，并且将玩具扔到小朋友的身上。小朋友们的生日聚会很少邀请瑞恩参加。附近的公园是唯一可以容纳得下瑞恩、并且使他的父母可以找到片刻宁静的地方。父母对培养瑞恩的良好行为举止感到失望透顶，他们也尝试过通过取消他的各种权利来惩罚他，可是直到把他的权利全部都剥夺完了，他还是依然如故。

在瑞恩总是一团糟的行为当中周期性地存在着一些亮点。他偶尔会静静地坐上一个小时左右，把一幅拼图拼起来，而在第二天同样去玩这个游戏的时候，又会变得烦躁不安。在他身上，除了前面提到的那些缺点之外，还有一个缺点就是说变就变，完全“不可预料”。从2岁到4岁，瑞恩的耳朵总是反复地受到感染，这使得他本来就十分混乱的行为变得更加糟糕。耳朵的疾病加剧了他的行为问题。

西尔斯经典语录

新生婴儿容易发怒是由他们的天性造成的，并非是因为你缺乏养育孩子的能力。

要管教不容易得到满足的孩子，首先必须使孩子的性情变得柔顺起来，同时应该提高父母对孩子的敏感度。

高需求宝宝需要较高水平的养育。

到了4岁的时候，瑞恩成了一个怒气冲冲、惹是生非、非常好斗的孩子，对别人都很冷淡、疏远。他的父母不知道该怎么办才好（也许他们只是想喘一口气），于是试着把他送进了学前班。这个做法对瑞恩来说无疑是一场灾难，他被贴上了更多的标签，诸如“不成熟”、“注意力不集中”、“不合群”等。瑞恩总是无法完成老师布置的任务，因此，当别的孩子得到了“专门的”张榜表扬时，

西尔斯养育手记

你的孩子是不是ADHD*

父母们常常有这样的疑问："我的孩子仅仅是好动呢，还是得了多动症，需要进行治疗吗？"下面列出了一个清单，如果你的孩子身上存在着这些迹象的话，那就需要进行专业的诊断：

- 你的孩子总是一件事情没做完就去干起了另一件事情，变化的频繁程度与他的年龄不相称。
- 家里每天惯常的那些活动（比如孩子们的奔跑和看电视等）都能轻易地转移他的注意力。
- 他难以专心致志地做好一件事、完成一项任务，或者进行一次交谈。
- 他总是丢三落四，不是不见了玩具，就是衣服找不到了。
- 他上学老是迟到，而且不准时回家。
- 他上课不能专心听讲，老师的指导他根本就没有听进去，无法完成家庭作业。
- 在玩游戏的时候，他做不到和小朋友们一起排队来等候轮到自己。
- 他常常前言不搭后语地胡说八道，说一些毫不相干的内容。
- 他的忍耐力相当差，很容易发脾气或者灰心丧气，对那些微不足道的不开心都会做出不恰当的反应。
- 在课堂上，老师还没把问题说完，他就会冲动地打断老师的提问，大声抢着回答问题。
- 他很难坐得住。
- 他难以听取和遵从大人的教诲。
- 他做不到完整地听完一个故事，特别地烦躁不安、坐立不定。
- 在做一件事情的时候，他没等听明白大人的指导就冒冒失失地开始了行动。

*ADHD：注意力低下／躁动失调症。具有变化多样的特点。每个患有ADHD的孩子的病症都是各不相同的，即使是同一个孩子在不同时期的病症也有不同的表现。有些孩子会在某一天表现出某些症状，而在第二天表现出另一些症状。我们在本书中列出的是这种病症最为常见的一些症状。

● 他总是做一些对自己的身体有危险的活动，根本不考虑可能会产生的后果。

● 他很难和小朋友们一起玩耍，专横霸道，总是欺负别人。

尽管大多数的孩子在某些时候会或多或少地表现出上述的各种迹象，但是患有多动症的孩子在大部分的时间都会很明显地表现出这些症状。如果你的孩子在过去至少6个月中表现出了所有这些症状的半数以上，那你就应该考虑带他去学校的心理辅导老师或医生那里进行咨询。

他却什么也得不到。当其他孩子开开心心地玩游戏时，瑞恩却总是被老师罚到一边去独自待着。老师曾经试图帮助他来克服他的“毛病”，但又不知道他身上的问题到底是什么。

当他那毫无办法的父母坐在我的诊所里的时候，5岁大的瑞恩不停地忙这忙那，就是不肯好好地坐下来。每个角落都留下了他的足迹，他甚至要把医疗设备的每一个部件都拆下来。当他费了好大劲都不能使听力测试仪的灯亮起来时，他开始变得垂头丧气，并且把注意力转移到别的东西上去了。我想尽了办法，但还是不能和瑞恩热乎起来。当我称赞他正确地带上了我的听诊器的时候，他却眼望着窗外，告诉我15米远的地方有一只蜥蜴爬过了一辆红色的汽车。瑞恩是一个患有ADHD的孩子，我采用了下面的办法来帮助他：

不要因为孩子的行为而生气

我向瑞恩的父母解释了什么是ADHD，而且让他们相信，瑞恩的行为这么糟糕并不是他们的错。他们并没有对孩子太严厉，也没有太纵容孩子，他们什么也没有做错。

特里似乎松了一口气，她开始对瑞恩的行为生起气来；瑞恩在老师面前常常比在她面前要表现得好得多，这使她感到可能是她自己存在着问题。我向她解释说，有时，孩子只有在妈妈面前才会无拘无束地把自己身上的毛病表现出来，妈妈是世界上唯一理解他、为他着想的人。

鲍勃后来也向我透露说，瑞恩

西尔斯养育手记　使动不动就打人的孩子柔顺起来

有些孩子天性冲动，生来就鲁莽粗暴，这种令人讨厌的坏毛病让他们得到了“喜欢动手打人”的名声。他们并不是故意做出那些不良行为的，只是天生喜欢对别人动粗。

比如，为了得到一个玩具，约翰尼不由自主地打了比利，比利年纪虽小，却比约翰尼更好斗，他又还手去打了约翰尼。又比如，玛丽重重地推了苏西一把，让她摇摇晃晃地撞到了墙上，但很明显并无大碍。

面对诸如此类的情形，你的职责就是帮助孩子认识自己的鲁莽行为存在着造成伤害的潜在危险，从而使他能够控制自己的冲动。你应该向孩子指出：“由于你更大、更有力气，因此你就必须更加小心，就像爸爸和你玩耍时那样。”即使对别人的伤害并非出于恶意，你也应该帮助孩子为自己的粗暴行为向对方道歉。

有些好欺负人的孩子在拥抱别人的时候过于用力，你应该示范给他看“狗熊式的拥抱”（粗鲁的拥抱）和“小白兔式的拥抱”（轻柔的拥抱）之间有什么区别。孩子既需要显示自己的力气，又必须考虑别人的感受。

一旦发现有粗暴行为存在，你就必须尽早地、尽可能地对孩子加以引导和纠正，这一点十分重要。如果孩子们感觉到，自己的父母不会去保护他们、使他们免受兄弟姐妹或者小伙伴有意或无意的伤害，那么他们很快就会产生各种各样的心理问题。

已经使他们的婚姻产生了紧张。鲍勃一直以来都认为需要用更强硬的手段去对待他。可是，他发现他越是打瑞恩的屁股，瑞恩就和他越疏远、和妈妈就越亲近。而妈妈感到自己实在是不堪重负，已经承担了太多的纠正孩子行为的任务。特里和鲍勃明白，瑞恩的问题已经上升成了整个家庭的问题。我提醒他们可能需要进行一些咨询，并且迅速地补充说，尽管ADHD存在着生理基础，而且不是由于父母养育得不好引起的，但是，如果他们能够学会用更好的方式去和他亲近、和他沟通的话，那么患有ADHD的孩子的行为会有所改善。

| 采用大家共同合作的办法 |

为了找到解决瑞恩身上的毛病的办法，需要各种专业人士的共同参与，需要依靠瑞恩、我、他的老师、行为治疗师的通力协作。有着各种行为问题的ADHD病症是十分复杂的，需要从多种不同的角度来进行诊断、治疗。

| 患有ADHD的孩子的坏名声 |

进了幼儿园之后，瑞恩的行为更糟糕了。他的老师形容他是“没办法管教”的孩子，“简直是太古怪了”。对于有些孩子来说，ADHD症状直到进了学校才会明显地表现出来。在学校的环境当中，要求孩子们的行为不得超越一定的限制，并且要求他们在一个适当的时间范围内去完成各项任务。对于孩子的捣乱行为，一般来说老师不会像父母那么有耐心。在调整自己以及家庭环境以适应孩子的行为能力方面，父母已经进行了5年时间的努力。然而，患有ADHD的孩子和老师之间是相互陌生的，他们双方都无法适应突然之间就要去扮演的新角色。

给患有ADHD的孩子带上“慢吞吞”、“懒惰”或者“很坏”的帽子是容易的。但瑞恩并不笨，同许多患有ADHD的孩子一样，他相当聪明，而且不懒惰。他不能完成老师布置的任务，原因就在于，他无法长时间地把注意力集中在一件事情上。这个问题使他做什么事都不成功，并且让他的父母和老师都感到十分失望。随着一次次地受挫，他变得消沉起来。他越觉得自己不行，就越没有自信。唯一能让他感觉好一些的事情就是不停地变化。瑞恩其实并不是“坏孩子”，可是即便是他自己都觉得他就是一个“坏孩子”。下面我们来谈一谈他的这个坏名声是怎么来的。

瑞恩的父母和老师在满腔热诚地纠正他的行为的过程中，其实不知不觉地进一步强化了他的消极行为。他们总是对他说“不行”，总是罚他一个人待着，过多地将他的行为认定为是“恶劣”的。他的多动症促使他做出不良的行为，而那些不良行为又受到大人的责罚，瑞恩很高兴自己因此而引起了大家的关注。5年过去了，一开始大家还认为是瑞恩的行为不好，可现在渐渐地变成是认为瑞恩本身不好了。就这样，瑞恩使自己得到了“坏小子”的名声。

| 瑞恩需要大人与他亲近 |

瑞恩还是个孩子，他的身上存在着需要解决的行为问题；但是，我告诉他的父母，不要指望他的毛病在一夜之间就能治愈。5年来的各种因素造就了瑞恩常常失控的行为，因此，不论是改变他对自己的看法，还是改变他对待别人的方式，都需要一定的时间。

我相当策略地向他父母解释了“高需求婴儿”的概念，“高需求婴儿”会逐渐地变成高需求的少年。

为了淡化瑞恩身上根深蒂固的冲动和注意力无法集中的倾向，需要用一种高度接触的、温和的养育方式来对待他。他需要和大人平静地待在一起，轻柔地给他挠背、讲故事，给他唱轻松的歌曲，多拥抱他，并且和他进行大量的目光交流。

当瑞恩不能控制自己的时候，父母应该慢慢地靠近他。虽然大多数孩子都喜欢大人的手搭在他们的肩上给他们以抚慰，可是患有ADHD的孩子面对身体的接触往往会变得生硬和退缩，他们会把身体接触看作是对他们的控制。因此，在他们不开心的时候去抚摸他们反而会使他们的行为更加糟糕。我告诉瑞恩的父母，如果他不要他们靠近他，那他们只要站在一边，随时可以为他提供帮助就行了。我建议他们可以和瑞恩一起来做那些他们在分娩课程中学过的放松练习，最终瑞恩将学会运用这些方法来放松自己。

我尤其让瑞恩的父母牢牢记住采用目光交流和身体语言与瑞恩相沟通的重要性，这种做法有助于使瑞恩和他们亲近起来。在这以后，他们大体要花上一年的时间才能和儿子亲近起来，这段时间差不多和亲密育儿的父母与婴儿之间建立起亲密关系所需要的时间一样长。

| 瑞恩需要行为上的治疗 |

父母的主要任务是集中精力帮助瑞恩找回“好”的自我形象。目前他

西尔斯养育手记 **坏名声会让孩子背上沉重的负担**

根据孩子的状况让孩子得到好的名声会进一步促进孩子的行为，而让他背上坏的名声却会拖他的后腿。人们往往会轻易地从生理的角度去责备孩子的行为，而忽视了家庭和学校需要解决的其他问题。

为孩子贴上ADHD的标签并不意味着给孩子那令人讨厌的行为找借口，而只是解释了孩子为什么会做出那样的行为，它为规划对孩子的治疗提供了一个起点，可以减轻孩子感到自己是个“坏小子”的负罪感和耻辱感，并且增强了孩子有效地控制自己行为的信心。

把孩子的不良行为归咎于ADHD的做法并没有减少父母持之以恒地对孩子进行管教的责任，也不意味着孩子可以少接受管教，而是常常要求父母和孩子对他们的生活方式进行一次彻底的检查、调整，目的就在于使孩子在他的一生中有能力做到快乐地、并且富有成效地进行学习和工作。

的自我认同是由一大堆的否定词构成的。瑞恩需要专门的、具有积极意义的促进措施。如果他做了一件事情，他应该得到专门的褒奖。在学校里，老师总是罚他到一边去一个人独自待着，这让他很孤立，这样的做法对患有ADHD的孩子根本起不了作用，只会加剧他认为自己是“班里的小丑”或者是“坏小子”的自我认同。

我向瑞恩的父母推荐了一个行为治疗师以及一门养育孩子的课程，从而使我们能够学会如何去正面地促进、强化孩子的良好行为。他们应该一点一滴地做给瑞恩看，让他明白如何用别的举动来取代那些冲动的、侵害性的行为。

| 瑞恩需要适当的环境 |

对于有些孩子来说，和小朋友们手拉手、安静地围坐在一起就是一种适当的环境；而对于另一些孩子来说，适当的环境就是在公园里自由自在地玩耍。

瑞恩的父母应该列出一张清单，看看在什么情况下他具有最好的行为表现，尽自己最大的努力朝着这个方向去为他营造合适的环境。如果他和某一个小伙伴玩得很好，那父母就应该安排他们一对一地玩耍。他们可以在家里给瑞恩安排一些简单的任务，并且帮助他去完成这些任务，然后夸奖他做得好。也可以给他一只宠物，让他在他们的帮助下担负起训练这个宠物的职责。

当他们确实有必要对瑞恩的行为加以纠正时，他们应该采用积极的方式，可以把手放在他的肩上，与他进行目光的交流，让他坐到一个安静的、不会引起他兴奋的地方去。然后告诉他，因为父母爱他，所以父母将帮助他放松自己，并且帮助他在做出行为之前先想一想，从而让他能控制住自己。我给他们介绍的行为治疗师也与瑞恩讨论了如何放松和控制自己等问题，这使他懂得了“控制自己”和“集中注意力”的含义。

| 瑞恩是否需要药物治疗 |

“我希望不必让我们的孩子使用药物。”瑞恩的母亲忧心忡忡地说。我向他们解释说，如果瑞恩不能首先集中注意力、控制自己的冲动行为，那么上面讲述的任何治疗手段都不会奏效。瑞恩和他的全家都不能再多承受一年不愉快了。药物能够降低孩子的冲动，帮助他集中注意力，因而有助于迅速地扭转局面。一旦父母确定自己有足够的精力去采用其他办法来治疗孩子的行为问题，那么一般就可以停止用药。

| 瑞恩需要大人的监管 |

管教患有ADHD的孩子并不存在一成不变的秘诀。应该根据孩子对药物的反应来周期性地调整药物治疗，不同个体的药物反应有着很大的差异。而且，纠正孩子行为的各种方法在不同的场合也有着不同的效果。正因为如此，我要求瑞恩的父母和老师记录下他每一天的行为表现，以及哪些管教办法可以奏效、而哪些起不到作用，并且要求他们尝试自己去想办法。

瑞恩同样需要看到自己的进步，可以对他采用奖励的办法或者优惠券的办法。对于多动症的孩子来说，由于他们保持注意力的时间相当有限，因而需要频繁地立即给他们奖励。你

西尔斯养育手记

关于药物治疗的各种担忧

我对患有ADHD的孩子进行药物治疗已经有近30年的时间了，这些药物治疗对许多孩子来说都是有益的。在这里，我再来就一些常见的担忧作一些说明，以便驱散那些常见的疑虑。

“在用药前我们不能尝试其他办法吗？”

你完全可以去尝试其他办法，并且应该进行这样的尝试。针对ADHD的药物治疗并不是解决孩子身上的问题（以及家庭中的各种问题）的唯一途径。就算是采用药物治疗的手段，这些手段也只不过是整个治疗措施中的一部分而已。

你可能对孩子实行了世界上最好的行为纠正措施，但是，如果他不能集中注意力的话，这种治疗措施也根本无法让他接受。此外，对于成长中的孩子来说，时间是相当重要的，孩子花费不起几年的时间来等待行为纠正措施慢慢地起作用。使用了治疗ADHD的药物之后，父母和老师们往往会发现，孩子的行为在几天到一周之内就有了进步，孩子的冲动性和好动性降低了，并且对大人的各种指导的注意程度有了增强。一旦孩子开始了药物治疗，我们的目标就是，在行为纠正措施已经占据主导地位之后，尽快减少和终止使用药物。

许多家长相信，药物能治愈孩子的行为毛病，他们拒绝改变家庭的生活方式以及与孩子之间的沟通方式。学校也往往坚持让孩子接受药物治疗，而不愿意在课程方面进行任何修改。

对ADHD的治疗应该采用一整套的办法。如果你决定采用药物来进行治疗的话，比较理想的做法是用药6个月，并且辅之以学会放松、学会协调知觉和行动的强化训练，还要运用各种学习策略、对自己的管教和教育风格进行改进，将所有这些措施整合在一起，从而促进孩子的行为进步。

“我担心孩子年纪这么小就要吃药。”

这种担心是相当正常的。然而，目前还没有证据表明服用治疗ADHD的药物会使孩子对药物成瘾。相反，对ADHD病症的及早诊断和治疗有助于帮助孩子在以后避免养成各种不良习惯。我相信，对能够帮助孩子拥有更好的感觉、更好的表现的药物治疗加以限制是不明智的。

我把治疗孩子ADHD病症的处方中的那些药称为“集中思想的药片”。我会采用图片来告诉患ADHD的孩子，这些药片能够帮助他们的大脑和肌肉进行相互之间的倾听和交流，从而使他们有能力去全面地考虑自己的行为，直到他们学会不依靠这些药片来集中注意力为止。

“这些药物是如何起作用的？它们安全吗？”

最常用的“集中思想的药片”是哌醋甲酯（又名利他林，具有比较温和的中枢兴奋作用，能改善精神活动，解除轻度抑郁及疲乏感。临床用于治疗轻度抑郁及小儿遗尿症。——译者注）和右旋苯丙胺（又名苯齐巨林，通常用于减肥、治疗慢性疲劳症和睡眠紊乱。——译者注），这两种药物实际上是兴奋剂，能够帮助孩子集中注意力。它们并不是镇静剂。

尽管一般来说这两种药物被认为是安全的，但偶尔也存在副作用：会引起食欲下降、胃痛、头痛、容易发脾气，以及难以入眠。这些副作用通常都是暂时的。如果出现了持续的副作用，那么只要降低用药的剂量，副作用就会消失。

有一点很重要，你的孩子是否患有多动症，应该由专业人士仔细地进行评价，以确定是否真正有必要对他使用那些药物。专家会给你提供一套客观的指导，让你可以判断药物治疗是否起了作用，从而能够对用药的剂量作适当的调整。父母们对于自己的观察结果应该有充分的信心。

可能会对孩子说“我们星期六去看电影”，这样的奖励对于一个只关心眼前会发生什么的孩子来说根本没有意义。

在我们第一次会面之后，瑞恩的父母意识到自己误解了孩子、给他贴上了错误的标签。我建议他们改变对孩子的期望，并且努力创造环境去争取成功。他们可以要求他打扫自己房间里的一小块地方，同时帮助他去完成这项任务。打扫完之后应该表扬他干得很好，然后再安排他去打扫另一部分。

在接下来的几个月中，瑞恩和他的父母取得了许多成效。采用我告诉他们的治疗手段两个月之后，他们再次来到了我的诊所，这次我看到了他们家庭中的祥和气氛（就算是我的那些医疗仪器也不再面临危险了）。在父母和孩子之间已经有了彼此之间的亲密。瑞恩的妈妈眼含热泪、欣喜地悄悄告诉我说："我一直都爱护瑞恩，现在，在他出生后我第一次可以真心地说我喜欢他了。"

父母们应该记住，并不是所有注意力低下失调症（ADD）的孩子都患有多动症，至少在外在表现上不一定具有多动症的症状。有些孩子只是注意力不够专注，思维过程容易被外界事物所打断而已。这些孩子常常被误解，被错认为与表面上具有多动症症状的孩子一样，大人总是说他们"懒惰"或者"不成熟"。注意力低下失调症所具有的行为问题并不是关键的症状，与学习中的糟糕表现、在家里和学校里常常作出的负面反馈，以及由这些因素而造成的糟糕的自我形象相比，这些行为问题都是次要的。

患有ADHD的孩子并不是"坏孩子"，他们的神经系统在生物学上的特点导致他们不能像一般的孩子那样接受大人的指导，从而使他们产生了情感和行为上的诸多障碍。他们就好比是没有天线的电视机，所有画面都是模糊不清的。由于这些孩子不能像别的孩子那样服从大人的要求、专心致志地完成一件事情，因此他们在各个方面都需要特别的管教和训练。下面我们列出了ADHD的一些常见症状以及相应的、有针对性的特殊管教和训练方法。

对注意力容易分散的孩子进行管教

患有ADHD的孩子难以集中注意力。对于大多数事情，他们会很快就失去兴趣，一件事没做完就去做起了另一件事情，开始了一项工作之后很少能把它做完。他们注意力容易分散在很大程度上是由于内在的原因引起的。有一些干扰因素侵入了他们的思维过程，使得他们偏离了原先的方向。比如，一个孩子决定上楼去玩游戏，结果却跑进了另一个房间；或者他走进了自己的房间，却忘了进房间来要干什么。这些孩子的注意力非常容易分散，他们总是牵扯到各种各样的细碎杂事当中去，做不到去忽略那些与自己毫不相干的琐事。

尽管这些孩子具有不能长时间地集中注意力的特点，但同时他们又时常表现出有选择性的注意力高度集中。对于某些他们自己选择的活动，比如看电视、玩电子游戏或玩电脑，他们会玩得十分专注。这些孩子往往被那些电子游戏完全地吸引了，以至于好像根本没听到父母说了些什么。由于这些孩子有时看上去能很好地集中注意力，因而父母会觉得他们实际上并没有患上ADHD。他们的自相矛盾反映出他们确实存在着行为问题——当他们被某些东西深深吸引的时候，他们能够高度地全神贯注，但是在大多数时间里，对于其他人（比如父母、老师、小伙伴等）所重视的东西却完全心不在焉。由于集中注意力的时间很短，而且又容易分心，因此你必须对患有ADHD的孩子随时进行管教：要经常性地、简单明了地对他进行鼓励，奖励他的良好表现，并且时时提醒他——这三种行为纠正手段是很管用的。除了这三种办法之外，你还可以试一试下面的建议：

西尔斯养育手记

有天赋的孩子会成长为有才能的大人

患有ADHD的孩子们都是有天赋的，只不过他们的天赋与众不同。他们在情感上的发展并不均衡，以至于他们的不良行为常常掩盖了他们的特殊天分。他们在注意力不集中和注意力高度集中之间反复无常地来回变幻。他们身上的那种注意力高度集中的能力在某些需要长时间地高度集中精神的职业当中将会成为一种优势。而且，这些孩子发现细节的能力以及丰富的想象力能使他们当中涌现出富有创造性的艺术家。他们不具备无所事事地度过时光的能力，这反而造就了他们在长大成人之后把工作放在第一位的态度。

父母们应该记住，这些孩子与别的孩子相比是有所不同的，但并不比别的孩子糟糕。你越早意识到你的孩子需要采用与众不同的方式来进行学习、需要用特殊的办法来加以养育和管教，那么，你的孩子就越有可能将他身上的那些独特品质发展成为成年后的优势。

● 在与孩子交谈的时候，和他进行目光的交流。当他向你提出要求的时候，同样应该要他和你进行目光交流。在任何时候，除非他看着你，你都尽量不要去回应他的任何要求。

● 让孩子复述你对他提出的要求。如果他做不到，那么就是你提的要求太长了，或者是太复杂了。ADHD孩子的听觉记忆力往往是比较差的，因此你应该始终用简单明了的方式来和孩子进行交谈，应该要求孩子准确地向你复述你提出的要求，不仅仅是要求他回答你“是”或“不是”。

● 应该对孩子发出明确的、直截了当的命令。对于一个注意力不集中的孩子说“别到处乱跑！”就比说“请你停下来好吗？”能让他产生更深刻的印象。在向孩子发出命令的时候，你应该只说一遍，有ADHD的孩子必须明白父母的时间是有限的。（否则的话，他会认为“她是个凡事都要唠叨上5遍的妈妈。”）所以你只要说一遍，然后就别再去重复，让孩子照着你的要求去做。有些善良的父母并不理解什么是ADHD，他们常常一遍又一遍地重复对孩子的命令，直到孩子听进去为止。你可不要这样

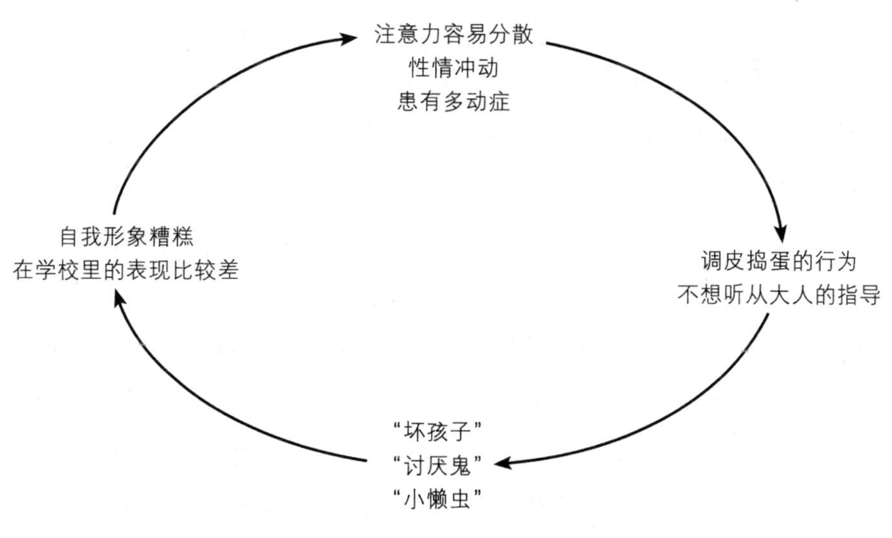

ADHD的恶性循环

没完没了地向孩子重复你的要求，不要喋喋不休地唠叨：“你听到我说的话了吗？”“我要对你说上多少遍？”你可以采用画一幅图画、并且配上文字说明的办法来让孩子明白你提出的要求，用图画来向他描述你要他做什么：“想象一下你把自己的衣服都收拾到了抽屉里去。”不明确的命令对这些孩子是不起作用的，你应该让命令更明确、更有针对性。“把你的房间清理干净”就不是一个明确的命令，为了得到比较好的效果，你应该对孩子说：“把你的衣服都收拾到抽屉里去。”在他完成了这项任务之后再对他说：“把你的玩具都放到架子上去。”

- 应该一次只给孩子布置一项任务。在确认他完成了之后，再给他布置另一项任务。不要这样对孩子下达一连串的命令：“上楼去，刷牙，然后再换上睡衣……”患有ADHD的孩子们通常一次只能执行一条简单的命令，一连串的任务会使他们感到无所适从。

- 把大的任务（比如家庭作业）分解成一系列小的步骤，每个步骤完成之后都进行检查并给予奖励。应该尽量减少环境中的各种视觉和听觉干扰因素，以免分散注意力。在任务开始的时候，你应该和孩子一起来做，然后就慢慢走开，让他自己去做，但要时不时地回到他的身边去为他提供指导和帮助。

- 应该用更容易接受的方式向孩子下达命令。你不应该对着孩子大声喊道“回到你的房间里去”，而应该走过去带他回房间。同样，不要对他喊“把电视关掉”，而应该走到电视机前和他一起看电视，然后在节目中间插播广告的时候关掉电视。当孩子正在起劲地玩小火车的时候，你不要大叫道“来吃饭了”，而应该走过去和他一起玩，在火车减速的当口，对他说：“瞧，火车要停下来吃饭了。现在到了你也该停下来吃饭的时间，吃完饭后我们再来玩火车。”患有ADHD的孩子们不会立即就听从大人的命令，这并不表明他们性格叛逆、难以管教。他们只不过是不能很好地转变自己的行为。你应该用富有创造性的办法来引导他们把心思从自己要做的事情当中转移到你要他们做的事情上来。

• 你应该采用幽默的手段、身体语言、抚摸，以及目光交流去引起并保持孩子的注意力。大多数多动症的孩子都需要一个戏剧性的开场来吸引他们的注意力，父母可以用有趣的游戏或者古怪滑稽的动作来这么做。

• 杜绝把东西乱堆乱放，采用有分隔的玩具架来存放玩具，不要让孩子把玩具堆放在角落或盒子里。孩子需要有条有理的环境。

• 创造条件，让孩子取得成功。如果你预见到你的孩子在一项活动中只能忍耐5分钟，过后就会分心，那么在5分钟到了的时候你应该介入到孩子的活动中去，为孩子改变一下环境。如果你的孩了具有注意力有选择性地高度集中的倾向，并且你打算在6点半吃晚饭，那么就不要让他在6点的时候去开始看将持续好几个小时的电视节目，不然的话在你关掉电视时他会作出激烈的反应。你应该判断哪些领域（比如体育、艺术等）是孩子的强项，应该在这些方面鼓励他发挥自己的才能。

• 不要为了让孩子完成家庭作业而把孩子关在房间里。应该让他待在你能看得见他、能听得到他声音的地方。把孩子关在房间里、使他不受视觉和听觉干扰的影响而分心的想法往往很有诱惑力，父母们会认为，这样的做法有助于孩子集中思想。尽管你应该努力为孩子营造一个井然有序的环境，但是，让孩子待在一个屏弃了所有外界刺激的房间里往往会适得其反。小孩会受到细小东西（比如一只蚂蚁）的影响而分心，转而把注意力集中到这些东西上，或者会由于自己的心不在焉而分散注意力，脑子里一个劲地想着他参加棒球比赛时的情景或者上个星期看的电影，从而使他不能把注意力集中到手头的任务上来。

• 可以在家里让孩子承担一些力所能及的任务，在完成之后对他进行表扬。患有ADHD的孩子需要经常性地给予奖励和感谢，应该给他们实物奖励。通常，你可以在每一天结束的时候用幸福、愉快的表情去表示对孩子的奖励。ADHD的孩子在做一件事情的时候，可能需要你每隔5分钟就对他作出一次愉快的表情，以示奖励。

容易冲动

容易冲动的性情会使患有ADHD的孩子陷入麻烦。他们不具备在采取行动之前首先进行一番思考的能力，或者考虑不到自己的行为会产生什么样的结果。在学校以及在各种社交场合，他们被贴上了“调皮捣蛋”的标签，往往会制造出各种各样的意外和事端，因为他们总是随时根据外界的刺激来行事。

孩子的皮球沿着马路向前滚去，你6岁大的孩子一路跑着去追它，尽管你已经警告过他好多次在马路上奔跑会有危险，但他还是要去马路上追那只球。他并不是有心不听你的话，也不是不尊敬你，他只是冲动地做出了那样的行为。他甚至有可能对没有遵守不能在大街上奔跑的规矩而感到很抱歉。冲动一下子拥上了他的心头，他连想都不想就听从了内心冲动的摆布。

冲动的性情使大多数患有ADHD的孩子被不公正地贴上了“糟糕”或者“愚笨”的标签。由于ADHD并不是一种明显的缺陷，因而患有ADHD的孩子往往不能沐浴在大人的帮助和同情之中。你可以想象一下，患有脑瘫的孩子坐在轮椅上来到教室，孩子们会争相去帮助他，引导他坐到自己的座位上去。盲童也会有指定的同学去帮助他。而患有ADHD的孩子横冲直撞地跑进教室，撞倒了别人的桌子，在自己的座位上坐立不安地动来动去，整天烦人地用铅笔敲打着课桌。他成了全班讨厌的家伙，别的孩

西尔斯养育手记　如何让孩子愉快地完成家庭作业

波林将山姆描述成缺乏学习能力的孩子：他会烦躁不安，不能在椅子上好好坐着，做事情拖拖拉拉，老是发脾气和啼哭，什么坏毛病都有，可就是不会用铅笔在本子上写字。由于波林在家里做生意，因此他们家总是杂乱不堪，这样的环境很容易分散山姆的注意力，而且他还不断地受到他2岁大的妹妹的干扰，这个小妹妹使他根本没有自己的空间、没有片刻的宁静。他的妈妈因为

他不能完成作业而感到很恼火，常常把怒气撒在山姆的身上，警告他说必须完成家庭作业，否则长大后会成为一个浪荡子。山姆现在不仅注意力不能集中，而且做什么事都提不起精神。他总是怒气冲冲的，因为他被强迫去做他压根不愿意做的事情。他常常用拳头来进行抗争，结果只能是更加激怒他的妈妈，于是他们之间很快就变得相互不能接受。

我们让山姆坐在一张结实的桌子面前，周围的一切没有丝毫的杂乱，屋子里光线明亮、整齐有序。一开始，他根本就不愿意这么坐着，身体好像一尊雕像：双臂僵硬，上身佝偻着，对做作业显示出一副抵触的样子。于是，我们演示给他看如何来放松自己的身体：用肚子做10次深呼吸，轻轻地、慢慢地吐气，放松下来。然后教他用良好的姿势坐在桌子前，背靠在椅子的背上，双脚踩在地上，手臂放在台面，手心朝上。当他做深呼吸的时候，他应该慢慢地让自己的手做一些准备活动。一旦山姆的身体不再绷紧，他的抵触就会消失，会急切地开始去做作业。

家里的环境已经使山姆对做作业有了抵触情绪，而波林对此毫无办法，感到相当灰心。我们鼓励她为山姆找一个整齐、干净的地方，最好是在他自己的房间里，这样他就可以坐在自己的小桌子面前，还要把门关上，不要让他的妹妹去打扰他。波林应该用幽默而不是争吵的办法去帮助山姆使自己的心情轻松起来。可以在山姆放学的时候给他吃一些点心，表示欢迎他回到家里，这有助于让他做好心理准备，并且还可以给他的脑子补充营养，以便开动脑筋去做好作业。关于应该在什么时候做作业的问题，对于山姆来说，放学回家后马上就做作业会做得比较好（有些孩子在做作业之前首先需要进行一些户外活动）。如果作业题目让孩子感到困惑不解，那么妈妈应该简短地、平静地解释给他听，然后再让他一个人去做作业。而且，她可以用奖励的办法来激励他在规定的时间内完成作业：“如果你能在20分钟内做完的话，你就可以到外面去玩。”

山姆不是一个脑子笨的孩子，一旦为他创造了有利的学习环境，他就能很好地完成作业。但他是一个典型的8岁孩子，不喜欢别人去打搅他。现在，作业做得好所带来的良好感觉，以及父母和老师的赞许让山姆感到很愉快。他做作业通常是因为他想做，而不是别人强迫他去做。

子都会离他远远的。你应该想办法帮助孩子克服容易冲动的个性，只有这样你才能减少他行为上的问题，并且提升他的自我形象。对于性情冲动的孩子，你可以尝试采用下面这些特殊的管教办法：

- 要让孩子反复进行“三思而后行”的练习，比如在采取行动之前从1数到5。应该鼓励孩子在做出行为之前预先想一想自己的行为会有什么后果，并且将这些后果解释给你听。要教会孩子去想象别人会有什么样的感受，让他将考虑的结果告诉你。你也可以让孩子牢记一些口头“警示”，从而避免做出冲动的行为，比如：“从1数到5。”“等一等。”“停下来想一想。”你应该和孩子一起来进行“三思而后行”的练习，以便在那些常见的、容易引起冲动的场合使他能马上想起上述的这些警示。

- 当孩子的心情处在消极当中的时候，倘若可以让他有所选择、并且所有的选择在你看来都可以接受的话，那你就应该让他去作出选择，从而使他能够完成任务，比如：“你想先做什么？是先刷牙还是先穿上睡衣？”把一系列的选择摆在孩子面前，这有助于孩子在冒冒失失地采取行动之前先停下来想一想，而且那些选择会帮助他培养起生活中的一种举足轻重的修养——成为一名决策者。让孩子自己作选择也会使他愿意去完成作业，比如：“你想先做什么？是数学还是拼写？”

- 性情冲动的孩子往往喜欢侵犯别人，这使他们面临着更多的麻烦。你应该为孩子做出温文尔雅的榜样，并且要培养起他内心的敏感。可以考虑给孩子一只比较容易养的宠物，比如一只小狗或者一只驯养的老鼠，让他去照料。

- 不要打孩子的屁股。患有ADHD的孩子对采用打屁股来纠正他行为的做法是十分抵触的。他们不具备将惩罚与自己的行为联系在一起的能力。打屁股的唯一结果只能是使他们心生愤怒。

- 在纠正孩子的行为时，一定要谨慎地使用“坏”这个词。对于患有ADHD的孩子，你应该把这个字眼从你的词汇表中排除出去。不要对孩子说“那是件坏事”，应该试一试这么说：“我们别做那件事。”这样的说法让他也成了知道什么是正确行为的“我们”中的一员，而不是把他看成一个时常做坏事的坏孩子。对于孩子，你应该尽量不采用否定的言辞，不要对他说“别这样做”，而要说“我来帮你记住，应该用这样的办法来做这件事”。

● 冲动的孩子与冲动的管教者之间往往是不能合拍的。你的孩子需要一定的时间和空间去重新调整自己的兴趣，你也同样需要时间去考虑采用什么策略来引导他的行动，而不是草率地立刻就去阻止他。你可以尝试采用三张卡片的办法：在桌上放三张不同颜色的卡片，在每张卡片上画一个面孔，后一个面孔比前一个面孔略显悲伤一些。当你的孩子开始调皮捣蛋的时候，给他看第一张卡片。要是他还是不改正自己的行为，就给他看第二张更悲伤一点的卡片，然后再是第三张。通过这样的过程，要么他会改变自己的所作所为，采取比较有建设性的行为，要么你能够考虑出更好的策略来对他进行引导。

● 冲动的孩子很难在队伍中好好地站着排队等待轮到自己。他们往往打断别人的谈话。因此，在电影院或者超级市场里排队的时候，你可不要让孩子闲着，应该和他做一些文字游戏或者讲故事给他听。最终，你应该教会他用一本书或智力游戏来使自己不闲着（比如，他可以努力去想出以字母表中每一个字母开头的都有哪些单词），教他在游戏的过程中等候轮到自己。你可能需要对游戏进行一些调整，以便不让孩子等得太久。

在管教多动症的孩子的过程中，有时你可能会觉得自己是在迎合孩子的要求，有时候你会感到好像被孩子控制了。上面的这些管教技巧能够帮助你体会到与你那特殊的孩子在一起生活的乐趣，同时又能够帮助他好好地生活。与患有多动症的孩子生活在一起能够教会你十分有用的谈判技巧：首先满足对方提出的要求，然后富有想象力地引导他来满足你的需要。

行为过于活跃

可以从肢体运动的质量和数量来区分行为过于活跃的孩子和行为活跃程度适中的孩子。行为过于活跃的孩子活动起来往往漫无目的；他们烦躁不安、无休无止。他们跑来跑去，一会儿撞到了东西，一会儿又撞着了别人，遇到东西就要爬上去。父母们发现，自己必须一刻不停地跟在后面追赶这样的孩子，以便随时把他们从危险的边缘拉回来。父母的任务就是去帮助这些孩子控制和利用好过剩的精力，把这些精力引导到建设性的行为上来。

对于行为过于活跃的孩子，你可以尝试采用下面的各项建议来进行管教：

- 教孩子学会放松自己的方法。

教孩子平静地坐下，双腿交叉，做深

西尔斯养育手记 **要监管孩子的去向**

在孩子童年的中期，你得有所准备，有时他会质疑你对他施加的种种限制："为什么一定要我总是与你待在一起？我现在已经长大了。"你必须始终监管好自己的孩子、了解他的去处，这能使孩子明白在权利不断增加的同时，自己的责任也增加了。而且，对孩子来说，把自己的去向告诉父母是有礼貌的表现。

监管孩子并不是去控制孩子的行为。你要帮助孩子明白，对孩子的一举一动进行监管是父母最基本的职责。你应该要求孩子告诉你他要去哪里，他要和谁在一起，他要去做什么，以及他打算什么时候回来。

你应该在孩子10岁刚出头时就开始监管他的去向，从而使他能够接受你的监管，将你的监管看作是生活的一部分。否则的话，到了他十几岁的时候，他会认为你对他的监管是想要控制他，从而会使他将问题转化为与你之间的权力斗争。

此外，你还应该告诉孩子，父母双方喜欢知道彼此的去向。在家庭里，大家都喜欢知道其他的每一个成员在什么地方。

呼吸，在你抚摸他的手指、让他放松的时候松开握紧的拳头。为了让孩子学会做深呼吸，你可以让他做一些有益的想象，“想象一下在你的肚子里有一个气球，你要把它吹起来”。

● 要教孩子学会对自己的身体有明确的意识，教他们学会尊重其他孩子的空间。“想象一下在你身体周围有一个空间，它会帮助你避免碰到别的孩子”。虽然大多数患有ADHD的孩子都不考虑自己的行为会产生什么后果，有一些ADHD的孩子却恰恰相反，会表现得过于小心谨慎。

● 要为孩子提供一个有条有理的环境。如果你的家里到处都相当凌乱，那么不停地跑来跑去的孩子会像旋风那样把屋里搞得更加乱七八糟。和行为过于活跃的孩子生活在一起，要求你比原先更整洁、有序。你的孩子在学前班里不一定能和小朋友们围着圈安静地坐在一起。能让他在公园待着、不跑到外面去，你就已经够幸运的了。像其他孩子一样，患有ADHD的孩子需要你对他限制范围、做出约束。

● 有些患有ADHD的孩子同时还在语言表达上过度活跃，“小嘴说起来没完”。你应该帮助他们去倾听别人说的话，学会轮流发表自己的意见。

● 对于行为过于活跃的孩子，不要罚他们暂停。“暂停”是个消极的字眼。在头脑中你可以保留让孩子“暂停”的想法，但应该换用别的措辞来表达，比如尝试换用“思考的时间”或“安静的时间”等。在孩子从一种消极行为快速地向另一种消极行为变换的过程中，你应该坚持要他停下来、度过一段“思考的时间”，让他待在一个安静的地方，冷静地思考什么样的活动才是更有建设性的。要引导和改变行为过于活跃的孩子的行为，持续时间较短、次数较为频繁的思考时间（每次几分钟）能起到比较好的效果，而次数较少、时间较长的思考时间往往难以奏效。由于行为过于活跃的孩子总是觉得自己不被大人所接受，因此你千万不要把他关到他自己的房间里去。可以在玩耍的房间里放上一张特别的椅子（比如“泰德熊”的椅子），目的是让孩子能坐定下来进行思考，而不是要把他关起来。不论你把这种让孩子冷静下来的“暂停”称做什么，你都应该让孩子觉得在管教中的这种暂停就像体育比赛中的暂停一样，是行为过于活跃的孩子在遭受挫折之后的一段休整时间，同时，这么一段时间也让你得以重新规划、组织更好的管教策略。在管教孩子的过程中一旦出现了不顺当的情况，这时你应该暂停一下，给自己一些空间。只要你能够确认孩子所处的场合不会让他伤害到自己，那你就可以带上一本书，自己躲进浴室里去休整片刻。

- 你应该花时间和孩子待在一起。行为过于活跃的孩子需要大人去监管他们，和他们在玩耍中进行相互交流，因此你应该努力地使你们所处的环境避免受到外界的干扰。你要专门安排一段高质量的时间和孩子在一起，最好把这段时间称为“集中注意力的时间”。在这段时间里，你应该摘下电话的听筒、关上电视，将心思放到孩子的身上来。每天数次和孩子一起坐定下来，一起去度过“集中注意力的时间”，这能进一步增强你和孩子之间的亲密关系。

| ADHD是一种社交疾病吗 |

就像人们在孩子的性情是由哪些因素决定的这个问题上存在分歧一样，关于ADHD到底是天生的还是后天养育造成的，也有着争论。

孩子的行为在多大程度上取决于基因和性别，又在多大程度上受到了环境的影响呢？有些孩子无疑是天生在生理上就存在行为过于活跃、注意力容易分散、性情冲动的倾向。尽管如此，我还是认为，如果能够得到父母的亲密养育、言行一致的管教，以及个性化的学校教育的话，许多这样的孩子是能够具有良好的行为表现的。

在长大成人之后，他们会继续发挥内在的动力，将它转化为自己职业生涯中的优势，比如在华尔街或百老汇取得成就。在销售工作中，他们往往能比会计记账工作干得更好——选择一种职业以便让充沛的精力发挥出优势来，这对于那些行为过于活跃的孩子来说是绝对有益的。

有些患有ADHD的孩子也许没那么幸运。他们在缺乏亲情的家庭长大，父母对他们的养育是一片空白，对他们的管教也没有做到言行一致，父母的权威若有若无，而且单调、统一的学校教育根本不承认有些孩子需要进行与众不同的教育。对于这样的孩子，他的性情会成为自己的一种负担，在社会生活中往往会过得相当坎坷。

ADHD会不会原本是一组正常的性格特征，而被人们误解了呢？难道ADHD在其他国家真的比在美国发生得少吗？或者是由于在那些国家中，这种病症还没有像在美国这样得到广泛的确认，而实际的发病率并不比美国小？又或者ADHD会不会是一种“美国制造”的特有现象？原因是不是在于，美国的社会文化鼓励孩子在童年初期就培养起独立性，孩子很小就在婴儿床上单独睡觉，父母都十分忙碌，因而用奶瓶喂奶取代了妈妈的哺乳，卡通片中充斥着暴力，孩子们白天都被寄放在托儿所，父母离婚相当普遍、被广为接受？我们是需要用药物来治疗我们的孩子，让他们去适应这个社会文化体系呢，还是应该首先克服这个社会文化体系本身的毛病？所有这些疑问都是我们必须努力地加以解决的。

ADHD或许存在着生理上的原因，但是，患有这种病症的孩子长大后是成为社会的建设者还是成为罪犯，这在很大程度上取决于孩子在幼年时期得到了什么样的抚育、受到了什么样的社会体系的支持。我们相信，使孩子避免出现严重的ADHD症状的方法就在本书的头三章当中，你根本不用到医生的诊所或者药房里去寻找。

管教天性不易满足的孩子

与天性不易满足的孩子（又称为高需求的孩子）生活在一起，并且对他们进行养育，这对父母来说是一个挑战。令人欣慰的是，如果父母能够及早地发现孩子身上不易满足的性格特点，并且能够巧妙地加以引导的话，那么这些会给孩子造成麻烦的性格因素可以在将来的工作中给他带来好处。你的每一个孩子都会向你索取，也会给你回报。对于难以得到满足的孩子，你应该做好他向你的索取比别的孩子多两倍的心理准备。

| 你的孩子是独特的 |

天性决定了孩子的基本性格，还决定了他的个人行为方式和行为特征。天性无所谓“好”，也无所谓“坏”，它只是一种存在。如果每个人的行为都像是克隆出来似的完全一模一样，那么世界就会相当地单调乏味（或许会是一团糟）。然而，孩子的某些天性会比另一些天性更使父母感到头疼。这些高需求的性格特点最终会成为孩子的财富，还是会成为孩子的负担，取决于父母是如何对高需求宝宝进行养育的。

我们的头三个孩子都要求不高、比较容易得到满足。他们在夜里睡得很香，他们的各种需求都是可预见的，并且很容易得到满足。在我们接受医学训练的那些日子里，生活中往往出现一些不可预见的事情，让我们感到幸运的是，这三个孩子对这样的生活适应得很好。我记得当时自己有这么一段评述：“对那些容易发怒的婴儿没有必要感到大惊小怪。父母们一定是夸大了事实。照料婴儿并没有那么困难。”

后来，我们的第四个孩子海登出世了，她出生后没几天我就改变了上面的那种看法。她只知道按照她自己的时间表来安排生活，她的啼哭就像军队里的集合号那样急促、嘹亮，她身上唯一可预料的东西就是她的不可预料性。如果海登是我们头一个孩子的话，我们或许会认为她之所以具有那样的行为表现，完全是我们的过错，是我们做错了某些事情。幸好她是我们的第四个孩子，那时候我们已经对照料婴儿相当在行了。这样，我们就学会了最重要的一课：新生婴儿容易发怒是由他们的天性造成的，并非是因为你缺乏养育孩子的能力。

我们可以把海登说成是容易发怒、总是痛苦万分、难以得到满足，或者是令人头疼的，但是，用什么字眼来形容她并不重要，重要的是去解决孩子身上的问题。后来，我们创造出了“高需求宝宝”这个词。这是一个比较亲切的词汇，比较贴切地描述了海登当时的状况。我还尝试把这个词汇告诉来我的诊所咨询如何抚育那些要求难以得到满足的婴儿的父母，他们都喜欢上了这个词。这个词汇是积极的、向上的，或许还是对孩子的

西尔斯养育手记　水疗

面对任何年龄的容易发脾气的孩子，不论是殷殷啼哭的新生婴儿，还是身心受到创伤的10岁儿童，有一种准保管用的办法，那就是水疗。水能够起到安抚、放松的作用，也能使人感到愉悦，具体的效果取决于孩子的心情激动到底是由不愉快引起的，还是由心理的躁动或厌倦、无聊引起的。学步期的孩子或许最能获得水疗的好处；这个年龄段也是妈妈们最乐意采用水疗这种办法的时期。

你可以带一本好书到浴室里去，准备好坐在那里，一边看书，一边照管在水里玩着玩具的孩子。这样，妈妈和孩子都得到了休息。妈妈也可以带着婴儿一起到水里去。水疗所具有的综合好处大概可以解释，为什么孩子喜欢在上床睡觉之前先洗个澡。我建议那些很难安静下来入睡的年幼儿童的父母，在孩子上床之前应该让孩子好好地在热水里泡上一会儿。

一种称赞，可以帮助父母们对自己的宝宝产生良好的感觉。

我们认识到，我们的目标是要帮助海登好起来，“高需求宝宝”这个词相当简略地表明了对孩子的养育到底包含了哪些内容。我们必须教会海登适应我们的家庭成员，以及我们家的生活方式。为了做到这一点，我们必须首先调整自己对海登的养育方式，以适应她那些比较高的需求。这既有助于她的茁壮成长，同时又能够让我们不被她折腾得筋疲力尽。我们学会了第二课：要管教不容易得到满足的孩子，首先必须使孩子的性情变得柔顺起来，同时应该提高父母对孩子的敏感程度。

弄清楚了在海登的天性中，有哪些性格特征是我们最无法容忍的。接下来，我们采取了大人主导的方式，并且始终和她一起努力，直到取得了一定程度的成功。只要我们抱着她，她那刺耳的哭闹就会变得柔和起来，于是我们就一直抱着她。夜里如果睡在我们的身边，她就会睡得很香，于是我们就一直让她睡在我们的身边。她成了一个始终被我们抱在手上、搂在怀里、和我们睡在一张床上的宝宝，这使她变得好了起来。就这样，我们学会了第三课：高需求宝宝需要较高水平的养育。

有一个词可以用来刻画海登的各种需求，这个词就是“更多”。她需要更多地被大人抱在手上，需要更多的照料、更多的抚慰——无论什么都要求更多，只有睡觉除外。海登让我们体验并且达到了一种崭新的养育层次。随着她的成长，她向我们不断地提出了更多的需求——更多的耐心、更多的精力、更多的创造性、更强的预见能力、更进一步的成熟以及更多的照料。

我们本来可以对她关闭我们的心扉，不去顺从她的意愿，使她屈从于我们先前已经形成的养育风格，并且可以让自己相信我们已经尽到了管教她的责任。如果这样做的话，无论是她还是我们都将在这场对抗当中遭受失败，我们不会有和谐的家庭气氛，海登不会像现在这样成长为一名敏感、体贴的领导者；此外，我们也将不会明白全方位地实行亲密育儿法所能带来的回报。

| 和谐还是不和谐 |

父母与孩子之间的和谐，以及双方的性情，都会影响到在日后的养育中是否会出现各种各样的问题。正如孩子们生来就在性情和表达自己需求的能力方面千差万别一样，父母对孩子的响应也存在着程度的差异。有些父母会不由自主地响应孩子的需求、给予孩子与他们的需求水平相称的照料。而另一些父母则无法找到与孩子的需求水平相称的响应，他们照料孩子的能力需要经历相当一段时间才会成熟起来。当婴儿的需求水平和妈妈的响应水平相匹配的时候，在养育中就不太会出现问题，即使出了问题，也比较容易解决。

在天性上难以得到满足的孩子的性格特点并没有天生的“好”、“坏”之分，重要的是，你如何针对孩子的这些性格特征来养育他。

孩子的性情会影响父母的性情。一个高需求孩子的母亲有一次向我透露说：“我们那个高需求的孩子绝对是既让我发挥了最好的优点，又使我表现出最坏的缺点。”

对于有些孩子，不但他们的性情

西尔斯养育手记

需求水平的概念

事实上，对孩子进行的全部养育，其最终目标都是帮助孩子茁壮成长。“茁壮成长”这个词比长大、长高具有更多的含义，它意味着帮助孩子充分挖掘自身的潜力，在生理上、智力上和情感上都得到最大可能的发展。对于孩子在各个年龄段所对应的高度和重量，存在着一些成长指标的图表，但是对于茁壮成长并不存在类似的指标。因此，实际上我们永远都无法知道一个孩子是否发挥出了自身的全部潜力，我们只能尽我们的最大努力。要帮助你的孩子茁壮成长，关键就在于你要理解我们称之为“需求水平”的这个概念。

每个孩子天生都有一定水平的需要，如果父母给予孩子的抚育达到了这个需求水平，那么孩子就能够得到最大可能的发展，他就会茁壮成长起来。举例来说，所有婴儿都需要大人长时间地抱在手上；而有些婴儿却需要大人一刻不停地将他们抱着，只有这样他们才可以茁壮成长。这些婴儿常常是生来就具有一种天性，这种天性促使他们一直不停地哭闹、抱怨，直到他们被抱够了为止。你一把他放下来，他就马上开始哭闹。于是，这些婴儿出生以来第一次受到了大人对他们性情的评价：“要求太高。”或者是更负面的说法：“过于挑剔”、“难以满足”。

“要求太高”这种性格特点乍听起来好像是孩子的一种负担，但实际上它是一种积极的个性品质，有助于孩子的茁壮成长。如果一个婴儿天生具有高需求，但又缺乏将这些需求表达出来的能力，那么他就不能茁壮成长。婴儿发出的信号既为你了解他的性情提供了线索，又反映出了他的需求水平。一旦你能够从他发出的信号中判断出他的需求，那么你就能够对他作出相应的回应。

“我们的高需求宝宝既让我发挥出了最好的优点，也让我表现出了最坏的缺点”，一位疲惫不堪的妈妈这样叹息道。另一位妈妈补充说：“我很累，但从来不感到厌倦。”婴儿的需求水平塑造了母亲的行为，将母亲的行为提升到了更高的响应水平。母亲能感受到自己孩子的独特个性，因而会对自己进行一些调整，以便进一步提高自己与孩子之间的和谐程度。这样，母亲和孩子都得到了茁壮成长，对孩子的养育能够真正起到作用。如果妈妈缺乏变通能力，或者母子双方的性格相互冲突，那么妈妈和孩子就都无法挖掘出对方身上最优秀的品质。

需求水平这个概念并不意味着孩子总是索取、父母总是付出。好好地照料一个高需求的孩子有助于他成长为一个付出者、贡献者。这种方法的可贵之处在于，你付出得越多，你得到的也将越多。你给予孩子关爱和抚育，以满足他的特殊需求，在这个过程中，你掌握了你过去所不具备的能力，同时又使孩子能够听从你的指导。你无法选择孩子的天性和能力，但你能选择你是否要去满足孩子的特殊需求。通过采取这样的养育方式，你会使自己的人生更加丰富，同时你也会变得更加成熟。

会使他们更有可能出现养育方面的问题，而且父母的某些个性也会给养育带来各种各样的困难。有些父母和孩子在个性上合得来，而有些则会相互冲突。

如果孩子容易激动、具有很高的需求，而妈妈轻松安详、镇定自若，那么妈妈管教起孩子来就不会太费劲，她把着眼点放在了孩子的那些严重的毛病上面，不会在那些微不足道的小过失上浪费精力。而性情紧张、容易烦躁的妈妈就不是这样，会和自己高需求的孩子发生冲突，并且很可能会觉得难以管教孩子。因此，你必须明确地判断在哪些方面你和你的孩子在个性上存在着冲突。

如果孩子轻松安详，而父母紧张、蛮横，那么父母就应该使自己放得轻松一点。如果父母喜欢控制孩子，而孩子相当地顺从、听话，那么父母必须千万小心，不要去强迫孩子成长为父母心目中所期望的那种人，而应该让孩子向着符合他自己性情的方向去发展。同样，如果孩子意志坚强、具有很强的控制欲，而父母轻松安详，那么父母应该树立起作为成年人的信心，像成人那样思考，像成人那样采取行动，更要像成人那样去负起监督、管教孩子的责任。

对于那些要求难以得到满足的孩子，你需要采用本书中介绍的大多数养育方法，他们与别的孩子比起来，需要你采用更多的不同方法来进行管教。

| 保持和孩子的亲密关系 |

请你重新读一读本书的第二章中有关建立并保持与孩子的亲密关系的有关内容。要求难以得到满足的孩子不愿意听从大人的指导，这是他们的天性。他们往往会反过来把大人的指导看作是一种挑战。养育孩子的目的就在于帮助这些孩子自觉自愿地为了自己、为了父母而服从大人的指导。与父母关系亲密的孩子想要让父母感到高兴，这样的孩子如果受到了亲密养育的话，往往会相当地听话；要是得不到亲密养育，孩子也就根本没有理由会与父母亲密地相处了。

| 淡化孩子的缺点，突出积极的一面 |

你应该明确地弄清楚在孩子的个

西尔斯养育手记　构造框架

有些照片比较好看，而另一些看起来比较差，这取决于照片是如何构图的。同样，一项纠正孩子行为的措施在你孩子身上能否起到好的作用，往往取决于你如何构造这种纠正措施的框架。

对孩子的惩罚，比如取消孩子的某些特权，要是以愤怒和报复为框架和基调，那么在孩子身上就不会有好的效果。同样是惩罚，如果以真诚地塑造孩子的行为、真正为孩子着想为基调，那你就能够达到自己的目的。你应该用对孩子的爱和敏感、体贴来构造各种管教行为的框架，这样的话，无论你具体采用什么方法，这些方法都能对孩子产生持久的正面影响。

你还应该在孩子的周围塑造起让他更为讨人喜欢的环境框架，这能够改变你对孩子的看法。一个在天性上不易得到满足的孩子的母亲告诉我们："一旦我在他的周围营造起有积极意义的环境，并且不再把关注的焦点放在他的那些缺点上，我们就能相处得相当好。"

你应该给孩子贴上正面的标签，比如"充满朝气"、"活泼有趣"、"令人鼓舞"、"富有同情心"、"坚决果断"，以及"敏感体贴"等。以我们的经验来看，对于那些"需求难以得到满足"的孩子，只要采用亲密育儿法进行养育并且构造起积极的框架，他们就完全有资格得到上面的那些赞誉。

性当中存在着哪些行为问题、哪些粗糙的棱角需要你去加以平整、打磨。然而，如果你把关注的焦点都放在孩子的缺点上，那就很有可能会使孩子本来已经够糟糕的行为表现进一步恶化。

在帮助孩子克服自身缺点的同时，你也应该肯定孩子身上的优点。你应该把更多的时间用于促进他个性中的那些讨人喜欢的优点上，而不要把过多的时间浪费在对他身上毛病的批评上。在本性上难以得到满足的孩子容易受到周围环境当中消极因素的影响，消极的氛围会进一步加剧他们本来就已经消极的态度。他们需要生活在积极、肯定的气氛当中，需要听到“很好”、“真棒”、“谢谢”、“干得好”、“好极了”等鼓励、赞扬的话。

| 要始终采取积极的态度 |

对天性难以满足的孩子，成天用“不行”来打发他是相当容易的。但是，你这么做的话，孩子会染上父母的那种消极态度，要么会意气消沉，要么会加剧行为中的那些毛病。对自己的孩子抱有消极心态的父母往往会给孩子贴上负面的标签，从而使孩子的行为相应地越发消极起来。这也就是说，你要是总把孩子称为“坏孩子”的话，那么你的这个预言就会真的应验。

| 不要把事情搞得更加糟糕 |

在天性上难以得到满足的孩子常常会习惯于被贴上一些负面的标签，习惯于被大人从孩子们中间单独地挑出来进行惩罚。用不了多久，这种“特殊性”会成为他们的招牌。这样的状况根本不能改善他们的行为，反而有可能使他们的行为更加糟糕。传统的行为纠正办法，比如罚孩子暂停、取消孩子的特殊待遇等，往往难以奏效。

| 驱散孩子心中的愤怒 |

唠叨、叫喊和申斥只会加剧高需求孩子的对立行为；虐待性的惩罚，尤其是打屁股，会使孩子心生愤怒，从而使孩子的要求更难得到满足。举例来说，如果你要求在天性上难以得到满足的孩子去打扫自己的房间，他

高需求孩子的特征		
暴躁	儿童	当自己的要求得不到满足时，会大声地抗议；在不高兴的时候会做出激烈的反应；渴望被大人抱；“我根本没办法把他放下来”；“他像齿轮一样一刻不停地高速运转”。
	婴儿	往往会突然发起脾气；容易灰心丧气；情绪不稳定，经常闷闷不乐。
要求过高	儿童	“我不把他抱起来的话，他就会哭得越来越大声”；“实在让人筋疲力尽”；“总是要大人不停地照料他”；不能很快地断奶；总是让别人感到他的需求迫不及待；对妈妈提出的、用来满足他要求的其他替代办法总是性急地加以拒绝；不能自己平静下来。
	婴儿	要求得不到满足就不罢休；“固执”，意志坚强；惯于和别人发生冲突、争执。
过于敏感	儿童	容易被外界的因素所烦扰；噪音容易使他受到惊吓；夜里难以安稳地入睡；“每样东西他都要求得到更多，可就是不要睡觉”；很难和临时代替父母来照料他的人热乎起来；生活中没有固定的时间规律；夜里频繁地醒过来；睡得比妈妈还少。
	婴儿	容易被外界的因素所烦扰，过于兴奋；稍微有了一点挫折就垂头丧气；容易分心；“不认真听讲”。
行为过于活跃，精力过于充沛	儿童 婴儿	一位做摄影师的父亲这么说：“根本没有办法拍到一张我们孩子的静态照片。当我拉住他停下来的时候，我能够感到他的身体绷得紧紧的。”行为过于活跃；容易冲动；“冒失鬼”。
适应性差	儿童	捉摸不定；“头天在他身上能起作用的办法到了第二天就不管用”；“就在我以为自己在游戏中赢了的时候，他总是不断地赖皮”；“看来我没办法让他得到满足”；进食和睡觉没有固定的时间。
	婴儿	对各种改变有抵触情绪；拒绝变化；“在玩耍的过程中，当大人要他离开的时候，他会突然地大发脾气”；不肯上床睡觉；不能很好地适应新环境。

会认为这是对他的挑战。你越是惩罚他，他就越是会固执己见，拒绝与你合作。最终，你将输掉这场角逐，因此你千万不要去挑起它。一旦本性上难以得到满足的孩子长时间地持续愤怒，你就会面临相当严重的问题。对孩子进行养育不仅要着眼于防止孩子产生过多的愤怒，而且还应该着眼于帮助孩子学会采用各种方法去消除自己内心的消极情感。

| 让孩子把过多的精力消耗掉 |

天性上难以得到满足的孩子需要在体育活动或者其他的体力活动中将他们的额外精力，以及强烈情感释放出来。你应该为他们提供许多进行体育活动的机会，如果可能的话，最好让他们进行户外活动。应该鼓励他们把精力投入到跑步或骑自行车当中去。如果是在室内，你可以放上一些活泼的音乐，让大家一起来跳舞和唱歌。

| 帮助孩子获得成功 |

你应该去发现孩子有什么天赋以及有什么样的渴求，要帮助他学习各种各样的技能，比如演奏乐器、从事某项体育运动，或者在艺术和工艺方面培养起创造能力。

同时，还要注意的是，千万不要将孩子置于他无法应对的境地当中。如果孩子还不能适应在餐馆嘈杂的环境中用餐，那就干脆等到下一年再去餐馆。

| 使自己更加宽容 |

在天性上不容易得到满足的孩子常常会做出让人感到讨厌的行为，从而引发父母的怒火。他们就好像总是瞅准了你最脆弱的部位和时机来让你受到打击。因此，你必须总是提早一步作好预防。

如果你的孩子等着在你打电话的时候来一个劲地烦你，那你就应该在孩子不在身边的时候才打电话。你应该巧妙地避开可能发生的冲突。一天晚上，在童子军的会议上，我听到一群妈妈在讨论如何避免被意志坚强的孩子们折磨得筋疲力尽，一位妈妈这么说：“我把童子军的座右铭‘时刻准备着’修改成了‘准备时刻随机应变’。”

西尔斯养育手记　针对不同的性情采取不同的养育方式

养育性情各异的孩子就好比是进行市场营销，你必须去了解你要向他推销商品的那个小顾客。这就是为什么我们总是强调养育孩子在很大程度上是要研究你的孩子，以便使你能够根据孩子的天性去处理好每一种情况。

下面我们就来讲一讲我们在要求孩子去打扫他们自己的房间时，是如何与他们进行交涉的。对于“负责任”的孩子，我们会说：“我让你来负责把你的房间打扫干净。”如果我们告诉他应该在什么时候去打扫以及怎样打扫的话，他往往会踌躇不前。对于“争强好胜”的孩子，我们会把打扫房间变成是一种游戏：“看看你能不能在规定的时间里把你的房间打扫干净。”而对于“有条有理”的孩子，我们会去激发起他的责任感，唤起他们对井然有序的渴望以及对勤劳的追求：“这个房间真是乱七八糟。请你把它收拾一下。”对于“懒散、安逸”的孩子，我们会给他充分的时间去筹划如何开始这个工作、去考虑如何一步一步地完成这项任务：“到了今天晚上，我希望看到你的房间是整洁、干净的。”一开始的时候，对不同的孩子用不同的方法来进行养育确实需要你多去开动脑筋，需要花费额外的精力，但是从长远来说，你将赢得孩子更多的合作。

| 威胁是不管用的 |

我曾经问过我们的高需求孩子海登，在孩子的眼里，父母的管教和养育是什么样的。她写出了对我们过去用在她身上的那些纠正措施的看法。

在列出来的意见中，她写道：“不要威胁我。威胁的做法只会让我不愿意去做你们希望我做的事情。”按照海登的逻辑（她是对的），她愿意听我们的话（指的是使她的意愿和我们的意愿相一致），原因就在于她想要这么做。她照我们说的去做，但这必须是她自己的选择。大人对她的威胁，比如“你不在规定的时间内回来的话，我就不再让你去碰那辆汽车”，只会打消她服从大人的念头。意志坚强的孩子不喜欢被大人逼到角落里去、没有后退的余地。

| 不要对孩子的高需求生气 |

珍妮特和汤姆向我和玛莎咨询有关他们的儿子内森的问题。内森是一个感情强烈、冲动的4岁大的孩子。他快要把他们俩的耐性消磨光了。

珍妮特告诉我们说："我简直被他的行为触怒了。我感到别人都在看着他，认为他是一个在不良养育环境中培养出来的坏小子。我觉得受到了伤害，很生气。我并不是一个坏妈妈，我非常关心内森，尽了自己最大的努力去让他具有良好的行为表现。"

我们要珍妮特和汤姆放宽心，内森的不良行为并非是他们的过错，有些孩子确实是很难管教的。在听他们介绍了内森的行为之后，我们告诉他们说，内森是个高需求的孩子，他需要高水平的养育。珍妮特同意我们的意见，她说："我一直认为他既有皇帝的脾气，又有罪犯的性情。"

我们向他们俩强调说，对内森的管教需要巧妙地达到一种平衡。他们不应该去压制他的个性，也不能对他放任自流。同时，我们还建议珍妮特和汤姆要谨慎地选择养育方面的顾问。一个人如果自己没有养育过像内森那样的孩子，那他是不会懂得这一类孩子的。

西尔斯养育手记　天性和养育

基因和环境这两种因素共同影响着孩子最终的个性。

性情并不是像刻在石头上那样不可改变的。一个孩子可能在成长过程中的某一个阶段被贴上"要求难以满足"的标签，但是，由于多种因素的影响，以及父母采用了有效的养育方式，他的性格后来可能会变得柔顺起来。

为了解释人们的性情，行为心理学家们采用了类似地质学分析的方法。有些孩子在个性中存在着一些天生的怪癖，就像地质学上的"断层线"，在这些地方往往容易发生"行为上的地震"。此类"地震"发生的数量和强度在很大程度上取决于孩子的养育环境。

养育有着特殊需求的孩子

养育“才能与众不同”的孩子往往会挖掘出父母身上最好的秉性，同时又可能使父母表现出自己身上最糟糕的缺点。父母通过更加爱护、关心孩子来帮助孩子弥补自身的不足，而这些孩子常常会使父母遭受严重的挫败。你要做好失去耐心的准备。

在这一小节中，我们讨论的焦点是唐氏综合症（一种混合有精神发育迟滞的综合症，是由染色体异常引起的，患儿在临床表现上具有典型的体征，包括相似的面部特征。——译者注），但我们在这里所阐述的内容同样适用于由其他任何原因所导致的发育迟缓。

我们的儿子斯蒂芬患有唐氏综合症。在养育他的过程中，我们最不能适应的是要学会去面对他那进展缓慢的发育进程。大多数孩子所经历的各个发育阶段是可以预测的，你能够知道在什么时候可以期望孩子做出什么样的行为，以及这样的行为会持续多长时间。你知道2岁大的孩子一旦学会了说话之后，他的脾气发作就会减少。

对父母来说，如果心里明白孩子的那些不良行为只会持续几个月的时间，那会是相当有益的。但是，对于发育过程存在障碍的孩子，发育进程中的各个阶段好像是在无休无止地延续着，这就使得孩子和父母的内心始终不停地存在着挫败感。举例来说，有着特殊需求的孩子，可能需要花上一年的时间才能完成“正常的”3个月的语言发展过程。

养育有着特殊需求的孩子是一项艰巨的任务。每一点的进展和退步、每一丝的喜悦和忧伤，所有这一切都被放大了：每一个成功都会让你欣喜若狂，每一个新的挑战又都会使你愁眉不展。

| 不要互相比较 |

你的孩子是独特的。不要将你的孩子和其他同龄的孩子进行比较，这种做法不公平。

对于斯蒂芬，我们不再将眼光紧盯着他有哪些地方与众不同，而是开始去欣赏他的独特之处，这样的根本转变帮助我们对他的“身体缺陷”采取了顺其自然的态度。

我们过去对他的态度是把他当成了一项计划，而不是把他作为一个人来看待的，因而把关注的焦点总是放在他的那些“问题”上，这种态度我们必须加以克服。“我应该成为一个唐氏综合症的专家，”我曾经这样打定主意，“阅读所有有关的书籍，参加所有的会议，加入所有的互助小组。我们还要写一本关于唐氏综合症的权威性著作。”这样的想法对斯蒂芬当然起不了作用。我足足花了两年的时间才努力地达到了一种平衡。

玛莎的母性本能驱使她更多地把斯蒂芬作为一个孩子来加以关心，而不是把关注的焦点放在他的那些行为毛病上。她确信，他最需要从我们这里得到的是百分之百的亲密养育，尽管不可否认他有着一些特殊的需求、需要我们对他进行耐心的管教。同时，我们也认识到，我们不能让斯蒂芬的“毛病”耗去我们的全部精力，我们还必须用一部分精力去满足整个家庭的需要。

| 应该改变你的标准 |

早在孩子出生之前，父母们就已经在想象着孩子将来的生活会是什么样子：去上钢琴课，成为棒球明星，从大学毕业等。即使是对于正常的孩子，在他长大之后，你也必须将这些梦想和现实相协调。而当有着特殊需求的孩子出生之后，任务就更加艰巨了。你必须学会着眼于当前，在这个孩子的生活当中，各个成长阶段的里程碑不会那么确定，他的未来往往难以预测——即使这个孩子将来有一天可能会让你大吃一惊。

同时，对于你的孩子，你应该把标准定在一个适当的水平上。举例来说，你应该重新调整你对孩子的宽容度，不要因为他的一点小过失就大为光火。孩子当然会做出一些让你恼怒的事情。

我们的斯蒂芬在4岁那年看到他的兄弟姐妹们把会漂浮的玩具扔进了游泳池，于是他把我的便携式录音机（里面保存着本书整整一章的口授录音）也扔了进去。在他的心目中，那不过是爸爸的玩具，把玩具扔进游泳池是没什么不可以的。我理所当然地生起气来，不仅是因为损失了一只三百美元的录音机，更是因为白白浪费了将口授内容录制到录音带上所花的工夫。玛莎在一旁提醒我说，斯蒂芬只不过是做了与他的成长阶段相称的事情，我自己才是那个行为与成熟程度不相符的人，我的年纪已经不小了，本应该懂得不要把那个“玩具”放在斯蒂芬够得到的地方。

| 有差异并不意味着低人一等 |

按照孩子们的逻辑，与别人不同就等于低人一等。对于发育迟缓的孩子来说，他自己的意识当中有这样的感受问题还不大，而兄弟姐妹和其他孩子对他有这种看法往往会带来比较严重的问题，至少在孩子的幼年时期是如此。

大多数的孩子是用别人怎样看待自己作为标准来判断自我价值的，因此，你千万不要让孩子的兄弟姐妹产生这种“与别人不同就等于低人一等”的错误想法。“有特殊需求的孩子”这个术语不仅仅具有社会学意义上的正确性，其原因就在于此；它是一个正面的词汇，并不是一种价值判断。在现实当中，所有的孩子身上都可以贴上“有特殊需求的孩子”这种标签。

| 有差异并不意味着脆弱 |

对于有特殊需求的孩子，尽管你确实有必要调整自己的期望，但你千万不要降低对他的养育标准！对有特殊需求的孩子放松要求的做法确实相当有吸引力，但你不应该这么做，不能容忍这些孩子做出在别的孩子身上你不允许存在的那些不良行为。在他还很幼小的时候，你就应该让他明白，你希望他具有什么样的行为表现。许多父母太晚才开始对孩子进行行为训练。同所有的孩子一样，有特殊需求的孩子也必须学会适应整个家庭的日常生活规范，学会服从大人的指导，学会管理好自己。

| 针对有特殊需求孩子的亲密养育 |

有特殊需求的孩子既可以激发整个家庭发挥出最优秀的潜能，也会使整个家庭暴露出最糟糕的缺点。

戴维是一个患有唐氏综合症的婴儿，他出生在一个敏感的、交流密切的家庭里。戴维刚一降生，我就与他的父母以及6岁的姐姐艾米进行了一次长时间的交谈，我们讨论了整个家庭生活如何才能不被一个高需求的孩子所搅乱、如何才能更加幸福。

这个家庭首先必须接受“为什么不幸降临到我们的头上”这种正常的感受，并且要想着“现在我们该从哪里来着手”。然后，我进一步向他们解释了“需求水平”这个概念：每个婴儿生来都有一定程度的需求，而且每个家庭也都有一定的供给水平。通过亲密育儿和戴维建立起亲密的关系，整个家庭都会形成对戴维的第六感觉，这种敏感的关爱是任何一本书、任何一位育儿顾问都不可能教给他们的。对于所有的孩子来说，采用亲密育儿法都是相当有益的；而对于那些有着特殊需求的孩子，亲密育儿则是必需的，并且，它还是关系到孩子能否健康成长的关键。

我还向戴维的父母指出了一些他们可能会出现的失误，要他们别把戴维当作一个项目来对待。他们应该加入互助小组，向那些真正的专家——成功地抚育了患有唐氏综合症的孩子的父母们——学习。更为重要的是，他们还必须始终清楚地注意自己的弱点：对于自己孩子的热爱会使他们产生出十分强烈的愿望，要贡献出整个家庭百分之百的精力来帮助戴维。这样的做法会使家庭中的其他成员什么都得不到。实际上，戴维最需要的是一个稳定、和谐的家庭为他提供的支持。

在这样的早期讨论中，有必要让戴维的姐姐也参与进来。我向艾米指出，以前她是家里唯一的孩子，而现在她的父母把过去花在她身上的许多精力给了戴维，因而她会产生有点被忽略了的感觉，但这并不意味着父母对她的爱减少了。同时，父母也必须小心地防止艾米产生失去了家庭温暖的感觉。他们应该让艾米一起来参与对戴维的照料，并且要保证让她得到有别于她弟弟的、特殊的关心。

后来，在这个家庭中，戴维得到了茁壮成长，而且整个家庭的敏感、体贴程度也上了一个新的台阶。父母的婚姻得到了巩固，艾米也长成了一个十分敏感、体贴的孩子，她还把这种优良品质带到了家庭以外的社交活动之中。

西尔斯养育手记

“欢迎来到荷兰”

迄今为止，关于治疗唐氏综合症的最为敏感、细致的刻画之一是由埃米莉·波尔·金斯利作出的，她的描写反映了所有特殊需求儿童的情况。

大家经常要求我描述一下是怎样将具有身体缺陷的孩子抚养长大的，以帮助那些尚未体验过这种独特经历的父母们能够理解这个艰难过程，让他们去体会在这个过程中有什么样的感受。事情是这样的……

在你快要有孩子的时候，就好像在计划一次绝妙的假日旅游——去意大利。你购买了一大堆的旅行指南，做着各种美妙的打算，要去看古罗马的圆形竞技场和米开朗琪罗的大卫雕像，要去乘坐威尼斯的贡都拉。你也可能想去学一些意大利的日常用语。所有这一切都让人感到很兴奋。

在经历了几个月的热切盼望之后，出发的日子终于到了。你收拾好行囊，踏上旅途。几个小时后，飞机着陆了。

女乘务员走进来对大家说：“欢迎来到荷兰。”

“荷兰？！”你惊讶地说，“你是什么意思？这是荷兰？我要去意大利！我现在应该在意大利，我一生都梦想着去意大利。”

但是，航班计划有了改变。飞机已经降落在了荷兰，你必须待在那儿。

重要的是，他们并没有把你带到一个令人恐怖、讨厌、肮脏不堪的地方，到处充斥着瘟疫、饥荒和疾病。你来到的只不过是一个不同的地方。

所以，你必须出去购买一些新的旅行指南，而且你必须学习一门全新的语言。你还会遇到一群你从来没遇见过的陌生人。

这只是一个不同的地方，生活节奏比意大利慢，不像意大利那么繁华艳丽。但是，在这个地方待上一段时间之后，你会慢慢平静下来，四处逛一逛，你会开始发现，荷兰有许多风车，有郁金香，甚至还有伦勃朗（荷兰画家，蚀刻版画大师。——译者注）。

但是，你认识的每一个人都忙着去意大利，回来之后，他们都夸耀着在意大利度过了一段美妙的时光。于是，在以后的生活中你一直都在叹息：“哎，我本来应该去意大利的，我都已经打算好了要去那儿。”

这种内心的痛苦永远、永远都挥之不去，因为意大利之梦的破灭是一个极大的损失。

但是，如果你把所有的时间都用来哀叹没去成意大利的话，你就可能永远都无法充分享受荷兰的那些十分独特、可爱的东西。

养育特殊需求孩子的一些诀窍

本书从头至尾所提到的那些养育原则也同样适用于有特殊需求的孩子，但是要通过特殊的方法来应用这些原则。你可以考虑以下几个方面：

- 有特殊需求的孩子需要具有与他们的成长水平相一致、而不是与他们的自然年龄相一致的环境条件。你应该观察孩子，不要去盯着日历算孩子的年龄，而是要试着走进孩子的心灵。

- 要防止掉进溺爱综合症的陷阱。在一些家庭中，往往会出现大人们的整个生活都围绕着有特殊需求的孩子转的情况。这是一种“双输”的局面，这会使父母失去养育子女的快乐以及灵活变通的能力。最后，你会耗尽心血、疲惫不堪。

- 把孩子的行为看作是表达需求的信号。孩子们所做的每一件事都在一定程度上向你表明了他们需要什么。对于那些有特殊需求的孩子，这个原则也是基本适用的。沙伦是一个患有自闭症的10岁孩子，在课堂上，她会站起来，从一个小朋友的身边走到另一个小朋友的身边，挨个地用手掐他们。她那明智的老师并没有通过打她手掌的办法来纠正她的这种坏行为，而是把它看成是沙伦与人交流的方式。在老师看来，“沙伦的掐人”并不是真的想要伤害别人。这位老师用代替行为的办法来把沙伦的掐人举动引导为有意义的行为，同时又满足了这个孩子与小朋友们进行交流的需要。她把在课堂上给每个同学发资料的任务交给了沙伦。沙伦可以向每个同学递一份资料，因此她就不再需要去掐他们了，每个同学（在老师的提议下）都对沙伦表示了感谢。

- 要珍视你的孩子，别总是把眼光紧盯在孩子的缺陷上。你应该尽你的所能对孩子进行最高程度的亲密养育。你要让孩子从亲密养育中感受到父母的爱和珍视，这有助于帮助孩子去克服某一方面的能力缺陷。

- 你应该帮助孩子培养起责任感。对于成长发育迟缓的孩子，父母们往往会不由自主地赶紧去帮他做各种事情。其实，在这些孩子的身上，“授人以鱼不如授人以渔”的原则更加适用。你应该让孩子承担起一定的责任，由此在孩子心中产生的成就感可以使孩子感觉到被大人所重视，从而提高孩子的自我价值。

- 应该给孩子提供多种选择（首先要保证各种选择都是你所喜欢的）。在最初的时候，你可能需要指导孩子去作出选择，但是让孩子拥有选择的权利就足以让孩子感到自己很重要。在向孩子提供各项选择时，你要使用孩子的语言，可以采用图画和各种符号，并且用视觉上的引导来加强你在口头上的指导（口头上的指导往往不能被完全理解）。这样的选择练习你做得越多，你就越能够发现孩子在各个成长阶段的本领、爱好以及语言接受能力。

不管是对什么样的孩子，作为父母，你的任务就是要让孩子掌握自我控制的各种手段，从而使他最终能够进行自我管教。对我们的儿子斯蒂芬，我们不会说“不要去踢你的妹妹”，而是会说“斯蒂芬，请管好你的脚”。

养育害羞的孩子

有许多孩子被认为是“害羞”的。如果你明白“害羞”这个词的真正含义，你就会认识到害羞实际上根本不是一种消极的个性品质。羞怯对孩子而言既可以是有利的条件，也可以是不利的因素，关键在于周围的人是如何对待孩子的害羞的。

| 在什么情况下害羞对孩子有利 |

害羞是一个人的个性特点，并不是什么缺点。我认识的一些最出色的人都有害羞的特点。这些人往往会很专注地倾听别人的讲话，与别人在一起时通常不用言辞就能沉静地流露出对别人表示欢迎的神色。

在玛莎身上，正是她的羞怯吸引了我。我们是在我医学院二年级时的一次学生聚会上相遇的，她当时正站在我的一群吵吵闹闹的同窗好友中间，每个人都在交谈着，她却不说一句话，只是听着别人交谈。她用目光和每一个人进行着交流。她微笑着，使大家感受到她那宁静的神情。她一点儿都不外向，但她使周围所有外向的人都觉得很舒服。当时我就想：“和这么一个人在一起是多么愉快啊！”她并不给人以艳丽的感觉，但她的身体语言和甜美的姿态都像是在告诉人们：“她是一个一起相处会让人感到很愉快的人。”第二天我就给她打了电话，这才有了后来的一些美好的故事。

你根本没有必要像做错了什么事似的告诉别人“他很害羞”，尤其是在孩子面前。害羞并没有什么不好的。许多人不能够正确地理解羞怯，把害羞等同于一种缺陷，他们认为，害羞的孩子必然为缺乏自尊所苦。在大多数情况下，对害羞的孩子的这种认识都是极不公平的。许多害羞的孩子都有着坚实的自我观念，他们的内心其实有着光华闪烁的安宁和平静，如果性格外向的人们能够保持足够长时间的安静，他们就可以注意到这种安宁和平静所放射出来的光芒。

如果自己的孩子与大家在一起时总是沉默不语，父母们会为此担心。他仅仅是害羞，还是有别的严重问题？我来告诉你辨别的方法。

具有健康的自我价值意识的孩子会和别人进行目光交流，有教养，看起来对自己很满意。他只不过是比较沉静，他的行为总体来说是好的。他是一个不惹人讨厌的孩子，有他在身边大家都会感到相当愉快。

有些表面上看来“害羞”的孩子实际上只是谨慎、深思，不容易和陌生人热乎起来而已。遇到每一个陌生人他们都会研究一番，看看是否值得去努力建立起相互之间的关系。害羞的孩子通常在内心都有一种宁静，害羞只是他们用来保护这种宁静的途径之一。

我们的第六个孩子马修是世界上最宁静、最快乐的孩子之一，可他在和朋友们建立友谊方面总是相当谨慎。一旦他交了一个朋友，那么这份友谊就是终生的。他是一个内向的孩子，内心有着许多珍贵的东西等待别人去发掘。对于新认识的人，他要花比较长的时间才能亲近起来，但是一旦感到与新认识的人待在一起很自在，他会表现出迷人的魅力。尽管害羞，可马修是一个令人感到相处得很愉快的孩子（我们的第三个孩子彼德也是这样）。

就在马修开始上学不久，我们到学校去参加第一次家长会，老师对我们说："马修一定是很害羞的，是吗？"我们解释道："是的，他比较内向。"在后来的交谈中，这个话题被再次提了出来："马修十分安静。"我们回答说："是的，他十分专心。"我们继续着关于马修的讨论，他的老师很快就意识到，我们是用积极的眼光来看待马修的这些特点的。在这一学年中，那位老师逐渐尊重起这个有着一头金发、坐在第二排的平静、安详的小男孩。在班级里，马修是一个与大家相处得很愉快的学生。

在什么情况下害羞是孩子的负担

在有些孩子的身上，害羞是内心存在问题的表露，并不是内心宁静的反映。这些孩子不仅仅只是害羞，而且还很消沉。他们避免和别人进行目光接触，存在着许多行为问题。有他们在场，大家都会感到很不自在。如果你对这些小家伙进行了深入了解的话，你会发现，他们的行为受到了愤怒和恐惧的摆布，内心缺乏平静和信任。你会发现，老是有许多东西让他们感到生气。

躲在害羞的面纱后面

有些年龄比较大的孩子会用害羞的表现来掩饰自己，避免向别人暴露出他们自己并不喜欢的自我。什么都不表露出来会比较安全，于是他们躲避到了一层具有保护作用的硬壳里面。"害羞"这顶帽子成了不去培养、不去练习社交技能的借口。内心缺乏动力的孩子可以用"害羞"来作为抗拒进一步努力的盾牌，作为自己的技能发展止步不前的借口。

对这些孩子来说，害羞就是一种负担，削弱了他们本来就相当糟糕的自尊。为了使他们摆脱这种害羞，你必须努力地培养起他们的自信心。这些小家伙需要值得信赖的父母，这样的父母会采用一种不使他们的内心产生愤怒和自我厌恶感的方式去养育他们。

|年幼的“外向小姐”变得内向起来|

2岁时活泼可爱、见了生人就要微笑着挥手去打招呼的孩子，为什么到了3岁却变得沉默寡言了呢？妈妈们常常担心是不是自己做错了什么，从而导致孩子的个性出现了这样的转变。其实妈妈们没做错什么。在2岁之前，许多孩子都是无意识的，不用思考就会采取行动，尤其是在社交关系方面。从2岁到4岁，孩子们会经历一个对陌生人忧虑不安的阶段，他们会变得对不认识的人感到害怕。

在我的诊所里，我总是接连不断地在新来的患儿身上看到“害羞”的表现。当我进入体检室的时候，患儿往往会低下自己的脑袋、下巴垂到胸前，眯缝起双眼，把大拇指放在嘴里，飞快地躲到妈妈的身后，紧紧地靠着妈妈的双腿，想要藏起来。我不会去追在这个孩子的后面、把他抓出来，而是会用一种轻松、友好的方式和他的妈妈打招呼。当孩子的妈妈在我面前轻松自在起来以后，孩子就会竖起耳朵倾听我们之间的愉快交谈。他很可能会认为“他对妈妈很和气，因此对我也会很和气”。

如果孩子还是躲着不肯出来的话，我就会根据当时的情况来做一个游戏：“汤米到哪里去了？我很想见到他。我猜他大概不在这儿。过一会儿我再来吧。”于是，我会走到房间外面去待一会儿，给孩子一定的空间，然后重新走进房间，这时往往就能看到孩子变得轻松自然起来了。

躲避社交是孩子在成长过程中必然要经历的一个正常阶段。在你为孩子的羞怯向亲戚道歉之前，在你为此而尴尬、脸红之前，在你打电话向治疗师寻求帮助之前，要保持耐心，给孩子以鼓励和空间，他会在他自己感到合适的时候重新开朗起来的。

你该做些什么

父母们都想知道应该对孩子的害羞做些什么。孩子是不是只是在经历一个过渡阶段？是不是应该鼓励孩子变得更外向一些？是不是存在着一些严重的根本性问题？下面我们就来谈谈你该做些什么。

| 乐观地接受上苍赐给你的孩子 |

你首先应该承认自己是多么幸运，上苍赐予了你一个敏感体贴、细致周到、沉默寡言的孩子，尽管他不太容易亲近陌生人、在社交当中显得小心翼翼，但是总体来说他是快乐的。有这么一个安静的孩子，你应该感到庆幸。正因为有了他，世界将变得更加温暖、亲切。

| 你越是用力地拉孩子，他越是退缩 |

你当然会满心想要帮助你那害羞的孩子，但是你必须十分小心，因为你越是拉他，有些孩子就越是会退缩。你可不能强迫孩子改掉害羞的“毛病”。比较好的办法是营造一个轻松愉快的气氛，让他能够自然而然地培养起他的社交个性。

千万不要给孩子贴上“害羞”的标签。要是听到你说他“害羞”，孩子会认为他自己身上存在着一些不对劲的地方，这会使他更加害羞。如果你一定要用某些词汇来描述你的孩子，那么可以说他是“不引人注目的”，或者是“沉默寡言的”，这样的描述更为亲切，也更为准确。你给孩子贴上的标签也会影响到别人对待孩子的方式。如果你把孩子说成是“害羞的”，那就会让别人过分地关注你的孩子，好像他们必须做些什么来帮助他解决这个问题似的。

如果你们去看望南希阿姨，你希望你那沉静的孩子给南希阿姨留下良好的第一印象，那你就要避免对他这么说：“别害羞，南希阿姨又不会咬人。”这样对他说一定会让他闭上嘴巴。你应该事先告诉孩子，大人对他有什么样的期待，你只不过希望他能简单地和别人打个招呼，行为举止安静、有礼貌。对孩子的期望不能超过合理的限度，千万不要对孩子要求过高。别老是把注意力放在孩子的身上，当你不那么紧张之后，相信南希阿姨是会喜欢上他的。可以鼓励孩子带上一样他最喜欢的东西（比如自己的艺术收藏、游戏棋，或者他帮你烘烤的饼干）去看望南希阿姨，从而让南希阿姨可以用这些东西作为桥梁来与他进行沟通。

丨不要硬拉着你们的小演奏家进行现场表演丨

爷爷、奶奶到家里来看你们，你急不可待地要5岁大的约翰尼弹钢琴给他们听。其实，你不应该不作事先安排就向约翰尼提出这样的要求。这个年轻的钢琴家会躲得远远的，留下你在那里一个劲地道歉，奶奶也会感到奇怪，为什么约翰尼这么害羞。你应该在私底下先征得孩子的同意。“你弹得这么好，奶奶很喜欢听你演奏，你愿意弹一小段给她听吗？”这样的做法充分地考虑到了孩子在大庭广众之下展示本领时常常会有的局促不安的感觉。

有些孩子是天生的表演家，一有观众，他们就会登台表演。而另一些孩子会小心谨慎地不向别人展示自己的本领，只有当他们取得进步之后才会逐渐地放松起来。一开始，他们会为了自己高兴而轻松自如地弹钢琴。后来，他们会为父母演奏（因为即使孩子弹错了，父母也会鼓掌喝彩）。只有在信心上有了一个相当大的飞跃之后，他才能像莫扎特那样为大家演奏。

丨唠叨的母亲和胆小的孩子丨

比较内向的孩子如果有一个外向、专横的母亲，那就更容易使孩子形成害羞的性情了。

苏西是一个不太引人注目的、有礼貌的5岁女孩，相当容易亲近，她和妈妈来到我的诊所进行入学体检。我问苏西，她是否愿意告诉我她有什么烦恼或问题。

我对她说：“苏西，这是专门为你进行的检查。”由此开始了我与她的交谈。苏西刚要开口告诉我她的忧虑时，她的妈妈打断了她，对我说：“她感到……”然后滔滔不绝地告诉我详细的情况。我问孩子道：“苏西，你的感受是不是像你妈妈说的那样？”就在苏西说出第一个音节的一刹那，她妈妈又打断了她：“她还觉得……”

就这样，这次检查本该是苏西的，却变成了妈妈的体检，起先还活泼、快乐的小女孩变成了一个畏畏缩缩的胆小鬼，随着妈妈音调的升高，她变得越来越退缩。到检查快要结束的时候，妈妈呵斥女儿说：“好了，

西尔斯养育手记

在家庭面对压力时如何养育孩子

孩子经常选择在父母最缺乏应对能力的时候来做出最糟糕的行为。在家庭面对压力时，比如在搬家、生病、换工作，或者是在急着要赶去某个地方的时候，你管教孩子的能力，以及孩子接受管教的能力都会削弱。为了能吸引心不在焉的父母关注自己，孩子的唯一办法就是做出糟糕的行为、让父母讨厌自己。无论你多么地专注于自己的日程安排，你都必须保持和孩子之间的亲密关系。你应该告诉孩子发生了什么事情，告诉他们你对他们有什么样的期望。

比如："有一个重要的客人要来看望妈妈，我感到很紧张。我希望你像平时那样小心谨慎，并且告诉我你需要什么。""妈妈的朋友死了，妈妈很想念她。妈妈很喜欢你拥抱妈妈，但是你不必为了安慰妈妈总是陪伴在妈妈的身边。我的悲伤会一天天减少的。"

苏西，别害羞。告诉医生有什么东西让你感到烦恼。"在接下来的检查过程中，苏西一直都一言不发，她的精神已经完全被她那唠叨的妈妈压垮了。

当苏西离开体检室、跟着护士去打防疫针的时候，她妈妈凑上前来告诉我说："医生，她实在是很害羞，我不知道该怎么办才好！"苏西的妈妈是一个对孩子无微不至的、尽心尽职的家长，她并非是有意要阻碍苏西社交能力的发展，她只是没有敏感、体贴地去倾听孩子、让孩子说话。苏西也并不是故意要害羞，她只是受到了妈妈的压制。妈妈不能充分地让苏西讲话，这阻碍了苏西交流能力的发展（至少当妈妈在面前时是这样），而且也使得妈妈自己不能很好地学会倾听别人。

我跟苏西的妈妈提议说，如果她能在有苏西在场的时候少说几句，苏西就会在她面前变得外向、开朗起来。苏西的第二次检查就进行得好多了。她妈妈安静地坐在苏西的身后，当孩子说话时，她赞许地点着头。

养育胆怯的孩子

帮助孩子克服恐惧感不仅能够减

轻他们的内心焦虑，而且也为你们提供了与孩子建立起密切的亲子关系的机会。在你和孩子共同战胜恐惧的过程中，你还可以让他学会从你那里得到宝贵的支持。

| 孩子为什么会恐惧 |

孩子们不会像成年人那样考虑问题。对孩子来说，世界上的大多数事物都是未知的，他们害怕这些未知的东西。

学龄前的儿童还不能分辨什么是不用害怕的，什么是真正具有危险性的。真实世界在孩子眼里可能十分恐怖。在2岁到4岁之间形成的想象能力为孩子打开了一个奇妙的想象世界，也导致了一些令人恐惧的幻想的出现。这个年龄的孩子能够在自己的心里想象出各种各样的人物和动物，他们自己创造出来的这些形象可能是十分吓人的。白天让人感到可爱的恐龙到了夜里就可能变成了妖怪出现在孩子的梦中，惊扰了孩子的睡眠，这种情况在这个年龄段是十分普遍的。

孩子们具有想象妖怪的能力，但是还不能理解这些妖怪只不过是幻想出来的形象，这使得他们产生了巨大的恐惧。每个孩子的恐惧都是各不相同的，一个孩子恐惧的东西可能让另一个孩子感到十分迷恋。有些孩子喜欢玩真空吸尘器，而另一些孩子会把真空吸尘器当成是一个发出巨大吼声的、见东西就吃掉的妖怪。

学龄儿童更害怕家庭关系和健康状况的变化（比如被汽车撞了、呼吸困难、父母离婚、死亡等）。孩子们在任何年龄段都有可能变得胆怯起来，每个孩子的胆怯程度各不相同，感到害怕的东西也不一样。

由于我们夫妇俩总是在孩子入睡的时候陪伴在他们的身边，即便是对头几个孩子也是这样，因此，孩子们从来都没有害怕过在我们家的卧室里出现妖怪。尽管如此，海登和埃琳还是经历了一个对黑暗感到恐惧的阶段。由于马修并没有出现过这样的恐惧，因此我们很想弄清楚到底是什么原因让他不感到害怕的。在他长大到可以解释的时候，答案终于清楚了：在他小时候，我们告诉过他，他感到害怕是因为他在不停地想象。他明白了自己的害怕是怎么一回事，这让他很高兴，也让他很快就克服了内心的恐惧感。

恐惧是孩子幼年时的一种情绪。只要照料者稍稍给予一些帮助，这种并不愉快的情绪就可能为孩子情感上的成长带来良机。在学习正确地处理自己的情感、寻求外部帮助的过程中，孩子要上的第一课就是学会克服自己内心的恐惧。在此期间，你应该给予孩子理解和支持，这会增进你们之间的亲子感情。

帮助孩子对付内心的恐惧

首先，有些事情是你万万不能做的。不要给孩子任何提示说他感到害怕是不对的。对于正在成长的孩子来说，这样的错误信息会让他误以为"我身上一准有什么不对劲的地方"。你可不要用下面的这些说法去羞辱孩子："不要害怕。""别再像婴儿那样。""男孩子（或女孩子）可不应该感到害怕。"这些话根本不能驱散孩子心中的恐惧，只会让孩子感到无地自容。这样，孩子不仅会害怕黑暗，他还会害怕把自己的恐惧感告诉别人，从而不愿意再寻求别人的帮助来克服内心的恐惧感。恐惧原本只是童年时期的正常问题，这样一来反而弄巧成拙地削弱了孩子对别人的信任感。

因此，你不要去加剧孩子的恐惧，而是要表现出对他们的体贴和同情："在我小的时候，我也很害怕卧室里一点亮光都没有。"为了帮助孩子克服内心的恐惧感，你首先要对他的恐惧感加以认可。

你还应该努力达到一种平衡，一方面不要去忽略孩子的各种恐惧问题，另一方面也不要过多地纠缠在这些问题上，否则的话，你的孩子会为了得到你的关注而故意装出恐惧的样子。

当你对孩子的恐惧作出响应时，你要向孩子传递两个信息：第一，感到害怕并没有什么不好的地方；其二，应该让大人知道你心里的恐惧，并且寻求大人的帮助。要让孩子放心，"爸爸、妈妈（或者其他值得信赖的成年人）会保护你的"。

一定要记住，不要用这样的话去贬低孩子："没有什么好害怕的"或者"你这样害怕真是愚蠢"。你千万不要利用或者通过制造恐惧来管教你的孩子，别对他说："如果你不起床，黑鬼就会来抓你"或者"你要是顶嘴，上帝会惩罚你的"。

| 为孩子做出不胆怯的榜样 |

如果你和孩子之间相当亲密，那么帮助孩子克服恐惧就会比较容易。如果某样东西或者某个人对于你是安全的，那么孩子会感到对于他来说同样是安全的。

在1岁和2岁时，孩子们一般都会对陌生人感到害怕。你应该用自己的行动来告诉孩子这个陌生人一点儿都不可怕，从而帮助孩子克服这种恐惧感。

许多孩子都会害怕昆虫，这是因为他看到成年人在一只金龟子嗡嗡地飞过的时候会惊恐地躲开。对于闪电、雷鸣的害怕也是由于同样的原因。在暴风雨来临的时候，为了使你自己保持镇静，你可以唱起"这是我最喜欢的东西"这首歌。

即使是到医生那里去看病，你也可以让孩子感到不那么可怕。在去看医生之前，首先让孩子去玩一玩医疗设备的玩具，你可以扮演医生的角色，和他一起来做检查身体的游戏，这样，孩子就会知道到医生那里去将会发生些什么。也可以让孩子扮演医生，去给他的宠物、洋娃娃或者动

西尔斯养育手记　对恐惧的治疗

我们家的壁炉最近出了一次事故，这可吓坏了劳琳。当火苗"回到它自己的地方去了"之后，我们马上就把炉前的铁箅子和玻璃门关了起来，然后一家人围坐在壁炉边，谈论着燃烧的火焰在炉子里时是多么的美丽、一旦它窜了出来又是多么的可怕。我们谈论着使用火炉的规则，并且让劳琳尽管放心，我们大家一定会小心地遵守这些规则，不会让火焰伤害到我们。

在那天晚上剩下来的时间里，她一直不停地在讲述着刚才的经历，她每讲一次我们都对她表示出注意和关心。她告诉我们火苗是怎样"差点烧到我"的。我们和她的交谈帮助她克服了受到的惊吓，我们对她的倾听帮助她忘掉了刚才的恐惧。

物标本进行体检。

| 要始终认真地对待孩子对保姆的畏惧 |

在一般情况下，彼此之间的熟悉会减轻孩子的恐惧。当你要把孩子交给某一个保姆照看，或者是要让某个亲戚来照料时，如果孩子会变得十分紧张不安，那你就应该换个人来照料孩子。即使看起来不一定会发生虐待孩子的暴力行为，你也应该耐心地向孩子解释、消除他的疑虑。

| 入睡时的恐惧 |

对于小孩子们来说，夜晚是一段可怕的时间。对黑暗的恐惧以及对与父母分离的恐惧相互交织在一起，使许多孩子难以入眠。因此在睡觉的时候，你应该将夜灯打开。你应该将孩子搂在怀里，给他讲一个轻松的故事，轻轻给他挠背，哼一段摇篮曲，让他能够安然入睡。在他睡着之后，也可以将那些轻柔的音乐磁带再放上一个小时左右。年幼的孩子需要这些帮助手段，因为他们自己还不能运用逻辑思维来克服内心的恐惧。

对于4岁以上的孩子，你可以帮助他自己去克服对黑暗的恐惧，你可以问问他，在他心目中“黑暗”是什么。要鼓励孩子把他心中的恐惧感用图画表达出来：“你来画一幅图画，把黑暗的房间是什么样子、给你什么感觉画出来。”如果孩子画出来的是一幅黑色的画面，里面有一只橙色的妖怪躲在床底下，那你就能够知道他到底怕的是什么了。

“逐渐增加曝光时间”这个原理有助于孩子克服对黑暗的恐惧。你可以和孩子在黑暗中玩捉人的游戏。刚开始的时候，你可以将房间里的灯开着，最好是电灯带有调光开关，这样你就可以逐渐地将灯光调暗。可以在傍晚的时候和孩子玩捉迷藏的游戏，一直玩到天黑。也可以在夜里到外面的院子里去玩探险游戏，跟着一个向导走遍院子的每一个角落。刚开始的时候，你应该和孩子手拉手一起去院子里探险。

你还应该给孩子一只手电筒，让他放在床边。这样，当房间里只开了一盏夜灯时，他可以用手电筒去照一照一堆堆可疑的衣服，看看它们是不是变成了一头“狗熊”。有时候，只要让孩子知道他有办法将黑暗变成光明，就足于让他消除内心的恐惧。或者你也可以将他房间里的灯开着，这并不会妨碍他的睡眠。在他长大了一点之后，他会开始自己去把灯关掉。

| 把妖怪赶出房间 |

孩子有时会对你说：“爸爸，我房间里有只妖怪。”下面的办法能够使孩子摆脱害怕的心态、安然进入梦乡。你可以让他描述一下妖怪长什么样子，并且告诉你妖怪在哪里。然后你就和他一起在房间里检查一遍，让他感到你在帮他分担忧虑。

你要明白，害怕妖怪是孩子在成长过程中必然会出现的一个正常阶段，妖怪实际上代表了一个可怕的世界。孩子们之所以会出现幼稚的恐惧感，是因为他们的思想还不成熟。他们不讲道理、缺乏逻辑性，任何解释对他们都起不了什么作用。面对孩子的恐惧，你可以采取一种比较有想象力的办法来回应：“在这个房间里我是爸爸，我不允许妖怪待在这里，它必须马上出去。”然后你就走到壁柜边去，假装和妖怪进行一番简短的交涉。

你对孩子作出这样的回应，是否就意味着你对孩子的幼稚行为让步了呢？其实不是，你这样的回应并不是对孩子的屈从，而是表明你能够理解孩子眼里的幽暗、怪影憧憧的房间看起来是什么样子；你承认了确实像他害怕的那样有妖怪在房间里，并且假装把妖怪赶了出去，这样的做法就演示给他看了如何去战胜自己内心的恐惧。除了采用假装的办法来表演一番之外，父母们还能有什么办法来对付一只完全是孩子想象出来的妖怪呢？！

一旦孩子已经能够明白现实和想象之间的区别，我们就不主张再采用“把妖怪赶出去”的办法。你应该实事求是地告诉孩子：“只有在图画或者电视里才会有妖怪，它们并不是真的。即使真的有妖怪，爸爸也不会让它们到我们的家里来。”你可以画一张妖怪的图画，向你的孩子解释清楚现实与想象之间的区别（“妖怪是假的，狮子才是真的。爸爸也不会让狮子到我们家里来”）。

由于我们夫妻俩让孩子们在婴儿期就和我们睡在一起，所以在我们家，并不存在“妖怪到房间里面来了”这样的问题。一旦孩子们在夜里已经能够足够地放宽心、可以和我们分开睡觉之后，他们就度过了被自己想象所摆布的阶段。即使你的孩子已经能够在自己的房间里睡觉，爸爸或妈妈每天和他一起躺下来，陪着他入睡也会让他感到温馨、愉快，直到他长大到喜欢自己一个人入睡为止。

你可以尝试帮助年龄比较大的孩子去想象另外的一幅画面：“在你梦见可怕的东西或者担心出现什么可怕的东西的时候，你就去想象在你的床尾有一列火车。一旦你感到害怕，你可以在任何时候跳上这列火车，爸爸、妈妈将在火车上与你会合，你会乘着火车和爸爸妈妈去兜风，然后火车又会开回来，停在你的床尾。你下了火车，重新爬到床上去，那时候你会感到很累，一上床就会马上睡着。”

对于一些比较敏感的孩子，你向他解释妖怪并不是真的，这并不能打消他的恐惧；你认为他真是愚蠢、把妖怪当真了，反而会使他感受到威胁，因此，你应该采取上述办法，为他提供另一种想象去替代他的恐惧。

让孩子在夜间免遭恐惧的最佳办法是采用良好的夜间养育方式去防止恐惧的出现，帮助孩子去体会睡眠是一种很愉快的状态、身处在沉睡状态当中并没有什么好害怕的。

西尔斯养育手记

恐惧可能是一种线索

孩子的恐惧可能只是冰山的一角，是帮助你去探明孩子真正在担忧些什么的线索。我曾经为一对夫妻和他们7岁大的儿子就孩子害怕上学这个问题提供过咨询。事情的真相是，孩子并不害怕去上学，而是害怕离开家门。在他的同学当中，最近有许多人的父母离婚了。他害怕如果他离开了家门，回来的时候说不定就会发现父母中的一个不见了。

| 孩子会不会觉得恐惧很好玩 |

在学龄前儿童当中，对幻想出来的各种角色充满恐惧是一种普遍现象。只要孩子最喜爱的幻想中的那些“恐怖”形象并没有使他在夜里睡不着觉，没有在学校里使他感到焦虑，没有使他变得总是胆小怕事，那么你就让孩子去体验幻想的乐趣好了。而且，你还应该和孩子一起去分享幻想的快乐。但是，如果这些幻想中的恐怖形象妨碍了孩子的情感成长，那你就应该帮助孩子分辨清楚什么是虚幻的、什么是真实的。6岁以下的孩子往往难以将虚幻和真实区分开来。

你应该将各种恐怖形象从孩子的环境中排除出去。要关掉恐怖的电视节目和恐怖录像片，甚至你还应该进一步限制学龄前的儿童只能观看经过严格挑选的节目。对于那些为年龄比较大的孩子和成年人创作的电影和卡通片（例如《蝙蝠侠》）要千万小心，别让年幼的孩子们观看。你要帮助孩子分清真实角色和虚构形象之间的区别。应该告诉他们，卡通片和电影是怎样拍摄出来的，可以用木偶来表演给他们看。

你还应该千万注意不要把自己的恐惧感传递给孩子。举例来说，你那刚刚学会走路的孩子爬到了橱柜上面。如果你马上就大叫：“太危险了！你会摔下来的！”向他发出可怕的信息的话，他可能真的会摔下来。害怕实际上会使危险的局面更加危险。最好的办法是冷静地走到孩子的身边去帮助他。

离婚后对孩子的养育

离婚会使养育中存在的各种问题显露出来。如果父母离了婚，孩子们常常会责怪自己，并且对父母心生怨恨。

在发生离婚这样的家庭巨变之后，孩子们的行为和个性往往会出现180° 的逆转。正当父母忙着重新安排自己的生活、并且为逝去的一切悲伤不已的时候，孩子身上出现的问题又使他们面临着更多的挑战。这时候，他们在处理孩子的问题方面往往显得力不从心。

在父母离婚后，尽管有时孩子的行为确实会有所进步（尤其是对于在离婚前存在家庭暴力的情形而言），但是孩子的行为通常都会变得糟糕起来。

在父母离婚之后，学龄前的孩子普遍会变得缠着大人不放。他们对自己是否能受到家庭的支撑感到没有把握，并且担心父母中负责监护自己的那一方也会离去。孩子的行为在这时很可能会出现倒退，比如又吮吸起了大拇指、又会出现将大便拉在裤子里的问题，过度地手淫，情绪起伏不定，总是做出侵害性的行为，睡不安稳等（孩子还害怕睡醒后发现妈妈不见了）。学龄阶段的孩子甚至可能会对自己和父母心生怨恨，在学校里的表现变得很糟糕，并且和那些有问题的同伴建立起了种种不健康的关系。

下面的这些方法可以帮助你在离婚后对孩子进行养育，在发生了变故的家庭环境中重新和孩子建立起彼此间的亲密关系。

| 要让孩子相信你爱他、会一直在他身边 |

在离婚后对孩子的养育中，出现的大多数问题的根源都在于孩子需要得到大人的关心、需要大人向他保证他们仍旧爱他。

在刚离婚期间，你应该尽可能地减少家庭生活中的变化，逐步消除孩子内心的紧张和压力。如果必须搬家或者为孩子转学，你也应该尽可能地推迟这么做的时间。如果负责监护孩子的父母一方原先一直待在家里，而现在不得不整天外出工作，你也应该尽可能地推迟这种变化。5岁以下的孩子会把监护人长时间的离开理解为预示着这个大人同样要离他而去了。

| 坦诚地对待孩子 |

在你的孩子对你们的离婚想象出自己的一套以孩子为中心的解释之前，你应该用他们能够理解的语言亲自向他们作出解释。

在解释的过程中，你不要仍旧纠缠在婚姻中的那些问题上，不要去诋毁你的配偶。你应该给孩子两个信息：首先，父母离婚并不是孩子的过错，“你们还是像以前一样，有一个爸爸、一个妈妈，我们俩仍然爱着你们，都会照料好你们”。其次，父母之间是离婚了，但他们永远都不会和孩子相分离。然后还应该向孩子解释家庭生活会怎样继续下去，哪些部分会保持不变，哪些部分将发生改变。

| 组织好单亲家庭的生活 |

在父母离婚的时候，对孩子的管教往往会变得松懈起来，常规的家庭生活秩序也会被打破。如果你的孩子们正处于上学的年龄，你应该召集一次家庭会议，安排好每个人应该如何为家庭生活的顺利进行贡献出自己的一份力量。

单亲家庭中的孩子们要承担比较多的责任，这是生活中的现实。但是你必须记住，孩子们这时还在为父母的离婚感到生气，因此你应该一步一步来，逐渐地增加他们担负的责任。你应该为孩子起到精神支柱的作用，除了要和孩子们一起去完成家务劳动之外，你还应该留出专门的时间来和孩子们嬉戏、玩耍。

| 应该认识到父母中的另一方会有不同的养育风格 |

父母离婚之后常常会出现这么一种情况，负责监护孩子的一方认为有必要维持正常的生活，他们会让孩子承担比较多的责任，用更为一致、更可预见的方式来管教孩子，从而使家庭生活正常、有序，而非监护人的一方则会变得像“迪斯尼乐园里的爸爸”那样，只会和孩子嬉戏、玩耍，根本不顾任何约束和规矩。父母中的监护人那一方成了严厉的家长，而非监护人那一方变成了让孩子感到开心的家长。由于对孩子的养育带有父母双方强烈的个性特征，并且深深地根植于父母不自觉的行为当中，因此离了婚的父母（这里并不是指继父或继母）没有办法用同样的方式来养育孩子。预先认识到这个问题可以使父母双方避免老是生对方的气。

你不必担心两个家庭在养育方式上的差异会使孩子感到困惑。孩子们是很善于对别人进行评判的，尤其是对自己的父母，而且他们也知道什么样的环境条件能让他们更为安全。在到对方家庭中去的时候，以及重新回到你的家庭中来时，孩子有能力进行自我调整，因为孩子们有着很强的适应性。这并不是说不会发生任何争执，但是，只要父母中至少有一方（也许是阅读了本书的一方）对养育孩子比较在行的话，孩子就会感到心里很踏实。孩子看到父母对离婚这种状况采取什么态度，他也就会对它采取同样的态度。你应该尽自己的一切可能去确保你的态度至少是健康的、让孩子放心的。单亲家庭的家长们以及继父母们能够向你提供有益的建议，在社区和教会中也有一些互助小组可以为你提供帮助。

保姆的管教者角色

当你将孩子交给保姆替你照管时，你同时还应该把养育孩子的任务托付给保姆。你应该选择养育风格和你一样的人来替你照管孩子。你还可以选择一个养育方法为你所了解、受到你欣赏的人来代替你照看孩子。如果你只是要找一个人在你外出期间临时照料孩子，那么你应该尽量和那些与你有着同样养育观念的父母相互帮忙照顾孩子。如果你是要找一个十几岁的少年来临时照料孩子，那么事先去了解他（或她）的父母过去用什么方法来纠正孩子的错误行为是相当有益的。要是你请来的临时保姆在自己小时候被父母用打屁股的办法来管教的话，那么她就很有可能用同样的办法来对待你的孩子。

你要千万小心，别为自己的孩子找一个有可能和孩子合不来的保姆。你要是将行为过于活跃的孩子托付给一个动不动就要发脾气的保姆，那你就面临着很大的风险。我曾经遇到过几个案例，都是一个2岁大的孩子突然大发脾气，触怒了保姆，结果导致孩子受到了虐待。我还曾经为一个后悔不已的保姆提供过咨询，她为了阻止一个学步期的小家伙发脾气，用木勺狠狠地揍了这个孩子一顿，结果打得孩子出现了瘀伤。那个孩子突然间的脾气发作使她的脑海里浮现出了她自己小时候大人用木勺来制止她发脾气的情景。有些婴儿哭闹起来音调很高、让人很烦躁，即使是最富有同情心的人听到这样的哭闹也会心生愤怒。因此，你可不要把有着刺耳哭声的孩子交给对孩子的哭闹承受能力比较低的保姆去照看。

对于保姆和孩子合不来的迹象，你千万不要放过。如果你的婴儿对保姆感到害怕，或者年龄较大的孩子向你抱怨保姆，你应该对这些问题加以重视，并且要考虑更换保姆。但是，你也得警惕小家伙是在挑唆一个大人去反对另一个大人——这可是所有的孩子都喜欢去尝试的一种消遣。

要想找到一个能够十分出色地管

教孩子的保姆是很难的，甚至是根本不可能的。保姆们缺乏像你那样的与孩子之间的亲密。

在你对保姆进行面试的时候，应该提一些关于孩子养育方面的问题，询问她对于一系列场面的反应：“如果我的孩子突然大发脾气，你会怎么做？”“如果我的孩子不听话，你会怎么办？”你必须询问在她小时候父母用什么办法来纠正她，还应该尽可能去了解她在养育孩子方面的整体观念。如果她的观念与你相接近（不要指望两者之间会完全一样），你还应该在最后给她一些提醒，明确地告诉她你希望她如何去管教你的孩子。你可以根据自己对孩子的了解，将她有可能遇到的孩子的不良行为都一一向她提出来，然后要求她来表演一下她会如何去处理孩子的这些行为。

更好的办法是支付给她报酬、让她花上几天时间来观察你是怎样管教孩子的，可以让她先给你帮帮忙、和孩子进行一下沟通。为了使她能够比较容易地接管照料孩子的任务，你应该让你的孩子知道，你已经把权力移交给了这位保姆。对于那些年龄比较大的孩子，你应该告诉他你希望他尊重这位保姆，并且当你不在的时候要表现良好。

对孩子照料得过分周到的保姆往往会抑制孩子的独立性、妨碍孩子学会自己解决各种问题，或者会使孩子的创造力受到压制。粗心大意的保姆则会是另一个极端，往往不对孩子施加任何限制，这样的保姆是绝对危险的。对孩子关心、照料得恰到好处的保姆相当难找，如果你已经找到了这么一位，那就应该好好珍惜她。

结束语

养育计划的一个范例

通过阅读前面的章节，你已经知道对孩子的养育存在着许多不同的侧面。你应该如何发挥所有这些侧面的整体作用呢？

尽管在孩子的养育方面不存在任何一种方法对所有的孩子都适用，但是父母们仍然可以采用一些总体上的指导方针来处理在养育过程中与孩子之间发生的矛盾冲突。

步骤一：创造条件培养孩子的良好行为

| 评估你和孩子之间的亲子关系 |

你应该对你们的家庭关系进行一次详细的盘点：家庭氛围总体上是积极的还是消极的？家里是不是存在着许多愤怒的情绪？目前，在你们的婚姻、职业和经济等方面存在着哪些压力？在孩子的行为和你的心情之间，是不是存在着联系？即使是在最温馨、亲子关系最亲密的家庭里，当父母伤心或者愤怒的时候，孩子的行为也会变得糟糕起来。为了拉近和孩子之间的关系，你可以做些什么呢？有些局面是你能够加以改变的，而有些局面你可能不得不帮助孩子去学会适应。

你应该牢记，放在第一位考虑的应该是你和孩子之间的关系，其次才是养育、管教的技巧。养育的目标是帮助孩子愿意为了自己、为了父母而服从父母的指导。一旦你与孩子建立起了相互之间的亲密关系，他往往会想要让你感到高兴。

孩子表现出良好行为时，给予他高度的关心

每个孩子都会有“表现好”的时候，你应该充分利用这些时机，在孩子具有很好的行为表现时，让他感到你特别容易亲近、特别关心他。

要使孩子明白，如果他做出了良好的行为，他自己就会更加快乐，父母也会为他感到高兴。这样的做法能激励孩子不断地想要让父母感到高兴。

和孩子一起嬉戏

你应该为孩子多多地提供生活中那些简单、质朴的乐趣。要选择那些你和孩子能从一起玩耍中获得乐趣的活动，正是在这些活动中，孩子会有最佳的行为表现。

营造积极的氛围

在哪些方面你最喜欢你的孩子？你的孩子擅长什么呢？是体育运动，还是手工技能或者音乐？什么样的环境状况能够充分发挥孩子的优点、同时又暴露出孩子最糟糕的缺点？

在帮助孩子改正缺点的同时，你要肯定孩子的优点。你应该把大部分时间用来认可孩子个性中那些令人愉快的部分，而不要把过多的时间放在批评孩子的毛病上面。孩子们需要的是充满肯定、赞扬的生活环境——比如，“真棒！”“谢谢你！”“干得很好！”“好极了！”等。

西尔斯养育手记

扮演好成年人的角色

在孩子的幼年时期，你和孩子都在努力地形成能够起作用的养育关系，在这个过程中，你不必总是对自己的每一个决定都向孩子解释一番——你对孩子的养育不需要始终让孩子能够理解。有时候，你只需要让孩子知道：“因为我要求你这么做。”孩子们其实也期望我们拿出成年人的权威来，他们的这种认识可以让他们无拘无束地扮演好孩子的角色。

创造条件让孩子获得成功

应该尽力避免产生你和孩子都无法应付的局面。要认清孩子的极限和

你自己的极限。

有些年幼的孩子还不具备在公共场合把握好自己的能力，到公园去野餐可能比去饭店吃饭更轻松愉快一些。

你应该给孩子安排一些有报酬的工作，让他去负责某项任务。孩子要是学会了对各种事情或者其他人负责，那么他就会对自己的行为负责。

| 管好孩子的日常饮食 |

尽管对于大多数孩子来说，不良的日常饮食并不是造成他们糟糕行为的原因，但是，有些孩子在饮食方面得到合理的安排之后，在行为上会出现明显的进步。

| 舍弃那些不管用，以及可能在你和孩子之间引发冲突的养育技巧 |

不要对孩子唠唠叨叨，唠叨往往会使孩子躲着你，尤其是那些意志坚定的孩子。打孩子的屁股很可能会加剧孩子心中的愤怒。

你对孩子的养育应该从孩子的内心着手去进行塑造。所有的养育方法、养育策略和专家建议都仿佛是暂时性的时尚装饰，它们或许能够改变孩子的外在表现，但是改变不了孩子的内心世界，所能起到的一时之效很快就会消失殆尽。你必须努力创造条件培养孩子的良好行为，否则的话，即使是世界上最好的养育方法都不会起到任何作用。

此外，你在塑造孩子内心的同时，还必须让孩子明白，你是对他负有监管职责的、值得他信赖的大人。你应该向孩子传递这样的信息：“因为我爱你，所以我会帮助你控制好自己。”

步骤二：纠正孩子的不良行为

| 弄清楚孩子行为的大致轮廓 |

下面的一些方法可以帮助你分析孩子在行为上的优势和弱点。首先，你要记住自己的目标：帮助孩子成长为一个让人喜欢与他生活在一起的人，并且帮助他培养起自我控制力。孩子行为上的一些特点能够给他带来益处，你应该把孩子的这些行为特点一一列出来，并且弄明白哪些情形可以使这些行为特点充分地发挥出来，以及在什么情况下你的孩子会有最佳的表现。

在你描绘孩子行为轮廓的过程中，第二部分的任务是要列出孩子的哪些行为最让你感到讨厌。什么样的情形会让他表现出最糟糕的行为？应该将你可以容忍的行为（小过失）与你无法容忍的行为（坏毛病）区分开来，把注意力放在那些严重的坏毛病上。你将惊奇地发现，孩子会自己改正那些小过失。如果孩子身上存在着总是大发脾气的坏毛病，那你就应该弄清楚是什么样的情形引发了他的脾气发作，并且要及早地进行干预。你应该为孩子营造良好的环境，让他去尝试他有能力从事的各种有趣活动，并且要让他保持注意力的集中。如果你认为他的脾气发作是他自己可以控制的，那就不必去管他，走到一边去，甚至换一个话题以转移他的注意力。如果孩子是由于受到挫折而发脾气，那你就应该向他表示同情和支持。

此外，你还应该让孩子去参加一些可以使他克服容易冲动的习性的活动，教会他如何放松自己。例如，找出一天当中他的行为表现往往最糟糕的时段（通常是在傍晚时分），将这段时间安排为特殊的“按摩时间”，放上一些轻柔的音乐，在他最喜欢的地方铺一张毛巾，让他躺在上面（最好是在窗户的旁边，沐浴在傍晚暖融融的阳光之中）。一边唱催眠曲，一边给孩子做一些轻柔的按摩。每天都度过这么一段特殊的时光，不仅可以使孩子放松起来，同时还能增强你和孩子之间的亲密关系。

| 为孩子营造良好的环境框架 |

你应该利用从孩子的行为轮廓中收集到的信息来安排孩子每天的日常生活，从而使他有机会将自己的最佳行为表现出来。

比如，你注意到孩子在上午能够很好地玩耍，而在下午的时候，往往会表现出攻击性和敌对情绪。因此，你就应该安排他上午和别的小朋友一起玩耍，下午让他自己一个人玩。

如果你发现自己的孩子和塞缪尔在一起玩得很好，和马克在一起却总是不停地打架，那就不要再让马克和他一起玩，这两个男孩可能在性格上根本就合不来。

请你记住，你为孩子营造的环境框架的基本要素不仅包括要为孩子确定规则，还包括要创造条件使这些规则较容易得到遵守。

在禁止孩子做出某些行为的同时，还应该考虑为孩子提供其他替代行为。比如，必须禁止孩子打架，但又要为孩子提供一些其他的行为选择，从而使他能够得到体力上的释放。比如，和他玩击掌游戏，给他一个皮球或枕头让他去踢打。

你要教会孩子用口头语言来代替肢体上的侵犯行为："内森，要用语言来表达。可以对别人说，那真的很让你生气，你不喜欢那样。"要让孩子学会控制自己肢体上侵犯别人的冲动："给爸爸一个'狗熊式的拥抱'（用力地拥抱），但是要给苏西一个'小白兔式的拥抱'（轻柔地拥抱）。"

| 让孩子知道你期望他做出什么行为 |

首先，你要明确什么样的行为是你所期望的，还要确定你愿意在多大程度上容忍他的那些令人讨厌的行为，然后就必须以此为指导方针认真地管教孩子。对好的行为要加以肯定和表扬，要善于发现孩子表现良好的时刻。

你应该努力营造一个"别让我再批评你"的氛围。不要总是告诉他你不想要他做什么，而是应该提供另一种积极的行为，让他进行选择。别对孩子说"不要把你的玩具火车扔来扔去"，而要这么说"把你的玩具火车停放到玩具架上去"，然后演示给他看怎样来做这件事。如果他固执地还是要乱扔玩具火车的话，那就应该告诉他：玩具是用来玩的，不是用来扔的，而且你希望他好好地用玩具来游戏。如果他要扔玩具，玩具就会被大人收起来。同时，你还应该让孩子有其他的机会来扔东西，可以给他一只软质的球，让他在室内能够安全地扔来扔去。你应该用微笑的赞许来促进孩子的积极行为："好的。""做得很好。""这真让我高兴。"

在对孩子的行为进行引导的过程中，你要教孩子学会集中注意力。当你坚定而温和地搂着孩子的肩膀时，告诉孩子“看着我的眼睛”，和他进行目光交流；不要采用威胁或者压制的办法来对待他。

丨尝试各种行为塑造方法丨

我们之所以在我们的养育计划中到最后才来讲述各种专门的养育方法，原因就在于，如果不按照养育计划中的第一部分内容去采取适当行动的话，这些专门的养育技巧和方法往往就难以奏效。

你可以尝试采用以下的各种方法：

1.要向孩子解释在行为塑造过程中，你和他之间是一种伙伴关系：“我们将一起来进行努力，从而让我们更加喜欢彼此生活在一起。”一定要让孩子知道，塑造他的行为是为了他好，他会得到更多的乐趣，而且作为父母，你也会变得更加开心。

你还必须在孩子的心目中树立起一种有益的权威形象，从而使孩子能够认识到，你的任务就是要帮助他服从你的指导。

你应该向孩子详细地解释你将要做些什么，要向他指出那些你希望他做出的良好行为以及良好行为所带来的好处（你必须记住，你要从孩子的内心去激发他）。此外，你还应该向孩子指出哪些行为是你不能容忍的不良行为以及这些行为会带来什么样的后果。

一定要让孩子明白你对他有什么期望。一旦事先在他的头脑中培养起了这些观念，那么过后再遇到他要做出不良行为时，你只需要稍稍提醒一下他就足够了。

2.要向孩子说明后果。到了三四岁的年龄，孩子们就会懂得自己的行为和所产生的后果之间的关系：如果他们听从大人的指导，那么就能够过得很开心；如果他们不听大人的话，那就会产生不愉快。

你应该和孩子一起坐下来，详细地向他讲解你想要在他身上塑造起来的那些行为，并且要一次只针对一种行为。一定要让孩子明白良好行为所带来的好处，以及不良行为所造成的后果。

“如果你和小朋友们一起好好地玩耍，那就会让我感到高兴，这样你就可以玩得更久一些。如果你和小朋友们打架，那你就必须停止和他们一起玩耍。”通过这样的方式，你的孩子就能在你对他的养育过程中与你相配合。

通过让孩子预先对良好行为所带来的奖励和结果心怀期望，实际上你也就可以同时使他认识到不良行为会造成什么样的后果。

这样的做法也能避免孩子的脾气发作。你的孩子作出了他自己的行为选择，因此后果是在他自己的手里掌握着的。孩子们会认为，这样的养育方式是公平的，因而一般来说也就不会反抗你对他的管教。

3.分散和转移孩子的注意力。在孩子的不良行为有机会进一步发展之前，你就应该加以阻止和引导。要转移孩子的注意力，将他的兴趣引导到积极的行为上来：“你不能爬到那个柜子上去，不过，你可以爬到沙发上去，或者爬到爸爸的身上。”

你可能需要花几个星期的时间跟在孩子的后面、紧盯着他，当他一出现做不良行为的苗头时，马上就提醒他，对他进行引导和激励，直到孩子养成习惯，以至于他能够提醒自己，按照你所期望的那样去做出行为。

西尔斯养育手记

改变养育方式不能操之过急

在一次咨询期间，我向一位十分失望的母亲提供了一系列方法，帮助她去塑造她那已经完全失去控制的5岁孩子阿希利。在快要离开我的诊所时，这位妈妈说：“我根本等不及在我女儿身上尝试所有的这些方法。”我提醒这位母亲，孩子的行为不可能在一夜之间得到改变。如果你在突然之间给了孩子许多拥抱和亲吻、对她进行了许多正面的鼓励和十分投入的关心的话，孩子会认为你的做法完全是虚情假意，是对她的压制，这很可能会使她更加躲避你。

在你改变自己对孩子的养育方式时，要一小步一小步地慢慢来，要循序渐进。你应该小心而缓慢地变换手段来进行养育，并且应该等待合适的管教时机来尝试那些养育方法。

必须记住，在你塑造孩子行为的过程中，你必须采用肢体上的动作来引导他，也就是说，要手把手地教他，引起他的注意。

4.要引导和奖励孩子的良好行为。

5.要罚孩子暂停。如果你的孩子把暂停看成是一种威胁或者是一种惩罚，那你就应该用更积极的名称来替代“暂停”的说法。比如，把“暂停时间”称为“特殊的时间”、“思考的时间”或者“内森自己的时间”，从而改变孩子对待暂停的态度。

应该在孩子的不良行为还没有发展得很严重时就要及早地对他叫暂停，不要等到父母和孩子的心里都充满了怒气时再去阻止孩子的不良行为。

关于更多的养育技巧和方法，请参见书中的各部分内容。

从本书开篇一直到最后，我们已经引领你了解了如何在孩子0～10岁期间对他进行养育。我们在本书中所讲述的养育方法具有明显的好处，那就是，在孩子的各个成长阶段都对孩子进行适当的管教和引导，从而使得后续阶段的养育和引导能够变得更顺当、更容易。

随着孩子的不断长大，你会发现自己作为家庭管教者的职责也在逐渐地发生变化。从孩子出生到6岁，你的角色是他的保育员、约束者、助手和监管人，而在下一个阶段，你则是他的老师。到了孩子十几岁的时候，你会成为他的教练和顾问。

你必须随着孩子的成长不断地调整自己所扮演的角色，只有这样，你在管教中付出的努力才会带来回报。你会发现，你是在培养一个真正让你感到快乐、满足的孩子，和他在一起你会很开心，他会让你感到骄傲。更为重要的是，你的孩子将会为他自己感到骄傲。

关于本书的读者赞誉

● 图书内容比国内大多数同类书更加有价值。至少它告诉我们教育孩子不是要操控她（或他），而且也让人们意识到对于孩子的教育根本不能通过付钱的方式把她（或他）委托给任何所谓的职业教育机构和人士。最好的教育就来自父母！在国外就已经读过这本书的英文版本，值得推荐给汉语读者。

——Leo

● 这本书真的很不错。全书围绕亲密育儿法展开，用一个例子说明：孩子遇到想尝试的新鲜事物，回头看妈妈，征询意见，妈妈用微笑许可的目光鼓励孩子向前。早教班老师对我和孩子之间的互动是这样评价的：母亲和孩子关系亲密，互动良好，妈妈心中有界限，在界限范围内放手让孩子自己去探索，母亲对孩子的爱让孩子勇敢、快乐。这本书会让你对孩子的养育有一个系统的框架。

——blossomears

● 不错的书，值得一读，让你更好地从理性的角度了解孩子的各种需要。对于那些为了孩子而头疼的家长来说，这本书所提供的方法无疑是一种帮助；对于那些借口忙而忽视孩子存在的家长来说，这本书无疑是一个很好的提醒：如果你有时间，尽量多陪陪他，多抱抱他，这比什么昂贵的玩具都重要！

——dreamer1224

● 这本书我买了n本了，当然自己

只有一本，其他都是送人的。想想送别的还不如送书呢！我一直在看，遇到什么育儿问题了就去翻翻，当然有时不是什么技术性困难，而是精神上的压力，看了西尔斯的文字，感觉到了他对孩子的养育，除了爱还是爱，爱会让人产生能量，所以我自己也感觉到了正能量，然后消除了许多怒气，或者怒气带来的烦躁，转而平心静气地对待女儿身上的一些问题。有时候，这些问题不是我女儿身上独有的，而是某个年龄段的共性，而我们只需要沉住气，时间也会帮我们解决掉的。所以，这是一本很好的书，尽管看了3年了，可我还是会继续看下去的！

——读者

● 是看到别人的好评，产生共鸣才决定购买的，拿到手看了一下，就发现真是本好书，好多的实例正是我迫切需要学习的，观点和方法都很独到！只看了几篇，就爱不释手了，想要立刻推荐给其他朋友！由衷地感谢作者，让我们拥有、借鉴、分享这样一本好书！PS：书的装订也很科学、人性化，虽然很厚，但翻阅起来很方便和舒适。不愧是育儿的经典！

——读者

● 早就听闻西尔斯的这套书籍，但怀疑还是老一套的说教，所以一直没有买。第一次接触还是在宝宝的早教中心，看了之后，联系宝宝的实际情况（那时他正好2周半，脾气特别大，我们都拿他没办法），现学了几招，试用了一下，效果还真的不错。还有“要不要打屁股”的这一章节，一直是我们办公室讨论的重点，但我还是很赞同西尔斯的看法，看过之后也是受益匪浅。总之，确实是一本好书，所以买了一本准备要慢慢研究的，教育是一个我们一直要好好思考的过程，它没有定法，却不容忽视。

——读者

● 书中阐述的“亲密育儿法”很有道理，目前父母的工作忙，和孩子的亲子交流太少了，有送亲子园的时间，还不如多多亲近孩子，真正融入孩子。这本书对我是有帮助的，让我多多理解孩子，多多站在孩子的角度上去想问题，温和地做出决策，父母是孩子的榜样，孩子的行为就是父母行为的倒影。在培养孩子的同时也是在培养和重新树立我们自己！

——读者

● 嘿嘿，俺儿子已经6岁了，天天全家乐哈哈，无须打骂无须气恼，一说就通，足以验证3年前买的这本书的实用性！令人耳目一新，简单易行。作者夫妇俩亲身养育8个孩子的经验，中国的父母们的确值得借鉴。我个人亲眼目睹西方父母通常只有夫妇俩带孩子，没有老人没有保姆，孩子们却不娇气不耍赖很独立，不用追着喂饭不用打骂，个个都性格开朗大方，还常动手帮助父母剪草洗车……

——读者

● 女儿长到18个月起开始难以管教，我的精力体力越来越难以支持，所以才会选择这本书。这本书很厚，我到现在也没有完全看完。但是一旦碰到女儿耍赖撒泼，而自己过往的学习中又没有获得相应的经验的时候，我就会来翻翻这本书中相应的章节，每每总能获得帮助，或者精神上的鼓励，或者有用的处理方法。我本来就是亲密育儿法的实践者，我对女儿的养育尽心尽力，但还是不免有迷茫和不知所措，甚至抡大棒的时候，还好有这本书，帮助我回到正确的养育方法上来。

——读者

THE DISCIPLINE BOOK